KB245202

읽기 쉬운 고려왕 이야기

초판 1쇄 인쇄 | 2009년 9월 23일
초판 1쇄 발행 | 2009년 9월 27일
초판 2쇄 발행 | 2012년 11월 21일

편저 | 한국인물사연구원
펴낸이 | 최수자

주간 | 김수진
표지 · 본문 디자인 | 블룸
표지 | 주보희(ZOO · BOY)
디자인 편집 | 디자인스튜디오 랑
인쇄 | 우성CTP

펴낸곳 | 도서출판 타오름
주소 | 서울 은평구 녹번동 38-12 2층(122-827)
전화 | 02)383-4929
팩스 | 02)3157-4929
전자우편 | taoreum@naver.com
http:// blog.naver.com/taoreum

ISBN 978-89-962008-8-8 03900

* 가격은 표지에 있습니다.
* 파본이나 잘못된 책은 서점에서 교환해 드립니다.

이 도서의 국립중앙도서관 출판시도서목록(CIP)은 e-CIP 홈페이지(http://www.nl.go.kr/ecip)에서 이용하실 수 있습니다.(CIP제어번호: CIP2012005304)

읽기 쉬운

고려왕 이야기

한국인물사연구원 편저

타오름

차 례

◉ 들어가는 말

잃어버린 역사를 찾아서

우리 민족이 숱한 외침에 시달리며 고난의 역사를 헤쳐 왔다는 것은 모두가 주지하는 바와 같다. 9백여 차례의 외침을 극복하는 과정에서 우리는 위기 때마다 똘똘 뭉쳐 그것을 이겨내는 슬기와 저력을 얻었다. 그러나 그러한 과정에서 씻을 수 없는 상처 또한 많이 받은 것이 사실이다.

임진왜란 때 소실된 『고려왕조실록』 역시 우리가 잊지 말고 보듬어야 할 아픈 상처 중 하나이다. 5백 년 가까운 고려 왕조의 역사가 깡그리 불에 타 없어졌다는 것은 어느 모로 보나 크나큰 손실이 아닐 수 없다.

민족의 역사 단절은 개인의 기억 상실과 크게 다를 바가 없다. 인생의 중요한 부분을 망각한 채 살아가는 사람을 상상해 보라. 과거는 현재의 생활을 유지해 주는 밑거름이다. 따라서 과거를 잊은 사람은 현재의 삶 또한 자신의 것이라고 할 수 없다. 그래서 잃어버린 정체성을 되찾고자 의과 치료에 몸과 마음을 맡기기도 한다.

현재 우리에게 전해지는 고려에 관한 역사 기록으로는 『고려사』와 『고려사절요』가 있다. 이는 『고려왕조실록』을 재편집하여 조선 초기에 만들어낸 역사서들이다. 편찬 시기에서 알 수 있듯 『고려사』와 『고려사절요』에는 고려인이 아닌, 조선인의 시각에서 바라본 역사 해석이 많이 가미되었을 것이라는 예상을 쉽게 해볼 수 있다. 그러나 『고려왕조실록』을 바탕으로 했고, 고려가 무너진 지 그리 오래지 않은 조선 초기에 편찬된 책이므로 고려사를 전반적으로 이해하는 데는 큰 무리가 없으리라 생각한다.

한국인물사연구원에서 구상한 『이야기 고려왕조실록』은 '재미있게 손에 잡히는 역사'를 먼저 고려하고 있다. 사실 교과서식으로 딱딱하게 나열된 역사 서적은 학창 시절의 역사 수업 시간처럼 일반 대중에게 곤혹스럽게 여겨질 것이 뻔하다. 그리하여 한국인물사연구원에서는 고려 34대 왕의 탄생과 죽음, 즉위 과정과 왕이 된 후에 일어난 여러 가지 역사 기록들을 치밀하게 구성하여 재미있는 이야기 형식으로 꾸몄다. 여기에 왕의 가족사와 당대의 인물들 이야기까지 끼워 넣어 당시의 시대 상황을 쉽게 이해할 수 있도록 배려하였다.

역사는 우리 조상이 살아간 이야기이다. 똑같은 이야기도 이야기하는 사람의 태도와 요령에 따라 딱딱해질 수도 있고, 물 흐르듯 이어지는 옛이야기처럼 재미있는 것이 될 수도 있다. 가뜩이나 옛것에 흥미를 잃어 가는 요즘 세대들에게는 재미있는 이야기 형식이 알맞으리라는 생각이다.

『이야기 고려왕조실록』을 통해 고려에서 조선까지 이어지는 천년 세월을 하나의 큰 흐름으로 이해하게 된다면 한층 역사를 바라보는 안목이 넓어지고, 어느덧 우리 역사에 애착을 느끼게 되리라 확신한다.

2009년 7월

한국인물사연구원 원장 이은식

고려사와 고려사절요

『이야기 고려왕조실록』은 『고려사』와 『고려사절요』를 바탕으로 재구성한 책이다. 본문으로 들어가기에 앞서 『고려사』와 『고려사절요』에 대해 잠깐 살펴보기로 한다.

『고려사』 전문

정헌대부, 공조판서, 집현전 대제학, 지경연 춘추관사 겸 성균 대사성인 신하 정인지 등은 삼가 말씀드립니다.

듣건대 새 도낏자루를 다듬을 때에는 헌 도낏자루를 표준으로 삼으며 뒤 수레는 앞 수레가 넘어지는 것을 보고 교훈으로 삼는다고 합니다. 대개 지난 시기의 흥망이 장래의 교훈으로 되기 때문에 이 역사서를 편찬하여 올리는 바입니다.

고려 왕씨는 태봉국에서 일어나서 신라의 항복을 받고 후백제를 멸망시켜 삼한을 통일한 후 요나라를 반대하고 당을 섬김으로써 중국을 받들고 동방을 보전하였습니다. 그리하여 이전에 번거롭고 가혹하였던 정치를 개혁하고 원대한 규모를 수립하였습니다.

광종 때 과거 제도를 시작함으로써 유교의 학풍이 점차 일어났으며 성종 때에 조와 사를 세움으로써 정치의 기구가 완전히 정비되었습니다. 목종 때에 나라를 잘 다스리지 못하여 국운이 거의 위태롭게 되었다가 현종 때에 중흥의 공을 이루어 국가가 다시 바로잡혔습니다. 문종은 태평을 누리도록 정치를 잘하여 문물제도가 더 빛나게 되었습니다.

그러나 후대 왕들이 혼미하여 권력 있는 신하가 전횡하고 병권을 잡아 왕위를 엿보게까지 되었습니다. 이러한 일은 인종 때부터 시작되었는데 결국 의종 때에는 왕을 죽이는 데까지 이르렀습니다.

이때부터 흉악한 간신들이 번갈아 일어나서 왕을 폐립하기를 바둑판 바꾸어 놓듯이 마음대로 하였으며 강한 외적들이 번번이 침입하여 백성 죽이기를 초개와 같이 하였습니다. 그 후 원종이 큰 난을 평정하여 겨우 왕조의 운명을 위기로부터 보존하였더니 충렬왕은 자기의 총애하는 신하들을 가까이하고 연회와 놀이를 일삼다가 결국 부자간에 불화를 일으키게까지 되었습니다. 또 충숙왕 이후 공민왕 때에 이르기까지 변고가 여러 번 일어나서 나라가 점점 더 쇠약하여졌으며 국가의 근본은 신우, 신창 때에 이르러 완전히 무너졌습니다.

운명은 진정한 임금에게 돌아왔나니 우리 태조 강헌 대왕의 용맹과 지혜는 하늘이 주었으며 그의 공적과 사업은 나날이 새로워 신성한 무력으로 전란을 평정하여 백성을 편안하게 하였으며 하늘의 명령을 받고 왕위에 올라 국가를 창건하였습니다.

태조 대왕께서는 고려 왕조는 이미 폐허로 되었으나 그 역사를 인멸시킬 수 없다고 생각하여 사관들에게 고려 역사를 편찬케 하였는데 그 체제는 통감의 편년체를 모방하여서 하도록 하였습니다.

그 후 태종 대왕이 이를 승계하여 대신들에게 수정 사업을 맡겼으나 필자들이 여러 차례 바뀌고 책은 결국 완성되지 못하였습니다.

세종 장헌 대왕이 조상의 뜻을 계승하여 문화 사업을 발전시켰고 역사를 편찬하는 데 반드시 모든 서술이 구비되어야 한다고 생각하시어 다시 역사 편집국을 설치하여 이를 편찬케 하였습니다. 그전에 된 서술들은 연대와 순서가 정확하지 못하여 또 누락된 것이 많을 뿐 아니라 편년체로 되어 있기 때문에 기, 전, 표, 지의 서술법과 달라 사실의 서술이 그 본말 시종을 알 수 없게 되어 있었습니다. 이리하여 왕은 다시 어리석은 저에게 편찬의 임무를 맡기었습니다.

이 역사를 편찬함에 범례는 다 사마천의 『사기』에 준하고 기본 방향은 다 직접 왕에게 물어서 결정하였습니다. '본기' 라는 이름을 피하여 '세가' 라고 한 것은 대의명분의 중요함을 표시하려는 것이요. 신우, 신창을 세가에 넣지 않고 열전으로 내려놓은 것은 그의 참람한 왕위 도절의 사실을 엄격히 논죄하려는 것입니다. 충신과 간신, 부정한 자와 공정한 사람들은 다 열전을 달리하여 서술하였으며 제도 문물은 각각 그 종류에 따라 분류하여 놓았습니다. 왕들의 계통은 문란하지 않게 하였으며 사건들의 연대를 참고할 수 있게 하였으며 누락된 것과 잘못된 것은 기필코 보충하고 시정하도록 하였습니다.

그러나 유감스럽게도 책을 완성하여 활자로 출판하기 전에 왕은 갑자기 돌아가셨습니다.

신하 인지 등은 삼가 생각하건대 주상 전하께서는 나라의 중대한 사업을 계승하여 선대 임금들의 업적을 더욱 빛나게 하고 있습니다. 성품은 순수하고 정밀한 학문은 고명의 극치에 도달하였으며 지극한 효성은 조왕의 유업을 크게 계승 발전시키는 데서 빛나고 있습니다. 이제 고려조 역사 편찬이 끝나지 못한 것을 걱정하시어 저에게 완성할 것을 명하셨습니다. 신하 인지 등이 다 변변치 않은 재간으로 감히 중대한 위촉을 받아 야사들의 각종 기록을 참고하고 관부의 옛 장서들을 들추어서 삼가 3년간의 노력을 다하여 힘껏 고려 일대의 역사를 완성하였습니다. 남아 있는 전대의 사적들을 참고하고 모쪼록 필법의 공정을 기하였습니다. 이것으로써 역사의 밝은 거울을 후대 사람들에게 보이며 선악의 사실들을 영원히 전하도록 하였습니다.

편찬한『고려사』는 세가 46권, 지 39권, 연표 2권, 열전 50권, 목록 2권으로써 모두 139권입니다. 삼가 초고 한 질을 완성하여 전문과 함께 올리는바 황송하기 그지없습니다.

경태 2년(1451년 문종 원년) 8월 25일

정헌대부, 공조판서, 집현전 대제학, 지경연 춘추관사 겸 성균관 대사성인 신하 정인지 등 올림.

『고려사』는 어떤 책인가

『고려사』는 조선 초기 김종서金宗瑞, 정인지鄭麟趾 등이 세종의 교지를 받아 만든 고려 시대의 역사책이다.

세가世家 46권, 지志 39권, 연표年表 2권, 열전列傳 50권, 목록 2권의 총 139권으로 되어 있다. 1392년(태조 1) 10월 태조로부터 이전 왕조의 역사책을 만들라는 명을 받은 조준趙浚, 정도전鄭道傳 등은 1396년 37권의『고려 국사』를 만들어 바쳤다. 정도전과 정총鄭摠이 책임을 지고 예문춘추관의 신하들이 실무를 담당하였다. 이들은 우선 통사인 이제현李齊賢의『사략』, 이인복李仁復·이색李穡의『금경록』, 민지閔漬의『본조편년강목』등의 체재를 참고하면서 역대 고려 실록과 고려 말의 사초史草를 기본 자료로 삼았다.

그러나 이것은 그 내용과 서술에 문제가 많았기 때문에 1414년 하륜河崙, 남재南在, 이숙번李叔蕃, 변계량卞季良에게 공민왕 이후의 사실을 바로잡고, 특히 태조에 관한 내용을 충실히 하도록 명하였다. 그러나 1416년 대표자인 하륜이 죽자 중단되었다.

이를 잇고자 하는 논의는 세종이 즉위한 다음에 일어났다. 마침내 1419년(세종 1) 9월 세종은 유관柳寬과 변계량 등에게 일을 맡겼고 이들은 1421년 정월에 다 만들어 올렸다. 이리하여 본래의 사초와 달리 마음대로 고쳤던 곳이 바로잡히게 되었다. 그러나 국제 관계가 고려된 부분에서는 유교적이고 사대적인 관점이 오히려 강화되어 제칙制勅·태자太子 등을 교敎·세자世子 등으로 고치고 있었다. 이 때문에 이 책도 반포되지 못하다가 1423년 12월에 다시 유관과 윤회尹淮로 하여금 이 부분을 실록에 따라 바로 쓰도록 하고 있다. 1424년 8월 이 일은 끝났지만, 이번에도 변계량의 반대로 발간되지 못하였다.

세종은 1431년(세종 13)에 『태종실록』이 편찬된 것을 계기로 『고려사』를 다시 쓰는 작업을 추진하기 시작하여 1442년(세종 24) 8월에 신개申槩, 권제權踶가 『고려사전문』高麗史全文이라는 이름으로 만들어 바쳤다. 이 책은 1448년(세종 30)에 양성지梁誠之의 교감을 거쳐 일단 인쇄되었으나 편찬자 개인과 관련된 곳이나 청탁받은 곳을 제멋대로 썼기 때문에 배포가 곧 중지되었다.

세종은 다시 1449년에 김종서, 정인지, 이선제李先齊, 정창손鄭昌孫에게 명령을 내려 내용을 더 충실하게 하면서 이런 잘못을 고치게 하였다. 김종서는 드디어 1451년(문종 1) 8월에 이 책을 완성하였다. 이번 작업에서는 늘어난 내용을 효과적으로 담고자 체재를 바꾸는 일도 아울러 이루어져 최항崔恒 등이 열전, 노숙동盧叔仝 등이 기紀·지志·연표, 김종서·정인지 등이 교감을 맡았다. 열전에서는 사람들에 대한 평가가 내려져 있어서 비판이 거셀 것을 우려하여 1452년(단종 즉위) 조금만 인쇄하여 내부에 보관하다가 1454년(단종 2) 10월에 이르러 비로소 널리 인쇄, 반포하였다.

『고려사』에 실려 있는 「진고려사전」進高麗史箋에는 본기本紀라 하지 않고 세가世家라 함으로써 명분이 중요함을 보이고, 거짓 왕인 신우辛禑 부자를 열전에 내림으로써 분수 넘치는 것을 엄하게 처벌하고 충직하고 간사함을 명확히 구분한다 하였으며, 제도를 나누고 문물을 헤아려서 비슷한 것끼리 모음으로써 계통이 흐트러지지 않게 하고, 연대를 헤아릴 수 있게 하며, 사적을 상세하게 하는 데 힘을 다하고, 빠지고 잘못된 것을 메우고 바르게 하려 하였다는 편찬의 방침이 제시되고 있다. 이 방침은 다시 범례에서 항목별로 체계적으로 정리되고 있다.

먼저 세가에 관한 것을 보면 왕기는 세가라 하여 명분을 바르게 하고, 분수를 넘는 칭호도 그대로 써서 사실을 보존하며, 일상적인 일은 처음과 왕이 직접 참여할 때만 쓰고 나머지는 생략하며, 고려 세계는 실록에 있는 3대 추증 사실을 기본으로 삼는다 하였다. 또한 우왕과 창왕을 거짓 왕조로 규정하여 열전에 강등시켰으며, 이전부터 내려오던 이제현 등의 평론을 그대로 실을 뿐 따로 작성하지 않도록 하였다. 세가에서는 32왕의 왕기가 46권에 수록되어 전체 분량의 약 3분의 1에 해당한다.

서술의 방식은 『원사』元史를 모방하여 첫머리에 왕의 출생, 즉위에 관한 것을 쓰고 끝 부분에 사망, 장례 및 성품에 관한 것을 썼다. 왕의 연대는 실제로는 즉위한 해를 원년으로 삼고 있었으나, 이 책에서는 즉위한 다음 해를 원년으로 삼고 있다. 세가 다음에는 지志를 두었는데 천문, 역지, 오행, 지리, 예, 악, 여복, 선거, 백관, 식화, 병, 형법 등 총 12지 39권으로 되어 있다. 이 지志도 『원사』에 준하여 분류하였으며, 실록 등이 없어져서 빠진 곳은 『고금상정례』 『식목편수록』 및 여러 사람의 문집 등으로 보충하였다 한다. 그런데 실제 고려의 제도는 당나라 것을 기본으로 삼고 송나라 것이 덧붙여졌으며 그 아래에는 고유의 전통이 깔렸다. 예를 들면 원구圜丘·사직 등 중국의 제도를 받아들였지만 토속적인 연등회·팔관회 의식이 중요시되었고, 중국의 아악雅樂과 당악唐樂을 사용하면서도 예로부터의 속악이 성행하였으며, 중국의 관제와 산관계散官階를 이용하였으나 또한 도병마사·식목도감 및 향직 등 독자적인 제도를 아울러 썼고, 당률을 채용하면서도 실제 고유의 관습법이 적용되고 있었다.

지의 맨 첫머리에는 편찬자의 서문이 놓여 있는데, 대개 일반론과 실제 사실에 대한 개설적인 설명이 이루어지고 있다. 사실 설명의 큰 줄기는 태조 이후 문종 때까지의 고려 전기를 제도가 정비되고 국세가 번창한 시기로 보고, 무신란 이후 몽고 간섭기에 들어서면서 제도가 문란하여 나라가 쇠망한 것으로 설정하고 있다. 이어 본문에서는 먼저 연월일이 없는 일반 기사를 쓰고 그 뒤에 연대가 있는 구체적 사실을 열거하였다. 세가와 지 다음으로 표가 들어 있는데 실제 본문에서는 연표라 하여 하나의 표로 되어 있다. 이것은 『삼국사기』를 따랐다. 제일 위에 간지를 쓰고 그 아래 중국과 고려의 연호를 썼으며, 고려란에는 왕의 사망과 즉위 및 중국과의 관계 등 중요한 일이 간략하게 기록되어 있다. 표에 이어 마지막으로 열전을 두었는데 후비전后妃傳, 종실전宗室傳, 제신전諸臣傳, 양리전良吏傳, 충의전, 효우전, 열녀전, 방기전方技傳, 환자전宦者傳, 혹리전酷吏傳, 폐행전嬖幸傳, 간신전, 반역전叛逆傳 등 총 50권, 1,009명으로 되어 있다. 열전의 구성은 역시 『원사』를 모방하였지만, 그 서문은 이제현이 쓴 제비전諸妃傳이나 종실전의 서문처럼 이미 있던 자료를 이용하였다. 그 내용 중 반역전에 우왕

부자를 넣어 조선 건국을 정당화하고 있고 문신 위주, 과거 위주로 인물을 선정하여 조선 유학자의 입장이 나타나고 있으며, 흥망 사관에 입각하여 개국공신의 입장을 보여주고 있다. 그렇지만 개별 인물에 대한 평가는 이전부터 있던 자료를 적극적으로 이용하여 비교적 공정하게 쓰려고 한 흔적을 보여주고 있다.

이러한 여러 차례의 개찬 과정을 거치는 동안에 종래 편년체의 역사 서술에서 기전체로 편찬된 『고려사』는 첫째, 동양의 전통적인 왕조사 편찬 방식과 같이 기본적으로 이전부터 있던 사료를 선정 채록하여 그 나름으로 재구성하였으므로 역사성이 엄격하게 지켜지고 있다. 둘째, 이렇게 사실을 있는 대로 쓰려고 애썼기 때문에 객관성을 유지했을 뿐만 아니라 주체성도 지킬 수 있게 되었다. 셋째, 그러면서도 한편 편찬자인 유학자의 사대적인 명분론이 반영되면서 조화를 이루고 있다.

이러한 역사관을 큰 원칙으로 하여 고려 시대를 이해하고 있는데 첫째, 흥망 사관에 의해 고려 전기를 긍정적으로 보고 후기를 부정적으로 이해함으로써 조선 건국을 긍정적으로 파악하려 하였다. 둘째, 무인武人을 천하게 보는 관념과 왕실의 권리를 도둑질하여 나라를 마음대로 한 데 대한 정통론의 입장에서 무신 정권을 부정적으로 쓰고 있다. 셋째, 고려사 편찬자가 대명 관계가 확립된 시기에 활동한 사람이다 보니 원나라를 섬긴 부분에 대하여 부정적 태도를 견지했다는 점이다. 반면에 그 이전 시기에 기록된 『고려사』 속 사신史臣의 견해는 매우 긍정적이다. 넷째, 고려 말 개혁론자의 견해를 비판하지 않고 그대로 받아들인 부분에서 고려 당시의 사실과 다른 점이 생겼다.

『고려사』 편찬 범례

세가

사기를 보건대 천자의 국사를 기록한 것은 본기라 하고 제후의 국사는 세가라고 하였다. 고려사를 편찬하는 데는 각 왕대의 기년을 세가라고 하여 대의명분을 밝혔다. 그 기사 방법은 『한서』, 『후한서』 및 『원사』에 준하여 역사적 사실과 발언들을 여기에 기록한다.

무릇 종이니, 폐하니, 태후니, 태자니, 절일이니, 제니, 조니 하는 것들은 비록 참람한 호칭이기는 하나 여기에는 당시에 부르던 그대로 써서 그 사실을 보존한다.

원구 적건(농사 장려 기관), 연등, 팔관 등과 같이 상례로 있은 일은 처음 나왔을 때에만 써서 그 실례를 보이는데 그치고 만일 왕이 직접 행하는 경우에는 언제나 일일이 쓰기로 한다.

고려 세계에 대한 기사로서 잡기에 있는 것은 대부분이 황당무계하다. 여기는 황주량이 편찬한 실록에 있는 3대 추증을 기본으로 하고 잡기에 있는 말을 첨부하여 따로 세계를 서술한다.

지

역대 정사들의 지를 보면 왕조마다 각각 같지 않은데 당시의 지 같은 것은 여러 가지 사실들을 한데 얽어서 편을 만들어 놓았기 때문에 참고하기가 어렵다. 지금 고려사의 지를 편찬하는 데는 원사에 준해서 조목을 나누고 류별로 모아서 보는 자들로 하여금 참고하기 쉽게 한다.

고려의 제도 조례들은 역사에서 빠진 것들이 많아서 지금 『고금상정례』, 『식목편수록』 및 여러 사람의 이러저러한 기록을 참고하여 지들을 서술한다.

표

역대 정사들에 있는 표를 보면 상세하고 간략한 정도가 각각 다른데, 지금 고려사의 표를 편찬하는 데는 김부식의 『삼국사기』에 준해서 다만 연표만을 만든다.

열전

첫머리에 후비 열전, 다음에는 종실 열전, 또 그다음에는 재신 열전(일반 신하들의 열전), 마지막에는 반역자 열전의 순으로 서술한다. 공적이 특별한 사람은 비록 부자일지라도 열전을 달리하여 서술하고 그 외는 같은 류에 붙여서 기록한다.

신우 부자는 반역자 신돈의 서자로서 16년간이나 비법으로 왕위에 앉아 있었기 때문에 여기서는 한서 왕망전에 준해서 세가에 넣지 않고 열전에 붙여 놓음으로써 역적을 규탄하는 대의를 밝힌다.

역대 정사들의 본기, 열전, 연표, 지들의 끝에는 다 논 · 찬들이 있으나 지금 고려사를 편찬하는 데는 원사에 준해서 논 · 찬을 쓰지 않는다. 다만 세가에는 원래 이제현 등의 찬이 있기 때문에 여기서는 그대로 둔다.

무릇 조서, 교서 혹은 신하들의 상서, 상소 등의 내용으로서 조목조목 나눌 수 있는 것들은 각각 나누어서 각 지들에 편입하고 그 외의 것들은 세가 및 열전 등에 한데 기재한다.

여러 선비의 문집 및 잡록 중에 기재된 사적들로서 참고할 만한 것들은 역시 채집하여 넣는다. 또 제, 조서, 표, 책문 같은 번쇄한 문장은 이를 약해서 기재한다.

수사관 명단

- 정헌대부, 공조판서, 집현전 대제학, 지경연 춘추관사 겸 성균 대사성 신 정인지
- 가선대부, 예문관 제학동지 춘추관사, 세자 좌부빈객 신 이선제
- 통정대부, 집현전 부제학, 지제교 경연 시강관 겸 춘추관 편수관 신 정창손
- 통정대부, 집현전 부제학, 지제교세자좌보덕 겸 춘추관 편수관 신 신석조
- 통정대부, 사간원 좌사간대부, 지제교 겸 춘추관 편수관 신 최항
- 과의장군, 호분시위사, 상호군 겸 지 병조사, 춘추관 편수관 신 노숙동
- 중훈대부, 집현전 직제학, 지제교, 세자 좌필선 겸 춘추관 기주관 신 이석형
- 중훈대부, 집현전 직제학, 지제교, 세자우보덕 겸 춘추관 기주관, 지 승문원 사신 신숙주
- 중훈대부, 예문관 직제학 겸 춘추관 기주관 신 최덕지
- 봉정대부, 직 집현전 지제교, 세자우필선 겸 춘추관 기주관 어효첨
- 봉렬대부, 직 집현전 지제교, 세자우필선 겸 좌중호, 춘추관 기주관 신 김예몽
- 봉렬대부, 성균사예, 지제교 겸 춘추관 기주관 신 김순
- 통덕랑, 집현전 교리, 지제교 겸 춘추관 기주관 신 양성지
- 통선량, 집현전 교리, 지제교 경연 부 검토관 겸 춘추관 기주관 신 기예
- 봉직랑, 수 이조정랑 겸 춘추관 기주관 신 김지경

○ 봉직랑, 수 성균직강 겸 춘추관 기주관 신 김윤복

● 승의랑, 수 집현전 부교리, 세자 우사정 겸 춘추관 기사관 신 이의감

○ 승의랑, 집현전 수찬 지제교 경연 사경 겸 춘추관 기사관 신 윤기견

● 승의랑, 공조 좌랑 겸 춘추관 기사관 신 김명중

○ 진용교위 행우군, 섭부사직 겸 승문원 부교리, 춘추관 기사관 신 조근

● 선교랑, 수성균 주부 겸 중부 유락 교수관 춘추관 기사관 신 홍우치

○ 선교랑, 수 승문원 부교리 겸 춘추관 기사관 신 예승석

● 선교랑, 집현전 부수찬, 지제교 경연 사경 겸 춘추관 기사관 유자윤

○ 선교랑, 사섬주부 겸 춘추관 기사관 신 이효장

● 선무랑, 수 성균 주부, 유학 교수관, 춘추관 기사관 신 이인전

○ 선무랑, 행예문 봉교 겸 춘추관 기사관 신 유자문

● 무공랑, 예문 봉교 겸 춘추관 기사관 신 김효우

○ 용사랑, 예문 대교 겸 춘추관 기사관 신 김용

● 용사랑, 행예문 검열 겸 춘추관 기사관 신 한서봉

○ 용사랑, 행예문 검열 겸 춘추관 기사관 신 오백창

『고려사절요』는 어떤 책인가

조선 전기 김종서 등이 편찬한 고려 시대의 역사서이다. 편년체로 기전체인 『고려사』와 함께 고려 시대를 연구하는데 아주 중요한 사료이다.

『고려사절요』는 편년체編年體 역사서로서 35권 35책의 활자본이다. 1452년(문종 2) 김종서金宗瑞 등이 왕명을 받고 『고려사』를 저본으로 찬수하여 춘추관春秋館의 이름으로 간행하였다. 현재는 전하지 않지만 당시의 편년체 사서로 세종 때 윤회尹淮가 편찬한 『수교 고려사』讎校高麗史와 권제權踶의 『고려사 전문』高麗史全文을 참조하고, 1451년 완성된 『고려사』의 내용을 축약하여 5개월 만에 편찬한 것이다. 비록 『고려사』만큼 내용이 풍부하지는 못하나 거기에 없는 사실들이 많이 수록되어 있고, 또 『고려사』에 누락된 연대가 밝혀진 것도 있어 고려시대의 역사서로 상호 보완적인 사료적 가치가 있다.

『고려사절요』는 『고려사』를 편찬한 사람들이 주축이 되어 발간하였기 때문에 편찬 당시 원칙을 정하여 범례로 기록하였다. 국가의 치란 흥망治亂興亡에 관계된 기사로서 귀감이 될 수 있는 기사, 왕이 직접 참여한 제사, 외국의 사신 관련 기사, 천재지변에 관한 기사, 왕의 수렵 활동, 관료의 임명과 파면 관련 내용, 정책에 받아들여진 상소문 등 군주에게 교훈을 주기 위한 내용은 상세하게 기록되었다.

또한 왕과 왕실 관련 용어들은 직서直書를 원칙으로 하였으며, 직접 편찬에 참여한 사람들의 사론史論은 기술하지 않았으나 고려 시대 사신使臣과 이제현李齊賢, 정도전鄭道傳, 정총鄭摠 등의 사론은 모두 108편을 기록하였다.

이외에도 우왕의 즉위년을 원년 혹은 즉위년이라 하지 않고 간지로

써서 표기하였으며 창왕이 즉위한 해는 우왕 14년, 창왕이 물러난 해는 공양왕 원년으로 기록하여 창왕의 기년은 아예 기록하지 않았다. 고려 말 폐가 입진廢假立眞의 논리에 의해 창왕을 폐하고 공양왕을 옹립한 신진 사대부들의 주장을 그대로 반영한 것이라 할 수 있다.

초판본은 1453년(단종 1) 갑인자甲寅字로 출판되었는데 이때 발간된 책의 완질完帙이 일본 나고야의 호사문고蓬左文庫에 있으며, 서울대학교 규장각에는 그 일부인 24책이 낙질落帙본으로 소장되는데, 이때의 발간 본은 규장각에 소장되어 있다.

일본에서 소장하고 있는 초판본은 1960년 일본 동양문화연구소에서 영인하였고, 이를 1972년 아세아문화사에서 다시 영인 출간하였다. 그리고 을해자로 간행된 규장각 소장본은 1932년 조선사편수회朝鮮史編修會에서 영인하였고, 1960년 동국문화사東國文化社에서 다시 영인하였으며, 이것을 1968년 민족문화추진회에서 국역으로 출판하였다.

◉ 고려 왕실 세계도 高麗王室世系圖

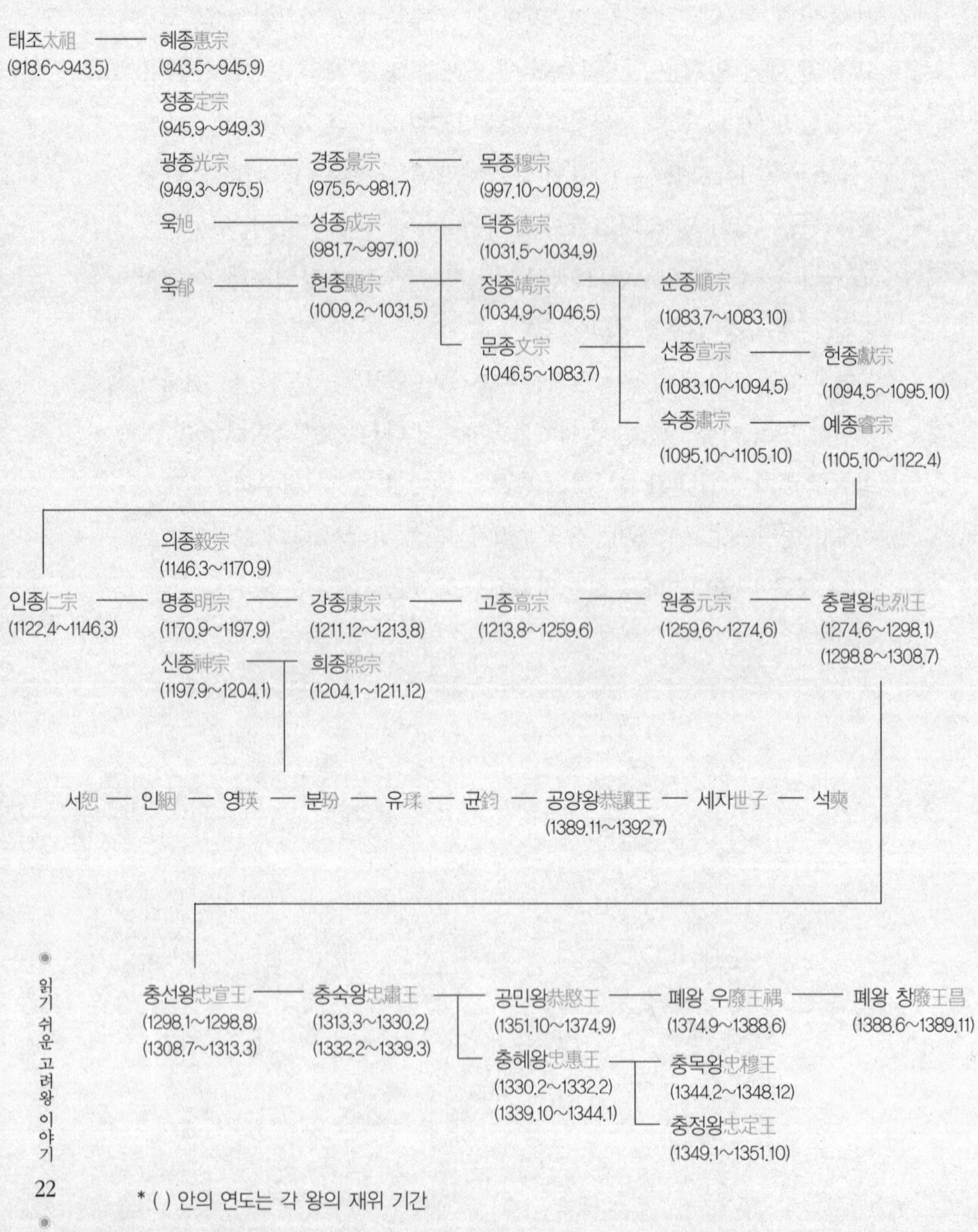

태조太祖
(918.6~943.5)
혜종惠宗
(943.5~945.9)
정종定宗
(945.9~949.3)
광종光宗
(949.3~975.5)
경종景宗
(975.5~981.7)
목종穆宗
(997.10~1009.2)
욱旭
성종成宗
(981.7~997.10)
덕종德宗
(1031.5~1034.9)
욱郁
현종顯宗
(1009.2~1031.5)
정종靖宗
(1034.9~1046.5)
순종順宗
(1083.7~1083.10)
문종文宗
(1046.5~1083.7)
선종宣宗
(1083.10~1094.5)
헌종獻宗
(1094.5~1095.10)
숙종肅宗
(1095.10~1105.10)
예종睿宗
(1105.10~1122.4)
의종毅宗
(1146.3~1170.9)
인종仁宗
(1122.4~1146.3)
명종明宗
(1170.9~1197.9)
강종康宗
(1211.12~1213.8)
고종高宗
(1213.8~1259.6)
원종元宗
(1259.6~1274.6)
충렬왕忠烈王
(1274.6~1298.1)
(1298.8~1308.7)
신종神宗
(1197.9~1204.1)
희종熙宗
(1204.1~1211.12)
서恕 — 인絪 — 영瑛 — 분玢 — 유瑈 — 균鈞 — 공양왕恭讓王 — 세자世子 — 석奭
(1389.11~1392.7)
충선왕忠宣王
(1298.1~1298.8)
(1308.7~1313.3)
충숙왕忠肅王
(1313.3~1330.2)
(1332.2~1339.3)
공민왕恭愍王
(1351.10~1374.9)
폐왕 우廢王禑
(1374.9~1388.6)
폐왕 창廢王昌
(1388.6~1389.11)
충혜왕忠惠王
(1330.2~1332.2)
(1339.10~1344.1)
충목왕忠穆王
(1344.2~1348.12)
충정왕忠定王
(1349.1~1351.10)

* ( ) 안의 연도는 각 왕의 재위 기간

◉ 고려 34대 475년

대	왕명	이름	자	재위년수	즉위시 나이(만)	능	생몰년
01	태조太祖	건建	약천若天	918.6~943.5	41세	현릉顯陵	877~943
02	혜종惠宗	무武	승건承乾	943.5~945.9	31세	순릉順陵	912~945
03	정종定宗	요堯	천의天義	945.9~949.3	22세	-	923~949
04	광종光宗	소昭	일화日華	949.3~975.5	24세	헌릉憲陵	925~975
05	경종景宗	주伷	장민長民	975.5~981.7	20세	영릉榮陵	955~981
06	성종成宗	치治	온고溫古	981.7~997.10	21세	강릉康陵	960~997
07	목종穆宗	송訟	효신孝伸	997.10~1009.2	17세	공릉恭陵	980~1009
08	현종顯宗	순詢	안세安世	1009.2~1031.5	17세	선릉宣陵	992~1031
09	덕종德宗	흠欽	원량元良	1031.5~1034.9	15세	숙릉肅陵	1016~1034
10	정종靖宗	형亨	신조申照	1034.9~1046.5	16세	주릉周陵	1018~1046
11	문종文宗	휘徽	촉유燭幽	1046.5~1083.7	27세	경릉景陵	1019~1083
12	순종順宗	휴烋, 훈勳	의공義恭	1083.7~1083.10	36세	성릉成陵	1047~1083
13	선종宣宗	증蒸, 운運	계천繼天	1083.10~1094.5	34세	인릉仁陵	1049~1094
14	헌종獻宗	욱昱	?	1094.5~1095.10	10세	온릉隱陵	1084~1097
15	숙종肅宗	희熙, 옹顒	천산天常	1095.10~1105.10	41세	영릉英陵	1054~1105
16	예종睿宗	우俁	세민世民	1105.10~1122.04	26세	유릉裕陵	1079~1122
17	인종仁宗	구構, 해楷	인표仁表	1122.4~1146.3	13세	장릉長陵	1109~1146
18	의종毅宗	철徹, 현晛	일승日升	1146.3~1170.9	19세	희릉禧陵	1127~1173
19	명종明宗	흔昕, 호晧	지단之旦	1170.9~1197.9	39세	지릉知陵	1131~1202
20	신종神宗	민旼, 탁晫	지화至華	1197.9~1204.1	53세	양릉陽陵	1144~1204
21	희종熙宗	덕悳, 영韺	불피不陂	1204.1~1211.12	23세	석릉碩陵	1181~1237
22	강종康宗	숙璹, 정貞, 오祦	대화大華	1211.12~1213.8	59세	후릉厚陵	1152~1213
23	고종高宗	진瞋, 철瞮	대명大明	1213.8~1259.6	21세	홍릉洪陵	1192~1259
24	원종元宗	전倎, 식植, 진禛	일신日新	1259.6~1274.6	40세	소릉韶陵	1219~1274
25	충렬왕忠烈王	심諶, 춘賰, 거昛	?	1274.6~1298.1 1298.8~1308.7	38세 /62세	경릉慶陵	1236~1308
26	충선왕忠宣王	원謜, 장璋	중앙仲昻	1298.1~1298.8 1308.7~1313.3	23세 /33세	덕릉德陵	1275~1325
27	충숙왕忠肅王	도燾, 만卍	의효宜孝	1313.3~1330.2 1332.2~1339.3	19세 /38세	의릉毅陵	1294~1339
28	충혜왕忠惠王	정禎	?	1330.2~1332.2 1339.3~1344.1	15세 /24세	영릉永陵	1315~1344
29	충목왕忠穆王	흔昕	?	1344.2~1348.12	7세	명릉明陵	1337~1348
30	충정왕忠定王	저?	?	1349.1~1351.10	11세	총릉聰陵	1337~1352
31	공민왕恭愍王	기祺, 전?	이재怡齋	1351.10~1374.9	21세	현릉玄陵	1330~1374
32	우왕禑王	우禑	?	1374.9~1388.6	9세	-	1365~1389
33	창왕昌王	창昌	?	1388.6~1389.11	8세	-	1380~1389
34	공양왕恭讓王	요瑤	?	1389.11~1392.7	44세	고릉高陵	1345~1394

(? : 미상)

◉ 고려 시대 능의 위치

명칭	묘호	형식	소재지	문화재 지정 사항
가릉嘉陵	순경 태후(원종의 비)	단릉單陵	경기 강화군 양도면 능내리	경기 기념 5
강릉康陵	성종		경기 개풍군 청교면 배야리	
경릉景陵	문종		경기 장단군 진서면 경릉리	
고려 고종 홍릉 高麗 高宗 洪陵	고종		경기 강화군 강화읍 국화리	사적 224
고려 공양왕 高麗 恭讓王	공양왕		경기 고양시 원당읍 원당리	사적 191
고릉高陵	순비 노씨			
곤릉坤陵	원덕 왕후(강종의 비)		경기 강화군 양도면 길정리	
명릉明陵	충목왕		경기 개풍군 토성면 여릉리	
석릉碩陵	희종		경기 강화군 양도면 능내리	경기 기념 4
선릉宣陵	현종		경기 개풍군 토성면 여릉리	
성릉成陵	순종		경기 개풍군 상도면 풍천리	
소릉韶陵	원종		경기 개풍군 영남면 소릉리	
순릉順陵	혜종		경기 개성시 자하동	
실직군 왕릉 悉直君 王陵	금종		강원 삼척시 성북동	강원 기념 15
안릉安陵	정종		경기 개풍군 청교면 양릉리	
양릉陽陵	신종		경기 개풍군 청교면 양릉리	
영릉榮陵	경종		경기 개풍군 진봉면 탄동리	
영릉英陵	숙종		경기 장단군 진서면 눌목리	
유릉裕陵	예종		경기 개풍군 청교면 유릉리	
정릉正陵	공민왕비(노국 공주)		경기 개풍군 토성면 여릉리	
지릉智陵	명종		경기 장단군 장도면 두매리	
총릉聰陵	충정왕		경기 개풍군 청교면 유릉리	
칠릉七陵			경기 개풍군 토성면 여릉리	
헌릉憲陵	광종		경기 개풍군 영남면 반정리	
현릉顯陵	태조		경기 개풍군 토성면 여릉리	
현릉玄陵	공민왕		경기 개풍군 토성면 여릉리	

01

오백년 왕조의 문을 열다

영웅의 탄생

바야흐로 천년 왕국 신라의 국운이 서산에 걸린 저녁 해처럼 쓸쓸하게 기울어가고 있었다. 각지에서 반란군이 일어나 나라를 어지럽히고 있었지만 중앙 정부는 그것을 제어할 여력조차 갖추지 못하고 있었다.

숱한 무리 중 눈에 띄는 반란의 수뇌는 견훤과 궁예였다. 남쪽 땅에 웅거하며 나라 이름을 후백제라 정한 견훤과 철원을 도읍지로 하여 고구려의 옛 땅에 웅거한 태봉의 왕 궁예. 이들은 기울어가는 천년 왕국 신라의 경순왕과 함께 후삼국 시대를 열어갈 당대의 영웅들이었다.

그러나 후삼국 시대의 혼란을 잠재우고 새로운 왕조를 일으켜 세울 진정한 영웅은 그때 비로소 탄생하였다. 바로 고려의 창국주 왕건이었다.

왕건의 자는 약천若天이고, 송악에서 877년(정유) 정월 병술일에 태어났다. 아버지는 금성 태수 융隆(세조), 어머니는 한씨韓氏(위숙 왕후)이다.

한씨가 출산하던 날, 하늘에서는 신기한 광채와 상서로운 빛 기운이 일어 왕건의 집을 비춰 주었다. 이로 말미암아 방 안과 뜰에는 종일토록 상서로운 빛이 서려 있었다.

어려서부터 총명하고 지혜로웠던 왕건은 용의 얼굴에 이마는 해와 같이 둥글며 턱은 모나고 낯이 널찍하였다. 기상이 탁월하고 음성이 웅장하였으며 세상을 건질 만한 도량이 있었다.

왕건의 꿈

18세가 된 왕건은 어느 날, 기이한 꿈을 꾸었다. 장대비가 쏟아져 하늘을 뒤덮는 꿈이었다. 그 장쾌한 빗소리와 천지를 뒤엎는 물 사태가 어찌나 생생하던지 왕건은 잠에서 깨어나서 한동안 생각에 잠겨 있었다.

그러던 중 왕건은 영암 사람 최총진崔聰進을 떠올렸다. 그는 원보 최상흔의 아들로 청백 검박하고 인자 온화하며 총명 예민하고 학문을 즐겼다. 대광大匡 현일玄一에게서 글을 배워 경사에 널리 통달하였으며 특히 천문과 복서卜筮에 정통하였다.

워낙 기이한 꿈이었던 탓에 왕건은 최총진의 지혜를 빌릴 생각으로 그를 불러들였다. 수인사가 끝나고 고민에 잠긴 듯한 얼굴로 왕건이 꿈 이야기를 하자, 묵묵히 듣고 있던 최총진의 표정이 한순간 달라졌다.

"이는 필시……, 장차 삼한을 통합하여 다스릴 길조가 분명합니다. 다만 하늘의 뜻을 헤아려 거사를 일으켜야 할 줄로 아오."

왕건은 일면 기쁘면서도 두려움을 감추지 못했다. 그러나 최총진은 변함없이 바위처럼 굳은 모습과 눈길로 왕건을 바라보고 있었다. 왕건은 최총진이 미더웠다.

"정말 그대의 꿈 풀이대로 되겠소?"

"이제 보니 비록 젊으시나 영웅적 기상이 다분하고, 의젓하여 하늘도 외면하지 않으리라는 확신이 듭니다. 꿈의 내용대로 전력을 기울여 행하소서."

비로소 왕건은 크게 웃으며 최총진의 이름을 지몽知夢이라 고쳐 주었고, 비단옷을 하사하며 평생 그와 함께할 뜻을 비쳤다. 최지몽 또한 기꺼이 그에 따라 왕건 곁을 잠시도 떠나지 않았으며 후삼국 통일 이후에도 측근 참모로서 왕건의 총애를 받았다.

최지몽은 왕건뿐만 아니라 혜종과 경종, 성종 대에 이르기까지 변함없이 임금의 총애를 받으며 국가에 헌신하다가 987년(성종 6) 81세를 일기로 세상을 하직하였다. 994년(성종 13) 경종 묘정에 배향되었고, 시호는 민휴敏休이다. 혜종을 암살 위기에서 구하기까지 한 그에 관한 자세한 사연은 뒤에서 다시 다루기로 한다.

왕건, 성주가 되다

우리는 때때로 영웅들의 일생을 이야기할 때, 영웅적 기질을 타고난 당사자의 면면만을 강조하는 우를 범한다. 대저 그 아비에 그 자식이라고 하였다. 세상을 건진 왕건의 영웅적 기질은 아버지의 가르침에 영향 받은바 컸을 터이다.

왕건의 아버지 왕융王隆(세조)은 당시 송악군 사찬沙飡으로 재직하고 있었다. 비록 신라의 녹을 먹고 있었으나 붕괴하여 가는 신라의 모습을 바라보며 괴로워하고 갈등했을 것이 틀림없다.

'나라를 버리는 것이 신하 된 도리는 아니겠으나 어차피 기울어 버린 나라 아닌가. 세상을 구하고 강력한 왕조를 새로 건설할 사람은 과연 누구인가.'

맏아들 왕건의 됨됨이를 잘 아는 왕융은 설화에 등장하는 풍수가의 예에서 알 수 있듯 그때 이미 대망을 가슴에 품고 있었다. 그랬기에 896년(건녕乾寧 3년 병진)에 자기 고을을 바치고 궁예의 부하가 된 것이리라. 대망을 이루고자 당대의 영웅 궁예 밑으로 스스로 고개를 숙이고 들어간 셈이었다. 궁예는 크게 기뻐하며 그를 태수로 삼았다. 그러나 왕융은 그쯤으로 만족하지 않았다.

"대왕이 만일 조선, 숙신, 변한 지역에서 왕 노릇을 하려면 먼저 송악에 성을 쌓고 나의 맏아들을 성주로 삼는 것이 좋을 듯하옵니다. 비록 미거한 자식이나 용렬하지 않고, 뜻이 깊으니 대왕에게 필요한 수족의 역할은 충분히 해낼 수 있으리라 사료됩니다."

궁예 입장에서는 어차피 거저 얻은 땅이었다. 그는 망설임 없이 발어참성勃禦塹城(신라 시대 성곽으로 개성 귀인문이 있던 자리)을 쌓고 나이 스물에 불과한 왕건을 성주로 삼았다. 앞을 내다볼 줄 아는 왕융의 결단 덕분에 왕건은 당대의 영웅 중 한 사람인 궁예의 밑으로 들어가 대망을 키워갈 수 있게 된 셈이었다.

궁예, 오른팔을 얻다

후고구려의 건국자 궁예의 성은 김씨이다. 아버지는 신라 제47대

헌안왕이고, 어머니는 궁녀였다고 하는데 이름은 전해지지 않는다. 신라 제48대 경문왕 응렴膺廉의 아들이라는 설도 있지만 이 또한 확실하지 않다.

궁예는 5월 5일 외가에서 출생하였다고 하는데, 태어나자마자 이가 나고 이상한 빛까지 나타나 장차 해로운 인물이 되리라는 의심을 받았다. 이를 믿은 왕이 죽일 것을 명하였고 궁예의 집으로 달려간 사자가 강보에 싸인 아기를 빼앗아 다락 밑으로 던져 버렸다.

그러나 궁예는 죽지 않았다. 다락 밑에 숨은 유모가 궁예를 받아낸 것이다. 궁예가 애꾸가 된 것은 그 과정에서였다. 유모가 손가락으로 눈을 잘못 건드린 것이다.

왕족으로 태어났으나 왕실의 내분으로 환영받지 못하는 인물로 자라난 궁예는 후에 세달사世達寺에서 출가하여 승려가 된다.

운이 다하여 가뜩이나 쇠약했던 신라 왕실은 거듭되는 흉년에 국고마저 탕진되자 세금을 과도하게 거둬들이기 시작한다. 이에 불만을 품은 백성이 곳곳에서 들고 일어나 도적이 된다.

이들 가운데 두각을 나타낸 인물은 기훤箕萱과 양길梁吉이다. 궁예는 891년에 기훤에게 몸을 의탁하고자 하였으나 기훤이 받아주지 않고 내치자, 다시 양길을 찾아간다.

양길의 부하가 된 궁예는 군사를 나누어 받고 원주 치악산 석남사石南寺를 거쳐 주천酒泉(현 강원도 영월), 내성奈城(현 경북 봉화), 울오鬱烏(현 강원도 평창), 어진御珍(현 경북 울진) 등 여러 현과 성을 정복한다. 궁예는 다시 894년에 명주溟州(현 강원도 강릉)를 아울렀다. 당시 궁예를 따르는 무리는 3천5백 명쯤 되었다. 이들을 14대로 편성하여 세력 기반으로 삼은 궁예는 장군으로 추대되기까지 한다.

짧은 기간에 세가 많이 불어났다고는 하지만 궁예의 세력은 견훤이

나 여타 지방 호족들의 그것에 비하여 미약하기 이를 데 없어, 천하를 얻을 만한 세력이나 기세를 갖추지 못한 상황이었다.

궁예가 왕건 부자를 얻은 것은 그즈음이었다. 이어질 왕건의 빛나는 전공을 감안해 보면 궁예는 천하의 주인이 되게 하여줄 만한 영웅을 얻은 셈이었다.

승승장구하는 왕건

왕건이 역사의 주역으로 등장하기 시작한 것은 900년부터였다. 궁예는 왕건에게 명하여 광주와 충주 등 3개 주와 당성(남양주: 현 화성), 괴양(현 충북 괴산)을 정벌하라 하였다. 이에 왕건은 병사들의 대열을 가지런하게 정비한 후 앞으로 나아가 상기한 지역들을 모두 평정하였다. 이때의 공으로 왕건은 아찬 벼슬에 올랐다.

903년에는 다시 수군을 거느리고 서해로 나가 광주 지경에 이르렀다. 왕건은 금성군을 공격하여 함락시키고, 10여 개의 군현을 쟁취하였다. 그는 정복한 지역을 정비하기도 하였는데, 금성을 나주라고 고쳤으며 군사를 나누어 수비하게 한 후에야 개선하였다.

이 해에 적의 공격을 받은 양주(현 경남 양산) 장수 김인훈이 급히 구원을 청하자, 왕건이 다시 출병하여 적을 물리치고 편안케 만들었다. 왕건이 돌아왔을 때, 궁예는 변경 방비 사업에 대한 것을 물었다. 이에 왕건은 변경을 안정시키고 국경을 개척할 방책에 대하여 막힘없이 진술하여 궐내의 인물들에게 자신의 존재를 인지시키는 기회가 되었다. 좌우의 인물들이 왕건을 놀라운 눈으로 바라보는 가운데 궁예 또한 왕건의 재주를 기특하게 여겨 벼슬을 높여 알찬으로 임명하였다.

이처럼 왕건은 승리를 거듭하며 입지를 굳혀가고 있었으나 이것 못지않게 중요한 일이 정주 지방에서 있었다. 훗날 왕건이 고려를 창국하는 데 결정적으로 기여한 신혜 왕후 유씨를 만난 일이 그것이었다.

유씨의 일편단심

신혜 왕후 유씨는 정주 사람으로 삼중대광 천궁의 딸이었다. 천궁은 큰 부자로 정주 사람들이 장자라고 칭하였다.

군사를 거느리고 정주 땅을 지나가던 왕건은 버드나무 고목 밑에 이르러 말을 멈추고 쉬던 중 냇가에 서 있는 유씨를 발견하였다. 덕이 넉넉하게 깃든 유씨의 얼굴을 보고 왕건은 가까이 다가가 물었다.

"너는 누구의 딸이냐?"

"이 고을 장자의 집 딸입니다."

유씨는 다소곳이 고개를 숙인 채 대답하였다.

이를 인연으로 하여 왕건은 그날 밤 유천궁柳天弓의 집에서 머물게 되었다. 왕건이 그 집에 이르니 천궁이 친히 나와 융숭하게 향연을 베풀었다. 이때 유천궁은 왕건의 빛나는 기상을 알아보고 유씨 처녀로 하여금 하룻밤 합궁케 하였다.

이튿날, 왕건은 떠나기에 앞서 유씨 처녀를 불러 이렇게 일렀다.

"잊지 않고 훗날 다시 그대를 찾을 것이오. 부디 기다려 주오."

기다리겠다는 유씨 처녀의 대답을 듣고 왕건은 전쟁터를 향해 길을 떠났다.

그날 이후 왕건은 참으로 바쁜 나날을 보냈다. 나주 지방의 지배권을 굳건하게 다지는 데 큰 역할을 하였으며 913년 파진찬, 시중 벼슬에 오르기까지 여러 방면에서 혁혁한 공을 세웠다.

그러다 914년 적의 공격을 받은 나주 지방이 위험에 처하자 왕건이 부랴부랴 군사들을 이끌고 출병하였고 공교롭게도 왕건은 정주에 이르러 다시 쉬어가게 되었다. 문득 유씨 처녀가 생각난 왕건은 곧 유천궁의 집으로 말을 몰았다. 그러나 유씨 처녀는 집에 없었다.

소식이 끊기고 나서 왕건에게서 영영 소식이 없자, 지조를 정결케 지키다 못해 머리를 깎고 승려가 되어 버린 것이었다. 가슴이 울컥할 정도로 유씨의 일편단심에 감동한 왕건은 나주 지방을 평정한 다음 유씨 처녀를 불러서 부인으로 삼았다.

생각해 보면 유씨 부인의 정절이 참으로 대단하다 아니할 수 없겠다. 처음 만난 것이 903년이요, 다시 만난 것이 913년이니 만 10년간 일편단심 왕건만 기다리며 살았고, 그 고귀한 정조를 지키려고 일생을 포기한 채 승려가 되어 버린 여자였으니 말이다.

포악해진 궁예, 망조의 길로 들어서고

이야기는 다시 왕건이 유씨 부인과의 첫 만남 이후 국사에 여념이 없던 시절로 거슬러 올라간다.

906년에 궁예는 왕건에게 명하여 정기 장군 금식 등과 함께 상주 사화진을 공격하게 하였고 왕건은 사화진에서 견훤과 여러 번 싸워서 이겼다.

이로 말미암아 궁예가 다스리는 영토는 한층 넓어졌다. 아울러 군대가 점점 강해지자 신라를 병탄할 뜻을 품은 궁예는 신라를 멸도라고 불렀으며 신라로부터 항복해 오는 자들을 남김없이 다 죽였다.

왕건은 나날이 포악해지는 궁예의 모습을 바라보는 것이 편치 않았다. 궁예의 포악한 심사가 자신에게 미치지 않을까, 늘 염려하고 있었으나 왕건은 궁예의 그러한 점이 자신에게 크나큰 기회로 다가오게 되리라는 사실을 그때는 미처 깨닫지 못하고 있었다.

왕건은 궁예를 두려워하여 중앙이 아니라 지방 군무에 뜻을 두었고, 이를 간곡하게 청하였다. 마침 나주 지방 방비 사업이 시급한 상황이었던 터라 궁예는 곧 왕건에게 나주로 가서 지킬 것을 명령하고 관등을 높여 한찬 수군 대장군으로 삼았다.

왕건이 성심껏 군사들을 무마하여 위엄과 은혜를 갖추니 사졸들은 그를 두려워하고 사랑하며 용기를 내어 싸울 것을 늘 생각하였다. 이렇듯 강하고 정돈된 군사들을 맞이할 때마다 적들은 그 기세에 위압되어 힘도 제대로 쓰지 못하고 제압되거나 지레 겁먹고 도망치곤 하였다.

이때 왕건이 수군을 거느리고 광주 염해현에 머물다가 오월국으로 들어가는 견훤의 배를 노획하니 궁예가 매우 기뻐하며 특별히 표창을 내렸다.

궁예는 또 왕건에게 명하여 알찬 종희, 김언 등을 부장으로 삼아 군사 2천5백을 거느리고 광주 진도군을 치게 하였다. 왕건은 즉시 진도군을 함락시킨 후 고이도에 머물다가 나주 포구에 이르렀다.

포구에는 견훤이 직접 군사를 거느리고 나와 전함들을 늘여 놓고 있었다. 목포에서 덕진포에 이르기까지 꼬리에 꼬리를 물며 늘어선 군사들의 형세를 보자, 왕건의 군사들은 겁먹은 빛이 역력했다.

"근심하지 말라. 전쟁에서 이기고 지는 것은 군대의 의지가 통일되어 있느냐 하는 데 있는 것이지 그 수가 많고 적은 데 있는 것이 아니다."

왕건은 침착한 어조로 흔들리는 군사들의 마음을 다잡아 주었다. 그러고는 곧 진군하여 급히 공격하니 적선들이 당황하여 조금 퇴각하였다. 이에 바람의 방향을 살피던 왕건이 불을 놓으니 적은 불에 타거나 물에 빠져 죽는 자가 태반이었다. 게다가 왕건의 군사들이 적의 머리 5백여 급을 베자, 견훤은 배를 타고 도망해 버렸다.

이번 싸움은 두 가지 면에서 큰 의미가 있었다. 첫째는 견훤의 정예군을 격파함으로써 앞으로 펼쳐질 패권 경쟁에서 상당히 유리한 위치에 올라서게 되었다는 점이고, 둘째는 삼한 전체 지역에서 궁예가 절반 이상의 땅을 차지하게 되었다는 점이었다.

이렇듯 큰 공을 세웠지만 왕건은 전함을 수리하고 군령을 준비하여 나주에 그냥 주둔하였다. 군사들은 중앙으로 올라가 세운 공대로 상을 받았으면 하는 마음이었다. 김언 등이 이러한 뜻을 숨기지 않고 투덜거리자 군사들의 기강이 해이해졌다.

왕건이 그런 그들에게 말했다.

"부디 흔들리지 말라. 오직 힘을 다하여 복무하고 두 마음을 먹지 말아야 복을 얻을 것이다. 지금 임금이 포악하여 죄 없는 사람을 많이 죽이며 아첨하는 자들이 득세하여 음해를 일삼고 있지 않느냐. 이 때문에 중앙에 있는 자들은 자기 목숨조차 보전하기 어려운 형국이다. 차라리 정벌에 종사하고 왕실을 위해 전력함으로써 자기 몸을 보전하는 것이 더 낫다."

왕건의 처세가 숨김없이 드러난 대목이라 하겠다. 여러 장수도 왕건의 말을 그럴듯하게 여겼다.

백관의 우두머리가 되다

913년 왕건이 압해현 반란군의 두령 능창까지 잡아 죽인 후 인근 지역을 평정하고 돌아가자, 궁예는 왕건의 관등을 높여 파진찬波珍湌으로 임명하고 시중까지 겸하게 하였다. 수군 사업은 전체 부장인 김언 등에게 맡겼으나 그 후에도 징벌에 관한 일은 반드시 왕건에게 품의하여 실행토록 하였다. 왕건에 대한 궁예의 신뢰를 엿볼 수 있는 대목이었다.

한편 본의 아니게 파진찬과 시중을 겸하여 백관의 우두머리가 된 태조(왕건)는 자신의 지위를 절대 기뻐하지 않았다. 오히려 참소를 두려워하여 국정을 논할 때에는 언제나 감정을 억누르고 조심하여 군중의 인심을 얻기에 힘썼다. 또한 착한 이를 좋아하고 악한 자를 미워하여 누가 참소를 입는 것을 보면 반드시 구해 주었다.

당시 청주 사람 아지태라는 자는 본래 아첨을 좋아하고 간사하였다. 궁예가 아첨을 좋아하는 것을 보고 아지태는 같은 고을 사람인 입전, 신방, 관서 등을 참소하였다. 이에 해당 관리가 이 사건을 맡아 심리하였는데 수년 동안이나 판결이 나지 않고 있었다. 뒤늦게 이를 안 왕건은 당장 그 사건의 흑백을 분간하여 판결을 내렸다. 여러 사람이 왕건의 명쾌하고 정의로운 일 처리를 보고 유쾌하게 생각하였다. 이로부터 군문의 장교, 종실, 원훈들과 지혜 있고 학식 있는 무리가 전부 왕건에게 쏠리어 그를 따르지 않는 이가 없었다.

그러나 왕건은 포악한 궁예와 그 밑에서 아첨을 일삼는 무리에 의해 화가 미칠 것을 두려워하여 다시 외방 벼슬을 요구하였다. 때마침 수군 장수의 지위가 낮아 적을 위압하지 못하고 있던 차라 궁예는 왕건이 적임자라고 판단하여 시중 벼슬을 해임하고 그를 다시 외방으로 보내 수군을 통솔하게 하였다.

왕건, 아들을 얻다

왕건은 정주 포구로 가서 전함 70여 척을 수리하여 군사 2천 명을 싣고 나주에 이르렀다. 백제 사람들과 해상의 좀도둑들은 왕건이 다시 온 것을 알고 두려워하여 감히 준동하지 못했다.

그런데 왕건이 목포에 배를 대고 머물러 있으며 적의 동태를 살필 때였다. 하늘을 바라보니 홀연 오색의 운기가 있는지라 배에서 내려 그쪽으로 다가가 보니 놀랍게도 한 아녀자가 빨래를 하고 있었다.

고려 제2대 왕 혜종을 낳은 장화 왕후 오씨와의 만남은 이렇게 이루어졌다. 장화 왕후 오씨는 나주 사람으로 할아버지는 부돈이고, 아버지는 다련군多憐君이다. 대대로 목포(현 전남 나주)에 살았는데 다련군이 사간 연위의 딸 덕교에게 장가들어 오씨를 낳았다. 오씨는 일찍이 포의용이 와서 자신의 몸속으로 들어가는 꿈을 꾸어 기이하게 여기고 있었는데 때마침 왕건이 목포에 이르러 오씨를 보러 온 것이었다.

왕건은 그날 밤 오씨를 품에 안았으나 오씨가 워낙 미천한 신분이었기 때문에 왕건은 임신을 원치 않았다. 그리하여 오씨의 몸속이 아니라 이불 위에 사정하였는데 오씨가 이를 알고 급히 자신의 몸속에 그것을 집어넣었다. 오씨는 이때 임신하여 아들을 낳았는데 이가 곧 혜종이었다.

미천한 어머니를 둔 혜종이 왕위에 오르는 과정은 뒤에 언급하기로 하고 이제 다시 천하를 거머쥐고자 한 발 한 발 앞으로 나아가는 왕건의 이야기로 되돌아가 보기로 한다.

위기에 빠진 왕건

왕건은 나주와 목포 지역을 안정시키고 나서 내키지 않지만 궁예 앞으로 돌아가 해상의 경제적 이익과 임기응변할 군사 방책들을 보고하였다. 이에 궁예가 기쁨을 감추지 못했다.

"나의 여러 장수들 중에 누가 이 사람과 비할 만한가."

궁예는 좌우 신하들을 돌아보며 진심으로 왕건을 칭찬하였다.

그 시절 궁예는 반역이라는 죄명을 덮어씌워 하루에도 백여 명씩 죽이고 있었다. 영토가 넓어지고, 왕국의 체제가 정비되어 갈수록 궁예는 불안했을 것이다. 누군가 자신의 지위를 노리고 반역할지도 모른다는 불안과 초조를 이겨내지 못하고 무고한 사람들을 죽음으로 내몬 것이 분명했다. 장수나 정승 중에 해를 입은 자가 십중팔구였다 하니 궁예의 행악이 극에 이르렀음을 짐작해 볼 수 있다.

"나는 미륵 관심법을 체득하여 부녀들의 음행까지도 알아낼 수 있다."

궁예는 늘 이렇게 소리치며 힘없는 부녀자들까지 사지로 내몰았다. 3척이나 되는 쇠방망이를 만들어 죽이고 싶은 자가 있으면 곧 그것을 달구어 여자든 남자든 급소를 찔러 연기가 입과 코로 나오게 하여 죽였다. 이리하여 정승과 장수들로부터 아래로는 일반 부녀자들까지 궁예의 행악이 무서워 벌벌 떨었으며, 그 원망이 하늘을 찌를 정도였다.

그러던 어느 날이었다. 하루는 궁예가 왕건을 급히 대궐 안으로 불러들였다. 불길한 예감이 들었으나 왕건은 지체하지 않고 궁예 앞으로 나아갔다. 궁예는 처형한 사람들로부터 몰수한 금은 보물과 가재도구들을 점검하다 말고 성난 눈으로 한참이나 왕건을 노려보았다.

"그대가 어젯밤에 사람들을 모아서 반란을 일으키려고 음모한 것은 웬일인가?"

청천벽력 같은 말이었다. 그러나 왕건은 얼굴빛이 조금도 변하지 않고 태연하게 웃으면서 대꾸했다.

"어찌 그럴 리가 있겠습니까?"

그러나 궁예는 노한 빛이 조금도 수그러들지 않았다.

"그대는 나를 속이지 마라. 나는 능히 관심觀心을 하기 때문에 그것을 다 안다. 지금 입정을 하여 보고 나서 그 일을 이야기하겠다."

궁예는 이야기를 마치자마자 눈을 감고 뒷짐을 지더니 하늘을 향하여 고개를 젖힌 채 한동안 있었다. 왕건은 가슴이 두근거리고 사지가 오그라드는 듯한 공포에 사로잡혔다. 궁예가 마음먹기에 따라 왕건은 목숨을 잃을 수도 있는 상황이었다.

그런데 바로 그때 장주掌奏 최응崔凝이 짐짓 붓을 떨어뜨리고 뜰로 내려와 그것을 줍는 척하며 왕건 곁을 스쳐가면서 귓속말을 했다.

"왕의 말 그대로 복종하지 않으면 위태로울 것이오."

왕건은 그제야 자신이 해야 할 바를 깨닫고는 목청을 가다듬었다.

"사실은 제가 모반하였으니 죽을죄를 지었습니다."

궁예가 두 눈을 번쩍 뜨더니 왕건을 바라보며 껄껄 웃었다.

"그대는 정직한 사람이라고 할 만하다. 앞으로는 나를 속이지 말라."

궁예는 금은으로 장식한 말안장과 굴레를 왕건에게 주었다.

왕건을 구한 사람 최응

그날 기지를 발휘하여 왕건을 구한 최응은 898년 황주 토산에서 태어났다. 부친은 대상 최우달이며 최응의 모친이 그를 잉태하였을 때 꾸었다는 기이한 꿈 이야기가 오늘날까지 전해진다.

최응의 어머니가 그를 임신하였을 때 집 앞에는 오이가 열렸다. 그런데 어느 날 꿈에 오이 넝쿨에서 홀연 참외가 탐스럽게 열렸다. 하도 기이하여 읍 사람들이 이 이야기를 궁예에게 알렸다.

"남자아이를 낳으면 나라에 이롭지 않을 것이니 절대로 키우지 말라."

궁예가 점을 쳐보고 나서 이렇게 명했다고 한다. 그러나 최응의 부모는 그를 몰래 숨겨두고 양육하였다.

최응은 어려서부터 공부에 힘썼으며 장성하여서는 오경五經을 통달하고 글을 잘 지었으므로 궁예의 한림낭이 되었으며 제고(왕의 명령서)를 기초할 때마다 왕을 흡족하게 하였다.

"소위 성인이란 이런 사람이 아니겠는가?"

궁예가 최응을 두고 이렇게 칭찬한 적도 있었다.

최응은 궁예가 왕위에 있을 때보다 왕건이 즉위하고 나서 더 귀하게 쓰였다. 왕건은 즉위하자마자 최응을 옛 관직 그대로 지원봉상사에 임명하였다가 곧 광평 낭중으로 올려 주었다.

그는 대신이 될 만한 도량이 있고, 행정 실무에도 통달하여 당시에 명망이 대단히 높았다. 왕건의 인증과 우대를 받았으며 밤낮 근면하게 일하였고, 공헌한 바가 많았다.

"그대는 학식이 풍부하고 재주가 고명하여 정치하는 방법도 다 알고 있다. 나라를 위하여 근심하여 복무하는 데도 자기 몸을 잊고 충성을 다 하니 옛날 명신들도 그대보다 더 훌륭하지 못하리라."

광평시랑으로 최응의 벼슬을 올려줄 때 왕건은 칭찬을 아끼지 않았다. 그러나 최응은 굳이 사양하며 이렇게 말하였다.

"저의 동료 윤봉은 저보다 10년이나 연장이니 그를 먼저 임명해 주시기 바랍니다."

"능히 예의를 지키고 사양할 줄 안다면 그가 나라를 다스림에 무슨 어려움이 있으리오. 예전에 이런 말을 들었더니 이제야 그런 사람을 보는구나."

왕건은 최응의 겸허한 태도에 감동하여 곧 그 말에 따랐다.

최응은 항상 소찬을 먹었다. 일찍이 그가 병들어 누워 있을 때 태조(왕건)가 태자를 보내서 문병하고 육류를 먹으라고 권하면서 말했다.

"자기 손으로 짐승을 죽이지만 않으면 그만이지 고기를 먹는다고 해서 무엇이 나쁘겠는가?"

그러나 최응은 굳이 사양하며 고기를 먹지 않았다. 이에 태조가 직접 그의 집으로 가서 다시 권하였다.

"고기를 먹지 않는 것은 두 가지 잘못이 있다. 첫째로 자기 몸을 보전하지 못하여 종신토록 부모를 봉양할 수 없으니 불효요, 둘째로 자기 수명을 길이 유지하지 못하므로 나로 하여금 좋은 보필을 일찍이 잃게 하니 불충이로다."

최응은 그제야 고기를 먹기 시작하더니 과연 건강이 회복되었다. 이날 태조가 최응에게 말하기를

"옛날에 신라가 9층 탑을 만들고 드디어 통일 위업을 이룩하였다. 이제 개경에 7층 탑을 건축하여 현묘에 공덕을 빌고, 여러 악당을 제거하여 삼한을 통일하려니 그대는 나를 위하여 발원문을 만들라."

고 하였다. 이에 최응이 글을 지어 바쳤다.

애석하게도 최응은 932년(태조 15)에 향년 35세로 세상을 마감하였다. 당시 연산군에 있던 태조는 부고를 받고 세상을 잃은 듯 애통해 했으며, 원보 벼슬을 추증하였다. 이에 더하여 태광, 태자, 태보까지 관직을 추증하였고, 시호는 희개熙愷라고 하였다. 1027년(현종 18)에 태조 묘정에 배향하였고, 1033년(덕종 2)에 사도를 추증하였다. 아들은 최빈이다.

고려의 문이 열리다

앞에서 최응을 언급하다 보니 왕건이 왕위에 오른 다음의 이야기가 잠깐 나왔다. 이제 918년으로 되돌아가 왕건이 왕위에 오르는 과정을 지켜보기로 하자.

왕건은 나이 30세가 되던 해에 9층 금탑 위로 올라가 세상을 굽어보는 꿈을 꾸었다. 하늘이 장차 벌어질 일을 왕건에게 꿈에서나마 미리 보여준 것인지도 모를 일이었다.

그런데 918년 3월, 중국 상인 왕창근이라는 사람이 고려에 도착하여 개경 거리를 거닐고 있을 때였다. 문득 왕창근 앞에 얼굴이 이상하고, 수염과 머리가 희며 옛날 관을 쓰고 거사가 입는 옷을 입은 사람이 나타났다. 그는 왼손에 도마 세 개를 들고 있었고, 오른손에는 옛날 거울 하나를 들고 있었다. 그 거울은 사방이 1척 가량이었는데, 왕창근에게 밑도 끝도 없이 거울을 사겠느냐고 물었다. 왕창근은 거울을 요모조모 살피다가 쌀 두 말을 주고 샀다.

그런데 이상한 일이었다. 거울 주인이 쌀 두 말을 길가 거지들에게 다 나눠주더니 선풍과도 같이 빠른 동작으로 사라져 버린 것이다. 왕창근은 고개를 갸웃거리며 걷다가 거울을 저자 담에 걸어 놓았다. 마침 햇빛이 옆으로 비스듬하게 비쳐들면서 거울 속에 가늘게 적어 놓은 글이 보였다. 그 글의 내용은 다음과 같았다.

'삼수중과 사유(동서남북) 아래, 옥황상제가 진마에 아들을 내려 보냈다. 먼저 닭을 잡고 뒤에 오리를 칠 것인 바 이를 일러 운수가 일삼갑에 찼다고 하는 것이다. 밤이면 하늘에 오르고 낮이면 세상을 다스려 자년이 되면 중흥 위업을 이룩하리. 종적과 성명을 감추거나 혼돈 속에서 누가 신과 성을 알리요. 부처님 뇌성이 진동하고 신령한 번개가 번쩍이면 사면에 두 용이 나타나서 그 하나는 청목 속에 몸을 감추고, 다른 하나는 흑금 동쪽에 형적을 드러내리. 지혜로운 자는 이를 보고 우매한 자는 보지 못하나 구름을 일으키고 비를 따르면서 사람들을 데리고 정벌한다. 때로는 성하고 때로는 쇠하기도 하나니 이렇게 하는 것은 악독한 잔재를 없애기 위함이다. 이 용의 아들 서넛이 여섯 갑자에 대를 바꾸어 가면서 계승하리. 이 사유에서 기필코 축을 멀리 하니 바다 건너오는 때는 유를 기다려라. 이 글을 만일 현명한 임금에게 보이면 나라의 백성이 편안하고, 임금은 길이 행복하리. 나의 기록은 전부가 147자이다.'

왕창근은 거울에 이런 글이 있는 줄 처음에는 몰랐으나 나중에 그것을 보고 이상하게 여겨 궁예에게 바쳤다.

궁예는 왕창근으로 하여금 거울 판 사람을 찾아오게 하였으나 끝내 그를 만날 수가 없었다. 다만 동주(현 강원도 철원) 발삽사勃颯寺의 치성광여래 불상 앞에 토성을 맡은 신의 옛날 소상이 있는데 그것이 거울 주인의 모습과 같고, 그 좌우 손에는 역시 도마와 거울을 들고 있다는 사실을 알았다. 창근이 기뻐하여 그 사실을 자세히 써서 올리니 궁예는 경탄하고 이상히 여겨 글을 잘 아는 송사홍, 백탁, 허원 등에게 그 글을 해석하게 하였다.

사홍 등은 머리를 맞댄 채 글을 요모조모 살피며 이야기를 나누었다.

"삼수중과 사유 아래 옥황상제가 진마에 아들을 내려 보냈다는 것은 진한, 마한이라는 뜻이 아닌가."

"그렇군. 그렇다면 사년에 두 용이 나타나서 그 하나는 청목 속에 몸을 감추고 다른 하나는 흑금 동쪽에 형적을 드러내리라는 대목은 이리 보아야 할 것이오. 즉, 청목은 소나무니 송악군 사람으로서 '용'으로 이름을 삼은 사람의 자손이 임금이 되리라는 말이 됩니다."

사홍 등은 이렇게 이야기를 주고받으며 거울에 적힌 글을 해석해 나갔다. 그들은 왕건이 왕이 될 기상이 있는데 그를 두고 이른 말일 것이라는 사실을 오래지 않아 깨달았다. 흑금이라는 것은 철인데 그것은 당시의 국도 철원을 의미하는 것이다. 따라서 궁예가 처음 여기서 일어났는데 결국 여기서 멸망한다는 말이 된다.

"먼저 닭을 잡고 뒤에 오리를 칠 것이라는 말은 왕건이 임금이 된 후에 먼저 신라를 점령하고 압록강 강안까지 국토를 회복하리라는 뜻이 되겠구려."

세 사람은 이미 왕건이 왕이 되리라는 것을 현실로 받아들인 듯 자못 근심 어린 표정을 짓고 있었다.

"왕(궁예)은 시기가 많아 사람 죽이기를 좋아하니 만일 이 글을 사실대로 고한다면 왕건은 반드시 해를 입을 것이요, 우리도 역시 화를 면치 못할 것이외다."

세 사람은 고개를 끄덕이며 거짓말을 그럴듯하게 꾸며 궁예에게 보고하였다.

그해 6월 을묘에 기병 장군 홍유, 백현경, 신숭겸, 복지겸 등이 비밀스럽게 짜고 밤중에 왕건의 저택으로 갔다. 홍유가 먼저 왕건 앞으로 공손하게 절하며 나아갔다.

"삼한이 분열되고 뭇 도적이 봉기하였을 때 지금의 임금이 분발하고 크게 호통침으로써 도적들을 쳐 없애고, 나라를 건설하고 도읍을 정한 지도 이미 2년이 넘습니다. 그러나 지금에 와서는 끝을 잘 맺지 못하고 포악한 행위가 태심하여, 형벌을 남용하여 처자를 살육하고 관리들을 죽여 없애니 백성은 도탄에 빠져 임금을 원수같이 여기게 되었습니다. 대저 폭군을 폐위하고 현명한 사람을 세우는 것은 천하의 대의이니 청컨대 공은 은과 주의 옛일을 본받아 실행하셔야 할 줄로 아옵니다."

왕건은 깜짝 놀라 안색이 변하며 홍유와 그 일행을 타일렀다.

"나는 충의를 신조로 삼고 있으니 비록 왕이 난폭할지라도 어찌 감히 두 마음을 가지겠는가? 신하로서 임금을 정벌하는 것을 혁명이라 하는데 나는 실로 박덕한 몸인데 어찌 감히 성탕成湯과 무왕武王의 옛일을 본받을 수 있겠는가? 후세의 난신들이 구실로 삼을 것을 두려워하는 바이다. 옛사람들이 말하기를 하루라도 임금으로 삼았으면 종신토록 주상으로 섬긴다고 하였으며 황차 계찰季札 같은 사람은 말하기를, 나라를 영유하는 것은 나의 절조가 아니라고 하면서 피해 가서 농사를 지었는데 내가 어떻게 계찰의 절조를 나무랄 수 있겠는가?"

왕건의 이야기는 참으로 논리 정연하였다. 그러나 홍유 등은 주저치 않고 다시 말하였다.

"시기란 만나기 어렵고 놓치기 쉬운 것인데 하늘이 주는 것을 받지 않으면 도리어 그 재앙을 받는 법입니다. 해독을 입은 온 나라 백성이 밤낮으로 그를 전복할 것을 생각하고 있으며 또 지위 높고 권세 있는 자들도 모두 학살당하여 얼마 남지 않았습니다. 지금 덕망이 높은 자로서 당신 위에 설 만한 사람은 없는 까닭에 모든 사람이 당신에게 희망을 건 형편인데 만약 우리의 청을 수락하지 않는다면 우리는 언제 죽을지 모르겠습니다. 하물며 왕창근의 거울에 나타난 글도 그와 같이 예고하고 있으니 어찌 하늘의 뜻을 위반하고 폭군의 손에 죽겠습니까?"

이때 신혜 왕후 유씨가 장중에서 나오며 왕건에게 갑옷을 내밀었다. 왕건은 홍유, 배현경, 신숭겸, 복지겸이 찾아왔을 때 이미 그들이 속에 품은 뜻을 알고 유씨로 하여금 알지 못하게 하고자 채전에 새로 익은 참외가 있을 것인즉 따오라며 밖으로 내보냈다. 지혜로운 유씨는 남편의 의도를 알아차리고 밖으로 나갔다가 북편 창문으로 해서 가만히 휘장으로 들어가 왕건과 홍유 등이 주고받는 이야기를 들었다.

"대의를 내세우고 폭군을 갈아내는 것은 예로부터 당연한 일입니다. 지금 여러 장군의 의견을 들으니 저도 의분을 참을 수 없는데 하물며 대장부야 말할 나위가 있겠습니까?"

유씨는 이렇게 아뢰며 손수 왕건에게 갑옷을 입혀 주었다. 유씨마저 이렇게 나오자 마침내 뜻을 굳힌 왕건은 네 사람을 이끌고 밖으로 나갔다. 장수들은 왕건을 옹위하고 나오면서 사람을 놓아 말을 달리며 외치게 하였다.

"왕공이 벌써 의기를 들었다!"

이때 이 소리를 듣고 분주히 달려와 함께 참가한 자들이 이루 헤아릴 수 없었고, 먼저 궁 문으로 와서 북을 치고 떠들면서 기다리는 자도 만여 명이나 되었다.

"왕공이 벌써 승리를 얻었으니 내 일은 다 글렀구나!"

놀라 어찌할 줄 모르던 궁예는 급기야 변복을 하고 북문을 통해 도망쳐 나갔다. 궁예가 도망치니 궁녀들은 궁 안을 깨끗이 치우고 태조 왕건을 맞아들였다.

한편, 궁예는 산골로 도망하여 이틀 밤을 지낸 후에 배가 몹시 고파 보리 이삭을 잘라 훔쳐 먹었다. 그렇게 비참하게 연명하던 그가 이름 모를 백성에게 살해당한 것은 부양(현 강원도 평강)에 이르러서였다.

고려 건국 공신들에 대하여

홍유洪儒

홍유는 태어난 해가 알려진 바 없다. 다만 죽은 해는 태조가 즉위한 지 19년째로 접어드는 936년으로 되어 있다.

홍유는 무신으로서 의성부義城府 사람인데 초명은 술述이다. 앞에서 살펴본 바와 같이 마군 장군馬軍將軍으로서 신숭겸, 복지겸, 배현경 등과 함께 궁예를 몰아내고 왕건을 추대하여 개국 일등 공신이 되었다. 그는 무신이었음에도 언변과 논리가 뛰어났다. 이러한 장점을 살려 궁예를 몰아내고 고려를 세울 때 궁예를 배신할 뜻이 없음을 밝힌 태조 왕건을 설득하는 데 큰 공을 세웠다.

홍유의 딸은 태조의 26번째 부인인 의성부원 부인義城府院夫人이다. 태조와 의성부원 부인 사이에서 의성부원 대군이 태어났다. 이처럼 홍유와 태조는 인척 관계를 맺을 정도로 밀접한 관계였다고 할 수 있겠다.

태조가 즉위하고 나서 청주에서 변란이 일어나자 홍유는 유금필과 함께 진주鎭州(현 충북 진천)에 주둔하며 대비하였다. 그러다가 이듬해에는 예산현으로 유민 5백여 호를 옮겨 안정시켰다. 훗날 대상大相에서 태사 삼중대광太師三重大匡에 올랐다.

견훤이 고려에 투항하고 나서 936년에 후백제를 칠 때, 일리천一利川 전투에서 큰 공을 세웠다. 태사개국충렬공으로 태조의 묘정에 배향되었다. 시호는 충렬忠烈이다.

배현경裵玄慶

배현경 역시 홍유처럼 936년에 죽었는데, 처음 이름은 백옥삼이고 경주 사람이다. 담력이 보통 사람보다 특출하였으며 병졸 출신으로 누차 승진하여 대광大匡에 임명되었다.

태조가 청주 사람 현율을 순군 낭중徇軍郎中으로 임명하려고 하니 배현경과 신숭겸이 반대하기를 지난날에 임춘길이 수군리로 있으면서 반란을 음모하다가 누설되어 사형을 당한 일이 있었는 바, 이것은 병권을 잡은데다가 자기 고향인 것을 믿었기 때문이라고 하였다. 이에 태조도 옳게 여기고 현율을 병부 낭중兵部郎中으로 고쳐 임명하였다.

태조가 사방을 정벌하는 데 있어서 배현경의 공로가 가장 많았다. 936년(태조 19) 병이 위독하니 태조가 그의 집으로 가서 손을 잡고

"아 천명이로구나! 그대의 자손이 있으니 내 어찌 감히 잊겠느냐!"

라고 하였다.

태조가 문을 나서자마자 배현경은 운명하였다. 그래서 왕은 행차를 멈추고 관비로 장사를 치르라고 명령한 후에 환궁하였다. 시호는 무열武烈이요, 아들은 은우이다.

복지겸卜智謙

복지겸은 태어난 때와 죽은 때가 미상이다. 그의 처음 이름은 사괴砂瑰이다. 면천 복씨沔川卜氏의 시조로서 태봉의 마의장군을 지냈다. 그러던 중 궁예가 악정을 거듭한 끝에 민심을 잃자, 918년(태조 1)에 신숭겸 등과 함께 왕건을 추대함으로써 고려를 세우는데 일등 공신이 되었다.

훗날 환선길桓宣吉이 난을 일으키고 순군리 임춘길林春吉이 모반을 꾀하려 하자 복지겸이 밀고하여 그들을 모두 처단하게 하였다. 994년(성종 13)에 태사에 추증되었으며 태조의 묘정에 배향되었다. 시호는 무공武恭이고 묘는 경기도 광주에 있다.

신숭겸申崇謙

신숭겸은 고려 초의 무신으로서 태어난 때는 알려지지 않았고, 927년(태조 10) 공산 전투에서 삶을 마감했다. 초명은 능산能山이고 평산 신

씨平山申氏의 시조로서 광해주光海州(현 강원도 춘천)에서 태어났다.

신숭겸은 몸집이 거대하고 무용이 뛰어나 일찍이 무장의 자질이 엿보이는 사람이었다. 앞에 열거한 개국공신들과 함께 궁예 말년에 궁예를 몰아내고 왕건을 추대하여 고려를 세우는데 지대한 공을 세웠다. 그 공로를 인정받아 개국 일등 공신에 봉해졌다.

태조가 즉위함으로써 고려를 세웠지만 아직은 후백제와 팽팽한 긴장 관계를 유지하는 때였다. 태조는 상대적으로 국력이 약한 탓에 후백제와 긴장 관계를 유지하되 소강상태를 유지하며 국력 증강에 온 힘을 기울였다. 그러나 고려와 후백제 간에 유지되던 7~8년가량의 평화는 927년에 이르러 견훤이 고울부高鬱府(현 경북 영천)를 습격하고 신라 침공시 경애왕을 죽이고 약탈과 만행을 저지름으로써 산산조각 났다.

경애왕의 사망 소식을 듣고 견훤과 싸우던 태조가 포위되어 생명이 위급했을 때, 용맹한 신숭겸 덕분에 간신히 위기에서 벗어난 태조는 신숭겸의 죽음을 매우 슬퍼하여 그 시호를 장절壯節이라고 정해 주었다. 태조는 여기서 그치지 않고 그의 아우 능길能吉과 아들 보甫를 원윤元尹으로 삼았으며 지묘사智妙寺를 창건하여 신숭겸의 복을 빌게 하였다.

삼중대광에 태사로 추증되었으며, 태조의 묘정에 배향되었다. 또한 곡성의 양덕사陽德祠, 대구광역시의 표충사表忠祠, 춘천의 도포道浦서원, 평산의 태백산성사太白山城祠에 제향 되었다.

홍유, 배현경, 신숭겸, 복지겸 이들 네 사람의 개국공신은 994년(성종 13) 4월 모두 태사로 추증되어 태사 개국 장절공太師開國壯節公으로 태묘太廟의 태조 사당에 배향되었다.

고려를 건국하였으나

후삼국의 통일은 왕건에게로 돌아갔다. 예언에 의해서 임금이 되고 삼국을 통일한 것이 아니라 그 자신이 역전 고투하여 이룬 것이다.

폭군의 악정을 뿌리치고 새 임금을 맞이하였으나 후고구려의 상황은 개탄을 금치 못할 정도였다. 전국을 통일하기도 전에 위압과 모멸, 혹독한 폭력으로 백성과 신하를 다스린 궁예에 의해 국토는 황폐해졌고, 인구가 줄어들어 어디를 가든 신음하는 소리가 끊이지 않았다. 백성의 뜻은 수십 갈래로 갈라져서 중심을 잃은 지 오래였고, 중앙정부보다는 지역의 유력한 호족들을 중심으로 독자적인 생활권을 형성하고 있었다. 이러다 보니 비록 왕위에 오르기는 하였으나 태조 왕건의 입지는 그리 튼튼하지 못하였다.

게다가 밖으로는 강성한 견훤의 후백제와 신라가 버티고 있지 않은가. 고구려의 계승자임을 자처한 태조 왕건은 민족 통일은 물론이려니와 대고구려의 고토古土를 회복하고자 마음먹고 있었다. 그러나 민족 통일도, 고토 회복도 먼 훗날의 일일 뿐이었다. 당장 시급하게 해결해야 할 일은 나라를 내부적으로 안정시키는 것이었다. 안이 평안해야 바깥일을 도모해 볼 수 있을 것 아닌가.

갈라진 민심을 수습하고 해이해진 기강을 바로잡아야 할 것이며, 도처에 웅거한 채 막강한 세력을 형성하고 있는 지방 호족들을 중앙집권적 지배 체제 속으로 끌어들일 필요가 있었다. 그러나 태조는, 아니 초기의 고려는 이 모든 문제를 해결해 낼 만한 힘을 갖추고 있지 못했다. 한마디로 지방 호족을 통제할 여력이 없었던 것이다.

태조의 고민은 여기서부터 시작된다. 결국 그는 숭불 정책을 통해 백성의 갈라진 민심을 하나로 결집하고, 후고구려와 신라의 관제를 병용하며 인재를 널리 등용함으로써 상기한 두 가지 문제를 어느 정도 해결할 수 있었다. 그러나 지방 호족들 문제만은 두통거리로 남아 그를 지속적으로 괴롭혔다.

국가의 기반과 힘이 강력하지 못한 때라 자체 군사력까지 갖춘 호족들은 결코 무시 못할 대상들이었다. 자칫 갈등이 깊어져 반란이라도 일어나는 날이면 국가의 존립 자체를 위협받는 상황이 올지도 모를 일이었다.

이에 따라 태조는 주어진 제반 조건 속에서 최상의 선택을 도출해내기에 이른다. 곧, 지방 호족들과의 혼인을 통해 내부 문제를 해결하고자 했던 것이다. 기실 태조가 결혼을 통해 든든한 지지 세력을 얻은 것이 처음은 아니었다. 경기도 정주 호족 유천궁의 딸 신혜 왕후 유씨, 전라도 나주 오다련군의 딸 장화 왕후 오씨와 차례로 혼인함으로써 얻은 것이 참으로 많았던 것이다.

국호를 고려라 정하고 연호를 천수天授로 고치고 나서 적절한 인물들을 선정하여 관제를 정하고 직무를 분담시킨 태조는 나라 안을 가만히 살펴보았다. 처가가 있는 곳이거나 궁예의 장수로 활약할 당시 정벌 과정에서 끈끈하게 연을 맺은 곳은 태조를 지지하는 지역이라고 볼 수 있었다. 따라서 태조는 궁예의 강력한 지지 기반이었던 철원 지역 호족과 충청도, 경상도 지역의 세력가들을 예의 주시하였다.

태조는 곧 충주의 유력가 유긍달의 딸 신명순성 왕후와 혼인하는 것을 시작으로 혼인 정책을 치밀하게 펼쳐 나감으로써 사회적 안정을 이루어 나간다. 옛날이나 지금이나 인척 관계를 맺는다는 것은 하나의 끈끈한 지원 세력을 얻는 것이나 다름이 없다. 훗날 고려 제2대 왕 혜종의 비극이 지방 호족들과 맺은 다양한 혼인 관계에서 비롯되지만 어쨌든 태조는 이러한 정책을 통해 호족들을 안심시키고, 나라 안을 안정시키는 데 성공한다.

반란을 잠재우다

한편, 궁예 정권 하에서 귀하게 쓰이거나 총애를 받던 인물들이 연달아 반란을 일으켜 태조를 위협한다. 이흔암, 환선길, 임춘길 등이 바로 그들이다. 자신들이 받들던 궁예를 몰아내고 왕위에 오른 이가 태조이다 보니 위협을 느끼지 않을 수 없었을 것이다.

환선길 형제가 반란을 일으켜 성사 직전까지 가지만 결국 근위병들에게 붙잡혀 처형을 당하고 연이어 이흔암이 모반 혐의를 받아 죽임을 당하게 된다. 궁예의 관심을 듬뿍 받던 청주 출신 임춘길과 매곡성주 공직의 처남 등도 반란을 일으키나 처형당하고 만다.

위협적이었던 궁예의 잔존 세력을 정리함과 아울러 지방 호족에게 경각심을 심어주는 데 있어 태조가 결혼 정책으로 대표되는 유화책만 고수하지 않았다는 점을 알 수 있다.

이렇듯 호족들이 연합된 성격이 강한 미약한 왕정 체제 아래에서, 자신의 기반을 다지고 삼한 통일의 기틀을 마련하고자 태조는 다방면에 걸쳐 고심했다.

전쟁의 시작

재위 이듬해 봄에 태조는 송악 남쪽에 수도를 정하고 궁궐을 건축한다. 즉위 3년째로 접어드는 920년(태조 3) 정월에는 신라가 처음으로 사절을 파견하여 교빙交聘하는 의식을 치른다. 이어서 그해 9월에 견훤이 아찬 공달功達을 보내어 공작선孔雀扇과 지리산智異山 대로 만든 화살을 바친다.

즉위 초기라 나라의 내실을 다지는 데 전력을 기울이던 태조는 장차 전쟁을 치러야 할 상대들과 일시적으로 교빙하는 것이 싫지만은 않았을 것이다.

그러나 얼마간 유지되던 세 나라 사이의 평화는 견훤에 의해 깨지고 만다. 견훤이 신라를 침공하여 대량大良(현 경남 합천), 구사仇史(현 경주 지방) 두 군을 탈취하고 진례군進禮郡(현 전북 군산)에 이른 것이다. 신라가 아찬 김률金律을 보내 구원을 청하자, 고려는 즉각 군사를 출병시킨다. 이 소식을 듣고 견훤이 퇴각한 다음부터 고려와 후백제는 반목과 전쟁이라는 수렁 속으로 빠져든다.

우리는 하나

태조는 송악(현 개경)과 함께 서경(현 평양)을 중요시하여 백성을 이주시키고, 국가의 변방을 지켜내는 전진기지로 삼는다. 당시는 남쪽의 강력한 경쟁 상대 후백제만 견제하면 되는 상황이 아니었다. 북방 민족의 침입을 막고, 고구려의 고토를 회복하고자 서경의 개척이 무엇보다 필요한 시기였다.

태조는 이러한 정책과 함께 민족 대통합의 길을 열어간다. 발해 유민들을 적극적으로 받아들였을 뿐만 아니라 신라나 후백제에서 귀순하여 오는 사람들에게도 집과 토지를 나누어 주는 등 융화 정책을 활발하게 펼쳐 나갔다. 921년(태조 4) 2월 말갈의 추장 고자라가 170여 명을 데리고 귀화하였으며, 4월에는 말갈 사람 아어한이 2백여 명을 데리고 고려로 왔다. 뿐만 아니라 12월에는 백제 사람 궁창과 명권 등이 귀순하였고, 922년에는 하지현(현 경북 안동) 장군 원봉과 명주(현 강원도 강릉) 장군 순식이 항복의 뜻을 전하여 왔다. 발해 유민이 대규모로 몰려오기 시작한 것은 925년(태조 8)부터였다. 9월에 발해 장군 신덕 등이 5백여 명을 이끌고 귀순한 것을 필두로, 거란에 의해 나라가 망하자 발해 사람들은 같은 민족이라는 생각에서 적극적으로 포용 정책을 펴는 고려로 속속 귀순했다.

태조는 이렇듯 찾아오는 모든 사람들을 품에 안고 화합의 정치를 펼치며 안으로는 삼한을 통일하고, 밖으로는 북진정책을 추진할 기틀을 마련해 나갔다.

후백제, 신라와 고려를 공격하다

924년(태조 7) 7월이었다. 경북 안동 근처에 있는 것으로 알려진 조물성曹物城은 군사적 요충지로서 고려와 후백제 사이에 여러 차례 전투가 벌어진 지역이었다. 당시 조물성을 차지한 것은 고려였는데 견훤은 이를 빼앗으려고 왕건 즉위 후 처음으로 자신의 아들 수미강과 양검을 보내 싸움을 걸었다.

조물성이 위급하다는 전갈을 받은 태조 왕건은 부랴부랴 장군 애선哀宣과 왕충王忠을 보내 구원하게 하였다. 성문을 굳게 닫아걸고 지키기에 들어간 고려군을 격파하는 것만 해도 수월치 않은 상황인데 뒤에서 애선과 왕충이 이끄는 군사들이 들이닥치자 후백제 군사들은 잠시 당황하였다.

그러나 전열을 가다듬고 고려군을 맞아 싸우니 혼전이 벌어졌다. 이 과정에서 고려 장군 애선은 전사하고 만다. 그러나 성을 지키는 뒤편의 고려 군사들이 언제 성문을 박차고 나와 왕충의 군사들과 호응할지 모르는 상황이었다. 결국 후백제 군사들은 손해를 많이 입은 채 퇴군하게 된다.

그해 8월에 견훤이 사절을 파견하여 절영도의 옥색 말 한 필을 헌납하였지만 조물성 전투가 여기서 완전히 끝난 것은 아니었다.

925년 10월이 되자, 견훤이 직접 군사들을 이끌고 조물성을 다시 공격한다. 이에 태조도 군사들을 거느리고 달려 나가 응전하였다. 교전을 벌이던 중 정서 대장군征西大將軍 유금필庾黔弼이 합류하자 고려군은 부쩍 힘이 났다. 이에 고려보다 군세가 강성했음에도 겁을 집어먹은 견훤이 직접 나서서 화친하기를 청한다. 태조 또한 힘으로 후백제를 제압하기에는 무리가 많이 따른다는 사실을 알고 화친에 적극적으로 응했다.

견훤은 사위 진호眞虎를 인질로 보내왔으며 태조는 자신의 사촌 동생인 원균 왕신王信을 인질로 보냈다. 이리하여 비록 잠깐이나마 고려와 후백제 사이에는 전운이 걷히고 평화가 도래하였다.

이러한 화친의 효력이 그리 오래가지 않을 것이라고 예견한 사람은 신라의 경애왕이었다. 그는 고려와 후백제 사이에 화친이 이루어지려 한다는 소식을 듣고 급히 사절을 파견하여 이러한 뜻을 전했다.

"견훤은 이랬다저랬다 협잡이 많아 화친할 사람이 못됩니다."

태조도 이 말을 그럴듯하게 여겼으나 이미 인질까지 교환한 마당에 화친을 먼저 깨뜨릴 수는 없는 노릇이었다.

그런데 926년 4월 경진일에 견훤이 보낸 인질 진호가 병으로 죽는 불상사가 일어난다. 태조가 그 시체를 보내 주었으나 견훤은 고려에서 진호를 죽인 것이 틀림없다고 덮어씌웠다.

"내 사위를 죽이다니! 고려를 용서하지 않겠다."

견훤은 원한에 사무친 표정으로 소리치고는 고려에서 보낸 인질 왕신을 죽였다. 그러고도 분이 풀리지 않은 견훤은 웅진熊津(현 충남 공주) 방면으로 군사들을 진격시켰다. 그러나 태조는 성을 굳게 지키기만 할 뿐 나가서 싸우지 못하게 하였다. 이에 신라왕이 사절을 파견하여 응전하라고 요구하였다.

"견훤이 맹약을 위반하고 고려에 출병하였으니 하늘이 반드시 그를 돕지 않을 것입니다. 대왕이 만일 한번 반격하면 견훤은 반드시 스스로 패망할 것입니다."

태조는 차분한 어조로 신라 사절에게 말하였다.

"내가 견훤을 두려워하는 것은 아니다. 다만 그의 죄악이 가득 차서 스스로 넘어질 때를 기다릴 뿐이다."

그 후 크고 작은 싸움이 여러 번 일어났으나 후백제와 고려의 전력 차가 뚜렷하게 기울기 시작한 것은 공산 전투를 치르고 난 다음이었다.

927년 9월, 견훤은 신라를 급습한다. 먼저 근품성近品城을 공격하여 소각하고, 고울부高鬱府를 습격하였으며 경주 가까이 육박하였다. 이에 경애왕은 연식連式을 보내 고려에 구원을 청하였다.

태조는 즉각 시중 공훤公萱, 대상 손행孫幸, 정조 연주連珠 등에게 명하여 신라를 돕도록 하였다. 겉으로는 신라와 친선 관계를 유지한 지가 오래되었다는 명분을 내세웠으나 신라가 무너지고 나면 아무래도 처지가 외로워지는 것은 고려였다. 아직 상대적으로 전력이 약한 고려는 신라와 서로 의지하며 후백제에 맞설 필요가 있었기 때문이다.

그러나 공훤 등이 군사 1만 명을 거느리고 신라에 도착하기 전에 견훤이 이끄는 군사들은 신라의 수도를 유린해 들어가고 있었다. 경애왕은 왕비, 궁녀, 종실들과 함께 포석정鮑石亭에 나가 연회를 열던 중 적병이 왔다는 소식을 듣고 창졸간에 어찌할 바를 몰랐다. 왕은 부인과 함께 달아나서 성 남쪽 별궁에 숨은 채 고려의 구원병이 당도하기만을 기다리고 있었다. 그러나 그때 왕을 시종한 신하들과 악공, 궁녀들은 후백제 군사들에게 다 붙들렸다.

견훤은 군사들을 풀어놓아 약탈을 자행케 하였으며 자신은 왕궁에 들어앉은 채 경애왕과 왕비를 찾아내라고 측근들을 재촉하였다. 마침내 경애왕과 왕비가 끌려오자, 견훤은 경애왕을 죽인 뒤 왕비를 겁탈하였다. 아울러 병사들에게는 궁녀들을 닥치는 대로 간음하게 하니 아비규환이 따로 없을 정도였다.

한 차례 분탕질이 끝나자 견훤은 경애왕의 의종제 김부金傅를 왕으로 세우고 왕의 아우 효렴孝廉과 재상 영경英景 등을 포로로 만들고 자녀와 각종 장인과 병기, 보배를 모조리 약취하여 후백제로 돌아갔다.

고려군이 신라에 도착한 것은 견훤이 돌아가고 난 다음이었다. 뒤늦게 신라에서 벌어진 일들을 전해 들은 태조 왕건은 크게 노하여 사절을 시켜 조문과 제사를 치르게 하고, 친히 정예 기병 5천을 거느리고 공산 동수公山 桐藪(현 대구 지방)로 나갔다.

이윽고 견훤의 군대와 마주친 태조는 큰 싸움을 시작하였다. 그러나 형세는 태조에게 극히 불리하게 돌아갔다. 급기야 견훤의 군사가 태조를 포위하며 짓쳐들어왔다. 사태가 매우 위급해지자, 고려 대장 신숭겸申崇謙과 김락金樂이 힘을 다하여 적진으로 뛰어들었다. 그들의 분투 덕분에 태조는 간신히 목숨을 건져 도망칠 수 있었으나 두 장군은 안타깝게도 전사하고 말았다.

한편, 승기를 잡은 견훤은 고려군을 쫓으며 마음껏 죽인 뒤 대목군大木郡(현 경북 안동)을 탈취하고 곡식들을 모조리 불살라 버렸다.

이번 싸움의 패배로 고려는 후백제의 견훤에게 완전히 압도되고 만다. 태조는 싸움에 진 것도 통탄할 노릇이지만 충신 신숭겸을 잃은 것이 무엇보다 뼈아팠다.

충신을 잃고 슬픔에 잠긴 왕건과 달리 싸움에서 크게 이기자 기고만장한 견훤은 태조에게 편지를 한 통 보낸다. 싸움의 결과를 들먹이며 태조를 업신여기다가 편지 말미에 덧붙인 내용은 다음과 같았다.

'내가 기도하는 바는 나의 활을 서경(평양)의 다락 위에 걸며 나의 말에게 패강(대동강)의 물을 먹이는 데 있다.'

한 마디로 고려를 멸망시키고 말겠다는 의지의 표현이었다.

견훤의 편지가 당도하기 전 고려에는 오월국吳越國 사신이 다녀갔다. 고려와 백제의 친선을 원한다는 오월국 왕의 편지를 전하기 위해서였다. 이에 태조는 화친의 맹약을 깨뜨리고 고려와 신라를 차례로 공격한 견훤의 무도함을 꾸짖으며 오월국에서 보내온 선의의 제안을 받아들여 화친할 것을 다시 제안한다.

930년(태조 13) 고려와 후백제의 전세를 뒤바꿔 놓은 고창 전투가 벌어지기까지 크고 작은 충돌이 전혀 없었던 것은 아니지만 태조는 공산에서의 패배 후 3년 가까운 시간 동안 나라의 내실을 다지는 데 총력을 기울인다.

다시 맞붙은 고려와 후백제

고창(현 경북 안동) 전투에 대해 언급하기 전에 공산에서의 패배로 어려움에 처한 고려의 상황을 좀 더 구체적으로 살펴보는 것이 우선일 것 같다. 공산 싸움의 결과 견훤은 경상도 서부 쪽의 주도권을 완전히 틀어쥔다. 경상도로 통하는 길을 내준 셈이 되어 버린 고려는 이 지역을 되찾으려고 애썼지만 당시까지만 해도 역부족이었다.

한편, 고창에서 벌어진 전투에 적지 않은 영향을 끼친 경상도의 민심은 고려 태조 쪽으로 완전히 기울어 있었다. 이는 경상도 서부 일대를 차지하고서 견훤의 군사들이 벌인 약탈에서 기인한 바 크다.

견훤은 929년 7월이 되자 5천 명의 군사를 이끌고 의성부를 급습하여 홍술을 없애 버린다. 자신을 지지해 주던 홍술이 죽자 태조는 이때 이미 견훤과의 일전을 결심하고 있었는지도 모를 일이다.

견훤의 군사들은 성난 노도와도 같았다. 이윽고 고창까지 밀려든 견훤의 군사들은 성을 에워싼 채 거센 공격을 퍼부었다.

태조는 친히 군사를 거느리고 고창을 구원하려고 병산甁山으로 나가 주둔했다. 이에 견훤도 석산石山에 주둔하니 양편 군사들의 거리는 5백여 보쯤밖에 되지 않았다.

태조와 견훤의 군사들은 이후 사나흘 동안 역사에 유례가 없을 정도로 치열한 전투를 벌인다. 그 짧은 기간에 양편에서 나온 전사자를 합치면 8천 명이 훨씬 넘는다고 전해지고 있으니 말이다.

아무튼 전투는 한 달이 넘어서도록 공방을 주고받으며 진행되었다. 이에 따라 견훤 쪽으로 전세가 서서히 기울기 시작했다. 단기간의 승부라면 모를까 전쟁이 장기화 할수록 양편의 군세라든가 전력에 따라 승부가 나기 마련이기 때문이다.

그러나 태조는 곧 고창의 호족 김선평金宣平, 권행權幸, 장정필張貞弼 등이 이끄는 삼태사 군의 호응을 받기에 이른다. 이들이 태조를 돕기 시작하면서 전세는 완전히 역전되어 결국 견훤의 군대는 패전하고 만다.

싸움에서 진 견훤군의 피해 상황은 심각했다. 수없이 많은 정예병이 전사하였을 뿐만 아니라 우위를 점하고 있던 군세마저 형편없이 기울어 향후 후백제 전체가 내분에 휩싸이는 계기가 된다.

삼태사三太師란

고창 전투에서 큰 공을 세운 장정필, 권행, 김선평을 일컬어 삼태사라 부른다. 고려의 개국공신이기도 한데 견훤이 신라를 급습하여 경애왕을 죽이자, 본래 신라 사람이었던 삼태사는 언젠가 반드시 원수를 갚으리라 결심하고 군사들을 모아 조련을 게을리하지 않았다.

그러던 중 경상도 서부를 차지한 견훤이 온갖 약탈과 만행을 일삼으며 민심을 잃자, 때가 머지않았음을 알아차리고 칼을 갈았다.

한편, 태조는 고창(현 경북 안동) 전투에서 승리하고 나서 큰 공을 세운 그들을 높이 치하하였다. 본래 그들은 신라 왕족이었는데 김행에게는 '권'을, 장정필에게는 '장'을, 김선평에게는 그대로 '김' 씨 성을 주어 각각 안동을 식읍으로 삼게 하였다.

삼태사의 묘는 경상북도 안동시 북문동 24번지에 있으며 해마다 2월과 8월에 제향한다.

통일의 기운은 무르익고

931년(태조 14) 2월 정유일에 신라 경순왕(김부)이 태소 겸용謙用을 보내 태조와 만나기를 청하였다. 신라를 친히 방문해 달라는 초청을 받고 태조는 이에 기꺼이 응하였다.

마침내 50여 명의 기병을 거느리고 신라 서울 경내에 이른 태조는 장군 선필善弼을 먼저 보내 당도했음을 알렸다. 이에 경순왕은 백관들에게 명을 내려 교외에서 태조 일행을 영접하게 하였으며, 사촌 동생인 상국 김유렴金裕廉을 다시 성문 밖으로 보내 공손하게 영접하였다. 뿐만 아니라 경순왕 자신은 궁궐 정문 밖까지 친히 나가서 태조를 맞이하며 절을 하였다.

"먼 길 오시느라 고생하셨습니다."

태조 또한 경순왕에게 답례하며 궁으로 들어갔다. 이윽고 경순왕은 임해전臨海殿에서 연회를 베풀었다. 삼한 사이에 돌아가는 일을 이야기하며 술잔을 나누던 중 취기가 돌아 얼근해 지자 경순왕은 눈물을 주르르 흘리며 호소하였다.

"우리나라는 운수가 불길하여 견훤에게서 심중한 침해를 받고 있으니 이 통분한 사정을 어찌하면 좋겠소?"

한 나라의 왕이라는 위엄과 채신을 팽개친 채 태조에게 매달리고 싶은 심정이었을 것이다. 임금 자리에 올라 나라를 경영하는 사이 왕의 고충을 이해할 수 있게 된 태조 또한 경순왕의 처지를 내 일인 양 여기며 눈물을 흘렸다.

경순왕의 극진한 대접을 받으며 5월이 오도록 신라에 머문 태조는 계미일이 되자, 고려로 돌아가려고 길을 나섰다. 경순왕은 혈성穴城까지 나와 태조를 전송하며 유렴을 인질 삼아 데려가도록 하였다. 고려의 뜻에 반하는 행위를 절대 하지 않겠다는 무언의 약속이었을 것이다. 이 모습을 지켜보면서 신라 백성은 감격하여 울면서 서로 치하하였다.

"전일 견훤이 왔을 때는 승냥이나 범을 만난 것 같더니 지금 왕공(왕건)이 오심에는 부모를 뵙는 것과 다름이 없구나."

이렇게 태조는 위로 신라의 왕으로부터 밑으로는 일반 백성에 이르기까지 두터운 신임을 받고 있었다. 강제로 나라를 빼앗으려 했다면 신라는 미력한 힘이나마 총동원하여 고려에 대항하였을 것이다. 그러나 태조가 형제와 같은 두터운 정과 덕으로써 대하니 경순왕은 그로부터 4년 뒤 만조백관滿朝百官과 온 나라를 통틀어 태조에게 바치며 신하가 될 것을 청한다.

바야흐로 전쟁이 끊이지 않았던 후삼국 사이에 통일의 기운이 감돌기 시작한 것은 이때부터였다.

아들에게 나라를 빼앗기고

934년(태조 17) 정월 태조가 서경으로 가서 북방의 여러 진을 두루 순찰하며 국경 방비의 중요성을 강조하고 돌아왔을 때, 발해국의 세자 대광현大光顯이 백성 수만 명을 데리고 와서 귀화했다. 집권 초기부터 민족 화합 정책을 펼쳐오던 태조는 기뻐하며 그에게 왕계王繼라는 이름을 주어 왕실 족보에 등록하고 백주白州 고을을 식읍으로 하사하였다.

9월 정사일이 되자 태조는 친히 군사를 거느리고 운주運州(현 충남 홍성)를 정벌하였다. 이때 견훤과 싸워 크게 격파하였는데 이는 태조가 견훤과 벌인 마지막 싸움이었다.

935년 봄으로 접어들면서 후백제에서는 나라를 뒤흔든 커다란 사건이 일어난다. 어처구니없게도 견훤이 아들에게 나라를 빼앗긴 것이다.

많은 아내를 두었던 견훤에게는 10여 명의 아들이 있었다. 그런데 견훤은 그중에서 둘째 부인 고비의 소생인 넷째 아들 금강金剛을 특별히 사랑해 왕위를 그에게 물려주려고 했다. 그러자 야심에 찼던 장자 신검神劍은 다른 형제들과 음모를 꾸며 견훤을 금산사金山寺에 유폐시키고 나서 금강을 죽이고 왕이 되었다.

졸지에 아들에게 왕위를 빼앗긴 견훤은 새장 안에 갇힌 새 신세가 되고 말았다. 3개월 동안이나 절에 갇혀 있던 견훤은 가까스로 나주로 도망쳐 고려의 태조에게 도움을 청했다. 이에 태조는 유금필을 보내 그를 맞이하고 상부尙父의 지위와 함께 양주楊州를 식읍으로 주며 예우했다.

그런 견훤의 마음속에는 항상 아들 신검에 대한 증오와 복수심이 불타오르고 있었다. 견훤이 왕건에게 몸을 의탁하자, 사위 되는 박영규朴英規가 그의 아내에게 말했다.

"대왕이 40여 년간 대업을 이루었는데, 하루아침에 집안의 화로 땅을 잃고 고려에 의탁하였으니 이렇게 애석한 일이 어디 있겠소. 대저 정절 있는 여자는 두 남편을 섬기지 않고 충신은 두 임금을 섬기지 않는다고 하였소. 만일 자기 임금을 버리고 반역의 아들(신검)을 섬긴다면 무슨 낯으로 천하의 의사義士를 대할 것이오? 들은즉 왕건은 사람됨이 후덕하고 근검해 민심을 얻었다 하니, 이는 하늘이 열어 준 것이오. 반드시 삼한三韓의 왕이 될 것이니, 우리 왕을 안위하기 위해서라도 왕건에게 우리 뜻을 보내 장래의 복을 도모하도록 합시다."

그러자 아내 또한 남편의 말을 따랐다.

영규는 곧바로 사람을 보내 고려에 망명할 뜻을 전했다.

"만일 도로가 막힘이 없다면 장군을 뵙고 단상에 올라가 부인에게 절하고 공을 형으로 섬기며 부인을 누님으로 섬기겠소."

태조는 기뻐하며 영규와 그의 아내를 맞아들였으며 좌승佐丞 벼슬을 주고, 그 외에도 상을 후히 주어 일생을 잘 살도록 하였다.

한편 울분을 참지 못한 견훤은 태조 앞으로 나아가 신검을 하루속히 정벌할 것을 종용하며 말했다.

"제가 전하(왕건)에게 몸을 의탁한 것은 전하의 위세에 의탁해 반역자를 주살하기 위함입니다. 바라옵건대 대왕께서 병사를 보내 난적을 멸망시킨다면 신은 죽어도 유감이 없겠습니다."

그러자 태조는 견훤의 의견을 수렴해 11만 대군을 거느리고 천안으로 가서 병력을 합하고 선산善山(경상북도)에서 신검의 군대와 대치했다. 태조의 선봉대가 북을 치며 앞으로 나아가자 후백제의 장군들은 태조의 군대가 정예군임을 알아보고 갑옷을 벗으며 투항했다. 그리고 중군中軍을 삼면에서 협공하니 신검은 제대로 싸워 보지도 못하고 항복하고 말았다.

신검이 지휘한 후백제가 견훤이 보는 앞에서 멸망하자 견훤은 깊은 번민과 우울증에 싸인 채 등에 부스럼이 나서 수일 만에 세상을 떠났다.

통일 왕국의 탄생

후백제의 멸망에 앞서 935년(태조 18) 10월에는 신라 경순왕이 시랑 김봉휴金封休를 보내 고려 정부로 들어오기를 청하였다. 고려에 신하의 예로써 굽히고 들어오겠다는 뜻이었다. 태조는 십시중 왕철王鐵과 시랑 한헌옹韓憲邕을 신라로 보내 경순왕의 요청에 동의한다는 뜻을 알렸다.

이에 경순왕은 백관을 거느리고 왕도를 출발하였다. 신라의 백성 또한 이에 뒤질세라 경순왕 일행을 따라 북으로 향했다.

30리도 넘게 이어진 경순왕 행렬이 고려의 개경에 도착하자 태조는 의장병을 갖추고 교외로 나가서 그들을 영접하였다. 경순왕은 태조에게 글을 올려 자신의 뜻을 다음과 같이 밝혔다.

'본국이 오랫동안 위기를 겪고 운수가 벌써 다 진해서 왕실을 보전할 희망이 없으니 신하의 예절로써 전하를 뵈옵기를 원하나이다.'

신라의 경순왕이 고려로 들어오게 되자 왕은 신하로 하여금 다시 반항하지 못하게 왕후 유씨劉氏의 소생 낙랑 공주를 그에게 하가下嫁시켰다.

마침내 천년 왕국 신라가 무너진 것이었다. 그러나 이는 민족 대통합 속에서 5백 년 새로운 왕조의 탄생을 알리는 가슴 벅찬 역사적 사건이기도 하였다.

명장의 죽음

941년, 태조 즉위 24년째를 맞이하는 해에 태조와 함께 전장을 누비며 삼한 통일의 대업을 이루는 데 빼어난 활약을 펼친 명장 유금필이 죽었다. 한 시대를 풍미한 명장의 죽음은 많은 이에게 슬픔을 안겨주었다.

명장 유금필의 생전 자취를 잠깐 좇아가 보기로 한다.

유금필은 청주 사람으로 태조를 섬기어 마군 장군이 되었으며 누차 승진하여 대광이 되었다. 태조는 북방 국경에 있는 골암진이 수차례 침공당하자, 여러 장군을 모아 놓고 의논하였다.

"지금 남쪽의 흉적들을 박멸하지 못하였는데 북방의 미개인도 우려할 바 있으므로 나는 오매불망 근심하고 있다. 유금필을 파견하여 진수하는 것이 어떠한가?"

태조의 물음에 모두 좋다고 대답하였다.

그래서 유금필에게 명령을 내리니 그날로 군대 3천 명을 인솔하고 출발하여 골암에 도착한 후 동산에 큰 성을 축성하고 그곳에 거처하였다.

그는 북방 종족들의 추장 3백여 명을 소집하여 성대한 주연을 베풀어 주식을 많이 먹이고 그들이 취한 때를 포착하여 위협하니 추장들이 모두 복종하였다. 드디어 사람들을 여러 부락에 파견하여 전달하기를,

"이미 너희의 추장이 복종했으니 너희들도 복종하라."

하였더니 여러 부락에서 서로 이끌고 와서 귀순한 자가 1천5백여 명이나 되었으며, 또 포로가 되었던 고려 사람 3천여 명을 돌려보냈다.

이때로부터 북방이 편안해졌으며 태조는 그에게 특별한 표창을 주었다.

925년(태조 8)에는 정서 대장군으로 임명되어 백제 연산진을 공격하여 3천여 명을 살상하고 포로를 만들었다.

태조가 견훤과 조물군에서 전투할 때, 견훤의 군대가 매우 정예로워서 좀처럼 승부를 결정하지 못하였다. 태조는 지구전으로 적군의 피로를 기다리려고 하였는데 유금필이 군대를 거느리고 와서 합쳤으므로 군대의 기세가 크게 떨치었다. 견훤이 겁이 나서 화친을 청하니 태조가 그것을 허락했다. 이윽고 태조가 견훤을 병영으로 불러서 일을 의논하려고 하는데 유금필이 간하기를,

"사람의 마음이란 알기 어려운데 어찌 경솔히 적과 접근하겠습니까?"

라고 하였다.

태조는 유금필의 말을 따라 그만두었으며 흐뭇한 얼굴로 유금필을

바라보며 다음과 같이 말했다.

"그대가 연산과 임존을 격파한 전공이 적지 않으니 국가가 안정될 때를 기다려 응당 공을 표창할 것이다."

또한 928년(태조 11)에 왕의 명령으로 탕정군에 성을 쌓았는데 당시 백제의 장군 김훤, 애식, 한장 등이 3천여 명의 군사를 거느리고 청주를 침범하였다.

하루는 유금필이 탕정군 남산에 올라가 앉아서 조는데 꿈에 어떤 사람이 나타나서 말하기를,

"내일 서원에 반드시 변고가 있을 터이니 빨리 가라."

하였다.

유금필은 놀라 깬 후 그 길로 청주로 가서 적군과 싸워 격파하고 계속 추격하였는데 살상 포로가 3백여 명이었다. 중원부에 달려가서 태조를 보고 전투 정형을 자세히 보고하였더니 태조가 말하기를,

"동수 싸움에서 신숭겸과 김락 두 명장이 전사하였으므로 국가를 위하여 깊이 근심하였더니 지금 그대의 말을 듣고 나의 마음이 적이 안심되었다."

라고 하였다.

929년(태조 12)에 견훤이 고창군을 포위하였으므로 유금필이 태조를 따라가서 구원하는데 예안진에 이르러 태조가 여러 장군과 의논하기를

"싸움이 만일 불리하면 장차 어떻게 할 것인가?"

물으니 대상 공훤과 홍유는

"만일 불리해지면 죽령 길로 돌아올 수 없게 될 것이니 빠져나갈 길을 사전에 수리하여 두는 것이 좋겠습니다."

라고 대답하였다.

그러나 유금필이 떨쳐 일어서며 다음과 같이 소리쳤다.

"제가 들으니 무기는 흉악한 도구요, 전투는 위험한 일이라 죽자는 결심을 하고 살려는 계책을 생각하지 않은 연후에 비로소 결승할 수 있다고 하는데 지금 적과 대치하고 있으면서 싸우기도 전에 먼저 패배할 것을 생각하는 것은 대체 무슨 까닭이요? 만약 급히 구원하지 않으면 고창의 3천여 명을 고스란히 적에게 주는 것이니 어찌 절통하지 않겠습니까? 저는 진군하여 급히 공격하기를 바랍니다."

과연 옳은 말이었다. 태조가 그의 의견을 좇아 군사들을 전진시켰다.

적진 가까운 곳에 이른 유금필은 저수봉(낮은 봉우리)으로부터 달려 내려가며 분투하여 적을 크게 격파하였다.

태조가 고창에 들어가서 유금필에게 말하기를

"오늘의 승전도 그대의 힘이다."

하였다.

그러나 유금필은 931년(태조 14)에 참소를 당하여 곡도로 귀양을 가게 된다.

이듬해에 견훤의 해군 장군 상애가 대우도를 공격, 약탈하므로 태조가 대광 만세를 파견하여 구원하게 하였으나 승리하지 못하였다. 태조가 낙담하고 있을 때 유금필이 글을 올려 고하였다.

"저는 비록 죄를 짓고 귀양살이를 하고 있지만 백제가 우리의 해변 지방을 침략한다는 소식을 듣고 이미 곡도와 포을도의 장정들을 선발하여 군대를 편성하고 또 전함도 수리하여 방어하게끔 되었으니 주상께서는 염려 마옵소서."

태조가 편지를 보고 울면서 말하기를,

"참소하는 말만 믿고 어진 사람을 내쫓은 것은 나의 불찰이다."

라고 하면서 사신을 보내어 그를 소환하고 위로하였다.

"그대는 실로 죄 없이 귀양을 살게 되었건만 일찍이 원한을 품거나 울분하지 않고 오직 나라를 도울 일만 생각하였으니 내가 심히 부끄럽고 후회된다. 나의 소망은 장차 자손들에게까지 연장하여 상 주어 그대의 충절에 보답하려는 것이다."

이듬해에 유금필은 정남 대장군으로 임명되어 의성부를 지켰는데 태조가 사람을 보내어 급히 명령했다.

"나는 신라가 백제의 침공을 받을까 염려하여 일찍이 군사들을 파견하여 진수하게 하였는데 이제 듣건대 백제 군대가 벌써 혜산성, 아불산 등지에 이르러 사람과 재물을 겁탈한다 하니 신라 서울까지 침범치 않을까 우려된다. 그대는 마땅히 가서 구원하라."

이에 유금필이 장사 80명을 선발 인솔하여 태조의 명을 따랐다. 사탄에 이르렀을 때 유금필은 병사들에게 비장한 어조로 당부했다.

"만약 여기에서 적을 만나면 나는 필연코 살아서 돌아가지 못할 것인데 다만 그대들이 같이 희생당할 것이 염려되니 그대들은 각자가 살 도리를 잘 강구하라."

병사들은 이구동성으로 소리쳤다.

"우리가 모두 죽으면 죽었지 어찌 장군만을 홀로 살아 돌아가지 못하게 하겠습니까?"

유금필과 병사들은 오직 한마음으로 적을 공격할 것을 맹세하였다. 사탄을 건넌 다음 백제의 통군 신검 등과 맞닥뜨렸다. 유금필은 싸우려 하였으나 백제 군대는 유금필 군대의 대오가 정예로운 것을 보고 싸우지도 않고 스스로 흩어져 도망쳤다.

유금필이 신라에 도착하니 늙은이와 어린이까지 모두 성 밖으로 나와서 영접하며 절하고 눈물을 흘리면서 말하였다.

"뜻밖에 오늘 대광을 뵈옵게 됩니다. 대광이 아니시면 우리는 백제군에게 살육당했을 것입니다."

유금필이 7일간 머물다 돌아오는 길에 신검 등을 자도에서 만나 싸웠는데 크게 승리하였으며 적장 금달, 환궁 등 7명을 생포하였으며 적을 살상, 포로로 만든 것이 심히 많았다.

승전 보고를 받은 태조는 일변 놀랍고 일변 기뻐하면서 말하였다.

“우리 장군이 아니면 누가 능히 이렇게 할 수 있겠는가?”

이윽고 유금필이 돌아오니 태조는 궁전에서 내려가 맞이하면서 그의 손을 잡고 기뻐하였다.

“그대 같은 공훈은 옛날에도 드문 일이니 내가 이것을 마음에 새겨두고 잊지 않겠다.”

이에 유금필이 사례하며 공손하게 대답하였다.

“국난을 당하여 자기 일신을 생각지 않으며 위급에 직면하면 목숨을 바치는 것은 신하 된 자의 직분이거늘 성상께서 어찌 그런 말씀을 하시나이까?”

이런 일이 있고 나서 태조는 더욱 그를 소중하게 여겼다.

934년(태조 17)에 태조가 장차 운주를 친히 정벌하려고 유금필을 우장군으로 임명하였더니 견훤이 소문을 듣고 갑사 5천 명을 선발하여 거느리고 와서 말하였다.

“양군이 서로 싸우면 모두 온전하지 못할 형세이니 무지한 병졸들만 많이 살상될 것이 우려된다. 화친을 맹약하고 각자의 영토를 보존하는 것이 마땅하겠소.”

이에 태조가 장군들을 모아 의논하였다. 그러나 유금필이 어림없다는 듯 소리치며 앞으로 나섰다.

“오늘 정세는 싸우지 않을 수 없으니 바라건대 성상께서는 염려 마시고 저희가 적을 격파하는 것이나 보십시오.”

이윽고 견훤이 아직 대오를 정비하지 못한 틈을 타서 용감한 기병

수천 명을 거느리고 돌격하여 적병 3천여 명의 머리를 베고, 술사 종훈, 의사 훈겸, 장수 상달, 용장 최필을 생포하니 웅진 이북 30여 성이 소문을 듣고 자진하여 항복하였다.

935년(태조 18)에 태조가 여러 장군을 둘러보며 근심을 털어놓았다.

"나주 지방 40여 군은 우리의 울타리로 되어 오랜 기간 교화에 복종하였다. 일찍이 대상 견서, 권직, 인일 등을 파견하여 안무하였는데 근자에는 백제에 약탈당하므로 6년간에 바닷길도 통하지 않으니 누가 나를 위하여 안무하러 가려 하는가?"

묻자 홍유, 박술희 등이

"제가 비록 용맹하지는 못하나 장수의 한 사람으로 보충하여 주시기 바랍니다."

라고 하니 태조가

"대체로 장수로 되려면 백성의 마음을 얻는 것이 귀중하다."

라고 하였다.

이에 공훤, 대광 제궁 등이 아뢰기를

"금필이 적임자입니다."

라고 하였다.

태조가 기뻐하며 대답했다.

"나 역시 벌써 그렇게 생각하였다. 그러나 근자에 신라의 길이 막혔을 때 유금필이 가서 그것을 열었는데 나는 그 수고를 생각하고 감히 다시 명령하지 못하고 있다."

유금필이 벌떡 일어서며 아뢰었다.

"저는 이미 늙었으나 이것은 국가 대사인데 감히 있는 힘을 다 바치지 않겠습니까?"

유금필의 충정에 태조가 기뻐하며 눈물을 흘렸다.

"그대가 만일 이 명령을 받는다면 이보다 더 기쁜 일이 어디 있겠는가?"

드디어 유금필을 도통都統 대장군으로 임명하고 예성강까지 가서 송별하였으며 어선을 주어서 보냈다. 왕은 3일간 그대로 체류하면서 유금필이 바다에 나갈 때까지 기다렸다가 환궁하였다. 유금필이 나주에 가서 정벌하고 돌아올 때에도 태조는 또 예성강까지 나가 맞이하고 위로하였다.

유금필은 936년에 태조를 따라가서 백제를 공격하고 멸망시켰으며 941년(태조 24)에 죽었다. 유금필은 장령으로서의 전략을 가졌으며 병사들에게서 신망을 얻었고 출정할 때마다 명령을 받으면 즉시 출발하였으며 집에 들러서 자고 간 적이 없었다고 한다.

개선할 때면 태조는 반드시 마중 나가 위로하여 주었으며 시종일관 다른 장군들이 받지 못하는 총애와 대우를 받았다. 시호를 충절忠節이라 하였으며 994년(성종 13)에 태사太師 벼슬을 추증하고 태조 묘정에 배향하였다. 아들은 궁, 관유, 경이다.

훈요십조訓要十條

통일의 과업을 달성하고 나서 태조는 나라의 기틀을 착실하게 다져 나감과 아울러 북방으로 영토를 넓히려고 애썼다. 발해를 멸망시킨 거란에서 화친을 요구했으나 태조는 이에 응하지 않고 적대시하며 서쪽으로는 청천강, 동쪽으로는 영흥 이북까지 영토를 확장시켰다. 그러나 태조의 북방 정벌은 거기서 멈추고 만다. 현실적으로 거란과 여진 세력이 버티고 있어 영토를 더 확보한다고 해봐야 지킬 여력이 없었던 것이다.

발해의 유민과 신라와 후백제의 백성까지 따뜻하게 포용하며 민족 대화합을 이룬 가운데 자주적 통일국가를 세운 왕건은 할 일이 아직 많았지만 943년 4월에 병을 얻어 자리에 눕고 만다. 그는 박술희를 불러들여 친히 훈요십조를 내렸다.

태조는 열 가지 훈계 끝에 '중심장지' 中心藏之(마음속에 간직하라)라는 네 글자를 덧붙여서 후대 왕들이 대대로 전해 내려가면서 보배로 여겨 지키도록 당부하였다.

그 내용을 보면 다음과 같다.

첫째로 국가의 왕업은 반드시 부처의 도움을 받아야 한다. 따라서 불교를 잘 위하되 후세에 간신이 권력을 잡으면 승려들의 청촉을 받아 모든 사원을 서로 쟁탈하게 될 것이니 이런 일을 엄격히 금지하여야 한다.

둘째로 모든 사원은 도선道詵의 의견에 따라 산천의 좋고 나쁨을 가려서 창건한 것이므로 향후 함부로 사원을 짓거나 훼손시켜서는 안 된다. 그렇게 하면 도선은 지덕地德을 훼손시키게 되어 국운이 길지 못할 것이라고 하였다.

셋째로 적자嫡者에게 왕위를 계승하는 것을 원칙으로 하되 장자가 불초不肖할 때에는 인망 있는 자로 정통을 잇게 할 것이다.

넷째로 우리 동방은 오래 전부터 중국의 풍습을 본받아 예의 문물을 모두 당나라 제도에서 준수하여 왔다. 그러나 지역이 다르고 사람의 성품도 각각 같지 않으니 구태여 억지로 맞출 필요는 없다. 그리고 거란은 금수의 나라로서 풍속도 다를 뿐 아니라 언어도 다르니, 그들의 의관 제도를 아예 본받지 말라.

다섯째로 서경西京(현 평양)은 수덕水德이 순조로워 우리나라 지맥의 근본이므로 항상 그곳을 중시해야 할 것이다. 춘하추동 사철의 중간 달에 국왕은 거기에 가서 백 일 이상 체류함으로써 왕실의 안녕을 도모하게 할 것이다.

여섯째로 연등燃燈은 부처를 섬기는 것이요, 팔관八關은 하늘의 신령과 5악岳, 명산, 대천 용의 신을 섬기는 것이다. 이렇듯 중요한 행사를 소홀히 해서는 아니될 것이다. 이 모임을 국가 기일忌日과 상치되지 않게 하고 임금과 신하가 함께 즐기기로 굳게 맹세하여 왔으니 마땅히 조심하여 이대로 시행할 것이다.

일곱째로 임금이 백성의 신망을 얻는 것은 가장 어려운 일이다. 항상 공평하게 일을 처리하여 백성의 뜻을 저버리지 말라. 참소하는 말은 꿀처럼 달지만, 그 말을 믿지 않으면 참소가 자연히 없어질 것이다. 또한 백성들은 때를 보아 쓰도록 하라. 부역과 세금을 적게 하며 농사짓는 것이 어려운 일이라는 것을 알게 되면 자연 백성들의 신망을 얻어 나라는 부강하고 백성은 편안하게 될 것이다.

여덟째로 차현車峴(현 차령산맥) 이남 공주公州 강 바깥은 산형과 지세가 모두 반대 방향으로 뻗었고, 인심도 산세와 같이 반항적이니 그 지방 사람들은 비록 양민일지라도 관직을 주어 정치에 참여시키는 일이 없도록 하라.

아홉째로 백관의 녹봉과 상벌을 공평하게 해야 할 것이다. 만일 공로가 없는 사람이나 친척, 가까운 사람으로서 헛되이 녹봉을 받게 되면 다만 아래 백성들이 원망하고 비방할 뿐 아니라 그 사람 자신도 역시 그 행복을 길이 누릴 수 없을 것이니 마땅히 엄격하게 이를 경계해야 한다. 또 우리는 강하고도 악한 나라(거란)가 이웃으로 되어 있으니 평화로운 시기에도 위험을 잊고 평안한 것을 취해서는 안 된다. 병졸들은 응당 보호하고 돌보아 주어야 하며 부역을 면제하고, 매년 가을에 무예가 특출한 자들을 뽑아 알맞게 벼슬을 높여 주라.

열째로 나라를 가진 자나 집을 가진 자는 항상 만일을 경계하며 경전과 역사 서적을 널리 읽어 옛일을 지금의 교훈으로 삼아야 할 것이다.

왕건은 고려는 고구려에서 나온 것이라는 것을 내세워 압록강을 넘어 보려고 무한히 애를 썼으나 창업에 정력을 쏟느라고 아깝게도 압록강까지는 가보지 못하고 세상을 하직하였다. 공교롭게도 이날은 바로 궁예가 죽은 날이었다.

태조의 죽음

943년(태조 26) 5월 병오일에 태조의 병이 더욱 중하여지므로 태조가 신덕전에 나가서 학사 김악金岳에게 명하여 유조遺詔를 쓰게 하였다. 초고가 이루어진 뒤로 태조는 말을 더 하지 못했다. 좌우 신하들이 큰 소리로 목메어 울부짖으니 그제야 태조가 이것이 무슨 소리냐고 물었다.

"성상께옵서 백성의 부모가 되었다가 오늘 갑자기 여러 신하를 버리고 가려 하시니 저희가 슬픔을 참을 수 없습니다."

태조는 신하들의 말을 듣고 조용히 웃으면서 대답하였다.

"덧없는 인생이란 옛날부터 으레 이런 것이다."

이런 말을 남기고 태조는 오래지 않아 죽었다.

태조가 왕위에 있은 지는 26년이요, 향수는 67세였다. 그 시호를 신성神聖이라 하고 묘호를 태조太祖라고 하였다. 송악산 서쪽 기슭에 장사 지내니 능호는 현릉顯陵이다.

태조와 고려 왕실에 관한 설화

고려 왕실의 조상은 역사 기록이 없어서 알 수 없다. 『태조실록』에 의하면 태조 즉위 2년에 왕의 3대 조상을 추봉하였는데 증조부를 원덕 대왕이라 하고 그 비를 정화 왕후라 하였으며 조부인 의조를 경강 대왕이라 하고 그 비를 원창 왕후라 하였다. 또한 아버지인 세조를 위무 대왕이라 하고 그 비를 위숙 왕후라고 하였다.

김관의金寬毅가 편찬한 『편년통록』編年通錄에는 고려 왕실의 기원에 대한 것이 다음과 같이 기록되어 있다.

> 옛날에 호경虎景이라는 사람이 살고 있었다. 스스로 성골聖骨 장군이라고 부르면서 산천을 두루 구경하고 다니던 그는 부소산 왼쪽 산골에 이르러 장가를 들었다. 호경은 그때부터 부소산 산골에서 일가를 이루어 살기 시작했다.
>
> 호경은 활을 아주 잘 쏘아 주변에 명성이 자자했다. 하여 날마다 사냥하러 다니면서 동물들을 잡아 왔는데 그 고기와 가죽을 팔아 집은 늘 부유하였다. 호경에게는 걱정거리가 그다지 없었으나 다만 아들이 없는 것이 늘 마음을 허전하게 하였다.
>
> 그러던 어느 날, 호경이 같은 마을 사람 아홉 명과 평나산에 매를 잡으러 갔다. 그런데 그만 사냥감을 정신없이 쫓아다니다가 날이 저물고 말았다. 호경은 사람들과 함께 바위 굴속으로 들어가 하룻밤 묵기로 하였다.
>
> 온종일 사냥하러 다니느라 피곤하여 곯아떨어졌는데 난데없이 호랑이 울음소리가 들려왔다. 화들짝 놀라 잠에서 깬 사람들이 가만히 살펴보니 커다란 호랑이 한 마리가 굴 앞을 가로막은 채 포효하고 있었다.

아무래도 굶주린 호랑이가 사람 냄새를 맡고 찾아온 것 같았다. 사람들은 이런저런 생각 끝에 각자의 관을 호랑이에게 던져 보기로 하였다. 호랑이가 관을 물면 그것의 임자가 호랑이 앞으로 나가서 일을 당하자고 약조한 것이었다.
마침내 모두 자기 관을 던졌는데 호랑이가 호경의 관을 덥석 물었다. 호경은 속절없이 당할 것이 아니라 호랑이와 싸워 보기라도 하자고 생각하며 굴 밖으로 나갔다. 그런데 호경이 굴 밖으로 나가자마자 호랑이가 갑자기 사라져 버리는 것이 아닌가.
그런데 바로 그때였다. "우르르 쾅!" 소리를 내며 멀쩡하던 굴이 무너져 버렸다. 그제야 호랑이가 자신을 살리고자 다녀간 것이라는 생각이 들었다.
놀란 가슴을 쓸어내리며 굴 앞에서 밤을 지새운 호경은 이튿날 평나군으로 달려가 보고하고 흙과 바위에 깔려 죽은 마을 사람들을 장사지내 주었다.
그런데 호경이 산신에게 제사를 지낼 때였다. 놀랍게도 여자의 형체를 한 산신이 호경 앞에 불쑥 나타났다. 호경은 두려운 마음에 넙죽 절하며 땅에 엎드렸다. 그러자 산신이 타이르듯 부드러운 어조로 이야기했다.
"나는 본시 과부로서 이 산을 주관하고 있었다. 그런데 이번에 다행히 당신 성골 장군을 만나게 되어 서로 부부의 연을 맺고 함께 신神의 정치를 하려고 한다. 우선 당신을 이 산의 대왕으로 봉하겠다."
산신의 말이 끝나기 무섭게 호경과 산신의 모습이 홀연 사라져 버렸다.
평나군 사람들은 이런 일이 있고 나서 호경을 대왕으로 봉하는 동시에 사당을 세워 제사를 지냈다. 또한 아홉 사람이 함께 죽었다하여 평나산의 이름을 구룡산이라고 고쳤다.

한편, 산신과 부부의 연을 맺고 대왕으로 봉해진 호경은 신의 정치를 펼쳐 나가면서도 마음 한편으로는 옛날 아내가 늘 그리웠다. 그리하여 그는 밤마다 아내를 몰래 찾아가 이야기를 나누다가 동침하곤 하였다. 이 때문에 호경의 옛 아내가 잉태하였고 오래지 않아 아들을 낳으니 이름을 강충康忠이라고 지었다.

강충은 생김생김이 단정하고 근엄하여 재주가 많았다. 세월이 흐르매 장성하여 서강 영안촌 부잣집 딸 구치의에게 장가를 든 강충은 오판산 마가갑에서 터를 잡고 살았다.

그때 풍수에 관한 방술을 잘 아는 신라 사람 필원이 부소군에 왔던 길에 강충을 만났다. 필원이 부소산의 형세를 살피더니 강충을 안타깝게 바라보며 이야기했다.

"부소산의 형세는 좋으나 나무가 없는 것이 흠이다. 만일 부소군을 산 남쪽으로 옮기고 솔을 심어 암석이 나타나지 않도록 하면 거기서 삼한을 통일하는 자가 출생할 것이다."

이 말을 듣고 강충은 부소군 사람들과 함께 부소산 남쪽으로 이사하고 산에 솔을 심은 뒤에 군명을 송악군으로 고쳤다. 오래지 않아 송악군의 상사찬이 된 강충은 마가갑 저택을 세전世傳하는 재산으로 삼고 왕래하면서 살았다.

부소산 남쪽으로 이사하고 나서 강충에게 재산이 모이기 시작했는데 두 아들을 낳았을 때쯤 수만금을 가진 큰 부자가 되었다.

강충의 두 아들 중 뒤에 보육寶育이라고 이름을 고친 둘째 아들 손호술은 무척 지혜로운 사람이었다. 그는 지리산으로 들어가 승려가 되어 불도를 닦았는데 훗날 구룡산(평나산) 북쪽 기슭에 들어와 살다가 다시 마가갑으로 옮겨 갔다.

마가갑에서 살아가던 어느 날, 보육이 상서로운 꿈을 꾸었다. 곡령재에 올라 남쪽을 향하여 오줌을 누었더니 그 오줌이 천지에 가득 차 산천이 바다로 변한 것이다.

이튿날이 되자 보육은 형 이제건을 찾아가 꿈 이야기를 하였다. 그러자 이제건이 말하기를

"네가 반드시 하늘을 버티는 기둥을 낳을 것이다."

라고 하였다.

그러고는 자기 딸 덕주를 보육에게 주어 처로 삼게 하였다.

세월이 흘러 거사가 된 보육은 마가갑에서 암자를 짓고 살았다. 어느 날, 신라 술사 한 사람이 와서 보고 말하기를 여기서 살면 반드시 당나라 천자를 사위로 삼게 될 것이라고 하였다.

보육은 두 딸을 낳았는데 둘째 진의가 특히 얼굴이 곱고 재주와 지혜가 많았다. 진의가 막 성년이 되었을 때에 그 언니가 또다시 오줌 꿈을 꾸었다. 오판산 마루턱에 올라앉아 오줌을 누었더니 그 오줌이 흘러 천하에 가득 차 보였다는 것이다.

언니는 깨어나서 진의에게 꿈 이야기를 하였다. 가만히 듣고 있던 진의는 비단치마를 가지고 와서 그 꿈을 사겠다고 하였다. 그러자 언니는 그것을 허락하였다. 진의는 언니에게 다시 그 꿈 이야기를 하라 하고 그것을 움켜서 품에 품는 시늉을 세 번 하였다. 그랬더니 그의 몸이 움직이고 무엇인가 얻는 것만 같았다. 진의는 그것으로 하여 자못 자부심을 느끼게 되었다.

당시 중국의 당나라 숙종은 아직 즉위하기 전이었다. 숙종은 천하 산천을 두루 유람하려고 천보 12년 계사 봄에 바다를 건너 패강浿江(현 대동강) 시포에 도착하였다. 그때 마침 강바닥에 진흙이 차서 따르던 관원들이 배 안에 있던 돈을 던져 펴고서야 상륙할 수 있었

다. 이런 일이 있고 나서 그곳을 전포라고 부르게 되었다.

그러나 민지閔漬는 『편년강목』編年綱目에 『벽암록』碧巖錄 등 불교 서적을 인용하여 삼한으로 온 사람이 숙종이 아니라 선종이라고 서술해 놓았다. 그 내용은 다음과 같다.

> 당나라 선종의 나이 13세 되던 때였다. 당시는 목종 황제 재위 기간이었는데 하루는 선종이 장난으로 황제의 용상에 올라 여러 신하에게 답례하는 시늉을 하였다. 그런데 목종의 아들 무종이 그것을 보고 말았다. 무종은 그때부터 속으로 선종을 몹시 꺼리었다. 아니나 다를까 목종에 이어 무종이 즉위하자, 선종은 궁중에서 온갖 박해를 당하게 되었다. 이에 선종은 궁에서 가만히 나와 멀리 도망쳤다. 그리하여 그는 천하를 두루 돌아다니면서 갖은 고초를 다 겪었다. 그때에 염관현 안 선사安禪師가 선종의 얼굴을 알아보고 특별히 후대하였기 때문에 그는 염관에서 가장 오래 머물러 있었다.
>
> 선종은 일찍이 광왕이 되었는데 광군은 곧 양주 속군이요, 염관현鹽官縣은 항주 속현이었다. 광군이나 염관현 둘 다 중국의 동해에 접해 있어 상선들이 왕래하는 곳이었다. 선종은 그때 신변에 위험을 느끼는 처지로서 피신하는 곳이 깊숙하지 못한 것을 두려워하는 형편이었다. 하여 선종은 천하의 산수를 유람한다는 구실 하에 상선을 따라 바다를 건넜다.

당시에는 아직 당사가 편찬되지 않았을 때라 당나라 사정에 대하여 자세히 알 길이 없었다. 그래서 다만 숙종 선황제 때에 안록산의 난이 있는 것만 전해 듣고 선종이 피난하여 도망갔다는 사실은 듣지 못했기 때문에 선종 황제의 일을 숙종 선황제의 사실로 잘못 기록한 것이다.

또 세상에 다음과 같은 이야기가 전해지기도 하였다.

충선왕이 원나라에 가 있을 때에 원나라 한림학사 한 사람이 그와 교제를 하고 있었는데 그는 왕에게 다음과 같이 물었다.

"듣건대 대왕의 조상은 당나라 숙종 황제에게서 낳았다고 한다는데 그것은 어디에서 근거한 이야기입니까? 사실 숙종은 어려서부터 한 번도 대궐 밖으로 나간 일이 없고, 안록산의 난이 있었던 때에는 영무에서 즉위하였으니 고려에 가서 자식까지 둘 겨를이 없었을 텐데 말입니다."

충선왕은 이 말에 어찌나 부끄러웠던지 채 대답을 하지 못하였다.

그때 민지가 곁에 있다가 대신 답하였다.

"그것은 우리 국사에 잘못 쓰인 것이다. 사실은 숙종이 아니고 선종인 것이다."

한림학사는 그 말을 듣고 선종은 오랫동안 외방에서 고생하였던 만큼 혹 그럴 수도 있겠다고 하였다.

다시 본래의 이야기 속으로 다시 돌아가 보기로 하겠다.

숙종 황제는 드디어 송악군으로 와서 곡령재에 올라 남쪽을 바라보며 이렇게 말하였다.

"이 땅은 도읍을 이룰 만한 곳이다."

시종 하는 자가 여기는 곧 도를 성취한 여덟 명의 신선이 사는 곳이라고 하였다. 이들은 마가갑 양자동으로 와서 보육의 집에 유숙하게 되었다.

숙종 왕은 두 처녀를 보고 기뻐하며 자기의 옷 터진 것을 꿰매어 달라고 하였다. 보육은 그가 중국의 귀인인 줄 알고 과연 술사의 말이 맞는다고 생각하였다. 곧 맏딸을 들여보냈더니 겨우 문지방을 넘자마자 코피가 터져서 되돌아 나오고 대신 진의를 들여보내어 모시게 하였다.

숙종은 머무른 지 한 달 만에 진의에게 태기가 있는 것을 알게 되었다. 그리하여 그는 이별할 때에 자기는 당나라 귀족이라는 것을 밝히고 진의에게 활과 화살을 주면서 만일 생남을 하거든 그것을 주라고 하였다.

그 후 과연 생남을 하였는데 그 이름을 작제건作帝建이라고 하였다. 후에 고려에서는 보육을 추존하여 국조 원덕 대왕이라 하고 그의 딸 진의를 정화 왕후라고 하였다.

작제건은 어려서부터 총명하고 용맹이 있었다. 나이 5~6세쯤 되었을 때, 그 어머니에게 자기 아버지는 누구냐고 물었다. 어머니는 그의 아버지는 당나라 사람이라고 대답하였다. 남편의 이름을 몰랐기 때문에 이렇게만 대답한 것이다.

작제건은 점점 자라서 육예六藝를 다 잘하였고, 그중에서도 글씨와 재주가 뛰어났다. 나이 16세 때에 어머니가 활과 화살을 작제건에게 주었다. 그것은 전날 아버지가 장차 태어날 아들에게 주라고 하며 남겨 두고 간 것이었다. 기뻐하며 활과 화살을 받은 작제건은 그날부터 활쏘기를 익혔다. 그러자 오래지 않아 백발백중의 명수가 되었다. 이리하여 세상 사람들은 그를 신궁이라고 불렀다.

그러던 어느 날, 작제건은 아버지를 찾아가려고 상선을 타고 삼한 땅을 떠났다. 그런데 바다 복판쯤 왔을 때 구름과 안개가 자욱해지며 배가 사흘 동안 가지 못했다. 이에 뱃사람이 점을 치더니 배에 탄 고려인을 내려놓고 가야 한다고 하였다.

민지의 『편년강목』에는 다음과 같이 전하기도 한다.

신라의 김양정이 당나라 사신으로 들어가는데 작제건도 마침 그 배에 탔다. 양정의 꿈에 백발 할아버지가 나타나서 그에게 말하기를 고려인을 내려놓으면 순풍을 얻을 것이라고 하였다.

고려인이 내려야 한다는 말을 들은 작제건은 활과 화살을 잡고 바다로 뛰어내렸다. 다행스럽게도 마침 밑에는 암석이 깔려 있어 그 위에 설 수 있었다. 그런데 작제건이 내리자마자 사방에 자욱했던 안개가 흩어지며 바람이 순해지더니 배는 나는 듯이 달리기 시작하였다.

바다 위에 혼자 남은 작제건이 사방을 둘러보고 있는데 홀연 한 늙은이가 나타나 절을 하면서 다음과 같이 말하였다.

"나는 서해의 용왕입니다. 그런데 요사이 매일 저녁나절만 되면 늙은 여우 한 마리가 치성광여래의 형상을 하고 공중으로부터 내려와서 일월성진을 운무 중에 늘어놓고 소라 나팔을 불고 북을 쳐 음악을 하면서 이 바위 위에 앉아서 옹종경擁腫經을 읽습니다. 그러면 나의 두통이 심해집니다. 활을 잘 쏜다고 하니 원컨대 그 궁술로 나의 피해를 덜어 주시오."

작제건은 곧 그렇게 할 것을 약속하였다.

역시 민지의 『편년강목』에는 이런 이야기도 서술되어 있다.

작제건이 바위가에 좁다란 길이 있는 것을 보고 그 길을 따라 1리가량 들어갔더니 거기에 또 다른 바위가 하나 있었다. 그런데 그 바위 위에 멋들어진 궁전이 하나 서 있는 게 아닌가. 게다가 궁궐 문은 훤히 열려 있었다. 그 가운데 금자金字로 사경寫經하는 곳이 있었다. 자세히 보니 먹이 아직 마르지 않았고 사방을 돌아보니 사람은 없었다.

작제건이 그 자리에 앉아서 붓을 들고 사경을 시작하는데 홀연 한 여자가 와서 앞에 섰다. 작제건은 관음보살의 현신인가 하고 놀라 일어나 내려앉으면서 절을 하려고 하였다. 그런데 그 여자가 감쪽같이 사라져 버리는 것이었다. 하여 도로 앉아서 사경을 계속하는데 한참 있다가 그 여자가 다시 나타나서 다음과 같이 말하였다.

"나는 용왕의 딸로서 여러 해를 두고 사경하고 있으나 아직 끝이 나지 않았소. 다행히 낭군이 글씨를 잘 쓰고 활을 잘 쏘니 여기에 머물러 나의 공덕(사경하는 일)을 돕고 또 우리 집의 불행을 제거하여 주시오. 그 불행이라는 것은 7일 동안 기다리면 알게 될 것이오."

때가 되니 과연 공중에서 음악 소리가 들리고 서북으로부터 내려오는 자가 있었다. 작제건은 그것이 정말 부처가 아닌가 의심하고 감히 쏘지를 못하였다. 그랬더니 할아버지가 다시 와서 그것이 정말 늙은 여우임이 틀림없으니 의심하지 말고 쏘라고 하였다. 그제야 작제건이 활을 쏘았더니 과연 늙은 여우 한 마리가 떨어졌다.

늙은이는 크게 기뻐하면서 작제건을 맞아 궁 안으로 들어갔다.

"그대의 힘으로 나의 근심이 이미 덜어졌으니 큰 은덕을 갚으려 하노라. 그대는 앞으로 서쪽 당나라로 들어가서 천자인 아버지를 만나려는가? 그렇지 않으면 칠보의 부를 가지고 동쪽으로 돌아가서 어머니를 모시려는가?"

"나의 소원은 동방의 임금이 되는 것입니다."

곰곰 생각하던 늙은이가 다음과 같이 이야기하였다.

"동방의 임금이 되려면 '건' 자 붙은 이름으로 자손까지 3대를 거쳐야 한다. 다른 것은 그대의 소원대로 하여 주겠노라."

작제건은 그 말을 듣고 임금이 될 때가 아직 오지 않았다는 것을 알고 주저하여 대답하지 못하는데 그 뒤편에 있던 어떤 늙은 할미가 농담 삼아 말하였다.

"왜 그 딸에게 장가를 들지 않는가?"

작제건이 그제야 깨닫고 사위 되기를 청하니 늙은이는 장녀 저민의를 그에게 처로 주었다.

작제건이 칠보를 가지고 돌아오려고 하는데 저민의가 말하였다.

"우리 아버지에게 버드나무 지팡이와 돼지가 있는데 그것은 칠보보다 더 귀중한 것입니다. 그것을 달라고 해서 가지고 가도록 합시다."

작제건이 칠보 대신에 버드나무 지팡이와 돼지를 원하니 늙은이는 혀를 찼다.

"그 두 물건은 나의 신비로운 귀중한 물건이다. 그러나 기왕 자네가 청하니 어찌 거절하리요."

늙은이에게 칠보와 돼지를 건네받은 작제건은 옻칠한 배를 타고 바다에 떠서 순식간에 해안에 다다랐다. 거기는 곧 창룡굴 앞 강변이었다.

백주의 정초 류상회(장사꾼)들이 그 소식을 듣고

"작제건이 서해 용왕에게 장가를 들어왔으니 실로 큰 경사로다."

하며 개주, 청주, 염주, 백주 네 주와 강화, 교동, 하음 세 현 사람들을 데리고 와서 그를 위하여 영안성을 쌓고 궁실을 건축하여 주었다.

용녀(저민의)가 처음 왔을 때에 개주 동북 산기슭에 가서 땅을 파고 은그릇으로 물을 떠 썼으니 지금의 개성 '큰 우물' 이 곧 그곳이다.

영안성에서 산 지 1년이 지난 어느 날 돼지가 우리로 들어가지 않았다. 이를 이상하게 여긴 주인이 돼지에게 말했다.

"만일 이곳이 살 곳이 못 된다면 내가 장차 네가 가는 데로 따라가겠다."

이튿날 아침에 돼지는 송악산 남쪽 기슭에 가 누웠다.

드디어 거기로 가서 새집을 짓고 살게 되었던바 그곳은 곧 강충이 살던 옛터였다. 거기서 영안성으로 왕래하면서 30년 동안이나 살았다.

용녀는 일찍이 송악산 새집 창 밖에 우물을 파고 그 속을 통하여 서해 용궁에 다녔는데 그 우물은 곧 광명사 동상방 북쪽에 있는 우물이다. 그는 항상 작제건과 약속하기를

"내가 용궁으로 돌아갈 때에는 절대로 보지 마시오. 만일 그렇게 하지 않으면 다시 돌아오지 않으리다."

라고 하였다.

그러나 어느 날 작제건은 가만히 그곳을 들여다보았다. 이에 용녀는 어린 딸과 함께 우물로 가서 황룡으로 변하며 오색구름을 일으켰다. 작제건은 이상하게 여겼으나 감히 말을 못하였다. 그랬더니 용녀가 돌아와서 성을 내며 말했다.

"부부간의 도리는 신의를 지키는 것이 중요한데 어제 당신이 약속을 어기였으니 나는 더는 여기서 살 수 없소."

용녀는 드디어 어린 딸과 함께 용으로 화해서 우물로 들어간 후 다시는 돌아오지 않았다.

작제건은 만년에 속리산 장갑사에 가서 살면서 불경을 읽다가 죽었다. 후에 그를 추존하여 의조 경강 대왕이라 하고 용녀를 원창 왕후라고 하였다. 원창 왕후가 네 아들을 낳았는데 맏아들을 용건이라고 하였다. 용건은 후에 이름을 융으로 고치고 자는 문명이라고 하였으니

이가 곧 세조였다.

세조는 체격이 크고 아름다운 수염을 가졌으며 도량이 넓어서 삼한을 통일하려는 뜻이 있었다. 그는 일찍이 꿈을 꾸었는데 한 미인이 와서 아내가 되기를 약속하였다.

후에 송악산에서 영안성으로 가는 길에 실제로 한 여자를 만났는데 모양이 꿈에 본 여자와 똑같았으므로 그녀와 혼인하였다. 그 여자가 어디서 왔는지 알 수 없었기 때문에 세상 사람들은 그를 몽 부인이라고 불렀다. 혹은 말하기를 그는 삼한의 어머니가 되었기에 성을 한씨로 택했다고 하는데 이가 곧 위숙 왕후였다.

세조는 송악산 옛집에 여러 해 살다가 또 새집을 그 남쪽에 건설했는데 그 터는 곧 연경궁 봉원전 터이다. 그때에 동리산 조사 도선이 당나라에 들어가서 일행의 지리법을 배워서 돌아왔는데 백두산에 올랐다가 곡령까지 와서 세조의 집을 보고

"지장을 심을 터에 어찌 삼을 심었는가?"

하고는 가 버렸다.

부인이 마침 그 말을 듣고 세조에게 이야기하니 세조가 천방지축 급히 따라가서 그와 만났는데 한 번 만난 후에는 단박에 구면과 같이 되었다.

드디어 함께 곡령에 올라가서 산수의 태맥을 연구하며 위로는 천문을 보고 아래로는 시운을 살핀 다음 도선이 다음과 같이 말하였다.

"이 땅의 지맥은 북방 백두산 수모 목간으로부터 내려와서 마두 명당에 떨어졌으며 당신은 또한 수명이니 마땅히 수의 대수를 좇아서 육육삼십육 구의 집을 지으면 천지의 대수에 부합하여 명년에는 반드시 슬기로운 아들을 낳을 것이니 그에게 왕건이라는 이름을 지을 것이다."

도선은 그 자리에서 봉투를 만들고 겉에 쓰기를

'삼가 글을 받들어 백 번 절하면서 미래에 삼한을 통합할 주인 대원 군자 당신에게 드리노라.'

라고 하였으니 때는 당 희종 건부 3년 4월이었다.

세조는 도선의 말대로 집을 짓고 살았는데 그달부터 위숙이 태기가 있어 태조를 낳았다.

민지의 『편년강목』에는 다음과 같이 기록되어 있다.

> 태조의 나이 17세 되었을 때에 도선이 다시 와서 만나기를 청하여 이렇게 말하였다.
>
> "당신은 이 혼란한 때에 상응하여 하늘이 정한 명당 터에 태어났으니 삼국 말세의 창생들은 당신이 구제하여 주기를 기다리고 있다."
>
> 그 자리에서 도선은 태조에게 군대를 지휘하고 진을 치는 법, 유리한 지형과 적당한 시기를 선택하는 법 등을 가르쳐 주었다.
>
> 897년(건녕 4) 5월에 세조(왕건의 아버지)가 금성군(현 전남 나주)에서 죽자 그를 영안성 강변 석굴에 장사 지냈다. 후에 그 묘를 창릉이라고 하였으며 후에 위숙 왕후를 합장하였다.
>
> 실록에 의하면 1027년(현종 18)에 세조에게 시호를 더 붙여서 원열元烈이라 하고 위숙 왕후는 혜사惠思라고 하였으며 1253년(고종 40) 다시 시호를 더 붙여 세조는 민혜敏惠, 위숙은 인평仁平이라고 하였다.

설화에 대한 반박

이제현은 다음과 같이 말하였다.

김관의는 말하기를 성골 장군 호경이 아간阿干 강충을 낳고 강충이 거사居士 보육을 낳았으니 보육이 곧 국조 헌덕 대왕이요, 보육이 딸을 낳아 당나라 귀성에게 시집 보내어 의조를 낳았으며 의조는 세조를 낳고, 세조는 태조를 낳았다고 하였다.

만일 그의 말대로 한다면 당나라 귀성이라는 자는 의조에게 아버지요, 보육은 그 의조 아버지의 장인이 되는데 보육을 국조라고 칭한 것은 무슨 까닭인가?

김관의는 또 말하기를 태조가 3대의 조상을 추존하였는데 아버지를 세조 위무 대왕으로, 어머니를 위숙 왕후로, 증조모를 정화 왕후로, 증조모의 아버지 보육을 국조 원덕 대왕으로 각각 추존하였다고 하였다.

그의 이 설은 추존에서 증조부를 생략하고 증조모의 아버지를 써넣어서 합하여 3대 조상이라고 한 것인데 이것은 무슨 까닭인가?

『왕대종족기』에는 말하기를 국조는 태조의 증조요, 정화 왕후는 국조의 왕후라고 하였다. 또 『성원록』에는 말하기를 보육 성인이라는 자는 원덕 대왕의 외조부라고 하였다.

이 두 설로 미루어 본다면 원덕 대왕은 곧 당나라 '귀성'의 아들로서 의조의 아버지가 되며 정화 왕후는 보육의 외손부로서 의조의 어머니가 된다. 그래서 김관의가 보육을 국조 원덕 대왕이라고 한 것은 오류인 것이다.

이제현은 또 다음과 같이 말하였다.

김관의는 의조가 당나라 사람인 자기 아버지를 만나려고 바다를 건넜다고 하였다. 그렇다면 그의 뜻은 대단히 간절하였을 것이다. 그런데 용왕이 소원을 물었을 때는 곧 동방으로 돌아가기를 희망한다고 하였다. 아마도 의조가 이렇게 대답하지는 않았을 것이다.

『성원록』에는 혼강 대왕(즉 의조)의 처 용녀는 평주 사람 두은점 각간의 딸이라고 하였으니 이것은 김관의의 기록과 같지 않다.

이제현은 또 다음과 같이 말하였다.

도선은 세조의 송악 남쪽 집을 보고 기장 심을 밭에 삼을 심었다고 말해 주었다. 기장과 왕은 조선말로 비슷하므로 태조는 왕씨로 성을 삼은 것이라고도 하였다. 그러나 자기 아버지가 살아 있는데 자식이 혼자 성을 고치다니 천하게 어찌 그럴 이치가 있겠는가? 더욱이 그런 일을 우리 태조가 하였다고 말하겠는가? 참 슬픈 일이다. 그리고 태조의 세조는 궁예를 섬겼는데 궁예는 원래 의심과 시기가 많은 사람이었다. 그런데 태조가 아무런 이유도 없이 혼자서 왕씨로 성을 삼았다면 그것이 어찌 자기 자신이 화를 끌어들이는 것이 아니었겠는가?

내가 『왕대종족기』를 보니 거기에는 국조의 성은 왕씨라고 기록되어 있다. 그렇다면 태조 때에 와서 비로소 왕씨로 성을 삼은 것은 아니다. 소위 기장을 심었다는 설이 또한 거짓이 아니었겠는가.

김관의는 또 말하기를 의조와 세조의 이름 아래 자는 태조의 이름과 같다고 하였다. 그것은 개국 이전에는 풍속이 순박한 것을 숭상하였기 때문에 혹 그런 일도 있었으리라고 김관의가 생각하고 그렇게 쓴 것이다. 그러나 사실 의조로 말하면 육예에 정통하고 특히 글씨와 궁술은 으뜸가는 사람이었으며 세조는 어렸을 때부터 큰 배포를 가지고 삼한을 차지할 뜻을 품고 있던 인물인데 어찌 자기 조부와 아버지의 이름에 저촉되게 할 수 있었겠으며 또 그것을 자기 아들들의 이름으로 정하였겠는가?

하물며 태조로 말하면 왕업을 창시하여 자손에게 전하고 모든 것에 옛날 왕들의 좋은 모범을 따랐는데 어찌 부득이한 사정이 있다 하여 예법이 아닌 이름에 무관심했겠는가. 내 생각에는 신라 때에는 임금을 마립간麻立干이라 하고 그 신하를 아간, 대아간이라고 하였으며 심지어는 시골 백성까지도 대개 간을 그 이름 밑에 붙여서 불렀으니 간이라는 것은 대체로 존경어인 것이다. 그런데 아간은 또 아찬, 혹은 알찬이라고 하는데 그것은 간干, 찬湌, 찬粲 세 글자의 음이 서로 가깝기 때문이다. 의조, 세조의 이름 아래 자인 건 역시 간, 찬의 음과 가깝다는 것은 원래 존경어를 그 이름 밑에 붙여서 부른 것이 와전된 것이요, 원이름은 아니다. 태조가 마치 이 자로 이름을 지었기 때문에 호사자들이 견강부회해서 말하기를 3대가 같은 이름을 지으면 반드시 삼한의 왕이 된다고 한 것이니 이것은 믿을 바 못 된다.

사신史臣의 평

옛 서적을 참고하건데 도지추밀 병부상서 김영부와 장사랑 검교 군기감 김관의는 다 의종 왕조의 신하로서 관의가 『편년통록』을 지은 것을 영부가 검열한 후 올린 것이다. 그의 차자에도 역시 관의가 여러 사람의 장서를 참고하여 쓴 것이라고 밝혀 있다. 그 후에 민지가 『편년강목』을 편찬할 때에도 역시 김관의의 설을 좇았던 것이다.

그러나 이제현은 『종족기』宗族記와 『성원록』聖源錄을 인용하여 이들의 와전된 설을 논박하였다. 이제현은 일대에 이름난 선비인 만큼 어찌 보는 바가 없이 경솔하게 당시 국광의 세계를 논하였겠는가. 소위 숙종이니 선종이니 하는 것은 당서를 참고하여 보면 숙종은 어릴 때부터 일찍이 대궐 밖을 나온 일이 없었던바 그는 과연 원나라 학사의 말과 같고 선종은 비록 광왕의 봉작을 받은 일이 있었으나 당사에 번황이 자기의 봉토로 나가는 제도가 없었으니 소위 난리 통에 화를 피하여 동으로 왔다는 설은 역시 선록과 잡기 등에 실린 설로서 다 근거가 없고 신용할 수 없는 것이다. 더욱이 용녀에 관한 이야기는 어찌 황당하기가 그렇게 심한가!

『태조실록』은 정당문학 수국사 황주량이 편찬한 것이다. 주량은 태조의 손자인 현종 왕대에 벼슬하였던 만큼 태조 때의 일을 익히 들어 알고 있었을 것이다. 그런데 그 추증에 관한 기사에 있어서는 사실대로 이것을 서술하여 정화 왕후를 국조의 부인으로 하여 3대의 조상을 기록하였을 뿐 한마디로 낮은 관원이요, 또 태조 때와는 260여 년이나 떨어진 시대의 사람으로서 어찌 당시의 실록을 버리고 도리어 후대의 황당무계한 잡 서적들의 설을 신용하여 그렇게 썼는가?

내가 보건대 죽사에는 탁발 씨를 헌원 씨의 자손이라 하고 신원 황제를 천녀의 아들이라고 하였으니 그것은 심히 황탄한 것이다. 북사에는 또 모용씨는 이의의 덕을 본받고 삼광의 용을 계승하였기 때문에 그런 성을 가진 것이라고 기록하였고, 또 우문씨는 염제의 자손으로서 황제의 옥새를 얻었는바 선비족의 풍속이 천자를 우문이라고 하였기 때문에 그것을 성으로 한 것이라고 기록하였다. 선배들이 이 북사의 기록을 비판하여 말하기를 그것은 신하들이 자기 왕실에 아첨하여 말을 만들어서 수식한 것에 지나지 않는 것이라고 하였다.

슬프다. 옛날부터 임금의 세계를 논하는 사람들은 대개 괴이한 말을 많이 하였고 그중에서도 혹 견강부회하여 만든 설도 있으니 뒷사람들은 거기에 의심하지 않을 수 없게 되는 것이다. 그래서 여기에는 실록에 기재된바 3대 추증에 관한 기록을 옳은 것으로 하고 김관의 등의 글 역시 세상에 오래 전해온 것이기 때문에 함께 붙여서 기록하여 둔다.

후비와 종실들

고려의 제도에서는 왕의 어머니를 왕태후王太后, 본처를 왕후王后, 첩妾은 부인이라고 불렀는데 귀비貴妃, 숙비淑妃, 덕비德妃, 현비賢妃 등이 이에 해당하며 품위는 정1품이다. 기타 상궁尙宮, 상침尙寢, 상식尙食, 상침尙針 등도 다 정한 인원과 위치가 있었다. 그러나 정종 이후에는 궁주宮主, 원주院主 혹은 옹주翁主라고 부르는 등 변경이 많고 일정하지 않아 그 자세한 것은 알 수가 없다.

또한, 태조는 자신의 아들딸들을 서로 결혼시키면서 다른 성씨인 것처럼 숨겼으며, 그 자손들 또한 가법家法이라고 생각하고 이상하게 생각하지 않았다.

고려 왕조에서는 종실宗室 중 촌수가 가깝고 또 존속친에 속한 자를 공公으로 봉하고 그 다음을 후侯로 봉하였으며, 먼 친척은 백伯으로 봉하였고 어린 사람은 사도司徒, 사공司空으로 봉하였는데, 총칭하여 제왕諸王이라고 불렀다.

<후비와 종실들>에서는 각 왕들의 후비들에 대한 간략한 소개와 함께 종실들 중 에서도 흥미로운 일화들을 소개하도록 한다.

태조의 후비와 종실들

태조에게는 후비 스물 아홉과 아들 스물 다섯, 딸 아홉이 있었다.

신혜神惠 왕후 유씨는 정주貞州 출생이며 이중대광二重大匡 유천궁柳天弓의 딸이다.

933년(태조 16)에 후당後唐 명종明宗이 태복경太僕卿 왕경王瓊 등을 보내어 왕후로 책봉하였다. 왕후가 죽은 다음 시호를 신혜 왕후라고 하였으며 현릉顯陵에 합장하였다.

장화莊和 왕후 오씨는 나주羅州 사람으로 대대로 이 주의 목포木浦에서 살았다. 아버지인 다련군은 사간沙干 연위連位의 딸 덕교에게 장가들어 딸 오씨를 낳았다. 오씨는 혜종惠宗을 낳았으며 죽은 다음 시호를 장화 왕후라고 하였다.

신명순성神明順成 왕태후 유씨는 충주 사람으로 증贈 태사 내사령太史內史令 유긍달劉兢達의 딸이다. 태자 태泰, 정종定宗, 광종光宗, 문원 대왕文元大王 정貞, 증통 국사證通國師 그리고 낙랑樂浪과 흥방興邦 두 공주를 낳았으며 죽으니 시호를 신명순성 태후라고 하였다.

신정神靜 왕태후 황보씨는 황주 사람으로 태위 삼중대광 충의공忠義公 황보제공皇甫悌恭의 딸로서 대종戴宗과 대목大穆 왕후를 낳았다. 처음에는 명복궁明福宮 대부인으로 봉하였으며 983년(성종 2) 7월에 죽었다. 성종은 일찍이 선의 태후를 여의고 황보씨의 품에서 장성하였으므로 황보씨가 죽었을 때 애통해 하며 예의를 극진히 갖추고 백관을 데리고 빈전殯殿으로 가서 시호를 신정 대왕 태후라고 올리고 수릉壽陵에 매장하였다.

1002년(목종 5) 4월에 정헌定憲이라는 시호를 추가하였으며 1014년(현종 5) 3월에 의경懿敬, 1027년(현종 18) 4월에 선덕宣德, 1056년(문종 10) 10월에 자경慈景이라는 시호를 추가하였다. 또한 1140년(인종 18) 4월에 유명柔明, 1253년(고종 40) 10월에 정평貞平이라는 시호를 추가하였다.

신성神成 왕태후 김씨는 신라 사람으로 잡간迊干 김억렴金億廉의 딸이다. 신라 경순왕이 사신을 고려에 보내어 항복할 뜻을 표시하였더니 태조가 후한 예로써 사신을 대접하여 보냈다. 그 사신이 돌아가서 고려 태조의 말을 전달하기를

'이제 왕이 일국을 나에게 주니 큰 선물로 생각하노라. 그러므로 그대

의 종실과 혼인을 맺어 앞으로 영원히 장인과 사위의 좋은 관계를 가지기를 원한다.'

라고 하였더니 김부가 그 보답으로 백부 김억렴의 딸을 태조의 아내로 맞이하도록 힘을 썼다. 태조와 혼인한 김씨는 안종安宗을 낳았으며 현종顯宗이 왕위에 오르자 신성 왕태후라는 시호를 추증하였다. 능 이름은 정릉貞陵이다.

정덕貞德 왕후 유씨는 정주貞州 사람으로 시중 유덕영柳德英의 딸이다. 그녀는 왕위군王位君, 인애군仁愛君, 원장 태자元莊太子, 조이군助伊君 그리고 문혜文惠, 선의宣義 두 왕후를 낳았다.

헌목獻穆 대부인 평씨는 경주慶州 사람으로 좌윤佐尹 평준平俊의 딸이다. 수명壽命 태자를 낳았다.

정목貞穆 부인 왕씨는 명주溟州 사람으로 삼한공신 태사 삼중대광 왕경王景의 딸이며 순안順安 왕대비를 낳았다.

동양원東陽院 부인 유씨는 평주 사람으로 태사 삼중대광 유검필庾黔弼의 딸이다. 효목孝穆 태자와 효은孝隱 태자를 낳았다.

효은 태자는 그 이름이 사기에 전하지 않는다. 동양군東陽君 이라고도 불리운 효은 태자는 성격이 음험하고 난폭하였으며 악당들과 사귀면서 슬며시 반역을 꾸미려는 뜻을 품고 있었으므로 광종이 사약을 주어 자결하게 하였다. 그의 아들인 림琳과 정禎은 효은이 자결할 때 어렸기 때문에 죽음을 면하고 도망쳤다. 이후 민가로 다니면서 겨우 생명을 보존하다가 강조康兆가 권세를 잡자 임금에게 청하여 작위와 노비, 정장을 받고 종실의 적籍에 등록되도록 하였다.

숙목肅穆 부인은 사기에 그의 성씨가 전해지지 않았으나 진주 사람으로 대광 명필名必의 딸이며 원녕元寧 태자를 낳았다.

천안부원天安府院 부인 임씨는 경주 태생 태수太守 임언林彦의 딸로서 효성孝成 태자와 효지孝祗 태자를 낳았다.

흥복원興福院 부인 홍씨는 홍주 사람으로 삼중대광 홍규洪規의 딸이다. 태자 직稷과 공주 일후一後를 낳았다.

후대량원後大良院 부인 이씨는 협주 사람으로 대광 이원李元의 딸이다.

대명주원大溟州院 부인 왕씨는 명주 사람으로 내사령 왕예王乂의 딸이다.

광주원廣州院 부인 왕씨는 광주 사람으로 대광 왕규王規의 딸이다.

소광주원 부인 왕씨도 왕규의 딸로서 아들 광주廣州 원군을 낳았다.

동산원東山院 부인 박씨는 승주 사람으로 삼중대광 박영규朴英規의 딸이다.

예화禮和 부인 왕씨는 춘주 사람 대광 왕유王柔의 딸이다.

대서원大西院 부인 김씨는 동주 사람으로 대광 김행파金行波의 딸이다.

소서원 부인 김씨도 김행파의 딸이다.

김행파는 활을 잘 쏘고 말도 잘 탔으므로 태조가 김이라는 성을 주었다. 태조가 서경으로 가는 길에 자신의 집으로 청하여 두 밤을 유숙하도록 하면서 두 딸로 하여금 하룻밤씩 왕을 모시게 하였다. 그 후 다시는 관계하지 않았으므로 두 딸이 모두 집을 떠나 여승이 되었다. 태조가 그들을 불쌍히 여겨 서경 성 안에 대서원과 소서원 두 절을 짓고 토지와 농민을 예속시킬 것을 명령하고 각각 거처할 수 있게 마련하였다. 그래서 대서원 부인, 소서원 부인이라고 불렀다.

서전원 부인은 나인으로 있다 비가 되었는데 사기에 그 성씨와 가계가 누락되었다.

신주원信州院 부인 강씨는 신주 사람으로 아찬阿飡 강기주康起珠의 딸이다. 그녀는 아들 하나를 낳았으나 어려서 죽었으며 광종光宗을 양육하여 아들로 삼았다.

월화원月華院 부인은 대광 영장英章의 딸이나 사기에 그 성씨가 유실되었다.

소황주원小黃州院 부인은 원보元甫 순행順行의 딸이나 사기에 그의 성씨 또한 전하지 않는다.

성무聖茂 부인 박씨는 평주 사람이며 삼중대광 박지윤朴智胤의 딸로서 효제孝悌와 효명孝明 두 태자와 법등法燈과 자리資利 두 군을 낳았다.

의성부원義城府院 부인 홍씨는 의성부 사람으로 태사 삼중대광 홍유洪儒의 딸이다. 홍씨는 의성 부원대군을 낳았다.

월경원月鏡院 부인 박씨는 평주 사람으로 태위 삼중대광 박수문朴守文의 딸이다.

몽량원夢良院 부인 박씨는 평주 사람으로 태사 삼중대광 박수경朴守卿의 딸이다.

해량원海良院 부인은 해평 사람으로 대광 선필宣必의 딸이나 사기에 그 성씨가 전해지지 않는다.

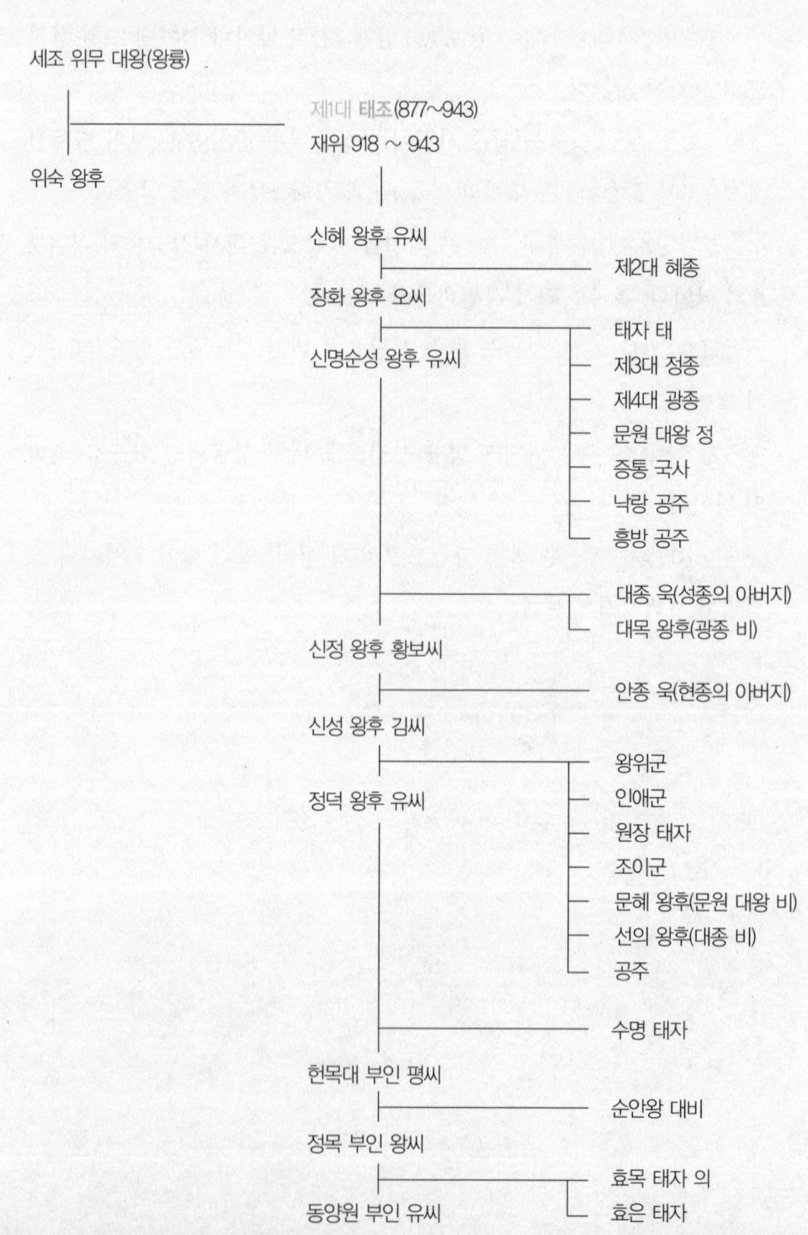
| 태조의 혈계 |
세조 위무 대왕(왕륭)
위숙 왕후
제1대 태조(877~943)
재위 918 ~ 943
신혜 왕후 유씨
제2대 혜종
장화 왕후 오씨
태자 태
제3대 정종
제4대 광종
문원 대왕 정
증통 국사
낙랑 공주
흥방 공주
신명순성 왕후 유씨
대종 욱(성종의 아버지)
대목 왕후(광종 비)
신정 왕후 황보씨
안종 욱(현종의 아버지)
신성 왕후 김씨
왕위군
인애군
원장 태자
조이군
문혜 왕후(문원 대왕 비)
선의 왕후(대종 비)
공주
정덕 왕후 유씨
수명 태자
헌목대 부인 평씨
순안왕 대비
정목 부인 왕씨
효목 태자 의
효은 태자
동양원 부인 유씨

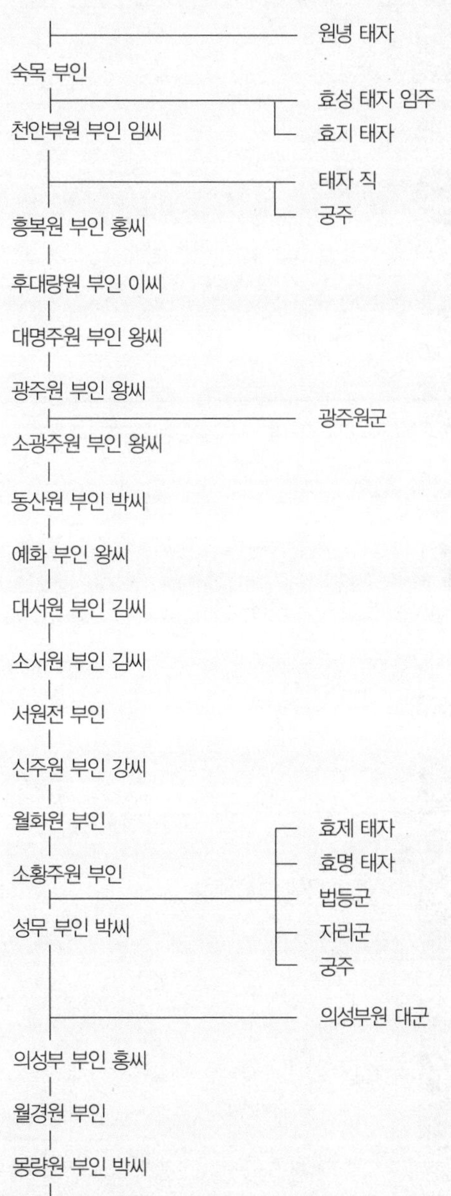
원녕 태자
숙목 부인
효성 태자 임주
천안부원 부인 임씨
효지 태자
태자 직
궁주
흥복원 부인 홍씨
후대량원 부인 이씨
대명주원 부인 왕씨
광주원 부인 왕씨
광주원군
소광주원 부인 왕씨
동산원 부인 박씨
예화 부인 왕씨
대서원 부인 김씨
소서원 부인 김씨
서원전 부인
신주원 부인 강씨
월화원 부인
효제 태자
소황주원 부인
효명 태자
법등군
성무 부인 박씨
자리군
궁주
의성부원 대군
의성부 부인 홍씨
월경원 부인
몽량원 부인 박씨
해량원 부인

02

왕권 쟁탈의 희생양

태조 왕건의 고뇌

비록 삼한을 통일하였으나 강력한 세력을 형성한 지방 호족들 때문에 태조가 왕권 중심의 통치 체계를 갖출 수 없었다는 점은 앞장에서 이미 이야기한 바 있다. 태조는 호족들의 딸과 결혼을 통해 인척 관계를 맺음으로써 통일 왕국 내부의 위협적 요소들을 제거하려 하였다.

그것이 먹혀들어 태조 왕건 당대에는 커다란 충돌 없이 국정을 펼쳐 나갈 수 있었으나 후사 문제만 생각하면 머리가 아팠다. 당장 29명이나 되는 아내들 뒤에 도사린 지방 호족들의 힘이 태조를 압박해 들어오는 것만 같았다.

태조는 왕후들 사이에서 25명의 아들과 9명의 딸을 낳았다. 그러나 애석하게도 제1비 신혜 왕후 유씨는 소생을 얻지 못했다. 하여 둘째 부인 장화 왕후 오씨에게서 낳은 무武가 장남의 자리를 차지하게 되었다.

사실 여부는 명확하지 않지만 혜종(무)은 안면에 석문이 있어 세인으로부터 주름진 임금이라 불렸다. 태조는 무의 나이 7세 때 무에게 임금이 될 덕이 있음을 알아보았다. 그러나 선뜻 그를 태자로 봉할 수가 없었다. 무의 어머니 장화 왕후 오씨가 미천하여 신하와 백성, 왕실 사이에서 위함을 얻지 못할까 두려워서였다. 게다가 당장은 문제가 일어나지 않는다 하더라도 태조 사후에 왕위 계승 문제를 놓고 지방 호족들이 들고 일어나 나라 안이 혼란스러워질지도 모른다는 우려가 태조의 가슴을 무겁게 짓어 누르고 있었다.

고심하던 태조는 태자 책봉을 뒤로 미룬 채 옷상자에 자황포(임금이 입는 옷)를 담아 장화 왕후에게 전해 준다. 왕후는 상자를 열어 보고는 곰곰 생각에 잠겨 있다가 대광 박술희를 불러 자황포를 보여 주었다. 박술희 또한 한동안 생각에 잠겼다가 태조의 뜻을 알아차리고는 임금 앞으로 나아가 왕자 무를 정윤正胤 삼기를 청하였다. 마음의 결정을 내리지 못하고 고심하던 태조는 마침내 박술희의 뜻을 따라 왕자 무를 태자로 봉한다. 이때가 921년(태조 4)이었다.

혜종을 세운 인물 박술희

박술희는 18세에 궁예의 위사가 되었다가 훗날 태조를 섬긴 사람으로 혜성군이 고향이고, 부친은 대승 박득의朴得宜이다. 박술희는 용감하였으며 고기 먹기를 즐겨 두꺼비, 개구리, 개미에 이르기까지 닥치는 대로 먹었다는 이야기가 전해진다.

그는 전쟁터에 나가 여러 번 공을 세우고 태조의 총애를 입어 대광이 되었으며 혜종을 즉위케 한 인물로 널리 알려졌다.

또한 그는 태조가 임종할 때, 고명을 받기까지 하였다. 태조는 그에게 군국대사를 부탁하며 유언하기를

"그대가 태자를 부축하여 세웠으니, 잘 보좌하라!"

고 하였다.

박술희는 태조의 유언을 지키려고 모든 정성을 다했으며 뒷날 왕위 쟁탈의 틈바구니에서 정도를 지키다가 목숨을 잃고 만다.

그는 면천 박씨沔川朴氏의 중시조이기도 한데 태조가 그를 친히 불러 〈훈요십조〉를 내려 후대 왕들이 거울로 삼아 행하도록 하라고 일렀다.

분쟁의 불씨가 태어나다

태자는 이미 책봉되었으나 신명순성 왕태후가 왕자 태泰를 낳은 데 이어 923년에 왕자 요堯를, 925년(태조 8)에 다시 왕자 소昭를 낳자 왕위 계승을 둘러싼 분쟁의 험한 불씨가 점화되었다.

신명순성 왕태후 유씨는 태사내사령太師內史令에 추증된 충주 호족 유긍달劉兢達의 딸이다. 충주 하면 백제와 신라를 잇는 교통의 요지로서 신라의 5소경 중 하나인 중원경 지역으로 알려진 곳으로 신라 귀족들이 많이 거주하는 곳이라 태조가 삼한을 통일할 때에도 큰 역할을 한 지역이다. 이에 태조는 충주를 대표하는 유긍달을 제어하고, 또한 그의 힘을 자신에게 보태려고 전국 통일 직후에 신명순성 왕태후 유씨를 제3비로 맞아들였다.

이렇듯 강력한 지원 세력을 등에 업고 세상에 태어난 신명순성 왕태후의 소생 왕자들은 그 존재만으로도 태자에 책봉된 무武에게는 큰 위협이었다.

왕규는 충신인가, 역신인가

?~945(혜종 2). 고려 전기의 재신宰臣. 광주廣州 지방의 호족 출신으로 태조 왕건王建을 받들어 대광大匡에 이르렀다. 두 딸은 태조의 제15비 광주원 부인廣州院夫人과 광주원군廣州院君을 낳은 제16비 소광주원 부인小廣州院夫人이 되어 왕실의 외척으로서, 광주의 강력한 지방 세력을 기반으로 막강한 정치권력을 장악하였다.

그리고 염상廉相 · 박수문朴守文과 함께 태조의 임종을 곁에서 지킨 세 재신 중의 한 사람으로서, 태조가 죽자 유명遺命을 내외에 선포하는 중책을 맡기도 하였다. 이처럼 태조 때에는 태조의 두터운 신임을 받았으나, 혜종이 즉위하고 나서는 왕권에 도전하는 가장 강력한 적대 세력의 하나가 되었다.

위의 내용은 백과사전에 실린 왕규에 관한 글 중 일부이다. 글에 나타난 바와 같이 왕규는 경기도 광주를 근거지로 하는 강력한 호족이었으며, 태조에게 두 딸을 시집보낸 외척 세력이기도 하였다. 이를 통해 태조가 왕규를 얼마나 신뢰하였는지, 또한 왕규가 갖춘 세력이 얼마나 강대하였는지를 짐작해 볼 수 있다.

왕규는 박술희와 함께 혜종을 지지하며 태조의 유명을 지켜 가고자 하였다. 기실 왕규는 태조의 장인이면서 동시에 혜종의 장인이기도 하였다. 후광주원 부인 왕씨를 혜종에게 시집보낸 것이다. 태조와 혜종 모두에게 장인이 되는 셈이니 왕규와 고려 왕실 사이의 관계는 대단히 견고하였다고 봐야 옳을 것이다.

그러나 충주 유씨 세력을 등에 업은 왕자 요堯와 소昭가 서경에서 착실하게 세력을 키워가고 있던 태조의 사촌 동생 왕식렴 세력과 결탁하면서 더욱 강성해지자 불안을 느꼈을 것이 분명하다. 두 왕자 중 특히 요가 왕권을 위협해 들어오는 상황에서 왕규는 혜종 앞으로 나아가 다음과 같이 고한다.

"전하, 왕자 요와 소의 최근 동태가 심상치 않나이다. 서경의 왕식렴 무리와 결탁하여 필시 반역을 꾸미는 것이 분명하니 일의 전후를 낱낱이 밝혀 엄하게 다스리셔야 합니다."

혜종 또한 전후 상황을 모를 리 없었다. 그러나 서서히 목을 죄어 오는 적대 세력의 실체를 피부로 느끼면서도 혜종은 적절한 조치를 취하지 않았다. 아니, 취할 수 없었다고 보는 편이 타당했다. 그 출생에서 알 수 있듯 혜종을 지지하는 세력은 미약하기 이를 데 없었다. 반면에 왕자 요와 소를 따르는 무리는 강력했다. 자칫 잘못 건드렸다가는 그들의 힘에 억눌려 왕위를 내놓는 것은 물론이고 목숨까지 보전하지 못할 상황이었다.

결국 혜종은 왕규의 말을 따르는 대신 배다른 두 아우 요와 소를 더욱 두텁게 대했으며, 심지어 소에게 자신이 낳은 공주 경화궁 부인을 시집보낸다. 임금의 장인으로서 후견인임을 자처하던 왕규 입장에서는 대단히 서운한 처사가 아닐 수 없었다. 혜종이 자신을 믿지 않고 오히려 요와 소의 손을 들어준 꼴이었으니 말이다.

인간은 누구나 어떤 상황이 펼쳐졌을 때, 그것으로 말미암아 도래할 자신의 앞날을 예상해 보기 마련이다. 혜종은 가진 세력이 미약할 뿐더러 결단력도 없어서 장차 요와 소가 벌이는 왕위 쟁탈의 희생양이 되어 버릴 것이 틀림없었다. 그렇다면 왕규 자신의 앞날은 어찌 되는 것일까. 요와 소의 반역을 참소하며 그들을 없애 버리자고 이야기한 마당에 안전을 바란다는 것은 꿈도 꾸지 못할 상황이었다.

자신에게도 어느 정도 강력한 세력이 있었기에 왕규는 자신의 딸이자, 태조의 제16비이기도 한 소광주원 부인의 소생 광주원군을 떠올린다. 기왕지사 평안한 앞날을 기약할 수 없다면 왕권 쟁탈에 뛰어들어 외손자를 왕위에 앉혀 보자는 것이 그의 계산이었을 것이다.

이리하여 왕규는 혜종 시해 계획을 치밀하게 세워 나가기에 이른다.

임금의 침실로 들어간 자객

달마저 숨을 멈춘 깊은 밤이었다. 검은 옷을 입은 자객이 혜종의 처소에 이르러 발걸음을 멈추고 방 안의 동정을 살폈다. 방에서는 고른 숨소리가 들려오고 있었다.

이윽고 자객은 스스슥 옷깃을 스치며 방 안으로 숨어들었다. 그런데 혜종의 잠자리 앞에 이르러 푸른빛이 도는 칼을 움켜쥐려 할 때였다.

깊이 잠든 줄만 알았던 혜종이 솟구치듯 몸을 일으키더니 단단한 주먹으로 자객의 인중을 강타했다.

"헉!"

숨이 끊기는 듯한 단말마의 소리를 내지르며 자객이 고꾸라졌다.

"여봐라!"

혜종이 소리치자, 부리나케 달려오는 소리가 들렸다.

"전하, 부르셨사옵니까?"

방 안으로 들어서던 내시는 자객을 발견하자마자 당황하여 하얗게 질린 얼굴이 되었다.

"이 자를 끌고 가거라."

혜종은 끌려가는 자객을 바라보며 상심한 얼굴을 지우지 못했다.

어릴 때부터 태조를 따라다니며 전장에서 잔뼈가 굵은 혜종이었다.

덕분에 자객을 물리칠 수 있었으나 떠받쳐 주는 배경이 든든하지 못하여 늘 정적들에게 압박을 당하며 살다 보니 때때로 이런 생활에 환멸을 느끼기도 하였다.

자객을 문초하면 자신을 시해하려던 주동 세력을 알아내는 것쯤은 어렵지 않을 터였다. 그러나 혜종은 그대로 묻어둔 채 잊기로 했다. 강력한 세력을 등에 업은 왕자 요와 소일 수도 있고, 자신의 장인이자 외할아버지뻘이 되는 왕규일 수도 있었다. 참담했다. 너무도 참담하여 혜종은 자객을 누가 보냈는지 알아내고 싶지 않았고, 또 알아서도 안 된다고 생각했다.

한편, 자객이 혜종에게 불의의 공격을 받아 사로잡혔다는 사실을 전해 들은 왕규는 앉으나 서나 가시방석이었을 것이다. 그런데 아무리 기다려도 주동 세력을 밝혀냈다는 소식이 전해지지 않았다.

뒤늦게 혜종이 자객 사건을 그대로 묻어 두기로 했음을 알고 왕규는 안도의 한숨을 내쉬었다. 그러나 그는 혜종을 시해하려는 뜻을 거기서 굽히지 않는다.

혜종을 살린 사람, 최지몽

그즈음 혜종은 불안한 나날을 보내고 있었다. 만백성의 아버지라는 임금의 자리에 올라 겉보기에는 화려한 나날을 보내고 있었으나 소리 없이 다가오는 정적들의 칼이 눈에 보이는 듯해서였다.

그러던 어느 날, 최지몽崔知夢이 혜종을 찾아온다. 최지몽은 태조 왕건이 아직 즉위하기 전, 삼한을 통일할 길조라고 태조의 꿈을 해몽해 주어 널리 알려진 사람이었다. 아버지에게는 삼한 통일의 의기를 불어넣어 주고, 그 아들에게는 목숨을 건질 묘책을 전해 주었으니 최지몽이야말로 2대에 걸쳐 왕씨 왕조에 충성을 다한 사람이라 하겠다.

945년(혜종 2) 혜종은 상심이 커서 병이 든 상태였는데, 그의 처소이기도 한 신덕전으로 찾아온 최지몽이 당장 거처를 옮기라고 조언한다.

"병든 몸으로 예서 좀 쉬려는데 처소를 옮기라니 대체 어디로 가란 말인가?"

"신이 지난밤 심사가 하도 불길하여 점을 쳐 보았나이다. 황송하오나 전하의 신변에 변이 생길 징조이옵니다."

자신을 둘러싼 주변 상황이 심상치 않게 돌아가고 있음을 일찍부터 알고 있었던 혜종은 두말 않고 처소를 옮겼다.

그런데 그날 저녁이었다.

일단의 무리가 혜종의 처소 벽을 뚫고 들어와 침상으로 덤벼들었다. 그러나 헛수고였다. 혜종은 이미 몸을 피하고 난 뒤였으니 말이다.

무리를 이끌고 온 사람은 다름 아닌 왕규였다. 그는 두 번째 시해 계획마저 수포로 돌아가자, 하늘을 올려다보며 탄식하였다.

"정녕 하늘의 뜻이 이것이란 말인가."

훗날 왕규가 최지몽을 찾아가 칼을 들이대며 왜 임금의 처소를 옮겼느냐고 위협하였다고 하니 그가 얼마나 크게 낙심하였는지 알 수 있는 일이었다.

임금은 날개를 잃고

당시 혜종의 권력 기반은 박술희와 왕규라고 해도 과언이 아니었다. 그러나 왕규가 혜종을 시해하려 했음이 밝혀지면서 자연스럽게 박술희와 왕규 사이에는 틈이 생기기 시작하였다.

신변의 위협을 느껴 날마다 처소를 옮겨 다녀야 했던 혜종과 마찬가지로 박술희도 아군에서 적으로 돌변한 왕규와 호시탐탐 왕권을 노리는 요와 소, 두 왕자의 존재 때문에 늘 호위 무사를 백 명씩이나 거느리고 다녔다. 그러나 그것이 자신의 안전에 치명적인 악재로 작용하리라는 것을 박술희는 미처 몰랐을 것이다.

이제나저제나 기회를 엿보던 왕자 요가 박술희에게 반역의 뜻이 있는 것이 분명하다고 덮어씌운 것이다. 지엄한 궁궐에서조차 백 명이나 되는 호위 무사를 데리고 다니니 그런 의심을 받는 것이 당연했다. 어쨌든 박술희는 그 일로 인하여 강화도 갑곶甲串으로 귀양을 가게 된다.

정적 중 한 명이 제거되자, 왕자 요 측에서는 이때다 싶었을 것이다. 요는 서경에 진을 치고 있던 왕식렴의 군사를 개경으로 불러들이기에 이른다. 이리하여 고려의 정국은 왕자 요의 손아귀에 고스란히 돌아온 셈이 되었다.

왕자 요는 사람을 몰래 보내 박술희를 죽였고, 훗날 왕규마저 강화 갑곶으로 귀양 보냈다가 죽여 버린다.

한편, 혜종의 병세는 점점 더 악화되어 가고 있었다. 어찌 보면 혜종이 병을 얻은 것은 왕권 쟁탈의 압박감을 이겨내지 못한 탓인지도 몰랐다. 혜종은 거듭되는 왕규와 요, 소의 위협 속에서 성격까지 변하여 나중에는 작은 일에도 화를 벌컥벌컥 내고, 의심이 많아지고, 공평심을 잃은 사람이 되었다고 한다. 그렇게 비참한 생활을 해 나가던 중 죽음을 맞이했다고 하는데 박술희와 왕규를 죽였듯 정종(요)이 몰래 시해하였는지도 모를 일이다.

그렇게 하여 혜종 시대는 막을 내리고, 충주를 기반으로 하는 신명순성 왕태후의 소생 정종과 광종이 연이어 왕위에 오르게 된다.

혜종의 후비와 종실들

혜종에게는 후비 넷과 아들 둘, 딸 셋이 있었다.

의화義和 왕후 임씨는 진주 사람으로 대광 임희林曦의 딸이다. 921년(태조 4) 12월에 혜종을 왕위 계승자로 책봉하고 임씨를 비妃로 삼았다. 흥화군興化君, 경화慶化 궁부인, 정헌貞憲 공주를 낳았으며 죽으니 의화 왕후라는 시호를 주고 순릉順陵에 매장하였으며 혜종 사당에 합사하였다. 1002년(목종 5) 4월에는 성의成懿라는 시호를, 1014년(현종 5) 3월에는 경신景信, 1027년(현종 18) 4월에는 회선懷宣, 1253년(고종 40) 10월에는 정순靖順이라는 시호를 각각 추증하였다.

후광주원後廣州院 부인 왕씨는 광주 사람으로 대광 왕규王規의 딸이다.

청주원淸州院 부인 김씨는 청주 사람으로 원보 김긍률金兢律의 딸이다.

궁녀 애이주哀伊主는 경주 사람으로 대간 연예連乂의 딸이다. 태자 제濟와 명혜明惠 부인을 낳았다.

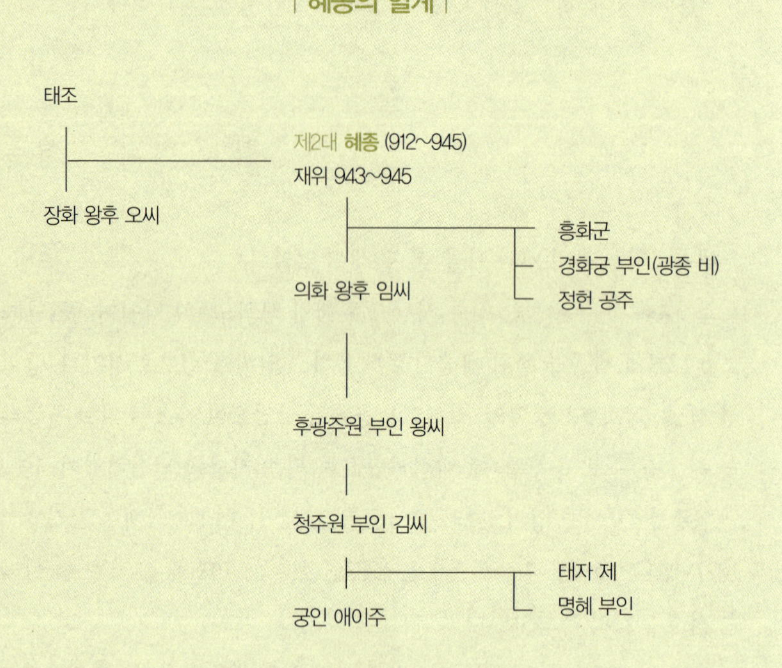
| 혜종의 혈계 |
태조
장화 왕후 오씨
제2대 혜종 (912~945)
재위 943~945
의화 왕후 임씨
흥화군
경화궁 부인(광종 비)
정헌 공주
후광주원 부인 왕씨
청주원 부인 김씨
궁인 애이주
태자 제
명혜 부인

살상의 죄과가 너무 무거워

정종을 도운 사람들

945년(혜종 2) 9월, 신명순성 왕태후 유씨의 소생 왕자 요堯가 23세밖에 안 된 나이로 임금의 자리에 올랐다. 지방 호족 세력들을 떠안은 채 수립된 통일 왕국 고려의 태생적 한계를 어쩌지 못하고 태조는 29명의 비를 맞이하여 왕자를 25명이나 생산하였다.

태조의 이러한 치세 때문에 그 후손들은 피를 부르는 왕권 쟁탈을 피할 수 없었다. 뜻이 없다 할지라도 왕자들은 외가의 강력한 압박에 못 이겨 왕권 쟁탈에 뛰어들 수밖에 없는 상황이었다. 그러나 정종이 최후의 승리자가 되어 왕위에 오름으로써 바야흐로 형제간의 싸움은 끝나고, 나라는 안정기로 접어드는가 싶었다. 적어도 겉보기엔 그랬다.

그러나 분쟁의 빌미가 될 만한 요소들은 여전히 상존하고 있었다.

그중 특히 주의 깊게 살펴봐야 할 것은 정종의 즉위에 직접적으로 도움을 준 왕식렴과 박수경 사이에 존재하는 갈등의 가능성이다.

왕식렴王式廉은 삼중대광 평달平達의 아들로 태조 왕건의 사촌 동생이 되는 사람이다. 그는 918년에 태조가 북방 민족의 침략에 대비하고, 옛 고구려 고토 회복의 전진기지로 삼을 목적으로 황폐해진 서경을 정비할 때 그 책임자가 되어 공을 세웠다.

이후 서경을 기반으로 막강한 실력가가 된 그는 정종 즉위에 중추적 역할을 담당하였다.

한편, 박수경朴守卿은 평산平山을 본관으로 하는 사람으로 대광위 지윤遲胤의 아들이며 태조의 제28비 몽량원 부인의 아버지이다.

그는 일찍이 태조를 섬겨 후백제를 무찔렀고, 개경 인근 평주에서 강력한 군대를 거느린 채 세력을 키워가던 중 왕식렴과 함께 정종 즉위에 공을 세웠다.

잠깐 살펴본 바와 같이 왕식렴과 박수경은 서경과 개경의 이익을 대변하는 사람들이라고 해도 과언이 아니었다. 물론 이들 외에도 서경과 개경을 근거로 하여 살아가는 세력가와 일반 백성의 입장 또한 주시할 필요가 있다. 정종이 즉위와 함께 개경에서 서경으로 도읍을 옮기려 했을 때, 각 지역의 이권에 충실한 사람들은 대립할 수밖에 없었다.

왕위에 오른 역대 제왕들은 대부분 즉위 초기에 사회적 안정을 꾀하고자 여러 가지 제도나 선정을 베풀기 마련이다. 그런데 정종은 어찌하여 서경과 개경을 지지하는 사람들 간에 분쟁이 일어나리라는 것을 뻔히 알면서 서경 천도를 계획하였던 것일까?

비록 왕위에 올랐으나

정종의 즉위는 곧 혜종의 지지 기반이었던 박술희와 왕규의 몰락을 뜻했다. 박술희와 왕규는 개경과 그 인근 지역을 근거지로 삼은 사람들이었고, 이들을 제거하는 과정에서 정종과 왕식렴, 박수경은 수없이 많은 사람을 죽였다. 그런데 문제는 이때 죽은 사람들 대부분이 개경에 근거를 둔 사람들이었다는 점이다.

개경의 백성과 인근 호족들이 정종에게 반감을 품었을 것은 불을 보듯 훤한 노릇이었다. 이에 정종은 부랴부랴 서경 천도 계획을 세우고 실제로 궁궐 건축 공사를 일으킨다. 무릇 모든 공사에는 인력이 동원되고 어마어마한 물자가 투여되기 마련이다. 그런데 이 모두는 백성에게서 나오는 것 아니던가. 이 때문에 백성의 원성은 하늘을 찌를 듯하였고, 개경에 생활 기반을 둔 많은 사람이 반발하였다.

훈요십조에도 언급하였듯 태조가 서경을 중시하였다고 하지만 고려를 이끌어 가는 모든 인물과 제도적 장치는 개경에 집중되어 있었다. 그런 상황에서 정종이 무리한 역사役事를 일으켜 백성의 삶을 궁핍 속으로 몰아넣으니 환영받지 못할 일인 것만은 분명했다.

불안한 정종이 선택한 길

앞에서 이미 언급했듯 많은 사람을 희생시키며 권좌에 오른 정종은 수도 개경에서의 생활이 불안하여 서경 천도를 실천에 옮기려 하였다. 피상적으로는 풍수상 서경이 도읍지로 더 적합하다는 의견과 북진 정책을 추진하는 데 서경이 더 유리하다는 이유를 들고 있지만 인간적인 본능에 대해서만 살펴보더라도 정종은 개경에 머물고 싶은 마음이 없었을 것이다.

왕위 쟁탈 과정에서 숱하게 피를 본 정종은 심리적 압박감에서 좀처럼 헤어나지 못한다. 원래부터 불심佛心이 깊었던 그는 불사리佛舍利를 받들고 10리나 되는 개국사開國寺까지 걸어가서 이를 모시는 한편, 곡식 7만 석을 큰 사원들에 헌납하기도 하였다.

그런던 어느 날 거란에 포로로 잡혀 있던 최광윤이 놀라운 소식을 전해 왔다. 거란이 고려를 침략하려 한다는 것이었다. 그러나 정종은 당황하지 않고 광군光軍 30만 명을 조직하여 거란의 침략에 대비하는 한편 이를 왕권 강화의 기회로 이용하였다. 군권을 장악한 임금을 상대로 반란을 꾀할 신하는 그리 많지 않을 터였다.

그러나 집권 과정에서 흘린 수많은 피에 대한 죄책감에서였는지 심신이 허약해진 정종은 곧 병이 들고 만다.

하늘을 울리는 천둥소리

948년(정종 3) 9월이었다. 동여진의 대광大匡 소무개蘇無蓋 등이 와서 말 7백 필과 토산물을 바치자, 정종은 천덕전天德殿에 나와서 그 물건들을 점검하고 있었다. 그런데 홀연 하늘을 요란하게 흔들어대며 천둥소리가 울리고 이와 함께 궁전 서쪽 모퉁이에 벼락이 떨어졌다.

그렇지 않아도 하늘을 두려워하던 정종은 그 길로 병이 들어 자리에 눕고 만다. 이듬해 봄이 되어도 일어나지 못하던 정종은 때마침 왕식렴이 죽었다는 비보가 날아들자 상심하여 병이 더 깊어진다.

그로부터 2달 뒤였다. 마침내 정종은 아우 소昭(광종)를 불러 왕위를 넘겨주고는 오래지 않아 숨을 거두었다. 재위 연수는 4년이요, 당시 나이 27세였다.

정종의 성품은 불교를 좋아하였고, 겁이 많았다 한다. 도참사상을 신빙하여 무리하게 서경으로 천도하려던 그가 죽자, 모든 계획은 중단되었으며 고된 부역에 시달리던 사람들은 왕이 죽었다는 소식을 듣고 기뻐 날뛰었다고 한다.

역사는 오늘도 말이 없다

역사 기록은 극히 주관적일 때가 아주 많다. 특히 고려사는 더더욱 그러하다. 외침을 맞이하여 기록 자체가 소실되기도 했을 뿐더러 훗날 다시 편찬되는 과정에서 기득권을 쥔 왕조의 이해에 맞게 역사가 조작되었을 가능성이 농후하기 때문이다.

정종의 서경 천도를 둘러싸고 개경파와 서경파 사이에 갈등이 있었을 것이라는 점은 앞에서 이미 이야기한 바 있다. 공교롭게도 서경 천도를 주도한 정종과 왕식렴은 비슷한 시기에 세상을 달리했다. 더군다나 왕식렴의 사망 이유는 어떤 사료에도 기록되어 있지 않다.

이쯤 되면 한 가지 의문을 품어볼 수도 있을 것 같다. 혹, 정종과 왕식렴은 개경파와 서경파의 갈등이 첨예해지는 가운데 자연사가 아니라 타의에 의해 목숨을 잃은 것은 아닐까?

정종의 사망만 놓고 보더라도 석연치 않은 구석이 참으로 많다. 천둥소리에 놀라 병을 얻었고, 그 때문에 죽었다고 하니 말이다. 물론 전혀 가능성이 없는 이야기는 아니지만 무엇이 천둥소리에 놀라 병을 얻을 정도로 정종을 심약하게 만든 것인지 궁금하기만 하다. 혹, 그

배후에 개경파를 중심으로 한 광종과 박수경이 도사리고 있었던 것은 아닐까? 이 또한 충분히 가능한 일이기에 저마다 상상의 나래를 펼쳐 보는 것도 유익한 역사 탐구가 되지 않을까 생각해 본다.

정종의 후비와 종실들

정종에게는 후비 셋과 아들 하나, 딸 하나가 있었다.

문공文恭 왕후 박씨는 승주 사람으로 삼중대광 박영규朴英規의 딸이다. 죽은 후에 시호를 문공 왕후라고 하였으며 안릉安陵에 매장하고 정종 사당에 합사하였다.

1002년(목종 5) 4월에는 숙절淑節이라는 시호를 1014년(현종 5) 3월에는 효신孝愼, 1027년(현종 18) 4월에는 경신景信이라는 시호를 추가하였으며 후에 또 선목 순성宣穆順聖이라는 시호를 주고 1056년(문종 10) 10월에는 정혜貞惠, 1253년(고종 40) 10월에는 안숙安淑이라는 시호를 또 주었다.

문성文成 왕후 박씨도 박영규의 딸이며, 경춘慶春 원군과 공주 한 명을 낳았다.

청주 남원 부인 김씨는 원보 김긍률金兢律의 딸이다.

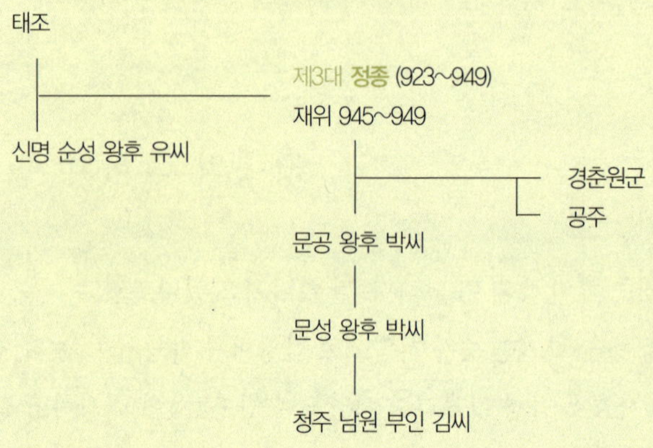
| 정종의 혈계 |
태조
신명 순성 왕후 유씨
제3대 정종 (923~949)
재위 945~949
문공 왕후 박씨
문성 왕후 박씨
청주 남원 부인 김씨
경춘원군
공주

04

고려 왕조의 기틀을 다지다

최후의 승리자

태조 왕건이 삼한 통일 전쟁을 수행하는 과정에서, 그리고 통일 후 나라의 기틀을 다져 가는 과정에서 지방 호족들과 혼인 관계를 맺었다는 사실은 수없이 이야기한 바 있다. 이 때문에 왕가와 지방 호족의 기형적인 공존 형태가 시작되었고, 이는 훗날 피비린내 나는 왕권 쟁탈의 빌미가 되기도 하였다.

혜종과 정종 시기를 거쳐 광종의 집권이 이루어진 7년 가까운 세월 동안 기천 명에 이르는 사람들이 희생되었음을 우리는 역사 기록을 통해 확인할 수 있다. 역사를 바라보는 시각에 따라 그 해석과 평가가 달라질 수 있겠지만 왕의 배후에 도사린 강력한 지방 호족이라는 존재 때문에 정쟁과 살육이 끊이지 않은 고려 초의 악순환 고리를 과감하게 끊어 버렸다는 점에서 광종은 적절한 평가를 받아야 한다.

아무튼 광종조에 이르러 호족 세력을 등에 업은 태자들의 왕권 쟁탈은 단절되었고, 이리하여 광종은 정쟁의 최후 승리자가 되어 왕조의 기틀을 다지는 데 전력을 기울였다.

광종의 등극 과정

광종은 집념이 대단히 강하고, 참을성이 있으며 치밀한 데다 큰 것을 위해 작은 것쯤은 능히 버릴 수 있는 성격의 소유자였다.

혜종이 죽고 광종의 동복형 정종이 즉위하자, 왕권 쟁탈은 끝난 것처럼 보였다. 한 어머니에게서 태어난 형제라는 공감대에다 오랜 세월 서로 의지하고 밀어주며 정쟁의 현장을 이끌어 온 사람들이기에 특히 그렇게 보였다.

그러나 정종이 집권 후에 서경 천도를 고집하면서 두 사람 간에는 알게 모르게 거리가 생기기 시작했다. 그것은 어찌 보면 두 사람의 지지 세력과 관련이 있는 부분인지도 몰랐다. 즉, 정종은 왕식렴을 주축으로 하는 서경파의 지지를, 광종은 평주를 기반으로 하는 박수경과 첫째 부인 대목 왕후 황보씨의 황주 세력의 지원을 받고 있었던 것이다.

이런 관점에서 생각해 보면 정종이 광종에게 왕위를 물려준 과정에 다소 의문이 생긴다. 왕위를 은밀하게 양도하였다고 하니 말이다. 왕실의 친족들은 물론이고 자신의 아들까지 의심하여 숙청의 대상으로 삼으려 했던 광종의 성격을 감안해 보면 정종이 왕위를 양보하고 나서 죽음에 이른 과정이 이상스럽게 느껴지기도 한다.

어쨌든 박수경과 처가 세력을 등에 업고 왕위에 오른 광종은 형 정종처럼 무리하게 정책을 펼쳐 나가는 대신 관망하는 자세를 보이며 한동안 민심을 수습하는 데만 전력을 기울였다.

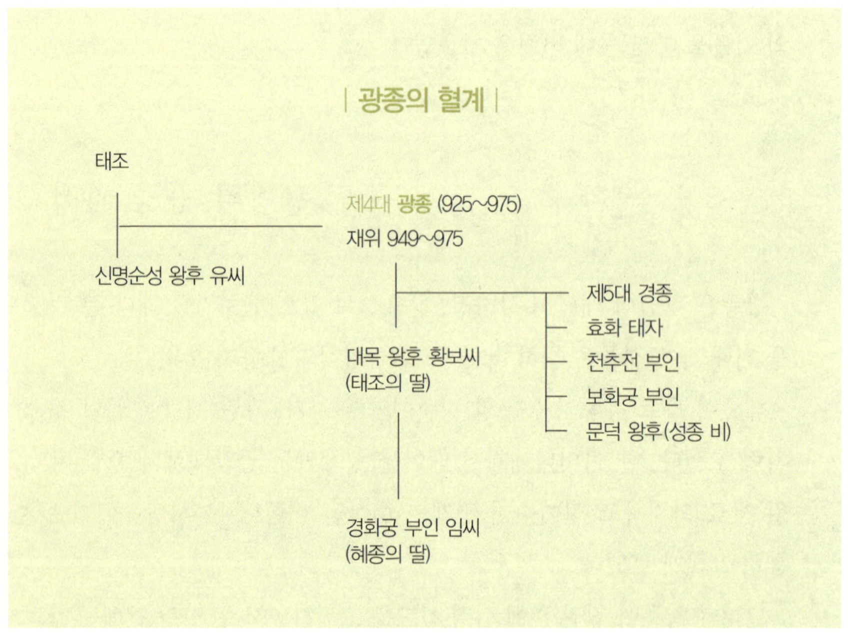

위의 혈계도에서 확인했듯 광종은 두 명의 아내를 맞이하여 2남 3녀를 두었다. 특이한 것은 두 명의 아내 모두 가까운 인척 사이라는 점이다. 대목 왕후 황보씨는 태조의 제4비 신정 왕후 황보씨의 딸로 황주 호족 가의 외손녀이고, 경화궁 부인 임씨는 왕규가 왕요(정종)와 왕소(광종)의 반역을 참소하였을 때, 혜종이 이복동생들을 달랠 요량으로 왕소에게 시집보낸 딸이다.

그런데 광종은 유독 대목 왕후 황보씨에게서만 2남 3녀의 자손을 얻었을 뿐, 경화궁 부인 임씨에게서는 소생을 얻지 못했다. 이는 경화궁 부인 임씨와 잠자리를 같이하지 않았다는 뜻도 된다.

지지 기반이 미약한 혜종의 딸을 멀리하고, 유력한 황보씨 집안의 대목 왕후만을 중하게 여긴 셈이다.

멀리 뛰고자 웅크리고 보낸 세월

변화는 늘 그에 상반되는 반동을 불러일으키기 마련이다. 임금의 자리에 오른 광종은 이미 알고 있었을 것이다. 아버지 태조의 죽음 이후 계속된 정쟁의 뿌리는 왕권을 위협하는 지방 호족들에게 있었음을 말이다. 그러나 광종은 섣부른 변화와 개혁을 단행하는 대신 내외의 안정을 꾀하며 강력한 군주의 자질을 키워 나가는 데 집중한다.

이에 따라 고려의 내부는 실로 오랜만에 평온한 시절이 찾아왔다. 당대 제일의 지식인이라 일컬어지던 최승로는 상소문에서,

'광종의 집권 초 8년 동안의 다스림은 가히 삼대(하 · 은 · 주 3대)의 그것과 견줄 만하다.'

라고 격찬할 정도였다.

이때 광종은 임금으로서의 지위와 위엄을 대내외에 알리고 확고하게 굳히고자 중국 왕조와 외교 관계를 밀접하게 맺었으며 당 태종의 통치 이념이 담긴 『정관정요』貞觀政要를 읽으면서 치세의 이론과 실제를 익혔다. 『정관정요』는 당 태종이 신하들과 정치에 관한 중요한 문제들에 대해 주고받은 문답 내용을 정리해 놓은 책이다. 이는 정치 교과서로 널리 알려져 제왕들은 물론이려니와 정치에 관한 지침을 얻고자 하는 많은 이들이 즐겨 읽은 책이기도 하다.

광종은 즉위 원년에 광덕光德이라는 연호를 사용하였는데 이는 중국에 종속된 국가가 아니라 자주 국가임을 내외에 널리 알리고, 임금으로서의 권위를 세우고자 행한 일이었다.

이렇듯 고려 내부에 태생적으로 존재하는 갈등 요소들을 방치해 둔 채 자신을 다스리고 나라 안을 안정시키느라 적지 않은 세월을 보내던 광종은 956년(광종 7) 드디어 개혁의 첫발을 내딛는다.

광종, 마침내 날개를 얻다

집권 초부터 7년 가까운 세월 동안 광종은 앞으로 펼쳐 나갈 정책의 밑그림을 은밀하게 그려냈음이 분명하다. 그러나 전후 좌우를 살펴봐도 그가 생각하는 개혁 정치를 힘써 도울 만한 신하는 보이지 않았다. 당시 광종 주변의 신하들은 개국 초에 공을 많이 세운 공신이나 그들의 자손, 혹은 지방 호족들의 피붙이가 대부분이었다. 이들이 정계의 주요 자리를 차지하고 있었기 때문이다.

"으음, 사람이 문제로군……."

고뇌에 빠진 광종의 목소리는 무겁기만 했다.

광종이 그려 놓은 개혁의 밑그림은 중앙집권적 왕권 중심 국가였다. 이를 실현하자면 개국 당시 많은 공을 세운 공신들과 지방 호족들을 완전히 꺾어 놓을 필요가 있었다. 통일 전쟁을 수행하던 시기에는 그들의 힘이 절대적으로 필요했으나 왕권 중심 국가를 건설하는 데는 걸림돌이 되어 버린 지 오래인 그들이었다.

그러던 956년 어느 날이었다. 마땅한 인물을 찾아내지 못하여 고심하던 광종 앞에 뜻밖의 인물이 나타났다. 바로 쌍기雙冀였다. 후주의 봉책사封册使 설문우薛文遇를 따라 고려에 왔던 그는 병이 나는 바람에 중국으로 돌아가지 못했다. 광종은 그의 병이 완치되기를 기다렸다가 궁으로 불러들였다. 그는 인물난에 허덕이는 광종의 마음을 대번에 사로잡았다.

오대십국五代十國 시대 중 오대 최후의 왕조로서 951년에 건국된 후주는 고려의 상황과 엇비슷하여 나라의 기틀을 다져 가는 시기였다. 쌍기는 이때 후주의 왕권을 강화하고, 나라의 기틀을 다지는 데 큰 역할을 한 사람이었다. 쌍기에게 반한 광종은 즉시 후주의 태조에게 사신을 보내 쌍기를 자신의 신하로 삼게 해달라고 청하였고 후주의 태조는 오래지 않아 쌍기를 고려에 주겠다고 연락해 왔다. 쌍기 또한 고려의 문물과 풍물에 매료되어 스스로 고려국으로 귀화할 것을 원했다고 한다.

이리하여 자신의 정책을 믿고 맡길 만한 인물을 얻은 광종은 나라를 개혁의 소용돌이 속으로 몰아넣는다.

노예를 해방하라

광종은 쌍기를 신하로 받아들인 직후 노비안검법奴婢按檢法을 만들어 호족들을 압박해 들어가기 시작했다. 이는 호족들의 존립 기반을 뿌리째 뒤흔든 사건이었다.

호족들은 드넓은 토지와 많은 노예를 바탕으로 전국의 각 지역을 지배하고 있었다. 물론 호족 중에는 통일 전쟁 수행시 공을 세우고 벼슬을 얻어 중앙에서 귀족이 된 부류도 있었다. 아무튼 임금의 입장에서 볼 때 이들 호족이 가진 공통점은 왕권 강화에 크나큰 장애물이라는 점이었다.

광종은 호족들이 가진 힘의 본질을 어렵지 않게 간파했다. 바로 토지와 노동력이었다. 이 중 광종은 호족들이 소유한 노비들의 노동력에 주의를 기울였다. 보통 몇 백 명에서 많게는 천 명이 넘는 노비를 거느린 호족은 그 무수한 노동력을 이용하여 부를 쌓고 있었으며, 때에 따라 노비를 군사로 변모시켜 막강한 힘을 과시하기도 하였다. 이는 왕권에 대한 중대한 위협이 분명했다.

노비안검법의 핵심은 본래 양인이었으나 노비가 된 자들을 원래의 신분으로 회복시켜 준다는 데 있었다. 당시 노비들의 면면을 살펴보면 삼국시대 때부터 노비였던 자는 소수에 불과했다. 대부분은 통일전쟁 때 포로가 된 자이거나 호족들에 의해 노비가 된 자였다. 따라서 이들 노비 대부분이 양인 신분으로 돌아간다는 것은 호족 세력의 몰락을 뜻한다고 표현해도 과언이 아닐 정도였다.

기득권을 쥔 사람들이 넋 놓고 앉아서 자신이 가진 것을 내주는 일은 없다. 아니나 다를까, 노비안검법이 시행되자 호족들은 강력하게 반발하고 나섰다. 그러나 집권 초부터 불교를 장려하며 꾸준히 민심을 얻는 데 힘쓴 광종을 당장 어쩌지 못하는 것이 호족들의 한계이기도 했다.

혼란 속으로 휘말려 든 고려의 상황을 보다 못한 광종의 비 대목 왕후마저 노비안검법의 폐지를 간곡하게 간하였지만 광종은 흔들림이 없었다. 호족과 왕권의 대립이라는 고려 사회의 기본 골격을 뒤바꾸고자 하는 개혁의 과정에서 그 정도 반발쯤은 통과의례로 여겼던 것이다.

얻은 자와 잃은 자

노비에게는 국가에 대한 병역의 의무도 세금 납부의 의무도 없었다. 그들은 다만 자기 주인에게 노동력을 제공하거나 사병으로 동원되어 주인의 강성한 세력을 유지하는 데 이용되었을 뿐이다.

노비안검법은 개인의 소유물에 지나지 않았던 노비의 삶을 송두리째 뒤바꾸어 놓았다. 그들은 관으로 달려가 노비가 되기 전에 양인 신분이었다는 사실만 신고하면 자유의 몸이 될 수 있었다. 이렇게 호족들의 손에서 풀려난 새로운 양인들은 국가에 세금을 납부하고, 병역의 의무를 가짐으로써 왕권 강화에 크나큰 역할을 하였다.

결국 태조 왕건에 의해 고려 왕조가 열리면서부터 태생적으로 떠안았던 강력한 지방 호족과 왕권 간의 팽팽한 대립, 혹은 불안한 협력 체제는 '노비안검법'의 시행과 함께 그 중심추가 기울기 시작했다.

호족들의 숨통을 끊어라

노비안검법이 어느 정도 실효를 거두자 광종은 958년(광종 9) 5월에 쌍기를 불러들인다. 바야흐로 과거를 통한 관리 선발 제도가 이 땅에 태동하려는 순간이었다.

쌍기는 후주에서 시대리평사試大理評事를 역임한 바 있다. 시험을 통한 관리 선발 경험이 많은 인물이라 그는 광종에게 과거제 시행에 관한 여러 가지 제안을 하고, 실제로 이를 맡아 주관하게 된다. 사실 과거제는 숨은 인재를 발굴하여 널리 사용하고자 한다는 명분을 표방하고 있었을 뿐, 어디까지나 호족들의 힘을 약화시키고 왕권을 강화하고자 하는 차원에서 마련된 제도였다.

과거제가 시행되기 전만 해도 관리가 되는 길은 지방 호족이나 공신들이 틀어쥐고 있었다. 외형상으로 지방 호족들은 자기 지역에 한

정되어 제왕처럼 군림하며 중앙의 왕권에 협력하는 모습을 보였으나 실제로는 자기 자손이나 친인척, 측근 인물들을 중앙 정계에 진출시킴으로써 왕에 버금가는 세력을 형성해 가고 있었다.

이런 상황에서 과거제가 전격적으로 시행되어 새로운 인물들이 속속 등장하자, 노비들을 잃음으로써 한쪽 날개가 꺾인 바 있는 호족들은 몹시 당황이 되었을 것이다. 아니, 어쩌면 그들은 광종이 마지막 남은 자신들의 숨통마저 끊으려 한다고 판단했을지도 모르겠다. 자신들이 가지고 있던 힘의 원천이 모두 봉쇄되었으니 말이다.

첫 과거를 실시했을 때 사람들은 급제한 선비들을 흠모하며 떠들어댔다. 과거보는 법은 더욱 발달되고 급제한 사람은 부모에게까지 영친榮親하게 되어 아들 덕에 부모들까지 좋은 관복을 입을 수가 있었다. 또 어느 때는 급제한 사람에게 토지도 주었으며 노비까지 하사하는 등 글 배우는 사람들을 더욱 분발케 했다. 과거 때만 되면 송도 사람들은 하나의 구경거리로 여겨 수없이 많은 인파가 몰려들었다.

광종은 개혁의 물살을 더욱 거칠게 일으켰다. 백관의 관복 제도를 제정하여 관료들의 서열을 체계화함으로써 임금의 권위를 한껏 치켜세운 것이다. 이는 과거제를 통해 학문을 갖춘 관료층이 탄생되면서 자연스럽게 시행된 일이기도 했다. 전에는 서열에 따른 관복 착용이 철저하지 못하여 경제력 있는 사람이 좋은 옷을 입고, 그렇지 못한 사람은 허름한 옷을 입어 신분의 높고 낮음을 쉽게 분간할 수 없었다. 이제 관직 서열에 따라 원윤元尹 이상은 자삼(소매가 긴 옷)을, 중단경中壇卿 이상은 단삼(소매가 짧은 옷)을, 도항경都航卿 이상은 비삼緋衫을, 소주부小主簿 이상은 녹삼綠衫을 입게 하니 임금을 정점으로 하여 위계질서가 정연해졌다.

광종은 호족들과 연이 닿는 모든 사람을 왕권으로부터 단절시킨 채 개혁을 실천에 옮겼다. 그리하여 광종은 쌍기를 중심으로 후주에서 귀화해 온 인물들을 개혁의 주체로 끌어올렸으며, 아주 서서히 과거제를 통해 선발한 신진 학자층 관료들을 개혁의 또 다른 주체 세력으로 키워 나갔다.

작용이 있으면 그에 대한 반작용이 있다고 했던가. 불시에 닥친 개혁의 소용돌이에 적절히 대응하지 못하고 속만 끓이던 호족들은 마침내 집단 반발 움직임을 보이기 시작한다.

피를 부른 철권통치

집권과 함께 독자 연호를 사용하다가 후주가 중국 대륙을 장악하자 광종은 후주의 연호를 따른 바 있다. 951년에 문을 연 후주가 960년에 망하자, 광종은 다시 독자 연호인 준풍峻豊을 사용했고, 개경을 황도皇都라 칭했다. 비록 962년 송에 의해 중국이 통일되면서 송의 연호인 건덕乾德을 또다시 따르기 시작하였지만 광종은 고려 황실의 위엄과 고려 왕국의 자주성을 드높임으로써 왕의 위엄을 내보이고자 하였다. 이는 혹시 있을지 모를 호족들의 도전을 사전에 방지하려는 뜻도 있었다.

이와 함께 광종은 시위군을 적극적으로 양성하고 문사들을 폭넓게 뽑아 자신의 개혁을 뒷받침하는 세력으로 기르고자 하였다. 이러한 노력이 있었기 때문에 광종은 강력한 힘을 가진 호족 세력에 맞서 팽팽한 긴장과 압박 속에서나마 자신이 뜻한 바를 펼쳐 나갈 수 있었다.

광종은 일부러 피를 보면서까지 자신의 정책을 국정에 반영하고 싶지는 않았을 것이다. 호족들이 워낙 강력하기도 했거니와 이러니저러니 해도 자기 백성인 탓에 불필요한 희생을 줄이고자 했던 것이다. 평농서사評農書史 권신權信이 대상 준홍俊弘과 좌승 왕동王同의 역모를 참소했을 때 보인 광종의 태도가 이를 반증한다. 광종은 이들을 참하는 대신 내쫓는 것으로 사건을 마무리하고자 했던 것이다.

그러나 이 사건을 빌미로 아첨하는 자들이 득세하여 모함이 끊이지 않고, 노비가 제 주인을 고소하는 등 혼란이 야기되었다. 더구나 평주 인근을 순행하던 중 박승위가 난을 일으키자 광종은 일순 두려움에 사로잡혔고 이를 계기로 철권통치의 길로 들어선다. 그때 광종은 천수를 누리지 못하고 젊은 나이에 세상을 달리한 혜종과 정종의 모습을 떠올렸을지도 모를 일이다. 왕권에 도전하는 사건들이 연이어 터진다면 광종 또한 선대왕들처럼 돌이킬 수 없는 두려움에 사로잡혀 지내다가 언제 어떻게 될지 몰랐다.

광종은 고심 끝에 박승위 형제를 참형에 처하고, 김긍률과 박영규를 시작으로 역모에 가담한 자들을 모두 죽여 버린다. 피는 또 다른 피를 부르기 마련이다. 역모 사건에 피의 보복을 이미 가한 터라 광종은 엇비슷한 사건이 터지거나 그러한 혐의가 있지 않을까 의심되는 사안을 접했을 때도 피의 응징을 잊지 않았다. 이 과정에서 효은 태자와 혜종의 아들 흥화군, 정종의 아들 경춘원군을 죽였으며, 한때 자신에게 권력 기반을 마련해 주기도 했던 박수경까지 죽음으로 몰아넣었다.

이쯤 되자, 광종은 거칠 것이 없었다. 왕권을 강화해 나가는 데 반대하거나 걸림돌로 작용하는 대상들은 닥치는 대로 숙청하여 강성했던 호족 세력은 거의 다 제거되었다. 광종의 철권통치가 얼마나 철저했는지 이 기간에 희생된 사람이 천여 명에 이른다는 기록이 남아 있다.

절대 왕권의 길이 열리다

이제 광종의 절대 권력에 맞설 만한 세력은 고려에 남아 있지 않았다. 그래도 광종은 의심을 거두지 못하고 주변의 신하들과 지방 호족들, 심지어 대목 왕후와 자신의 아들 왕주王胄(왕유)에게까지 경계심을 드러냈다.

아들 왕주에 대한 근심과 경계심에 대해 사료에는 세세하게 기록된 바 없으나 이 대목에서 한 가지 예측 가능한 사실이 있다. 자기 자식만큼 미더운 존재는 세상에 없다. 그런데 광종은 어찌하여 왕주를 의심하고 경계하였던 것일까. 광종의 철권정치에 숨 막혀 하던 호족들이 새로운 왕족, 즉 왕주를 등에 업고 정권 교체를 이루려 했을지도 모른다는 가능성을 배제할 수 없다. 혜종과 정종의 아들이 죽음을 맞이한 것 또한 같은 연장선에서 생각해 볼 수 있을 것이다. 이렇게 보면 광종은 참으로 외로운 군주였던 것도 같다. 자신의 이상을 실현하고자 조카들의 목숨을 끊고 하나뿐인 아들마저 경계할 수밖에 없었으니 말이다.

이러한 와중에도 광종은 철권통치로 강퍅해진 백성의 마음을 하나로 통합하기 위해 불교를 장려하고, 적극적이면서도 시의적절한 외교를 벌여 고려의 지위를 드높였다. 뿐만 아니라 광종은 거란과 여진을 적절히 제어해 가며 고려의 영토를 동북 방면과 서북 방면으로 더욱 넓혀 나갔다.

어느 시대를 막론하고 개혁 정치를 추구한 군주는 후세로부터 엇갈리는 평가를 듣기 마련이다. 가까이는 후세 고려의 신하들로부터 현대의 학자들에 이르기까지 광종의 정책에 비난과 찬사를 쏟아 놓고 있다. 그러나 한 가지 분명한 점은 광종이야말로 호족 세력에게 이끌려가던 고려의 구조적 모순을 극복하고 새로운 통치 질서와 국가 체제의 기틀을 다져 놓은 왕이라는 사실이다.

편찬자의 편의와 당시의 정치적 관점이 가미된 『고려사』의 내용을 살펴보면 광종의 죽음에 대해 다음과 같이 기술하고 있다.

> 을해 26년(975) 여름 5월에 왕이 병들어 갑오일에 정침에서 죽었다. 재위 연수는 26년이요, 향수는 51세였다. 왕이 즉위 초에는 신하들을 예절로 대우하고 정사 처리에 밝았으며 빈궁한 사람들을 구제하고 선비를 중하게 여기며 밤낮으로 근면하여 정치가 잘 될 듯도 하더니 중년 이후에는 참소를 듣고 사람 죽이기를 좋아하였으며 불법을 혹심하게 믿었고 사치에 제한이 없었다.
>
> 시호를 대성大成으로, 묘호를 광종光宗으로 하였다. 송악산 북쪽 기슭에 장사 지내니 능호는 헌릉憲陵 이었다.

광종의 후비와 종실들

광종에게는 후비 둘과 아들 둘, 딸 셋이 있었다.

대목大穆 왕후 황보씨는 태조太祖의 딸로서 경종景宗과 효화孝和 태자, 천추千秋 및 보화寶和 두 부인과 공주 한 명을 낳았다.

956년(광종 7) 노비안검법을 시행할 것을 명령한 일이 있었는데 당시 종으로서 주인을 배반한 자들이 많았으며 윗사람을 무시하는 기풍이 매우 성행하였으므로 사람들이 모두 다 원망하였다. 제도의 폐지에 대해 왕후가 간절히 왕에게 간하였음에도 광종은 듣지 않았다.

죽은 후 대목 왕후라는 시호를 주고 광종의 사당에 합사하였다. 1002년

(목종 5) 4월에는 안정安靜이라는 시호를, 1014년(현종 5) 3월에는 선명宣明, 1027년(현종 18) 4월에는 의정懿正이라는 시호를 추가하였고 후에 또 신경信敬이라는 시호를 주었다. 1056년(문종 10) 10월에는 공평恭平, 1253년(고종 40) 10월에는 정예靜睿라는 시호를 각각 추가하였다.

경화 궁부인 임씨는 혜종의 딸로서 945년(혜종 2) 왕규가 왕의 아우 요堯 및 소昭가 반란을 음모하고 있다고 왕에게 참소하자 혜종이 자신의 딸을 소의 처로 주어 그의 세력을 강화하였다. 이는 왕규의 전기에 실려 있다.

05

화합의 정치 마당을 열다

경종의 즉위

광종의 제1비 대목 왕후 황보씨의 소생 왕주는 955년(광종 6) 9월에 출생하여 11세 때인 965년(광종 16) 왕태자로 책봉되었다. 차남 효화 태자가 어린 나이에 죽고, 외아들로 성장한 그는 975년(광종 26) 5월 광종이 병으로 죽자 왕위를 이어받는다.

호족 세력이 워낙 강성했던 때라 부왕 광종은 왕권을 강화해 나갈 수밖에 없었고 이 과정에서 참으로 많은 사람이 피를 흘리며 죽어 갔다. 경종은 그중에서도 박수경의 죽음을 특히 잊을 수가 없었다. 박수경은 부왕이 즉위하기 전부터 오른팔처럼 돕던 사람이었음에도 부왕으로부터 죽임을 당했다.

경종으로서는 현실로 받아들이기 어려운 사건이었다. 그러나 부왕은 그쯤에서 철퇴를 내려놓지 않았다. 혜종의 아들 흥화군과 정종의 아들 경춘원군마저 죽여 버린 것이다.

공포와 환멸.

어린 태자의 마음을 사로잡은 감정은 공포와 환멸, 바로 그것이었을 것이다. 경종은 불길이 이는 듯한 부왕의 눈빛과 호통으로부터 자유로울 수 없었다. 어머니 대목 왕후와 하나뿐인 아들인 자신에게마저 의심의 눈초리를 보내곤 하는 부왕이었다. 경종은 자신의 목숨마저 위태롭다는 위급함을 느낀 것이 한두 번이 아니었다.

그러나 경종은 살아남았고, 통일 왕국 고려의 다섯 번째 임금이 되었다. 자신의 세상이 열린 것이다.

광종의 철권 정치는 막을 내리고

경종은 즉위하자마자 부왕이 펼친 정치의 상징이라고도 할 수 있는 임시 감옥을 헐어 버렸다. 이와 함께 대사면령을 내려 광종 시대에 핍박 받던 신하들에게 자유를 주고, 참소하는 글을 모두 불살랐다. 얼핏 보면 부왕에 대한 반감에서 이런 선택을 한 것처럼 보이지만 이는 피를 부르는 정치의 종식을 알리는 선언이요, 대화합을 이루고자 하는 경종의 새로운 정치가 시작되었음을 알리는 신호탄이기도 하였다.

참으로 기나긴 세월이었다. 왕권 강화에 걸림돌이 된다는 이유로 지방 호족들과 공신 호족들은 목숨을 위협당하며 숨 막히는 삶을 살아왔다. 열에 여섯이나 일곱은 이미 희생된 터라 그들은 저항보다는 목숨을 부지하는데 급급할 수밖에 없었다.

경종은 이들을 끌어안으며 새로운 시대를 열어 가고자 하였다. 그리하여 호족 출신이라고 알려진 왕선을 집정執政에 임명하였다. 집정은 재상에 해당하는 관직으로서 호족을 이 자리에 앉혔다는 것은 광종 대에 이루어진 호족 탄압을 종식하겠다는 뜻이 담긴 조치였다. 혹자들은 이 대목에 이르러 경종의 어리석음을 지적하기도 하고, 정치적 미성숙을 논하기도 한다.

그러나 이는 부왕 광종이 다져 놓은 탄탄한 왕권을 기반으로 화합 정치를 펼쳐 가려는 경종의 자신감에서 비롯된 선택이었다. 그러니까 경종은 부왕 대에 이루어진 철권 정치의 긍정적인 결과물을 취하되 어두운 잔재를 청산해 나가며 새로운 정치 마당을 열어 보고자 했던 것이다.

피바람은 이미 예고되어 있었다

"전하, 전날 희생된 무고한 사람들의 심정을 헤아려 주어야 할 줄로 아옵니다."

어느 날 왕선이 경종 앞으로 나와 광종 시대에 희생된 호족들 이야기를 꺼냈다.

"노복이 제 주인을 참소하고, 사소한 원한을 빌미로 사사로이 해하고자 하는 마음으로 고변하는 자가 줄을 이으니 생지옥이나 다름없었나이다. 이제 억울한 이의 마음을 풀어 주고, 잘못된 관행을 뿌리 뽑는 의미에서 억울한 일을 당한 사람들 스스로 이를 바로잡을 기회를 주어야 합니다."

이때 왕선이 요구한 것은 과거에 억울한 일을 당한 사람들이 합법적으로 복수극을 벌일 수 있도록 법으로 허용해 달라는 것이었다. 기왕에 나라 안의 흐트러진 민심을 바로잡고, 왕실로부터 이반한 호족 세력을 끌어안을 요량이라면 그들의 억울한 심사를 풀어 주어야 하지 않겠느냐는 왕선의 논리에 경종은 딱히 대꾸할 말을 찾지 못했다. 그 순간 경종은 처절하게 죽어가던 박수경 일가와 사촌 형제들의 모습을 떠올렸을지도 모를 일이다.

이리하여 왕선이 제안한 복수극의 합법화가 받아들여지자 고려는 또다시 폭풍 속으로 휘말려 든다. 끔찍한 복수극이 곳곳에서 벌어지기 시작한 것이다.

그런 와중에 경종으로서는 도저히 묵과할 수 없는 중대한 사건이 일어나고 만다. 왕선이 복수극을 벌인다는 핑계로 태조의 아들이기도 한 원녕 태자와 효성 태자를 살해해 버린 것이다. 원녕 태자와 효성 태자가 호족 세력을 혁파하는 데 깊이 관여했음을 알려주는 대목이었으나 왕선으로서는 절대 건너지 말아야 할 강을 건넌 것이었다. 법이 이미 제정되었으니 합법적이라고 주장할 수도 있겠지만 이는 넓게 보면 호족 세력이 왕족을 징치하였다고 보아도 무방했기 때문이다.

경종은 이때 이미 자신이 뜻한 것과 다르게 흘러가는 정국에 환멸을 느끼고 있었다. 그리하여 경종은 왕선을 즉각 구속하여 멀리 귀양 보내고 사사로이 복수하는 것을 엄금하여 나라의 안정을 꾀하였다.

위협받는 왕권을 강화하라

왕선을 귀양 보내고 흐트러진 정국을 가다듬고자 고심하던 경종은 좌우 집정제를 전격 도입한다. 이는 한 사람에게 권력이 집중되는 것을 막고, 상호 견제 속에서 바른 정치를 펼쳐 가자는 뜻에서 마련한 제도였다. 이는 결과적으로 왕의 권위를 높이는 데 긍정적으로 작용하였다.

경종은 여기서 그치지 않고 순질荀質과 신질申質을 좌우 집정에 임명하자마자 토지개혁을 단행하였다. 토지는 곧 경제력의 상징이자, 개인이 가진 권력의 근본이라 할 수 있었다. 따라서 토지개혁은 자칫 나라 전체를 혼란 속으로 몰아넣을 수도 있는 민감한 부분이었다. 그러나 경종은 광종 시절에 다져 놓은 강력한 왕권을 바탕으로 전시과田柴科 제도를 공포하기에 이른다.

기실 고려 초에도 녹읍祿邑과 역분전役分田이라는 토지제도가 있었다. 녹읍은 통일신라 시대의 제도인데 삼한 통일 전쟁을 수행하는 과정에서 태조가 개국공신들의 충성과 지방 호족들의 항복을 이끌어 내려고 취한 제도였다. 이는 토지뿐만 아니라 그 지역에 거주하는 사람들에 대한 지배권까지 하사한 제도였기 때문에 국가 차원에서는 그리 장려할 만한 토지 정책이 아니었다.

이런 이유로 태조는 전국을 통일하자마자 녹읍을 중단하고 수조권收租權, 즉 조세를 나라 대신 거둬들일 권리만 인정한 역분전을 마련하여 관직에 있는 자와 호족, 공신들에게 분급하였다.

경종에 의해 시행된 전시과 역시 역분전의 골자를 받아들여 수조지收租地를 분급하였는데 곡물을 생산하는 전지田地와 땔나무를 심어 놓은 시지柴地를 같이 분급한다 하여 전시과라 이름 지었다.

역분전은 그 지급기준을 관계官階에 두지 않고 성행性行의 선악과 공로의 대소에 두고 있는데 반하여 전시과는 전시田柴의 지급 대상자를 사색 공복제四色公服制에 의하여 우선 네 계층으로 구분하고 있다. 즉, 수조지를 나누어 주는 기준으로 관품官品 외에도 인품을 추가한 것이다. 인품을 수조지 분급 기준에 추가시킨 것은 기존의 호족 공신 세력과 광종 대에 과거를 통해 배출되기 시작한 신진 관료들에게 골고루

혜택을 주기 위한 선택이었다. 관품만을 기준으로 삼다 보면 부가 편중되고, 경종이 추구하는 화합 정책에도 반하는 셈이라 이러한 정책을 취하게 된 것이었다. 관품으로만 따진다면 신진 관료들은 개국에 공이 많은 호족 공신이나 지방의 유력자들에게 비할 바가 되지 못하였다. 따라서 이들을 최대한 포용하면서 신진 관료 세력을 키워 주어 상호 견제가 가능하도록 하려면 새로운 토지제도의 마련이 시급하였다. 이처럼 새로운 토지제도는 신구 관료의 화합과 상호 견제를 위해 왕권을 중심으로 국가 차원에서 처음으로 정비한 토지제도였다는 특징을 가지고 있다.

토지제도와 관제가 새롭게 자리 잡고 나자 고려 사회는 안정기로 접어든다. 바야흐로 광종 시절의 피로 점철된 정치를 청산하고 화합과 협력의 새로운 시대가 열리는가 싶었다.

경종의 온화한 치세는 빛을 잃고

안정기를 맞이하여 경종은 송나라와의 외교 관계를 탄탄하게 다져 나가는 한편 진사시進士試를 통해 신진 관료들을 속속 배출해 내고 있었다. 이들은 장차 나라의 중추가 되어 굳이 임금이 손을 뻗치지 않더라도 호족 공신들과의 상호 견제와 화합 속에서 나라를 건강하게 이끌어 줄 세력이었다.

그러나 이는 어디까지나 경종 혼자만의 간절한 바람이었을 뿐이다. 광종 대에 극심한 수난을 겪었으며 경종 대에 이르러 잃어버린 영광을 되찾는가 싶었으나, 이른바 화합 정책에 휘말려 임금의 일개 신하로 전락한 호족들이었다. 그들은 아무리 생각해도 억울했다. 하여 그들은 세상을 혁파하고 자신들의 이익이 실현되는 사회를 만들고자 불순한 움직임을 보이기 시작했다.

경종이 과연 이들의 움직임을 눈치채지 못했을까? 비록 부왕에게 억눌려 숨죽이며 살아왔지만 경종은 호족들의 득세가 왕권 중심 국가 건설에 득이 되지 않는다는 사실을 잘 알고 있었다. 곧 신진 관료들을 통해 견제하는 것만으로는 호족들을 제어할 수 없다고 판단한 경종은 최지몽을 궁으로 불러들이기에 이른다.

최지몽은 일찍이 태조의 꿈을 해몽하여 그가 제왕의 길로 들어서도록 이바지한 바 있으며, 혜종 대에는 왕규의 난을 미리 알아차리고 주의를 환기시켜 임금의 목숨을 구해준 사람이었다. 그러나 그 즈음에는 광종에게 술주정을 부리다 추방당하여 외방 현에서 외롭게 살아가고 있었다.

경종이 이제 다시 그를 불러들이는 것은 반란을 걱정할 정도로 호족들의 움직임이 심상치 않다는 것을 뜻했다. 최지몽의 예지를 빌어서라도 반란의 싹을 잘라 버리고, 왕권을 안정시키려는 의지의 표현이었던 것이다.

빛을 발한 최지몽의 예지

경종은 최지몽이 궁에 도착하자마자 대광으로 삼았으며 동래군후에 봉하여 식읍 1천 호를 내렸다. 이와 함께 은기와 비단, 이불 휘장, 말과 복두 등을 내려 최지몽의 정계 복귀를 대대적으로 환영해 주었다. 이렇듯 경종의 강력한 지원 속에 궁으로 돌아온 최지몽은 그 즉시 호족들을 견제할 방책 마련에 골머리를 앓는다.

그러던 어느 날이었다. 야심한 시각, 하늘을 올려다보며 별자리를 살피던 최지몽의 표정이 일순 일그러졌다. 그는 곧 경종의 침전으로 달려가 자신이 살핀 바를 아뢰기 시작했다.

"전하, 소신이 별자리를 가만히 살피자니 황제의 좌를 침범해 들어오는 뭇 별이 보였나이다. 바라옵건대 숙위를 신중히 경계하시어 불의의 변을 방비토록 하소서."

최지몽은 황제 좌를 침범하는 별자리 이야기를 통해 경종의 주의를 환기시킨 후 왕승王承의 반란 사실을 고변했다. 당시의 유력 호족이기도 하였던 왕승은 왕권에 도전할 만한 가능성이 농후한 사람이었다. 경종은 최지몽의 고변이 있자마자 군사들을 풀어 그를 잡아들였으며, 부왕 광종이 그러했던 것처럼 피로써 그의 반역을 다스렸다.

짐의 뜻은 이것이 아니거늘

부왕 시절 그토록 치를 떨며 바라보던 신하들의 피!

자신이 치세하는 동안에는 절대 그런 일이 일어나지 않게 하겠노라 마음먹었을 테지만 경종은 어쩔 수 없이 반역을 꿈꾸는 호족들을 창과 칼로 꺾어 버렸다.

이로 말미암아 정치에 환멸을 느낀 경종은 그 후 방탕한 세월을 보낸다. 술과 여색에 빠져 숱한 날을 보내는가 하면 바둑에 관한 역사 기록이 처음으로 엿보일 정도로 바둑에 몰두하기도 하였다.

그러던 중 981년(경종 6) 6월에 병을 얻어 자리에 누운 경종은 당제堂弟 개령군開寧君(성종)을 불러 정권을 위양하고 다음과 같은 유조遺詔를 내린 후에 오래지 않아 죽었다. 능은 영릉榮陵이며 시호는 헌화獻和이다.

'한 번 나서 한 번 죽는 것은 현철한 사람도 면하기 어려우며 수명의 장단은 고금이 마찬가지이다. 내가 4대의 위업을 잇고 삼한의 패권을 받아 산천 토지를 보전하게 되었으며 종묘와 국가를 편안히 하기에 노력하여 날이 갈수록 더욱 조심스럽게 지나온 것이 전후 7년이었다. 이로 인한 피로가 그만 병으로 되었다. 이제 내가 지고 있던 짐을 벗음으로써 정신을 쉬고자 하며 후계자에게 왕위를 전하여 근심을 잊으려 한다. 정윤正尹 개령군은 나라를 다스릴 현명한 종친으로서 나의 사랑하는 사람이다. 그는 반드시 조상의 위업을 받들고 국가의 큰 기초를 보전할 수 있을 것이다. 너희 공경재상公卿宰相들은 내 동생을 극진히 보호하여 길이 우리 큰 나라를 편케 하라.

내가 죽은 후에 상복을 입는 기간과 경중輕重은 한 나라 제도에 의거하되 하루를 한 달로 계산하여 13일 만에 소상, 26일 만에 대상을 지내고 왕릉 제도는 될 수 있는 대로 검약하게 하라. 서경, 안

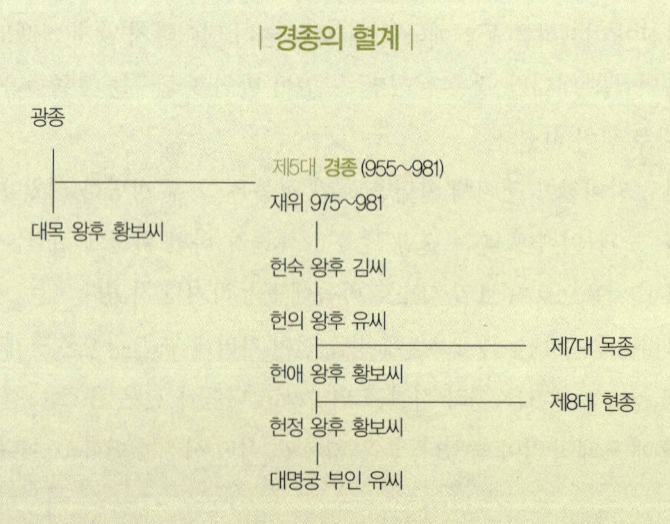

동, 안남, 동주 등 모든 지방의 방비 임무를 맡아 병권을 가진 자들은 그 책임이 가볍지 않으니 어찌 잠시라도 자기 임지를 비우겠는가. 이들이 임지를 떠나서 대궐로 올라오는 것을 허락하지 말 것이며 각기 임지에서 사흘 동안씩 애도식을 거행하고 복을 벗게 하라. 이상에 말한 이외의 일들은 다음 임금의 처분에 맡기노라.'

다른 왕후들은 생략하고 목종의 어머니 헌애 왕후 황보씨와 현종의 어머니 헌정 왕후 황보씨에 대해 살펴보고 넘어가기로 하겠다. 헌애 왕후와 헌정 왕후는 대종戴宗 왕욱의 딸로 친자매 간이다. 여자로서는 최고라 할 왕후의 자리에 앉았으나 두 사람 모두 바람직하지 않은 치정으로 말미암아 끝이 좋지 않았다.

먼저 헌애獻哀 왕후 황보씨는 경종과의 사이에서 목종을 낳아 임금의 어머니가 되었다. 목종은 왕위에 오르자마자 어머니에게 응천 계성 정덕 왕태후라는 존호를 올렸다. 이때 목종의 나이 18세에 불과하여 태후가 섭정을 하면서 천추전에 거처하였다. 이 때문에 세상에서는 헌애 왕후를 천추 태후라고 불렀다.

불측한 인물이라 하여 성종 임금에 의해 멀리 쫓겨났던 김치양金致陽이 천추 태후를 찾아온 것은 목종이 즉위하고 난 다음이었다. 그는 천추 태후와 친척뻘이 되는 사람으로서 중 흉내를 내고 다녔다. 경종이 죽은 후 혼자 몸이 되어 생활하던 천추 태후는 그만 김치양과 간통하여 아들을 낳는다.

원래부터 권력욕이 있던 김치양은 자신의 아들을 임금의 자리에 앉히려고 태후와 힘을 합친다. 당시 목종에게 왕위를 이어받을 사람으로는 대량원군으로 있던 현종이 유력하였다. 태후는 이를 막고자 현종을 억지로 승려로 만들어 삼각산 신혈사神穴寺로 보낸다. 태후는 여기서 그치지 않고 누차 사람을 보내어 현종을 죽이려 하였다. 그러나 그때마다 신혈사 승려의 도움으로 죽음을 면할 수 있었다.

점차 정치가 혼란스러워지자 강조康兆가 김치양 부자를 죽이고 현종을 새로운 왕으로 추대하였다. 이어서 강조는 태후의 친척들을 멀리 섬으로 귀양 보냈으며, 사람을 시켜 목종을 죽였다. 천추 태후는 그 후 황주에서 21년간 지내다가 1029년(현종 20) 정월에 숭덕궁에서 죽었다.

한편, 헌정 왕후 황보씨는 경종이 죽자 대궐에서 나와 왕륜사王輪寺 남쪽 자기 집에서 살고 있었다.

어느 날 잠을 자던 헌정 왕후는 괴상한 꿈을 꾸었다. 높은 언덕에 올라 소변을 누었는데 그것이 흘러서 온 나라에 넘쳤으며 오래지 않아 소변이 모두 변하여 바다가 되었던 것이다.

꿈에서 깨어난 헌정 왕후는 하도 기이하여 점을 쳤다. 그런데 점을 쳐준 사람이 아들을 낳으면 왕이 되어 나라를 가지게 되리라고 일러주는 것이었다. 왕후는 어이가 없었다. 과부의 몸으로 어찌 아들을 낳는단 말인가.

그런데 왕후의 집에서 그리 멀지 않은 곳에 안종 욱이 살고 있었다. 그는 태조의 제5비 신성 왕후 김씨의 소생이었다. 헌정 왕후가 태조와 그의 제4비 신정 왕후 황보씨의 아들 대종 욱의 소생이니 두 사람은 가까운 인척이 되는 셈이었다. 그런데도 안종 욱과 헌정 왕후는 서로 눈이 맞아 간통하였고, 곧 임신까지 하였다.

출산일이 임박하여 세상의 눈이 두려워진 헌정 왕후는 갈등하던 중 뜰에 화목을 쌓고 불을 지른다. 화재가 난 줄 알고 관원들이 달려오고, 성종도 급히 위문하러 달려왔다. 이 자리에서 성종이 다그치자, 그 집의 종들이 안종 욱과 헌정 왕후의 간통 사실을 사실대로 고하였다.

성종은 즉시 안종 욱을 사수 현으로 귀양 보냈다. 왕후는 부끄러워 울다가 집으로 돌아갔는데 공교롭게도 바로 그때 산통이 시작되었다. 왕후는 엉겁결에 문 앞 버드나무 가지를 붙잡았다. 그러고는 아이를 낳았지만 산모는 그만 죽고 말았다.

성종은 유모를 택하여 그 아이를 양육하라 명하였는데 이가 곧 장성하여 왕위에 오른 현종이다.

경종의 후비와 종실들

경종에게는 후비 다섯과 아들 둘이 있었다.

헌숙獻肅 왕후 김씨는 신라 경순왕의 딸이다. 죽은 후 헌숙 왕후라는 시호를 주었고 경종 사당에 합사하였다. 1002년(목종 5) 4월에 온경溫敬이라는 시호를, 1014년(현종 5) 3월에는 공효恭孝, 1027년(현종 18) 4월에는 양혜良惠라는 시호를 추가하였다. 후에 또 의목 순성懿穆順聖이라는 시호를 주고 1056년(문종 10) 10월에는 회안懷安, 1253년(고종 40) 10월에는 인후仁后라는 시호를 각각 추가하였다.

헌의獻議 왕후 유씨는 왕의 종실인 문원文元 대왕 왕정王貞의 딸이다.

헌애獻哀 왕태후 황보씨는 대종戴宗의 딸로서 목종穆宗을 낳았다. 목종이 왕위에 오르자 응천 계성 정덕應天啓聖靜德 왕태후라는 존호를 올렸다. 목종의 나이 18세에 이르러서도 태후가 섭정을 계속하였으며 충신과 의로운 사람들을 멀리하며 죄 없는 신하들을 많이 모함하였다. 후에 강조가 태후와 간통한 김치양 부자를 죽이고 태후의 친척들을 섬으로 귀양 보냈으며 또 사람을 시켜 목종을 죽였다. 이후 태후는 황주黃州에 가서 21년간 있다가 1029년(현종 20) 정월에 숭덕궁에서 죽었다. 향년 66세였으며 유릉

幽陵에 매장하였다.

헌정獻貞 왕후 황보씨도 대종의 딸로서 경종이 죽은 후 안종安宗과 관계하여 현종을 낳게 된다. 현종이 왕위에 오르자 효숙孝肅 왕태후라고 추존하고 그의 무덤을 원릉元陵이라고 하였다. 1017년(현종 8) 5월에 혜순惠順이라는 시호를 주고 1021년(현종 12) 6월에 혜순을 인혜仁惠라고 고쳤다. 1027년(현종 18) 4월에는 선용宣容, 1253년(고종 40) 10월에는 명간明簡이라는 시호를 추가하였다.

대명大明 궁부인 유씨柳氏는 종실 원장元莊 태자의 딸이다.

06

고려의 체제를 완성하다

성종의 등극

성종은 태조의 제4비 신정 왕후 황보씨의 소생 대종 욱과 선의 태후 유씨 사이에서 960년(광종 11)에 태어났다. 경종의 비 헌애 왕후 황보씨와 헌정 왕후 황보씨는 그의 누이들이다. 그러니까 성종과 상왕 경종은 처남 매부 사이였던 셈이다.

성종은 광종의 철권 정치와 경종의 화합 정치를 왕족의 신분으로 근처에서 지켜보며 성장기를 보냈다. 임금의 태도나 사회적 분위기로 봤을 때 많은 차이가 있었지만 광종과 경종은 결국 왕권을 강화하기 위한 정치를 펼쳤다고 봐도 과언이 아니다.

성종은 981년 7월, 22세의 나이로 왕위에 올랐다. 나라 안팎으로 불안한 요소가 산재해 있던 태조 왕권으로부터 다섯 임금의 집권기가 이어지는 동안 고려의 정치는 많은 발전을 이루었다고 볼 수 있었다.

특히 왕권 중심 국가로 도약하는 기틀을 마련한 광종과 경종조를 거치면서 고려는 당나라의 제도를 모방, 발전시킬 수 있을 만큼 사회적 여건이 성숙했다. 이러한 바탕 위에서 왕위에 오른 성종은 바야흐로 중앙집권적 왕권 국가 건설을 위해 대대적인 제도 개혁을 단행한다.

시대적 요구가 개혁을 낳다

7월 갑진일에 정권을 물려받아 왕위에 오른 성종은 8월에 대사령을 내리고 문무관들의 품계를 한 급씩 올려 주었으며, 같은 해 11월에는 팔관회의 잡기들이 떳떳하지 못하고 번쇄하다 하여 이를 전부 폐지하였다. 그다지 주목할 만한 일이 아닌 듯하지만 팔관회에 이어 연등회까지 폐지한 성종의 조치는 대단히 큰 의미가 있는 일대 사건이었다.

태조 왕건은 훈요십조 제6조에서 다음과 같이 후대 왕들이 지켜야 할 바를 밝힌 바 있다.

'짐의 소원은 연등회燃燈會과 팔관회八關會에 있는바, 연등은 부처를 제사하고, 팔관은 하늘과 5악岳 · 명산 · 대천 · 용신龍神 등을 봉사하는 것이니, 후세의 간신이 신위神位와 의식 절차의 가감加減을 건의하지 못하게 하라. 군신이 동락하면서 제사를 경건히 행하라.'

창국주 태조의 유업이라 할 팔관회와 연등회를 폐하기까지 성종은 상당한 부담감을 느꼈을 것이다. 그런데 성종은 어찌하여 이 같은 부담과 혹여 쏟아져 나올지 모를 왕실과 신하, 백성의 비난을 무시한 채

이 같은 일을 단행했던 것일까?

개국 초보다 권력 구조의 핵심에 오를 수 있는 신분 층이 많이 늘어났다는 점을 주의 깊게 살펴봐야 한다. 개국공신이나 강력한 호족 세력이 아니면 정치판에 참여할 수 없었던 과거와 달리 과거를 통해 신진 관료들이 속속 배출된 까닭이었다. 이러한 변화를 보고 겪으며 성장한 성종은 점점 늘어나는 신진 관료들을 위해 불교 대신 유교를 어렵지 않게 선택했다. 즉, 어릴 때부터 유교적 분위기 속에서 성장한 성종은 변화된 사회를 이끌어 가고자 중국의 선진 제도를 받아들이는 한편으로 정치와 교육의 지도 이념으로서 유교를 선택해야 할 필요성과 당위성을 느끼고 있었던 것이다.

아울러 성종은 982년 3월에 이르러 백관 관제를 개정한다. 이는 3성 6부라고 일컬어지는 관제 정비의 시작을 알리는 신호탄이기도 하였다.

성종은 중국의 제도를 모방하여 내사문하성內史門下省과 어사도성御事都省을 두었고, 어사도성 밑에 선관選官, 병관兵官, 민관民官, 형관刑官, 예관禮官, 공관工官의 6관六官을 예속시켰다. 이 같은 중앙관제는 995년(성종 14)에야 비로소 3성 6부로 개정되어 고려 중앙관제의 근간을 이루게 된다.

그렇다면 성종의 중앙관제 개혁의 의미를 어디에 두어야 할까? 여기서 잠깐 통일 전쟁 시기를 거쳐 성종 대에 이르기까지 펼쳐진 고려의 정치 상황 변화를 살펴볼 필요가 있다.

태조 때의 가장 큰 쟁점은 뭐니 뭐니 해도 삼한 통일이었으며, 통일 후에는 여러 가지 모순을 극복하고 나라를 안정시키는 것이 최우선 과제였다. 그리하여 태조는 호족이라는 양날의 칼과도 흡사한 세력들을 내치거나 찍어 누르는 대신 결혼 정책을 통해 나라의 안정을 꾀했다.

이어지는 혜종과 정종 대에는 호족 세력을 등에 업은 임금들이 권력 쟁투를 벌이며 허우적거리는 시기였다. 그러나 광종과 경종조로 접어들면서 고려는 국가다운 면모를 갖추어 나가기 시작했다. 그 과정에서 피를 많이 보기는 하였지만 호족 공신 세력이 왕권의 절대 권력에 백기를 드는 형국이 되었으며 바야흐로 왕권 중심의 중앙집권적 국가로 나아가는 기틀이 마련되었다.

선대의 노력으로 절대 왕권을 획득한 상태에서 왕위를 이어받은 성종은 불필요한 내부 갈등에 에너지를 소비할 필요가 없었다. 그에게는 오직 시대적 요구에 따라 고려를 개혁해 나갈 책임과 환경이 부여되어 있었던 것이다.

현행 정치의 결점을 논하라

982년 6월, 성종은 개혁의 고삐를 더욱 당길 요량으로 다음과 같은 조서를 내린다.

'임금의 덕은 오직 신하들의 방조 여하에 달렸다는 것은 고금이 다 같다. 짐이 새로 국무를 총람하게 됨에 따라 혹 잘못된 정치가 있을까 걱정하노니 중앙 관리로서 5품 이상 되는 자들은 각각 글을 올려 현행 정치의 우점과 결점을 논하라.'

이에 따라 여러 신하가 봉사封事를 올렸는데 최승로崔承老가 지어 올린 시무 28조도 그중 하나였다.

그는 경주 사람으로서 성질이 총명하고 민첩하며 학문을 즐기고 글도 잘 지었다. 그의 나이 12살 때 태조가 불러서 논어를 읽어 보라 시키고 그 총명함에 반했다 하며, 성종 때에는 시무 28조를 올려 고려의 체제를 정비해 나가는 데 큰 역할을 하였다. 그는 983년(성종 2)에 문하시랑평장사門下侍郎平章事로 전임되었고, 988년(성종 7)에는 문하 수시중門下守侍中에 임명되고 나서 청하후淸河侯로 봉하여져 식읍 7백 호를 받았다. 989년(성종 8)에 향년 63세로 죽으니 시호를 문정文貞이라 하였다.

최승로가 올린 시무 28조는 22조까지만 전해질 뿐 나머지 6개 조는 사기史記에도 기록된 바가 없다. 그 내용을 살펴보면 성종이 추구하고자 하는 개혁 정치에 부합되는 부분이 상당히 많음을 알 수 있다.

최승로는 불교와 승려들의 폐단이나 악행을 집중적으로 고발하며 유교를 정치 이념으로 삼아야 한다는 점을 강조하고 있다. 이와 함께 백성의 삶을 핍박하는 지방 토호들의 횡포를 막고 개국공신의 후손 및 귀족들의 권익을 보장하고 광종 때 제정된 노비안검법을 폐지해 그들을 다시 노비로 되돌리는 노비환천법을 공포하라고 주장하고 있다. 즉, 유교를 정치 이념으로 받아들인 가운데 군신 관계를 정립하고 권력의 상층부에 속한 귀족(삼한 공신의 자손들과 신진 관료까지 포함)들의 권익을 적극적으로 옹호하여 신분제도를 강력하게 지켜 나가는 것이 시무 28조의 골자였다.

성종은 최승로의 시무 28조를 적극적으로 국정에 반영하여 고려의 체질을 변경시켜 나간다.

지방을 장악하라

최승로를 문하시랑평장사로 임명하고 그의 보좌를 받으며 국가 체제 정비에 힘을 쏟기 시작한 성종은 먼저 중앙 권력이 미치지 못하여 토호들의 횡포가 잦은 지방의 제도부터 정비한다. 983년(성종 2)에 이루어진 12목牧 설치가 바로 그것이었다. 전국을 12목으로 나누고 임금이 파견한 관리가 다스리게 되었으니 이는 고려 개국 이래 처음 시작한 일로, 바야흐로 임금이 지방까지 전부 장악한 채 정치를 펼쳐 나갈 수 있게 되었다는 뜻이었다.

지금까지는 세금을 징수할 때 금유今有와 조장租藏이라는 벼슬아치를 지방에 파견한 것이 고작이었다. 금유와 조장은 12목이 설치되면서 파견하지 않게 되었다. 12목의 지방관은 가족을 데리고 가는 것이 허락되지 않아 홀로 임지에 부임하여 임무를 수행하였는데 986년(성종 5)부터는 처자를 데리고 가는 것이 허용되어 더욱 안정적인 제도로 정착하였다.

지방 세력 통제의 일환이기도 했던 제도 정비는 12목 설치 이후에도 꾸준하게 진행되었다. 그중 눈여겨봐야 할 것은 995년(성종 14)에 이루어진 지방 관제 개혁이다. 이때 성종은 10도제를 전격적으로 실시하였다. 당나라의 10도제를 모방한 것이었으나 우리나라 최초의 도제道制였다는 점에서 큰 의미가 있다. 이와 함께 성종은 절도사체제節度使體制로 개편하여 지방 호족 세력을 더욱 강력하게 통제한다. 이는 당연히 중앙집권을 강화하고자 하는 조치였다.

성종은 지방 관제를 개혁하는 데만 그치지 않고 지방 교육과 경제 정책에도 상당한 관심을 기울였다. 당시는 과거제가 어느 정도 정착된 단계라 전국적으로 유교에 대한 관심이 증폭되어 있었다. 성종은 이를 더욱 진작시키고자 경학박사經學博士와 의학박사醫學博士를 각각 1명씩 뽑아 12목에 파견하여 지방 교육을 맡아보게 하였다. 뿐만 아니라 유교적 교양이나 의술醫術이 있는 사람을 천거하여 중앙으로 올려 보내도록 하였다.

한편, 993년(성종 12)에는 12목에 상평창常平倉을 설치하여 물가 조절 기능을 담당하게 하였다. 또한 지방 관청의 경비 지출을 위하여 공해전시公廨田柴를 정비하는 등 지방 제도를 꾸준히 정비하여 행정 기능을 크게 개선하였다.

다져지는 나라의 기틀

성종의 체제 정비는 중앙과 지방에서 거의 동시에 이루어졌다고 보아야 한다. 성종은 982년(성종 1)부터 983년 사이에 내사문하성과 어사도성을 두고, 어사도성 밑에 선관, 병관, 민관, 형관, 예관, 공관의 6관六官을 예속시키는 것으로 중앙의 새로운 정치기구를 조직한 바 있다. 이러한 중앙관제는 995년(성종 14)에 이르러 3성 6부로 개정된다. 이는 5백 년 고려 왕조 중앙관제의 기본 틀을 이루게 되었다. 즉, 내사성內史省(중서성中書省)·문하성門下省·상서성尙書省의 3성을 두어 고등 행정을 맡게 하고, 이吏·병兵·호戶·형刑·예禮·공工의 6부部를 두어 국무國務를 분장分掌하게 한 것이다. 비록 중국의 제도를 모방한 것이라 하지만 고려의 정치, 사회적 여건이 발전하고 성숙해 가면서 그러한 제도의 수용이 필요하여 단행된 조치임을 생각할 때, 성종 대에 이르러 고려의 정치, 사회적 요소들이 선진 국가의 형태로 한 단계 상승하였음을 알 수 있게 해주는 대목이다.

부강한 나라나 나날이 발전하는 기업을 보면 인재 발굴에 상당한 노력을 기울인다는 공통점이 있다. 성종 또한 나라의 기틀을 견고하게 다져 놓은 임금답게 항상 인재를 기르고, 발굴하는 일에 노력을 아끼지 않았다.

'학문을 많이 쌓지 아니하면 선善을 알 수 없으며, 어진 이를 임용하지 아니하면 공을 이룰 수 없다. 이로써 서울에는 서상序庠을 열어 유술儒術을 숭상하고, 지방에는 학교를 설치하여 생도를 권과勸課하며, 문예를 경쟁하는 장소를 열고, 경서經書를 연구하는 업을 넓혔으나 오히려 포부를 가진 뛰어난 선비를 얻지 못하였으니 어진 이를 가로막고 재능을 방해하는 사람이 없는지 어찌 알리요. 무릇 문재文才와 무략武略이 있는 자는 대궐에 나와서 자천自薦함을 허한다.'

992년(성종 11)에 내린 성종의 교敎다. 이 내용만 보더라도 인재 발굴에 대한 성종의 의지와 열망을 얼마든지 읽어낼 수 있다. 경관京官 5품 이상의 관리들에게 마땅한 사람을 한 명씩 천거하게 하고, 그 덕행德行과 재능을 성명 밑에 기록하도록 했다는 일화가 전해지고 있을 정도이다.

성종은 재위 기간 동안 유교의 주요 덕목이라 할 효도와 절의를 강조하여 나라 안의 풍속을 아름답게 가꾸었으며 어려움에 처한 백성을 구휼하는가 하면 태학에서 공부하는 선비들에게 재물을 넉넉하게 보내주어 더욱 정진하도록 독려하였고, 종묘를 세우고 사직을 정하여 정치와 사회, 문화 전반에 새로운 바람을 불어 넣으며 고려왕조의 기틀을 마련하였다.

무르익는 전쟁의 기운

이때 성종과 고려의 유일한 걱정거리라고 한다면 대외 관계가 그에 속할 터였다. 고려는 당시 중원中原의 주인 자리를 차지한 송나라와 발해를 멸망시키고 강자로 부상하여 송나라와 패권 경쟁을 벌이던 거란의 틈바구니에 낀 상황이었다.

기마병 중심으로 구성된 거란의 병사들은 송나라와의 전쟁에서 큰 승리를 거둘 정도로 강력하였다. 그러나 고려는 삼한을 통일한 태조 시절부터 거란에 대한 적대감을 공공연히 드러내며 전쟁 준비를 하였다. 광종 때 광군 30만을 조직한 것이 대표적인 예라 하겠다. 고려는 고구려의 후예임을 자처하고 있었기에 거란이 차지한 영토를 언젠가 회복하여야 할 고토라고 여겼다. 게다가 같은 민족 국가라고 여기던 발해를 기습하여 멸망시킨 나라가 거란이라 더더욱 미워하는 마음이 있었다.

이렇게 보면 고려와 거란 간에는 전쟁 가능성이 늘 상존하고 있었다 해도 과언이 아니었다. 그렇다고 거란이 고려를 대등한 위치에 있는 경쟁국으로 보았다는 것은 아니다. 삼한 통일 후 비교적 강력한 군사력을 갖춘 고려에 어느 정도 두려움을 품고 있었지만 거란은 어디까지나 송과의 쟁투가 가장 중요한 현안이었다. 그러나 반대로 생각하면 이 때문에 거란은 고려와의 외교를 중요하게 여길 수밖에 없었다. 송나라보다 국력이 모자란 상황인데 고려마저 송나라 편에 서서 자신들을 핍박하면 곤란해지기 때문이었다.

그런데 991년(성종 10) 10월 고려에서 압록강 밖 영토를 차지한 채 살아가던 여진 사람들을 축출해 버리는 사건이 일어난다. 고려와 거란 사이에 여진이 끼어 있어 완충 역할을 해주고 있었는데 이제 고려가 그들을 몰아내 버리고 그 땅을 차지하자, 거란은 불안감을 이겨내지 못하고 군사 행동을 감행하기에 이른다.

국토를 떼어 적에게 주는 것은 만세의 치욕이다

당시 세계 최강의 군대를 보유하고 있었다 해도 과언이 아닌 거란과 고려 사이에는 모두 세 번의 전쟁이 일어났다. 이 중 거란과의 세 번째 전쟁에서 귀주대첩을 이끌어 내며 대승을 거둔 장군으로 널리 알려진 것이 강감찬이다. 또한 현종 시대에 침입한 거란의 두 번째 침입을 맞아 비록 패하기는 하였지만 거란의 간담을 서늘케 만든 이는 강조 장군이었다. 그렇다면 성종 시대에 벌어진 거란과의 첫 번째 전쟁에서는 어떤 사람이 활약을 펼쳤을까? 우리가 익히 아는 서희徐熙의 담판과 강동 6주 획득이 바로 이때 일어난 일이었다.

서희는 내의령內議令 서필徐弼의 아들로 성격이 엄정하고 성실한 사람이었다. 960년(광종 11)에 18세의 나이로 갑과에 급제한 후 광평원외랑廣評員外郎에 임명되었으며 여러 차례 승진하여 내의시랑內議侍郎에 올랐다. 당시 고려와 송나라 사이에는 10여 년 동안 왕래가 없었는데 972년(광종 23)에 서희가 사신으로 가서 절도 있고, 예법에 적합한 행동을 보여 두 나라 간의 가교 역할을 충실히 하였다. 이후 서희는 병관어사兵官御使와 내사시랑內史侍郎을 거치면서 많은 일을 하였다.

소손녕이 이끄는 거란군이 고려의 영토로 침범하여 들어온 것은 서희가 내사시랑으로 있을 때인 993년(성종 12)이었다. 성종은 시중 박양유朴良柔를 상군사로, 내사시랑 서희를 중군사로, 문하시랑 최량崔亮을 하군사로 삼아 군대를 거느리고 북계로 가서 거란을 방어하게 하였다. 이때 성종도 친히 거란군을 물리치고자 서경으로 갔다가 안북부安北府(현 안주)까지 진군하여 머물고 있었다.

거란군이 봉산군蓬山郡을 함락시키고, 고려의 선봉 군사와 급사중 윤서안尹庶顔을 포로로 잡았다는 비보가 날아든 것은 바로 그때였다.

이때 거란의 장군 소손녕이 다음과 같은 글을 퍼뜨렸다.

"우리나라가 이미 고구려의 옛 영토를 영유하였다. 그런데 너희 나라에서 우리 강토를 강점하므로 이제 토벌하러 온 것이다. 우리에게 귀순치 않으면 기어코 소탕할 것이니 속히 투항하라."

서희는 성종이 머무는 곳으로 달려와 소손녕의 말을 전하며 이렇게 아뢨다.

"그들과 화의할 수 있는 조짐이 보입니다."

성종은 서희의 말을 듣고 이몽전을 거란의 병영으로 보내 화의를 제의하였다. 이에 소손녕이 공문을 보내 알렸다.

'아군 80만이 도착하였다. 만일 강변까지 와서 항복하지 않으면 반드시 섬멸할 생각이니 국왕과 신하들은 빨리 우리 군영 앞에 와서 항복하라.'

성종은 여러 신하를 모아 놓고 토의하였다.

"전하께서는 수도로 돌아가시고 대신 한 명으로 하여금 군대를 인솔하고 가서 투항을 청하는 게 좋겠습니다."

"서경 이북 땅을 적에게 넘겨주고 황주로부터 철령에 이르는 계선을 국경으로 정하는 것이 옳겠습니다."

신하들의 입에서 나오는 말은 대개가 이러하였다. 이에 성종은 신하들의 의견에 찬동할 생각으로 서경 창고에 두었던 쌀을 주민들에게 모두 나눠주고 마음대로 가져가라는 명을 내렸다. 그런데도 쌀이 많이 남자, 성종은 남은 쌀이 적의 군용으로 이용될 것을 염려하여 대동강에 버리라고 명하였다. 이때 서희가 더는 참지 못하고 성종 앞으로 나섰다.

"식량이 넉넉하면 성을 가히 지킬 수 있고 싸움에서 승리할 수도 있습니다. 전쟁의 승패는 병력이 강하고 약한 데만 달린 것이 아니라,

적의 약점을 잘 알고 행동하면 승리할 수 있는 것입니다. 그런데 어째서 쌀을 버리려고 하십니까? 하물며 양식이란 백성의 생명을 유지하는 물건이라, 차라리 적에게 이용될지언정 어찌 헛되이 강물에 버린단 말입니까? 이것은 또한 하늘의 뜻에도 부합되지 않으리라 생각됩니다."

가만히 듣고 있던 성종은 서희의 의견을 옳게 여기고 그만두게 하였다. 잠시 묵묵히 있던 서희가 다시 한 번 임금에게 아뢰었다.

"거란의 동경으로부터 우리나라 안북부에 이르는 수 백리 어간은 모두 생여진이 차지하고 있던 것을 광종 때에 도로 찾고 성을 쌓았었는데, 이제 거란이 침공하는 의도는 이 두 개의 성을 탈취하려는 데 불과한 것이며 그들이 고구려의 옛 땅을 찾겠다고 주장하나 실상인즉 우리를 두려워하는 것입니다. 그러므로 지금 그들의 병력이 성대한 것만을 보고 서경 이북을 떼어 준다면 이것은 올바른 계책이 아닙니다. 그뿐만 아니라 삼각산 이북은 모두 고구려의 옛 강토인데 그들이 강요한다고 해서 다 주겠습니까? 하물며 국토를 떼어 적에게 준다는 것은 만세의 치욕입니다. 바라건대 성상께서는 수도로 돌아가시고 저희로 하여금 적과 한번 판가름 싸움을 하게 하신 후에 다시 논의하여도 늦지 않으리라 사료됩니다."

이번에도 성종은 서희의 주장을 옳게 여겼다.

한편 화의를 신청하러 왔던 이몽전이 돌아간 뒤에도 한동안 고려 진중에서 회답이 없자 소손녕은 안융진安戎鎭을 공격하였다. 소손녕의 군대를 맞이하여 싸움을 벌인 것은 중랑장 대도수大道秀와 낭장 유방庾方이었다. 놀랍게도 이들은 거란의 병사들을 크게 이기게 된다. 고려를 얕보는 마음이 없지 않았던 소손녕은 아차 싶어 다시는 진공하지 못하고 진중에 머문 채 사람을 보내서 항복을 독촉하기만

하였다.

이에 성종이 화통사和通使(강화를 체결하는 사신)로 합문사인 장영張瑩을 거란 영문으로 보냈다. 그러나 소손녕은 응당 지위가 높은 대신을 파송하여 면담하게 하라고 요구하였다.

장영이 힘없이 돌아오자, 성종은 여러 신하를 모아 놓고 누가 거란 영문으로 가서 언변으로 적병을 물리치고 만대의 공을 세우겠느냐고 물었다. 그러나 아무도 응답하고 나서는 자가 없었다. 이에 서희가 일어나서 늠름한 어조로 말했다.

"제가 비록 불민하나 감히 왕명을 받들겠습니다."

서희가 자원하고 나서자 성종은 기뻐 어쩔 줄 몰라 하며 강가까지 나가서 그를 위로하며 전송하였다.

서희의 담판과 강동 6주

국서를 가지고 소손녕의 영문에 이른 서희는 통역을 시켜 회견하는 절차를 문의했다. 소손녕이 거만한 태도로 서희를 바라보며 뇌까렸다.

"나는 대국의 귀인이니 그대가 나에게 뜰에서 절하여야 한다."

서희는 기가 막혔다.

"신하가 임금에게 대할 때 당하에서 절하는 것은 예법에 있는 일이나 양국의 대신들이 대면하는 좌석에서 어찌 그럴 수 있겠는가?"

소손녕의 표정이 일순 굳어졌다. 그러나 재삼 왕복하면서 아무리 절을 하라고 고집하여도 서희는 꿈쩍을 하지 않았다. 오히려 노하여 숙소로 돌아가 움직이지 않았다. 내심 서희의 인품이 비범함을 알아본 소손녕은 결국 당상에서 대등하게 대면하는 예식 절차로 갈음하자며 한 발 뒤로 물러섰다. 그제야 서희는 거란의 영문으로 다시 가서 소손녕과 담판을 시작하였다.

"당신의 나라는 옛 신라 땅에서 건국하였고, 고구려의 옛 땅은 우리나라에 소속되었는데 어째서 당신들이 침범하였는가? 또 우리나라와는 국경이 연접되어 있으면서 바다를 건너 송나라를 섬기는 까닭에 이번에 정벌하게 된 것이다. 만일 땅을 떼어 바치고 국교를 회복한다면 무사하리라."

소손녕의 목소리는 자못 엄중했다. 그러나 서희는 조금도 주눅이 들지 않고 소손녕의 말을 맞받아쳤다.

"그렇지 않다. 우리나라는 바로 고구려의 후계자이다. 그러므로 나라 이름을 고려라고 부르고 평양을 국도로 정하였다. 그리고 경계를 가지고 말하면 귀국의 동경이 우리 국토 안에 들어와야 하겠는데 당신이 어떻게 침범했다는 말을 할 수 있겠는가? 또 압록강 안팎이 역시 우리 경내인데 이제 여진이 그 중간을 강점하고 있으면서 완악한 행위와 간사스러운 태도로서 교통을 차단했으므로 바다를 건너기보다도 왕래하기 곤란한 형편이니 국교가 통하지 못함은 여진의 탓이다. 만일 여진을 구축하고 우리의 옛 땅을 회복하여 거기에 성들과 보들을 쌓고 길을 통하게 된다면 어찌 국교를 통하지 않겠는가? 장군이 만약 나의 의견을 귀국 임금에게 전달하기만 하면 어찌 접수하지 않으실 리가 있으랴."

서희가 이처럼 격앙된 기색으로 당당하게 논박하자 소손녕은 강요하지 못할 것을 알고 담판한 내용을 자기 나라에 보고하였다. 이에 거란 임금이 정전하라는 회답을 보내왔다. 결국 땅을 빼앗으려고 전쟁을 일으켰다가 고려에 더 많은 땅을 붙여 주게 된 셈이었다. 중군사 서희는 세치 혀로써 거란의 강병을 몰아낸 셈이다.

거란에서 이렇게 해서라도 고려와 국교를 트고자 한 것은 송나라와의 관계 때문이었다. 송나라와 고려가 굳게 결속하여 있는 한 거란은 늘 쫓기는 입장이 될 수밖에 없었던 것이다. 이제 거란과 고려가 국교를 맺었으니 송과 고려 사이가 소원해질 것은 불을 보듯 훤한 노릇이었고 덕분에 거란은 한결 편안한 가운데 송과의 전쟁을 치를 수 있게 된 것이었다.

성종의 죽음

이후 성종은 거란의 연호 통화統和를 사용하면서 외교 관계를 유지하였다. 문신들은 송나라와 서로 통하여 거란을 쳐 보자고 주장하였고 임금도 할 수 없어 원욱을 송나라에 보내 협격해 보자고 청하였으나 원래부터 문약한 송나라는 그럴 용기조차 내보지 못하였다.

이 사건을 계기로 하여 송나라와의 정식 교통은 끊어지고 말았으나 은밀하게나마 교류를 이어나갔고, 또한 바다가 서로 통하는 만큼 상인들이 서로 왕래하여 소식만은 알 수 있었다. 이처럼 실리 외교를 통해 나라의 안정을 기하고, 개혁 정치를 펼쳐 나가던 성종이 병에 걸려 위독해진 것은 997년 10월이었다. 성종은 이때 자신의 조카이자 경종의 아들이기도 한 개령군 왕송(목종)을 불러 왕위를 물려주고 나서 죽었다.

왕의 향수는 38세요, 재위 연수는 16년이었다. 시호는 문의文懿라 하고 묘호는 성종成宗이라고 하였다. 남쪽 교외에 장사지내니 능호는 강릉康陵이었다.

성종의 후비와 종실들

성종에게는 후비 셋과 딸 둘이 있었다.

문덕文德 왕후 유씨는 광종의 딸로서 처음에는 홍덕弘德 원군에게 시집갔다가 후에 성종의 배필이 되었다. 죽은 후 문덕 왕후라는 시호를 주고 성종 사당에 합사하였다. 1002년(목종 5) 4월에는 효공孝恭이라는 시호를, 1014년(현종 5) 3월에는 순성順聖이라는 시호를 추가하였고, 1027년(현종 18) 4월에는 영용英容, 후에 또 숙절肅節이라는 시호를 주었다. 1056년(문종 10) 10월에는 원헌元獻, 1253년(고종 40) 10월에는 선위宣威라는 시호를 추가하였다.

문화文和 왕후 김씨는 선주 사람으로 증직 시중 김원숭金元崇의 딸이다. 처음에는 연흥延興 궁주 또는 현덕玄德 궁주라고 불렀다. 원정元貞 왕후를 낳았으며 1029년(현종 20) 4월 대비大妃로 책봉되었다. 같은 해 9월에 김원숭에게 특진 수태위 겸 시중의 증직과 상주국上柱國 훈위를 주고 화의군 개국후和義郡開國侯로 봉하고 식읍 1천5백 호를 주었으며 그의 모친 왕씨王氏에게는 화의군 대부인을 추증하였다. 조부 김광의에게는 상서좌복야 관직과 상주국 훈위를 주고 화의현 개국백和義縣開國伯으로 봉하고 식읍 7백 호를 주었으며 조모 김씨에게는 화의군 대부인 봉호를 주었다. 왕후가 죽은 후 문화 왕후라는 시호를 주었다.

연창延昌 궁부인 최씨는 우복야 최행언崔行言의 딸로 원화元和 왕후를 낳았다.

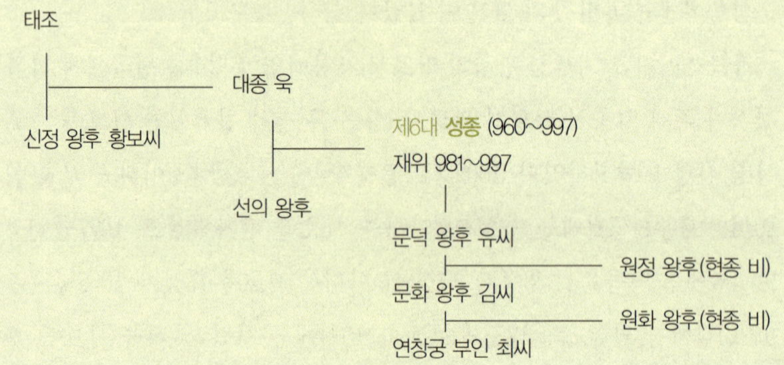
| 성종의 혈계 |
태조
대종 욱
신정 왕후 황보씨
제6대 성종 (960~997)
재위 981~997
선의 왕후
문덕 왕후 유씨
원정 왕후(현종 비)
문화 왕후 김씨
원화 왕후(현종 비)
연창궁 부인 최씨

07

신하에게 목숨을 잃다

되찾은 왕위

980년(경종 5) 5월 임술일, 경종과 경종의 제3비 헌애 왕후 황보씨 사이에서 태어난 목종은 이름이 송誦, 자는 효신孝伸이었다. 경종 임금의 유일한 자손이었기에 목종이 왕위를 이어받는 것은 어쩌면 당연한 수순이었다. 그러나 경종이 재위 6년 2개월째를 맞이하는 981년 7월에 숨을 거두자 2살에 불과했던 목종은 어린 나이 때문에 왕위를 이어받을 수가 없었다.

주지하다시피 목종 대신 고려 제6대 임금이 된 사람은 성종이었다. 성종은 목종의 당숙이기도 했는데 유교 정치 이념을 바탕으로 중앙 집권 체제를 완성한 임금이었다. 목종은 성종의 배려로 궁중에서 양육되었으며, 990년(성종 9)에 개령군이 되었다가 997년 10월 무오일에 내선을 받아 고려 제7대 임금으로 등극하였다.

비록 성종에게 아들이 없어 선위하는 형식으로 목종에게 왕위를 넘겼으나 살육을 동반하며 왕위를 찬탈한 왕조의 역사를 돌이켜볼 때, 성종의 인자하고 욕심 없는 성품은 찬양받아 마땅하다는 생각이다.

목종의 성품은 침착하고 굳세어 어려서부터 임금의 도량이 있었다. 그러나 권력욕이 많은 어머니 헌애 왕후의 그늘에서 자라다 보니 다소 나약한 정신을 소유하게 되었으며 술을 좋아하는데다 사냥을 즐기는 편이었다. 자리가 사람을 만든다는 말이 있듯 목종은 임금으로 등극하였을 때 선정을 펼쳐 안으로는 백성이 편안하고, 밖으로는 부강한 나라를 만들고 싶었을 것이다.

그러나 다소 나약한 성품과 강성한 어머니의 그늘, 유혹에 빠져들기 쉬운 방탕한 성격이 즉위 초부터 하나의 장애로써 작용하고 있었다.

헌애 왕후의 수렴청정과 불륜

헌애 왕후는 성종 재위 16년간 아무 일도 못하고 그늘에서 생활하고 있다가 자신의 소생인 목종이 임금이 된 후부터 표면에 나타나기 시작했다. 임금이 어리면 그 어머니가 일정 기간 정사를 대신 맡아 돌보는 것은 우리 역사를 돌아볼 때 흔히 있는 일이었다. 즉, 헌애 왕후의 수렴청정 또한 전혀 문제 삼을 일이 아니었다는 것이다. 그러나 일국의 국모로서 김치양이라는 인물을 끌어들여 정을 통했으며, 불륜의 씨앗인 사내아이까지 낳은 일만은 쉽게 용납할 수 없는 일이라 할 것이다.

김치양은 헌애 왕후의 외척이 되는 인물이었다. 그런데 김치양과 헌애 왕후의 사이가 뜨거워진 것은 목종이 즉위하고 난 직후가 아니었다. 성종 임금 시절부터 두 사람은 공공연하게 불륜 행각을 벌여 왔다. 그러던 중 성종 임금에게 발각되어 김치양은 장형을 받은 후에 귀양살이를 경험하기까지 했다.

이러한 전력이 있는 사람들이니 목종의 즉위와 함께 장차 펼쳐질 일은 불을 보듯 훤한 노릇이었다. 게다가 헌애 왕후가 왕을 대신하여 정사를 돌보고 있지 않은가. 이것저것 눈치 볼 필요가 없었던 헌애 왕후는 다시 김치양을 천추궁으로 불러들였고, 두 사람의 관계는 예전보다 더 뜨거워졌다.

그런데 문제는 헌애 왕후가 권력욕이 많은 사람이듯 김치양 또한 야심이 만만치 않은 사람이라는 점이었다. 실제로 그는 헌애 왕후의 몸과 마음을 장악한 것과 마찬가지로 고려 조정을 야금야금 정복해 나갔다. 오래지 않아 김치양은 관료들의 인사권을 장악하기에 이르렀고, 사정이 이리되자 정치에 뜻을 둔 사람치고 김치양에게 찾아와 뇌물을 바치지 않는 자가 드물 정도였다.

자신의 창고에 재물이 쌓이기 시작하자 김치양의 생활은 자연 사치와 향락에 물들어 갔다. 그는 먼저 여성전麗星殿이라고 이름 지은 거처부터 마련했다. 여성전은 3백여 간이 넘는 대저택이었다. 외양만 놓고 보더라도 왕궁의 전각보다 우람하였다. 그는 여성전 한가운데 침실을 만들어 놓고는 좌우에 작은 방을 여러 개 만들어 샛별같이 빛나는 여성 십여 명을 거느린 채 신선놀음을 했다. 뿐만 아니라 후원에는 작고 아담한 산정山亭을 여러 군데 지어 놓았으며 그 가운데에는 큰 연못을 파고 작은 배까지 마련하여 때때로 헌애 왕후와 밀애를 즐기곤 하였다.

또한 김치양은 고향 동주洞州(현 황해도 서흥) 농민 수천 명을 동원하여 자신의 원찰 성숙사星宿寺를 대단히 크게 짓고 궁성 밖 서북쪽에 십왕사十王寺를 지어 자신의 원찰로 삼기도 하였다. 백성의 원성이 하늘을 찌를 듯했으리라는 점은 굳이 이야기할 필요가 없을 터이다.

목종의 절망

목종은 자신의 어머니 헌애 왕후를 천추 태후로 높여준 바 있었다. 어머니가 정사를 대신 돌보는 관계로 목종은 그저 어머니가 하는 일을 지켜볼 따름이었다.

그러던 어느 날 시중 한언공이 목종을 찾아왔다. 그는 강직하고 지혜로운 신하로 이름이 높았다. 그런 사람이다 보니 천추 태후와 김치양이 벌이는 짓을 더는 두고 볼 수가 없어 목종 앞으로 달려온 것이었다.

"근자에 김치양이 방자하게 행동하는 일로 조정 신료들 사이에 의견이 분분한 줄 아뢰오. 자고로 구중궁궐 깊은 곳에는 일가친척이라 하여도 드나들지 못하는 법 아닙니까. 그런데 김치양이 무엄하게도 천추전에 자주 드나들며 국정을 어지럽히고 있으니 엄하게 다스리시는 것이 옳을 줄로 아룁니다."

그러나 나약한 목종은 자신의 어머니가 하는 일이라 어찌할 수 없이 그대로 보고만 있었다. 게다가 태후의 권고로 김치양에게 합문사인閤門舍人의 벼슬까지 주어 궁중 출입을 돕기까지 하였다.

시중 한언공이 죽은 후 김치양의 벼슬은 더욱 높아져 우복야 겸 삼사사가 되어 국가 재정에 관한 권한마저 한 손에 틀어쥐게 되었다. 이제 전날의 일개 중이 아니라 조정을 흔드는 세력가로 변하게 된 것이다. 김치양의 부하로는 전중감殿中監 이주정李周楨과 유충정劉忠正, 합문사인 유행간庾行簡 등 30여 명이 있어 그의 앞에서 간사스러운 일을 마음대로 하였다. 이리되자 조정의 백관들조차 김치양의 문하로 몰려들기 시작하였고, 이는 김치양의 권력 독점으로까지 이어져 목종을 위협하기 시작했다.

그제야 사태의 심각성을 깨달은 목종은 김치양을 제거하고자 여러 가지 조치를 취했다. 그러나 김치양 곁에는 든든하기 이를 데 없는 방어벽이 존재하고 있었다. 바로 목종의 어머니 천추 태후였다. 어머니의 참견 때문에 끝내 뜻을 이룰 수 없었던 목종의 심정은 과연 어떠하였을까. 김치양이 아들의 앞길을 가로막고 있다는 것을 잘 알면서도 아들이 뜻을 펼칠 수 있도록 돕기는커녕 결사적으로 정인의 편만 드는 어머니를 바라보며 무력감과 함께 절망을 느꼈을 것이 분명했다.

어쩌자고 동성연애에 빠져들었던가

한 나라의 왕인데도 정치를 농단하는 욕된 신하를 처벌할 수 없다는 무력감. 한때는 문무 양반과 군인 전시과를 개정한 바 있고, 과거 시행법을 정하는 등 왕정 체제 확립을 꾀하기도 했던 목종이었다. 그러나 11년 남짓한 목종의 재위 기간은 무력감과 절망감으로 점철되어 있었다.

아마도 이 때문이었을 것이다. 임금 자리는 허울에 불과할 뿐 모든 권력을 어머니와 김치양에게 빼앗긴 채 절망으로 세월을 보내던 목종이 용모가 아름다운 유행간이라는 남자를 만나 동성애에 빠져들고 만 것은 말이다. 목종의 탈선은 유충정에게까지 이어져 그의 동성애는 돌이킬 수 없는 지경으로까지 치닫는다.

동서고금을 두루 살펴보면 임금의 사랑을 받는 이가 정치에 손을 뻗쳐 농단한 예는 흔하다 못해 당연한 일로 받아들여지고 있다. 유행간과 유충정 또한 왕의 총애를 등에 업고 정치에 한쪽 다리를 걸쳐 놓는 것을 잊지 않았다. 아니, 단순히 다리만 걸쳐 놓은 것이 아니라 김치양 못지않게 고려의 정사를 좌지우지하였다. 오죽하면 조정 백관들이 유행간과 유충정의 손짓이나 턱짓을 보고 그 지시대로 따랐을까. 그들은 걸핏하면 왕명이라는 단서를 달며 관료들의 목을 자르거나 새로 임명하였으며 모든 행동거지가 왕의 그것과 크게 다르지 않을 정도로 방자하였다.

동생은 언니를 닮는다

앞에서 이미 천추 태후와 김치양 사이에 불륜의 씨앗이 태어났다고 밝힌 바 있다. 하나를 가지면 둘을 가지고 싶고, 앉으면 눕고 싶은 것이 사람의 마음이라고 했다. 이미 임금 못지않은 부와 권세를 누리고 있었으나 김치양은 천추 태후와 자신 사이에서 생긴 아들을 권좌에 올려놓고픈 야망에 사로잡혀 있었다.

그러나 주지하다시피 고려의 임금은 태조 왕건의 혈통을 이어받은 왕씨가 아니면 될 수 없었다. 그런데도 김치양이 야망을 버리지 않았던 것은 욕심 그 이상도 이하도 아니었을 터였다.

당시 김치양이나 천추 태후로서는 대량 원군 왕순의 존재가 무엇보다 큰 부담이었다. 김치양과 천추 태후의 야욕을 뿌리치고 훗날 고려 제8대 임금(현종)이 된 인물이 왕순이었으니 말이다.

왕순은 태조 왕건의 여덟 번째 아들인 왕욱과 헌정 왕후 사이에서 태어났다. 헌정 왕후는 친언니 천추 태후와 마찬가지로 고려 제5대 임금 경종의 아내가 되었다가 겨우 나이 스물이 될 즈음 홀로 되었으며 경종이 죽은 후에는 궁중에 있지 않고 왕륜사 남쪽 자신의 사저로 이사하여 살았다.

그런데 언니 천추 태후가 김치양과 눈이 맞아 불륜의 씨앗을 생산하였듯, 헌정 왕후 또한 숙부뻘이 되는 왕욱과 정을 통하고 말았다. 그 결과 태어난 것이 왕순이었는데 그는 고려 제8대 임금 현종으로 등극하기까지 참으로 눈물겨운 세월을 버텨내야 했다. 헌정 왕후는 그를 낳자마자 죽었으며 왕욱은 전왕의 부인과 불륜을 저질렀다는 이유로 성종 임금에 의해 사수현으로 귀양을 가게 되었다.

여러 날이 걸려 사수현에 도착한 왕욱은 앞에 펼쳐진 넓은 바다를 바라보았다.

'지나간 일은 한낱 꿈같이 사라졌다. 공연히 왕가에 더러운 누명을 쓰게 했으니 나의 불찰이로구나.'

글을 잘 짓던 왕욱은 자신을 압송한 내시 알자內侍謁者 고현高玄이 떠나는 날 시를 지어 착잡한 심경을 달래었다.

與君同日出皇畿 홍군동일출황기
君已先歸我未歸 군기선귀아미귀
旅檻自嗟猿似鏁 여함자차원이쇄
離亭還羡馬如飛 이정환이마여비
帝城春色魂交夢 제성춘색혼교몽
海國風光淚滿衣 해국풍광루만의
聖主一言應不改 성주일언응불개
可能終使老漁磯 가능종사노어기

그대와 같이 서울을 떠났건만
그대 먼저 돌아가고 나는 못가네.
나그네 몸 철창 속에 든 원숭이 같은 심정
떠나는 그대 부러운 마음 그지없네.
황성의 봄빛은 꿈에나 볼 것이고
바다의 풍경에 눈물이 옷깃을 적시네.
임금의 한 말씀 고칠 수 없어
이 바닷가에서 늙게 되리.

왕순으로서는 졸지에 고아 아닌 고아가 되어 버린 셈이었다. 그러나 왕순의 불행은 그게 다가 아니었다. 귀양살이를 하던 아버지에게 잠시 갔다가 왕욱이 죽은 후에 궁궐로 돌아와 생활하던 현종은 자식을 낳지 못한 목종의 뒤를 이어 왕위에 오를 인물로 부각되고 있었고 이 때문에 모진 고난을 겪어야 했다.

당시 고려 왕실은 자손이 아주 귀했다. 왕건의 혈통을 이어받은 남자아이로는 왕순이 유일했던 것이다. 그만큼 손이 많이 태어나지 않았으며 설사 태어나더라도 어린 나이에 병이 들어 죽곤 하였기 때문이다.

목종은 아들을 낳을 가망성이 없고, 차기 대권은 왕순에게 물려주어야 한다는 의견이 대세를 타자 김치양과 천추 태후는 초조해졌다. 하여 그들은 대량 원군으로 책봉된 왕순의 머리를 박박 깎고 사찰로 보내 버린다. 왕순이 출가하여 승려가 되면 대권은 자연스럽게 자신들의 아들에게 돌아오리라 믿었던 것이다.

목종은 병이 들고

옛 임금들은 가뭄이 드는 등 자연 재해가 찾아들면 두려운 마음으로 하늘에 빌거나 모든 것을 자신의 탓으로 여기며 죄수들을 방면해 주는 등 나약한 면을 어느 정도는 공히 가지고 있었다. 이 부분만 놓고 보면 목종은 특히 유약한 왕이 아니었나 하는 생각을 금할 길이 없다. 1006년(목종 9) 9월 무술일, 천성전의 대마루 장식물에 낙뢰가 떨어지는 사고가 있었다. 이때 목종은 걱정되고 두려운 나머지 자기의 허물을 반성하고 죄수들을 특사하였으며 새삼 백성의 살림을 되돌아보았다.

이렇듯 유약한 심성을 유감없이 내보이던 목종이 결정적으로 병을 얻게 된 사건이 연달아 터진 때는 1009년 정월이었다. 경오일에는 숭교사에 갔다가 돌아오는 중에 갑자기 폭풍이 불어 일산대가 꺾이는 경미한 사고가 있었으며, 임오일에는 상고전에서 관등을 하던 중 대부의 기름 창고에 불이 나서 천추전이 연소하는 사고를 겪었다. 바람에 일산대가 부러지거나 화재가 일어나는 것쯤은 단순한 사고 정도로 치부하고 넘어갈 수도 있었는데 목종은 걱정하는 마음이 극심하여 그만 병을 얻고 말았다.

왕은 일체 외전에 나오지 않고 궁내부 신하들을 매일 숙직시키며 대외적인 정변에 대처하였으며 이 중에는 김치양과 내통하는 자가 있을까 염려하여 서로 엄중 단속하도록 하였다. 목종은 침전에서 한 걸음도 나오지 못하고 내시들에게 밖의 형세를 살피라고 할 뿐이었다.

이때가 1009년이니 목종의 나이 30세 되던 해였다. 한창 젊은 나이임에도 목종은 자신의 병이 깊다고 판단하고는 유행간에게 먼저 차기 왕을 옹립하는 문제에 대해 의견을 나누었다. 그러나 유행간은 대량

원군에게 선위하는 것을 반대하고 있었다. 유행간에게 알려지는 것을 염려한 목종은 채충순과 최항과 다시 은밀하게 의논하여 대량 원군에게 왕위를 잇게 하기로 하고는 황보유의를 신혈사로 보냈다. 대량 원군을 궁궐로 데려오기 위해서였다.

한편, 목종의 동정을 손바닥처럼 들여다보고 있던 김치양은 현종을 제거하려고 누차 신혈사로 사람을 보냈다. 그러나 그때마다 신혈사 주지 스님이 현종을 적극적으로 보호해 주어 뜻을 이룰 수가 없었다. 이에 김치양은 더욱 치밀하게 현종 살해 계획을 세워나가는 한편 목종을 살해하려고 병사들을 모았다.

김치양의 심상치 않은 움직임을 목종이라고 해서 모를 리 만무했다. 이러한 상태가 계속되면 결국 실력 행사로 나갈 수밖에 없었다. 목종은 서울에 있는 병력으로 정국을 바로잡고 싶었으나 서울에는 그만한 병력이 없었다. 목종은 거란병의 침략에 대비하느라 변방에 머물고 있던 장군 강조를 즉각 개경으로 불러들였다.

목종의 죽음은 누구의 책임인가

어명을 받은 서북면 도순검사 강조가 군사 5천 명을 이끌고 개경으로 떠난 것은 1009년(목종 12) 정월 20일 경이었다. 그러나 강조는 도중에 잠시 혼란을 겪기도 하였다. 내사주서內史注書 위종정魏從正과 안북도호장서기掌書記 최창이 찾아와 강조를 부른 것은 목종이 아니라 김치양이라고 거짓말을 한 탓이었다. 그러나 오래지 않아 어서 군사를 이끌고 와서 혼란에 빠진 나라를 구하라는 아버지의 서신을 받고 강조는 개경으로 입성하는 데 성공하였다.

궁궐로 들이닥친 강조는 동성애에 빠진 나머지 국정을 돌보지 않은 책임을 물어 목종을 폐위해 버리기로 수하 장군들과 의견을 모았다. 곧 목종과 천추 태후를 궁에서 내쫓아 버리고, 김치양 일파를 잡아 죽인 강조는 대량 원군을 고려의 새로운 임금으로 옹립하였다.

연총전에서 현종의 즉위식이 끝난 후 강조는 즉시 전왕을 양국공讓國公이라 봉하고 합문통사인 부암傅岩을 보내 지키도록 하였으며, 계속하여 김치양 부자와 이들을 추종하던 무리 7명을 죽이고 태후의 친족 이주정 등을 멀리 귀양 보냈다.

폐위된 목종은 말 한 필에 의지한 채 기약 없는 낙향 길에 올랐다. 물론 온갖 요물을 부리며 목종을 절망감에 빠뜨리곤 했던 천추 태후도 목종과 동행하고 있었다.

욕정에 눈이 먼 어머니가 그동안 목종을 얼마나 홀대했었던가. 그러나 목종은 천륜을 어쩌지 못하고 어머니를 정성껏 모시며 귀법사에서 하루 동안 머물다가 여생을 보낼 충주 땅을 바라고 힘없이 길을 떠났다. 목종은 어머니를 말에 태운 채 자신이 직접 말을 몰았으며 자신의 옷을 벗어주고 중간에 어머니가 배고프다고 하면 음식을 얻어 대접하곤 하였다.

한편, 엉겁결에 목종을 폐위시킨 강조는 생각하고 다시 생각해 봐도 후환이 두려웠다. 전왕이 시퍼렇게 살아 있으니 언제 무슨 일이 일어날지 모르는 상황이었다. 결국 불안에 몸을 떨던 강조는 상약 직장尙藥直長 김광보金光甫와 안패安覇를 불러들여 전왕 목종을 따라가 죽이라고 특명을 내렸다.

건장한 두 사람이 목종 일행을 따라잡는 것은 그리 어렵지 않았다. 파주 땅 적성에 이르러 목종을 따라잡은 김광보는 그날 밤, 조그마한 역사(파말처)에서 목종을 죽이고 만다. 18세에 왕위에 올라 11년 4개월

간 왕위를 근근이 이어오던 목종은 신하의 손에 불귀객이 되어 버린 셈이다. 당시 목종의 나이 30세였다.

모든 불행의 원인을 제공한 사람 천추 태후는 아들이 죽어 가는 광경을 지켜보며 무슨 생각을 하였을까. 그녀는 충주로 내려가려던 생각을 바꾸어 황해도 황주로 가서 조용히 여생을 마쳤다고 한다.

목종의 후비와 종실들

목종에게는 후비 둘이 있었으며 자식은 없었다.

선정宣正 왕후 유씨는 종실 홍덕弘德 원군 왕규의 딸이다. 죽으니 선정 왕후라는 시호를 주고 목종 사당에 합사하였다. 1014년(현종 5) 3월에는 의절懿節이라는 시호를 추가하고 후에 안헌 정신安獻貞愼이라는 시호를 또 주었다. 1056년(문종 10) 10월에는 양견襄堅, 1253년(고종 40) 10월에는 원정元貞이라는 시호를 더 주었다.

궁녀 김씨는 왕의 총애를 받았으며 요석택邀石宅 궁인이라고 불렀다. 경주 사람 융대融大가 자신은 신라 원성왕의 먼 후손이라고 거짓말하고 양민 5백여 명을 노비로 만들어서 김씨에게 주었으며 또 평장 한인경韓藺卿, 시랑 김낙金諾에게 주어 후원자로 삼았다. 어사대에서 이것을 알고 심문하여 그 실정을 확인하고 이들을 처벌할 것을 왕에게 고하니 목종은 김씨에게 동銅 백 근의 벌금을 부과하고 한인경과 김낙은 지방으로 귀양 보내라고 명령하였다.

| 목종의 혈계 |

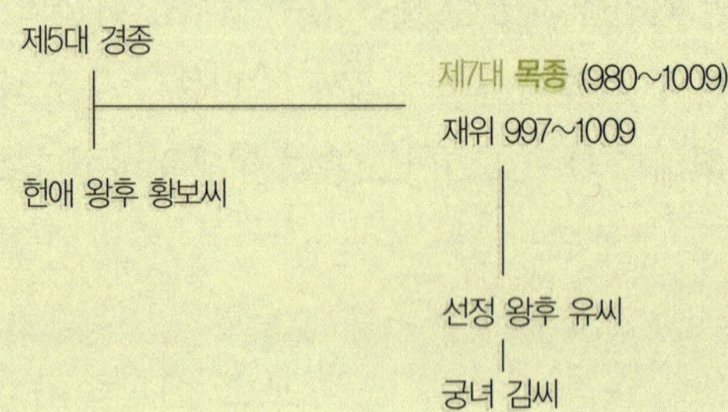
제5대 경종
헌애 왕후 황보씨
제7대 목종 (980~1009)
재위 997~1009
선정 왕후 유씨
궁녀 김씨

08

하늘이 흥왕케 하다

12세에 중노릇을 하다

앞장에서 잠시 살펴보았듯 우여곡절을 겪은 끝에 고려 제8대 임금으로 등극한 현종은 이름이 순詢이고, 자는 안세安世이며 안종 왕욱과 헌정 왕후 황보씨의 아들이었다. 왕욱이 헌정 왕후와 불륜을 저질렀다 하여 유배 길에 오른 뒤 헌정 왕후는 현종을 낳다가 산욕으로 목숨을 잃었다. 이때가 992년(성종 11) 7월 임진일이었다.

어머니를 잃고 잠시 궁중에서 자라다가 아버지 왕욱이 유배된 사수현에서 3년 남짓 지내던 현종은 아버지가 죽고 나서 다시 개경으로 올라왔다. 그해에 성종이 죽고 제7대 임금 목종이 즉위하였는데 현종은 12세 되던 해에 대량 원군으로 책봉되었다. 전왕 성종과 목종에게서 왕자가 태어나지 않은 관계로, 당시 고려 왕실에는 왕위를 이을만한 태조 왕건의 후손이 대량 원군 외에는 아무도 없었기 때문에 목종은 대량 원군에게 선위하려는 마음을 은연중에 먹고 있었다.

그런데 헌정 왕후와 마찬가지로 불륜을 통해 자식을 낳은 천추 태후가 자신의 소생을 또다시 임금 자리에 앉히려는 마음을 품고는 대량 원군의 머리를 억지로 깎고 숭교사崇敎寺로 보내 중노릇을 하게 하였다.

태어나자마자 어머니를 잃고 고난의 가시밭길과도 같은 어린 시절을 보낸 바 있는 현종은 팔자에 없는 승려 생활이나마 근심이 없는 가운데 해 나가고 싶었을 것이다. 그러나 운명의 거센 파고는 동승童僧이 되어 버린 그를 그냥 내버려두지 않았다.

숭교사에서 지낼 때 하루는 그 절의 승려가 꿈에 큰 별이 절 마당에 떨어져서 용으로 변하였으며, 그것이 다시 사람으로 변하는 모습을 본 일이 있었다. 꿈을 꾼 그 스님은 용에서 사람으로 변한 이가 바로 현종이라는 사실을 알고 자못 신기하게 여겼다 한다.

얼핏 보기에는 훗날 임금이 된 현종이라는 존재를 높이고자 인위적으로 만들어 낸 이야기 정도로 비치는 것이 사실이다. 그러나 이 이야기는 동승이 된 다음에도 현종이 헤쳐가야 할 고난이 상당히 많았음을 상징하는 것이기도 했다. 별이 용으로, 용이 다시 사람으로 변해가는 과정에는 그에 걸맞은 고통이 뒤따를 수밖에 없었기 때문이다.

아닌 게 아니라 현종은 이후 천추 태후와 김치양으로부터 누차에 걸쳐 살해 위협을 받는다. 이는 주로 현종이 양주 삼각산에 있는 신혈사神穴寺로 거처를 옮긴 뒤인 1006년(목종 9) 이후에 일어난 일인데 『고려사』를 보면 신혈사의 한 노승이 방 안에 땅굴을 만들어 그 속에 현종을 숨기고, 침대로 입구를 가려 놓아 불의의 사변을 방지하였다고 되어 있다.

어느 때는 어명이라 하며 궁중에서 대량 원군에게 음식이 오자 노승은 미심쩍은 생각에 앞마당에 음식을 펼쳐 놓았다. 벌여 놓은 음식을 새들이 와서 먹고는 죽게 되자 이후부터 대량 원군은 더욱 조심해야 했다.

대량 원군은 서울에서 조금이라도 수상한 사람이 오면 절 뒤에 있는 삼각산으로 올라가고는 했으며 산천을 바라보며 시를 짓기도 하였다.

一條流出白雲峯 일조유출백운봉
萬里滄溟去路通 만리창명거로통
英道潺溪岩下在 영도잔계암하재
不多時日到龍宮 불다시일도용궁

한 줄기 흐르는 물은 백운봉에서 내려오네.
이 물은 만리 저 멀리 바다로 통하니
천천히 졸졸 흘러 바위 밑에만 있다고 업신여기지 말아라.
얼마 후에는 용궁에까지 가리.

매우 뜻깊은 시였다.

이렇듯 목숨을 부지하는 것조차 장담할 수 없는 어려움을 겪으며 때를 기다리던 현종이 강조의 변란에 힘입어 고려 제8대 임금으로 즉위하게 된 때는 1009년(목종 12) 2월이었다. 이때 현종의 나이는 고작 18세였다.

현종 사후에 이루어진 사관史官 최충의 평을 보면,

'하늘이 그를 흥왕하게 하려는데 누가 그를 없앨 수 있겠는가?'

라는 대목이 나온다. 굴곡 많은 현종의 어린 시절을 돌이켜 보건대 참으로 절묘한 데가 있는 표현이었다. 목종 임금도 어쩌지 못할 만큼 힘을 가진 천추 태후와 그런 그녀의 힘을 등에 업고 정치를 농단하던 김치양이 죽이기로 마음먹은 인물이었으니 현종은 어쩌면 죽는 것이 오히려 당연하게 여겨질 만한 처지에 놓여 있었다. 그러나 진실로 하늘이 그를 흥왕케 하려고 점찍었던지 그 누구도 현종을 어쩌지 못하였고, 끝내 그는 고려의 임금으로 등극하는 크나큰 영광을 누리게 되었다.

왕조의 기틀을 다지다

비록 어린 나이에 임금이 되었으나 온실 속과도 같은 궁궐 내에서 귀하게 자란 여느 임금들과 달리 현종은 고난을 극복하며 살아온 사람답게 당당하고 늠름했다. 현종은 먼저 목종 시기를 거치면서 해이해진 조정의 기강과 사치, 향락 풍조를 바로잡고자 교방敎坊을 혁파하였다. 또한 궁녀 백여 명을 사가로 돌려보내 주었으며 낙원정을 헐어내고 각종 진기한 조류와 짐승, 어류들을 놓아주었다.

이렇게 시작된 현종의 치세는 급기야 고려 왕조의 기틀을 다지기 위한 여러 가지 조치들로 이어졌다. 기실 건국 초에 태조 왕건이 훈요십조 등을 통하여 제시한 국가의 기본 방향이 일 단계로 정비된 시기는 성종 임금 때였다. 성종 임금에 이어 즉위한 목종 임금은 이를 굳게 다져 놓아야 할 책임이 있었다. 그러나 주지하다시피 목종은 제대로 된 정치 한번 펼쳐보지 못하고 살해되었다. 따라서 국가의 기틀을 튼튼하게 다져 놓는 대업은 현종의 몫으로 넘겨졌다.

어린 나이임에도 현종은 자신이 해야 할 바를 정확하게 꿰뚫어 보고 있었다. 먼저 고려 내부에서 이루어진 치적을 살펴보면 호족 세력을 직접 지배하기 위한 통제책을 마련하였으며 군현제를 완성하였다는 점이 눈에 띈다. 즉, 1018년(현종 9) 5도 양계五道兩界 체제를 정착시킨 것이 바로 그것이다. 경京 — 목牧 — 도호都護 — 군郡 — 현縣 — 진鎭이라는 군현제의 기본 체제가 이때 완성된 것이다. 현종은 군현제를 유지하고자 각 군현의 호장 등 향리의 정원 규정, 향리의 공복을 제정하기도 하였다. 이를 통해 왕권을 바탕으로 하는 중앙집권적 정치체제를 확립해 놓았다.

임금이 되었으나 수난은 이어지고

앞에서 살펴본 것처럼 대내적으로는 큰 무리 없이 뜻한 바대로 나라의 기틀을 다져 나갈 수 있었으나 대외 문제에서 만큼은 즉위 초부터 크나큰 도전을 받았다.

거란의 2차 침입(1010년)과 3차 침입(1018년)이 바로 그것이었다. 현종이 즉위하자마자 감행된 거란의 2차 침입은 강조의 변란이 빌미가 되었다. 즉, 신하가 함부로 임금을 내쫓고 죽였으니 거란에서 직접 강조를 징치하겠다는 것이었다. 현종을 즉위시킨 공을 인정받아 1009년(목종 12) 이부상서 참지정사에 오르며 당대 제일의 실력자로 떠오른 강조가 거란의 생트집을 그대로 받아들일 리 만무하였다.

현종은 사신 진유를 거란에 보내 전왕이 나약하여 정치를 어지럽혔으므로 쫓겨나 자살하였다고 보고하고, 한편으로는 요양의 동경 장군에게 사신을 보내 서로 평화스럽게 지내자고 말하였다.

기실 거란이 고려를 침공한 근본 원인은 다른 데 있었다. 첫째로는 993년(성종 12) 제1차 침입시 고려에 내준 강동 6주 영유권을 되찾으려는 의도였다. 둘째로는 고려가 송나라와 화친 관계를 지속하자 고려를 공격함으로써 이를 막아보자는 의도가 내포되어 있었다.

현종은 여러 가지로 평화를 꾀하였으나 무리한 요구를 받아들이지 않았고, 결국 거란의 성종은 친히 40만 대군을 이끌고 고려를 공격해 들어왔다. 숱한 고난을 극복하며 성장해 온 임금답게 현종은 거란에 대해 결사 항전의 뜻을 내비쳤고, 이에 호응하듯 당대 최고의 장군 강조는 행영 도통사行營都統使가 되어 통주로 나가 거란병을 맞아 전투를 벌였다.

통주성 밖 조그마한 평야에 강조의 군대는 세 곳에 진을 쳤다. 이는 적을 유도하여 가운데로 몰아넣은 후 합세하여 전멸시키는 전법이었다. 적은 이 전법에 빠져 정면으로 들어왔고 강조의 군에서는 적이 거의 다 들어오도록 그대로 두었다가 가까이 다가오자 새로운 무기인 검차劍車를 움직여 일시에 격멸했다. 검차는 일종의 무장한 수레로 속에서 수십 명의 군사들이 움직이면서 활을 쏘는 장치로써, 또한 바깥에는 칼을 무수히 꽂아 놓아 적이 감히 가까이 다가올 수 없었다. 강조의 군대는 이 무기로 거란군을 세 번이나 격퇴시켰다.

그러나 첫 싸움에서 연거푸 승리를 거둔 강조는 방심한 나머지 적에게 사로잡히고 만다.

강조의 능력을 높이 사고 있던 거란의 성종은 강조를 회유하려고 온갖 노력을 기울였다. 그러나 자신은 고려의 신하일 뿐이라며 성종의 요구를 단호히 거절해 버렸다. 이리하여 강조는 형장의 이슬로 사라졌고, 강조가 피살되었다는 소식이 전해지자 국경에 배치되었던 거란 장군들의 사기는 더욱 높아만 갔다. 나라의 큰 장군을 잃은 고려는 패전을 거듭하기 시작했다. 곧 개경이 함락되자, 현종은 나주까지 피난을 가게 되었다. 현종이 피난을 떠난 뒤 거란군은 더욱 거칠게 고려의 국토를 유린해 들어왔다. 신하들은 강조의 징치를 목적으로 침입한 거란이 목적을 달성하였으니 강화를 요구할 것을 청하였고 현종은 이 말을 받아들였다. 왕은 하공진河拱辰과 고영기高英起를 거란의 진영으로 보내 강화할 것을 명하였다.

하공진과 고영기는 성종의 막사로 가서 세치 혀로 거란의 대병을 돌아가게는 만들었으나 거란은 이들을 인질로 삼고 놓아주지 않았다.

한편 거란의 성종은 개성으로 들어가 전번에 타다 남은 궁궐과 또 종묘에까지 불을 질렀다. 고려 초부터 내려오던 문화재는 이로써 완전히 소실되었다.

그러나 거란은 오래지 않아 현종의 입조를 조건으로 내걸며 철병했다. 거란의 엄청난 군세에 혼쭐이 났으니 현종이 입조 요구를 받아들일 수밖에 없으리라 판단한 것이었다.

서울로 돌아온 현종은 우선 임시로 수창궁에 들어 신하들을 독려하는 한편 나라의 명예를 위하여 싸우다 죽은 장수들의 자손들에게 후한 상을 주어 위로하고, 무명 전사자들의 해골을 한군데 모아 영을 위로하는 제사를 성대하게 지내 주었다.

거란은 강화조약에서 고려 왕의 친조를 요구하였으나 현종은 이를 거부하였다. 거란으로부터 누차 들어오라는 통지가 있었으나 왕은 대신들을 보내고 자신이 들어가지는 않았다.

이에 거란에서는 현종의 입조와 강동의 6주 홍화진, 통주진, 용주진, 철주진, 곽주진, 주구진의 반환을 요구하며 또다시 침입해 들어왔다. 6주는 성종 때 서희가 소손녕과 담판하여 거란으로 조공을 가는 도로라는 명목으로 얻은 땅이었다. 원래 그곳에는 여진족이 많이 살고 있었으나 고려가 북진정책의 하나로써 6주를 개척하여 이제는 완전히 고려의 땅이 된 곳이었다. 거란의 2차 침입과 3차 침입 사이에는 8년이라는 기나긴 간극이 존재하고 있었다. 고려는 더 이상 예전의 고려가 아니었다. 거란에서는 1013년(현종 4)부터 1016년(현종 7) 사이 세 번이나 6주를 되돌려 달라며 쳐들어왔으나 고려에서는 이곳에 장군을 보내어 세 번이나 다 막아냈다. 그 기간 내에 동여진과 전쟁을 치르기도 했던 현종은 튼튼한 국방만이 나라의 주권을 지키는 길이라는 사실을 깊이 깨달았고, 거란의 침입에 철저하게 대비하고 있었기에 그들의 3차 침입에 적절히 대응할 수 있었다.

거란군은 고려군과의 싸움에서 연패를 거듭하였고, 결국 당하지 못하리라는 것을 알고 퇴각하였다. 퇴각을 하면서도 거란의 소배압은 홍화전에서 패한 원한을 풀기 위해 고려의 서울을 향해 진군하였다. 소배압은 고려에 항복하라는 글을 보냈으나 응하지 않자 부하 장군 야율호덕耶律好德에게 고려 진중에 가서 거짓 회군 통보를 하라고 명령했다. 그러나 적의 행동이 수상하다고 여긴 김종현이 몰래 적의 뒤를 따라가 그들의 계략을 알아냈고 불시에 습격해 타격을 가하였다. 결국 거란군은 회군하다가 퇴로를 지키고 있던 강감찬 장군의 군사들을 만나 구주에서 전멸당하고 말았다. 현종은 전공자들의 벼슬 품수를 한 계급씩 올려주도록 하고, 영파역을 흥의역興義驛으로 개명하도록 분부하며 역리들에게도 관대冠帶를 하사하였다.

고려의 막강한 힘과 저력을 새삼 실감한 거란은 이듬해에 고려와 강화를 맺었고, 이후 평화적인 외교 관계를 유지해 나갔다. 이때부터 13세기 중엽 몽고의 공격을 받을 때까지 고려는 약 2백 년간 평화를 누릴 수 있었다.

한편 거란과의 전쟁 당시 현종은 불력으로 외침을 방어하고자 대장경 제작에 착수하여 6천여 권을 완성한 바 있다. 이는 문화 부문에 있어 현종이 남긴 업적이라고 높이 평가해야 할 것이다.

현종의 죽음

5세 때 아버지마저 세상을 달리함으로써 천애 고아가 되어 버렸고, 태조 왕건의 유일한 혈손이라는 이유로 대량 원군에 책봉되었으며 차기 대권을 이어받을 유력자로 떠올랐으나 누차에 걸쳐 죽을 고비를 넘긴 끝에 고려의 임금이 될 수 있었던 현종. 어려움을 많이 겪은 사람답게 의지가 강하고, 어려움을 겪는 백성에 대한 사랑과 배려가 각별했던 현종은 왕조의 기틀을 굳건하게 다짐으로써 덕종과 정종 임금이 안정적으로 나라를 다스릴 수 있도록 기반을 마련해 주고는 1031년 5월 신미일에 중광전에서 숨을 거두었다.

현종의 향년은 40세요, 재위 연수는 22년이었다. 시호는 원문元文이며, 묘호는 현종顯宗으로 하였고, 송악산 서쪽 산기슭에 장사를 지냈다. 능호는 선릉宣陵이다.

현종의 후비와 종실들

현종에게는 후비 열 둘과 아들 다섯, 딸 여덟이 있었다.

원정元貞 왕후 김씨는 성종의 딸이다. 현종이 왕위에 오르자 김씨를 왕후로 맞았으며 현덕 왕후라고 일렀다. 현종 원년에 왕이 거란의 병란을 피하여 남녘으로 갈 때 왕후도 따라 갔다. 1018년(현종 9) 4월에 죽었으며 원정이라는 시호를 주고 화릉和陵에 매장하였다. 1027년(현종 18) 의혜懿惠라는 시호를 더 주었다.

원화元和 왕후 최씨도 성종의 딸로서 효정孝靜 공주와 천수天壽 전주殿主를 낳았다. 처음에 항춘전恒春殿 왕비라고 일컫다 후에 상춘전常春殿이라고 고쳤다. 또한 거란의 병란 때 함께 남으로 피했다. 1017년(현종 8) 12월에 왕후의 외조부 최행언崔行言에게 상서좌복야 벼슬을 추증하고 외조모 김씨에게 풍산 군대부인豊山郡大夫人을 추증하고 어머니 최씨에게 낙랑군대부인樂浪君大夫人을 추증하였다. 그가 죽으니 원화 왕후라고 하였다.

원성元城 왕후 김씨는 안산 사람으로 시중 김은부의 딸이다. 덕종德宗, 정종靖宗, 인평仁平 왕후, 경숙景肅 공주를 낳았다. 시초에 현종이 남으로 피난을 갔다가 거란군이 퇴각한 후 돌아오는 도중 공주公州에 이르렀을 때 절도사 김은부가 그의 딸을 시켜 왕의 의복을 지어 드리게 하였다. 이를 계기로 비로 맞아 들여 연경원주延慶院主라고 불렀으며 1018년(현종 9) 7월에 정종을 낳았다. 현종은 김씨의 부모와 조부모에게 관직 및 작위 등을 내려주었다. 또 후비를 왕비로 책봉하고 1027년(현종 18) 9월에 왕후가 살던 옛집의 택호를 장경궁이라고 하였다. 왕비가 1028년(현종 19) 7월에 죽으니 시호를 원성 왕후라고 하였으며 명릉明陵에 매장하고, 현종의 사당에 합사하였다.

덕종이 왕위에 오르자 왕태후로 추존하고 후에 용의 공혜容懿恭惠라는 시호를 추가하였다. 1056년(문종 10) 10월에 영목英穆이라는 시호를 주고 후에 또 양덕 신절 순성良德信節順聖이라는 시호를 추가하였다. 1140년(인종 18) 4월에는 자성慈聖, 1223년(고종 10) 10월에는 광선廣宣이라는 시호를 추가하였다.

원혜元惠 왕후 김씨도 김은부의 딸이다. 문종文宗과 평양공平壤公 기基, 효사孝思 왕후를 낳았다. 처음에는 안복 궁주라고 불렀으나 1020년 5월에 안복을 연덕으로 고쳤다. 1022년(현종 13) 6월에 죽으니 원혜라고 하였으며 회릉懷陵에 매장하였다. 1025년 4월에 왕비의 존호를 추증하고 1027년(현종 18) 5월에 평경平敬 왕후라는 시호를 더 주었으며 문종 때에 태후로 추존하였다.

평양공 왕기에게는 진璡, 거琚, 영瑛 세 아들이 있었는데 태위 왕진과 사공 왕거는 일찍 죽었다. 당초에 교위 거신巨身이 문종을 폐위시키고 왕기를 왕으로 세우려고 음모를 꾸몄는데 1072년(문종 26)에 병사 장선張善이 이 음모를 왕에게 고발하여 거신의 목을 베고 그 일족을 모조리 죽였다. 이때 왕기는 이미 죽었기 때문에 왕진을 해남에 정배 보내고 왕영은 나이가 어려서 화를 면하였다. 당시 음모에 참가했던 평장자 왕무숭王懋崇과 그의 아들 왕리王理는 안동에 정배 보냈으며 장녕 궁주 이씨와 수안 택주 이씨는 곡주谷州에 정배 보냈다. 그리고 장선을 장군으로 벼슬을 올려주고 그의 자손들에게는 각각 벼슬 한 급씩을 주었다.

왕기의 8대손인 왕준王綧은 영녕공永寧公으로 책봉되었는데 외모가 아름답고 지략이 뛰어났으며 말타기와 활쏘기에 능했다. 1241년(고종 28)에 왕자로 가칭하고 몽고에 가 있었으며 1253년(고종 40) 몽고 야굴 대왕을 따라 충주忠州를 포위하는데 참가하였다. 1254년 몽고 황제는 왕준이 왕의 친아들이 아닌 것을 알고 왕준에게 말하기를

"비록 네가 왕자가 아니더라도 본래 왕족이고 우리 땅에 오래 있었으니 우리 사람이다."

라고 하면서 아모간阿母侃의 말 3백 필을 빼앗아서 주었다. 왕준은 또다시 차라대車羅大와 더불어 군사 5천 명을 거느리고 고려의 여러 군들을 공격하여 상주까지 이르렀다가 몽고로 돌아갔다. 이러한 왕준의 태도에 대해 부하였던 낭장 채취화蔡取和가 반역자라고 비난하면서 고려로 도망하자 왕준은 사람을 파견하여 그의 목을 베어버렸다.

당초에 왕준이 볼모로 원나라에 갔을 때 동경 총관 홍복원의 집에서 유숙하고 있었는데 홍복원에게 불만을 품고는 황제에게 신소하여 그를 죽였다. 후에 홍복원의 아들 다구茶丘가 황제에게

"왕준은 자신의 품위가 황태자와 동등하다고 자칭하고 다닙니다."

라며 고소하여 대노한 황제가 왕준이 거느리고 있던 무기와 군마를 빼앗아 버렸다.

원용元容 왕후 유씨柳氏는 종실 경장敬章 태자의 딸로서 1013년(현종 4) 5월에 왕비로 맞이하였다. 죽으니 시호를 원용 왕후라고 하였다.

원목元穆 왕후 서씨는 이천 사람으로 내사령 서눌徐訥의 딸이다. 1022년(현종 13) 8월에 숙비로 맞아들여 흥성興盛 궁주라고 불렀다. 1026년(현종 17) 3월에 그 모친 최씨에게 이천 군대부인 칭호를 추증하고 계모 정씨에게 이천군 대군 칭호를 주었다. 1057년(문종 11) 5월에 죽으니 원목 왕후라고 하였다. 아들을 낳지 못하고 죽어 정무만 3일 정지하였으며 능호 또한 내리지 않았다.

원평元平 왕후 김씨도 김은부로 딸로서 효경孝敬 공주를 낳았다. 1028년 10월에 시호를 원평 왕후라고 하고 그 능을 의릉宜陵이라고 하였다.

원순元順 숙비 김씨는 사기에 그 고향을 기록하지 않았다. 평장사 김인위金因渭의 딸이며, 경성敬成 왕후를 낳았다. 처음에는 경흥원주景興院主라고 불렀고 1024년(현종 15) 정월에 덕비德妃로 책봉하였으며 같은 해 9월 김인위에게 상서좌복야 참지정사 벼슬과 주국의 훈위를 주고 경조현개국남京兆縣開國男 지위 및 식읍 3백 호를 주고 치사하였다.

원질 귀비元質貴妃 왕씨는 청주 사람으로 중서령 왕가도王可道의 딸이다.

귀비 유씨庾氏는 사기에 가계가 기록되지 않았다. 처음에는 궁인으로 있었으며 1025년(현종 16) 귀비로 책봉되었다.

궁녀 한씨의 이름은 훤영萱英으로 양주 사람이며, 아버지는 평장사 한인경韓藺卿이다. 검교 태사檢校太師 충忠을 낳았다.

궁녀 이씨는 급사중 이언술李彦述의 딸이다.

궁녀 박씨는 전주 사람으로 내급사 동정 박온기朴溫基의 딸이다. 딸 아지阿志를 낳았다.

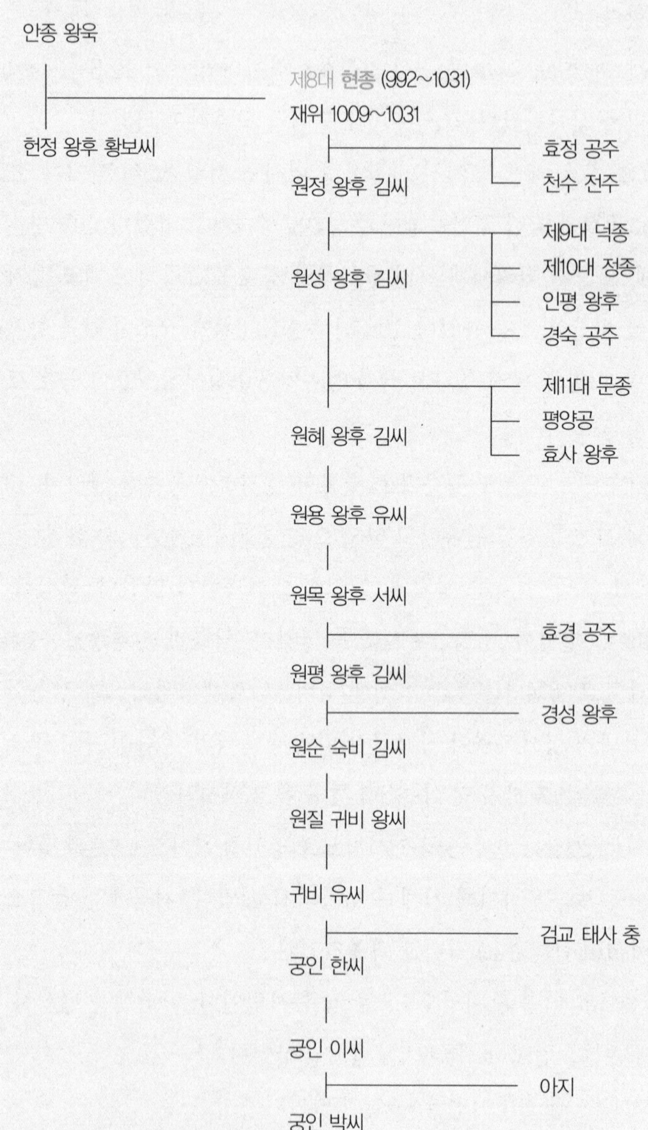
| 현종의 혈계 |
안종 왕욱
헌정 왕후 황보씨
제8대 현종 (992~1031)
재위 1009~1031
원정 왕후 김씨
효정 공주
천수 전주
원성 왕후 김씨
제9대 덕종
제10대 정종
인평 왕후
경숙 공주
원혜 왕후 김씨
제11대 문종
평양공
효사 왕후
원용 왕후 유씨
원목 왕후 서씨
효경 공주
원평 왕후 김씨
경성 왕후
원순 숙비 김씨
원질 귀비 왕씨
귀비 유씨
검교 태사 충
궁인 한씨
궁인 이씨
아지
궁인 박씨

09

봉이 날아와서 상서를 보였도다

비록 나이 어린 임금이지만

부모의 비정상적인 관계 때문에 어린 시절부터 고난과 좌절이 많았던 현종 임금은 즉위 후에도 거란의 침입을 피해 남쪽으로 몽진을 떠나는 등 어려움을 겪었다. 그러나 나라가 안정되자마자 거란과의 외교 강화를 통해 평화를 정착시키고 여러 가지 사회 안정 정책을 펴 나갔다. 뿐만 아니라 불교와 유교를 동시에 발전시켜 나가며 지방 통치 체제에 변화를 주어 이어지는 덕종 임금 치세 시절까지 안정기가 이어지도록 토대를 마련해 주었다.

18세라는 어린 나이에 즉위하여 어머니 천추 태후의 섭정 하에서 기를 펴지 못한 끝에 비극적인 파국을 맞이한 목종 임금과 달리 16세인 1031년(현종 22), 아버지 현종에 이어 왕위에 오른 덕종은 어린 나이가 믿어지지 않을 만큼 너그럽고 총명하며 민첩하게 나라를 이끌어 갔다.

김은부金殷傅의 딸인 현종의 제3비 원성 왕후 김씨의 소생으로 5남 8녀나 되는 현종의 자녀 중 장남으로 태어난 덕종의 이름은 흠欽이요, 자는 원량元良이다. 1016년(현종 7) 5월 을사일에 나서 1020년(현종 11)에 연경군延慶君으로 책봉되었고, 1022년(현종 13)에는 태자가 되었으며 1031년(현종 22) 5월 신미일에 현종이 죽자 중광전에서 왕위에 올랐다. 명민하고 너그러운 태자가 왕위를 이어받았으니 만백성이 기뻐하였으나 다만 그의 몸이 병약하여 과중한 책무를 감당하지 못할까, 두려울 따름이었다.

떠나는 자와 남은 자

신하들과 함께 성복成服(상복을 입는 것) 의식을 치르고 그해 6월 무술일에 상복을 벗은 덕종은 고려 역대 왕의 초상을 모신 경령전景靈殿으로 나가 왕위에 오른 것을 고하였다.

이로써 고려 제9대 왕으로서 본격적으로 치세를 시작한 덕종은 기유일에 유소柳韶를 중군 병마원수로 임명하고 경술일에 장극맹蔣劇孟을 병부상서로, 홍빈洪賓을 형부상서로, 이유섬李有暹을 공부상서로, 김종현金宗鉉을 우간의대부로, 황보영皇甫穎을 어사잡단으로, 문사명門思明을 전중시어사로, 손위孫謂를 전중승으로, 박의부朴毅夫를 감찰어사로 각각 임명하여 백관들을 대폭 물갈이함으로써 새로운 정치를 위한 틀 짜기를 마무리하였다.

거란의 사신 남승안이 와서 자기 나라의 왕 성종聖宗이 죽었음을 알린 것은 그로부터 얼마 후였다. 부왕 현종과 두 차례에 걸쳐 전쟁을 치른 바 있는 성종의 죽음을 전해 듣고 덕종은 감회에 젖어 그를 애도

하는 의식을 치렀다.

또 그로부터 얼마 후 은퇴하여 물러나 있던 명장 강감찬이 죽었다는 비보가 덕종에게 날아들었다. 덕종은 그를 후하게 장사지내도록 이르는 한편 세상을 달리한 자신의 어머니 원성 왕후를 왕태후로 추존하였다.

강국에도 굴하지 않은 덕종의 외교

거란 성종의 장례식이 임박하자 공부 낭중 유교柳喬를 파견하여 위로케 하였다. 이때 덕종은 유교에게 친히 문서를 내리며 다음과 같이 명하였다.

"경은 거란에 당도하는 즉시 거란의 새로운 왕에게 이 문서를 보이고 압록강에 가설한 다리를 철폐할 것과 거란에 억류된 우리 고려 사신들을 즉각 송환해 달라고 요구하라."

거란에서는 이예균李禮均 등 고려에서 파견한 8명의 사신을 억류한 채 보내주지 않고 있었다.

그런데 달이 바뀌어 거란에 장례식 참석차 갔던 사신 일행이 고려로 돌아와 보고하기를 거란이 요구를 들어주지 않는다고 하였다.

이에 덕종은 하정사賀正使 파견을 정지하였으며, 거란과의 외교적 교류를 끊어 버릴 움직임을 보였다. 당시 고려의 상황은 현종 대부터 이어진 안정기를 바탕으로 상당히 부강한 형세를 이루고 있었다. 군사 면에서도 거란에 결코 뒤질 것이 없다는 자신감에서 덕종은 고려의 이익에 부합되는 것이 있으면 철저하게 따져서 요구를 관철하고자 노력하였다.

고려의 움직임을 간파한 거란에서 유사留使를 내원성까지 파견한 것은 그로부터 오래지 않아서였다. 그러나 덕종의 태도는 단호했다. 유사의 입국을 거부하고 삭주 영인지(현 함남 영흥), 파천(현 강원도 안변) 등의 고을에 성을 쌓아 거란의 침입에 대비한 것이다.

고려와 거란 사이에 전운이 감도는 가운데 여진과 거란에서 많은 사람이 귀순했다. 특히 거란에서는 전직殿直 고선오高善悟, 좌상도 지휘사左廂都指揮使 대광大光, 향공 진사鄕貢進士 이운형李運衡 등 관료로 지내던 자들이 대거 망명했다. 이는 성종 사후 거란이 혼란기를 맞이하고 있다는 사실을 보여주는 예라 할 수 있겠다. 그들을 통해 거란의 내부 사정을 어느 정도 파악한 덕종은 강경한 태도를 고수한다.

이에 불만을 품은 거란에서 1032년(덕종 1) 2월 초하루 통주通州를 공격해 들어왔다. 그러나 호장戶長 김거金巨와 별장別將 수견守堅이 성을 완강히 지켰을 뿐만 아니라 적의 대부大夫 마수馬首를 생포하였다. 기가 꺾인 적병은 곧 뿔뿔이 흩어져 도망쳤다.

이후 팽팽한 긴장 관계를 유지하던 중 거란이 재차 고려를 침략한 것은 1033년 10월이었다. 그러나 고려군은 이번에도 적병들을 어렵지 않게 물리쳤다.

연거푸 거란의 침입을 막아냄으로써 군사적으로 강성함을 대내외에 내보인 덕종은 적의 침입에 더욱 철저하게 방비하는 한편 내치에 힘을 기울인다.

국자감시 시행과 7대 실록

거란의 침략으로 사초가 불에 소실되자 현종 때 복원하기 시작한 7

대 실록이 덕종 대에 이르러 끝을 맺었으며 국자감시國子監試를 시행함으로써 덕종은 지방까지 두루 포용하는 인재 선발의 체계를 완성하였다. 덕종 임금의 빛나는 업적 중 하나라고 할 수 있는 국자감시에 대해 잠시 살펴보기로 한다.

국자감시는 고려 시대 국자감에서 실시한 예부시禮部試의 예비 시험이라고도 할 수 있는데 합격자는 진사로 뽑혔으므로 진사시 혹은 감시, 사마시, 남성시라고 불렀다. 진사가 되면 고려 사회의 상층 신분으로서 신역과 군역을 면제받는 특전을 누렸다.

국자감시에는 양인 출신 중 상층 향리의 자손이나 문무관 자제 이상이 응시하였는데, 특히 주목해야 할 부분은 응시 자격에 관한 기록이다. 중앙의 국자감생에게 응시 자격을 준 것은 당연한 일이었는데, 지방의 계수관시界首官試에서 선발된 향공鄕貢에게도 응시 자격을 주었다는 사실이다. 이는 성종 임금이 인재 선발을 위해 지방 교육을 강화한 이래 계수관시에서 국자감시를 거쳐 예부시까지 이어지는 하나의 체계를 마련하였다는 점에서 큰 의미가 있다.

덕종은 어찌하여 4년에 그쳤던고

원래부터 몸이 병약하였던 덕종이 병석에 누운 것은 1034년(덕종 3) 9월이었다. 덕종은 자신이 일어나지 못하리라는 것을 알았던지 다음과 같은 유언을 하였다.

"나의 병이 낫지 않고 병석에 누워 위중해졌으니 나의 사랑하는 아우 평양군 형亨으로 하여금 왕위를 계승케 하라."

유언이 끝나자 덕종은 연영전延英殿에서 죽었다. 재위 햇수는 3년이요, 향년 19세였다. 목종의 시호를 경강敬康으로 하고 묘호는 덕종德宗이라고 하였다. 북쪽 교외에 장사하니 능호는 숙릉肅陵이었다.

왕은 어려서부터 숙성하였으며 성격이 강의하고 과단성이 있었다. 또 장성하여서는 기왓장을 밟기만 하면 대번에 깨졌는데 사람들은 왕의 덕이 무겁기 때문이라고 여겼다.

이복 누이 경성 왕후 김씨와 효사 왕후 김씨 외에도 경목 현비 왕씨와 이씨, 유씨 다섯 명의 비를 맞이한 덕종은 병약한 데다 19세라는 어린 나이에 하세한 까닭에 아들을 얻지 못했다. 다행히 그에게는 다섯 명이나 되는 형제가 있어 그중 같은 어머니 소생인 동생에게 왕위를 물려줄 수 있었다.

덕종을 평한 이제현의 글을 덧붙인다.

충숙왕 시대에 두타산인頭陀山人 이승휴李承休가 『제왕운기』帝王韻紀를 지어 바쳤는데 '덕종은 어찌하여 4년에 그쳤던고? 봉鳳이 날아와서 상서를 보였도다!' 라는 구절이 있다. 그러나 실록에 상고하건대 그러한 사실을 볼 수 없고 다만 전해 오는 속담에 의하면 '봉이 위봉문에 날아와서 춤을 추었는데 뭇까마귀가 봉을 향하여 지저귀는 바람에 봉이 그만 날아가 버리므로 백성이 까마귀를 미워하여 아이 어른 할 것 없이 활을 쏘았다. 그리하여 덕종이 임금으로 있는 동안에는 서울에 까마귀가 없었다' 고 한다. 대체로 봉이란 날짐승의 영장인데 뭇 까마귀에게 쫓겨 갔다면 어찌 봉이라고 하겠는가? 아마도 『제왕운기』에 있는 말이 근거 없는 듯하다.

덕종이 부모상을 당하여서는 자식으로서의 효성을 다하였고 정치를 함에 있어서는 아버지의 하던 일을 고치지 않았으며 원로들인 서눌徐訥, 왕가도王可道, 최충崔沖, 황주량黃周亮 등을 신임하여 조정에는 서로 기만하는 일이 없었고, 백성은 각각 편안한 생활을 누렸으니 비록 봉조가 오지 않았더라도 그의 시호에 '덕'德 자를 붙인 것은 역시 당연한 일이로다.

덕종의 후비와 종실들

덕종에게는 후비 다섯과 딸 둘이 있었다.

경성敬成 왕후 김씨는 현종의 딸로 1034년(덕종 3) 2월 왕후가 되었으며 1086년(선종 3) 7월에 죽었다. 시호는 경성이라 하고, 질릉質陵에 매장하였으며 1095년(숙종 1) 6월 덕종의 사당에 합사하였다. 1140년(인종 18) 4월에는 유정柔貞, 1253년(고종 40) 10월에는 관숙寬肅이라는 시호를 추가하였다.

경목敬穆 현비 왕씨는 중서령 왕가도王可道의 딸이다. 덕종이 왕위에 오르자 비로 맞아들였으며 현비로 책봉하였다. 상회殤懷 공주를 낳았으며 죽으니 시호를 경목이라고 하였다.

효사孝思 왕후 김씨金氏는 현종의 딸이다.

이씨는 부여군 사람으로 공부 시랑 이품언李稟焉의 딸이다.

유씨는 충주 사람으로 검교 소감 유총거劉寵居의 딸이다.

사기에는 이씨와 유씨의 칭호가 모두 기록되지 않았다.

| 덕종의 혈계 |

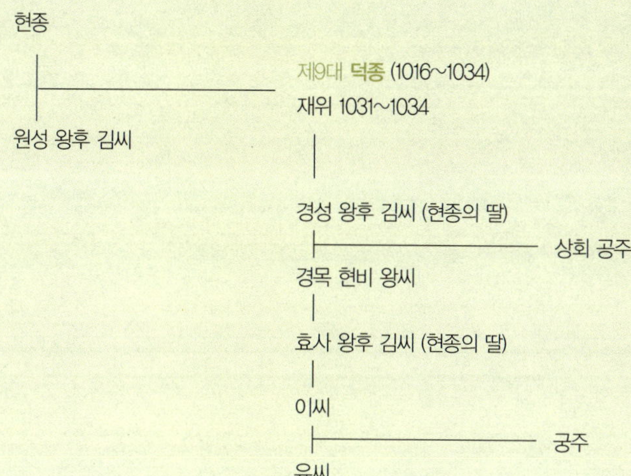
현종
원성 왕후 김씨
제9대 덕종 (1016~1034)
재위 1031~1034
경성 왕후 김씨 (현종의 딸)
상회 공주
경목 현비 왕씨
효사 왕후 김씨 (현종의 딸)
이씨
궁주
유씨

10

백성 위한 근심 그칠 날 없고

어린 왕 치세의 틀을 마련하다

정종은 이름이 형亨이요, 자는 신조申照이니, 전왕 덕종의 동복 아우로서 1018년(현종 9) 7월 무인일에 출생하였다. 그는 어려서부터 숙성하고 총명하여 5세 때인 1022년 내사령 평양군으로 책봉되었고, 1027년 개부의동삼사 검교태사 겸 내사령이 되었으며 1034년(덕종 3) 9월 17세의 나이로 덕종의 유언을 받아 중광전重光殿에서 왕위에 올랐다.

즉위년, 대신을 서경에 파견하여 팔관회를 연 데 이어 11월에는 개경 위봉루에 나가서 팔관회를 열고 여러 관리를 위하여 주연을 베풀었으며 송나라 등 외국 상인들에게도 예식을 관람시키는 상례를 만들었다. 전국에 대사령을 내리고 치세의 틀이라고 할 관료들의 직위와 인물을 새롭게 선정하였다.

이때 정종은 자신의 아우인 서緖와 기基를 각각 수태사 겸 내사령과 수태보로 임명하였고 황주량을 예부상서 참지정사로, 최제안을 이부상서로, 유지성을 공부상서로, 이진을 호부상서로, 곽신을 전중감으로, 김영기를 어사중승으로, 김충찬과 이작충을 우산기상시로 임명하였다.

정종에 의해 중용된 인물 중 황주량黃周亮과 최제안崔齊顔을 잠시 살펴보면, 황주량은 거란의 침입으로 소실된 역대 실록의 편찬에 참여하여 1032년(덕종 1) 태조에서 목종에 이르는 『칠대실록』七代實錄 36권을 완성한 사람이다. 이후 한림원과 사관의 요직을 두루 지냈으며, 지공거知貢擧를 겸하며 과거를 주관하기도 하였다. 정종 묘정에 배향되었으며 시호는 경문景文이다. 또한 최제안은 1020년(현종 11) 천령절千齡節을 하례하려고 거란에 다녀온 바 있으며 고려 태조의 훈요십조가 병화로 망실되었을 때, 최항崔沆의 집 서고에서 이를 발견하여 후세에 전해지도록 한 사람이다. 문종 묘종에 배향되었으며 시호는 순공順恭이다.

덕종의 실리 외교를 이어가다

1031년(현종 22) 거란의 성종이 죽자 거란은 혼란 속에 빠져들었다. 성종의 뒤를 이어 즉위한 임금은 홍종興宗이었는데 16세밖에 안 되는 어린 나이였던 까닭에 흠애 태후가 섭정을 했다. 이에 불만을 품은 성종의 사위 소필적이 홍종을 폐위하려고 모의하다가 죽임을 당했다.

당시 덕종은 혼란기를 맞은 거란에 압록강 다리를 철거하고, 두 성을 헐어 고려의 영토를 돌려줄 것과 거란에 억류 중인 고려 사신을 송환하라고 요구했다. 앞서 살펴본 바와 같이 거란은 고려의 요구를 거절하였으며 그 때문에 국교가 단절된 채 두 차례의 전쟁을 치렀다.

상대가 강국이라고 해서 무조건 굽히고 들어가는 것이 아니라 요구할 것은 철저히 요구하면서 이것이 관철되었을 때 평화를 모색해 나가는 것. 덕종의 외교 정책은 이렇게 압축하여 정리할 수 있을 것이다.

덕종의 뒤를 이은 정종 또한 즉위한 이듬해인 1035년 5월에 거란의 내원성來遠城 사절인 검교 우산기상시 안서安署가 화친을 종용하는 통첩을 흥화진에 보내오자 덕종이 펼친 것과 일치되는 태도를 보였다. 안서가 보내온 통첩의 내용은 다음과 같았다.

'귀국은 우리에게 사절을 자주 보내왔었다. 그러다가 지난 시기 양국 간의 전쟁으로 말미암아 사절 왕래가 중단되었으며, 귀국은 여기서 한 발 더 나아가 여러 해가 지나도록 종래의 우호 관계를 회복하지 않고 돌 성을 쌓아 대로를 막으려 하며 목책을 세워 군사 행동을 저지시키려 하고 있다. 그러나 이것은 촉蜀나라 길이 아무리 험해도 돌소石牛의 들어갈 길은 따로 있음을 알지 못하는 격이니 귀국의 그러한 조치는 일후 심각한 결책을 면치 못할 것이다. 지금 우리 황제는 누대의 위업을 계승하여 광대한 영토를 통치하고 있다. 이에 남쪽 지역의 모든 나라에서 우리의 옳은 정치를 본받기 위하여 상호 왕래를 요구하며 정성을 다하고 있다. 그런데 오직 귀국에서 우리나라에 대한 성의를 표시하지 않으니 만일 우리 황제가 뇌성벽력 같은 위엄을 보이게 된다면 백성이 편안하겠는가?'

협박에 가까운 글이었다. 그러나 정종은 눈도 꿈쩍 않고 회답을 보냈다.

'보내온 통첩에 의하여 귀국의 태도를 잘 알았다. 그런데 우리에 대한 책망이 매우 많으니 그것을 일일이 분석해 보아야 할 것이나 우선 몇 가지에 대하여 대략 이야기하고 많은 말은 하지 않겠다. 통첩을 보면, 돌 성을 쌓아 대로를 막으려 하며 목책을 세워 군사 행동을 저지시키려 한다고 하였는데 이것으로 말하면 지점을 선택하여 요해지를 설정하는 것은 나라를 가진 자의 떳떳한 일이다. 그러므로 성과 목책을 설치하여 우리의 국토를 방비하는 것은 대개 변경 백성을 편안하게 하려는 것이요, 귀국과의 교통을 막자는 것이 아니다. 통첩에는 또한, 우리나라만이 오직 귀국에 대한 성의를 표시하지 않는다고 하였으나 사실은 지난 시기 우리의 사절 여섯 명이 귀국에 억류되었고 선주宣州(현 선천), 정주定州 두 성은 당신들이 우리 영토 안에 들어와서 쌓은 성이 아닌가? 그런데 지금까지 사절을 돌려보내지 않으며 우리의 영토도 반환하지 않기 때문에 이는 우리의 심각한 관심사가 되고 있다. 그동안 우리가 사절을 돌려받고, 빼앗긴 땅을 찾으려고 하나 요구할 기회가 없어서 지금까지 미루어 왔는데 귀국에서 만일 성실한 태도를 보인다면 어찌 왕래가 이어지지 않겠는가?'

지난날 덕종이 거란에 요구한 것과 똑같은 내용을 적어 거란에 보내니 이는 타협의 여지를 보여 주면서 만일 요구를 거절한다면 덕종대에 벌어진 일들이 다시 재현될 것임을 강경하게 내보인 조치였다.

평화 시대가 열리다

정종은 1035년 서북로西北路에 장성을 쌓아 변방의 수비를 강화하고 현재의 평안북도 창성昌城에 성을 쌓아 창주昌州라 이름하고 백성을 옮겨 살게 하였다. 1036년에는 제위군諸衛軍에게 토지를 더 지급하여 변경의 방비를 굳게 하였으며 동서대비원東西大悲院을 수리하여 가난하고 병든 자들에게 의복과 음식을 나누어 주었다.

한동안 회신이 없던 거란에서 해군을 동원하여 압록강에 침입한 것은 1037년(정종 3) 10월이었다. 일순 국경 지대에 전운이 감돌고 백성이 동요하기 시작하였지만 고려 조정에서는 어느 정도 예상하고 있었던 일이기 때문에 차분하게 대처했다. 정종조에 들어서도 지속적으로 국방에 힘을 기울인 결과 맥없이 당하지만은 않으리라는 자신감이 있었던 것이다. 또한 거란 입장에서도 고려는 그리 만만한 상대가 아니었다. 덕종 조에도 두 차례나 쓰라린 패배를 당한 적이 있기에 무척 조심스러웠다.

결국 해군까지 동원한 무력시위에도 불구하고 고려가 강경한 자세를 유지하자, 거란에서는 고려의 요구 조건을 들어준다. 정종은 거란에 억류되었던 사람들이 돌아오자마자 거란과 국교를 다시 맺었다. 이후 두 나라 간에는 상호 호의적인 분위기가 정착되었고, 고려는 거란의 연호를 사용함으로써 책봉을 받았다. 외침에 대한 걱정이 사라지자 정종은 내치에 더욱 힘을 집중시킬 수 있었다.

천리장성 축조와 새로운 제도들

고려 후기의 대학자 이제현의 평을 보면 정종이 거란과 화친을 맺은 것은 진심으로 그렇게 한 것이 아니라 기묘한 책략이었다고 단정짓고 있다. 선대 임금의 유업을 계승하여 국가를 보전하고자 하였다는 것이다. 이를 뒷받침하듯 정종은 거란과 우호 관계가 회복되었음에도 북방 경비에 주력하여 덕종 대에 시작된 천리장성 축조 공사를 멈추지 않고 완성을 하게 된다.

압록강에서 동해의 도련포까지 장성이 완성되자 고려는 북방 민족의 침략 걱정으로부터 한결 자유로워졌다. 이는 고려의 군사력을 드높이는 계기가 되었으며 정종은 이러한 안정감 속에서 새로운 제도들을 속속 제정한다.

정종은 1039년(정종 5) 노비종모법奴婢從母法을 제정하여 노비의 신분이나 종사하여야 할 역처, 그 주인을 결정할 때 모계를 따르도록 규정하였다. 1045년(정종 11)에는 악공樂工과 각 관아의 말단 이속에 속하는 잡류雜類, 그리고 오역五逆과 오천五賤, 불충·불효한 자와 향鄕과 부곡部曲(천민 부락)인의 자손이 과거에 응시하지 못하도록 하였다. 여기서 오역은 어미와 아비를 죽인 자, 파계하였거나 수행하는 사람을 죽인 자, 출가하여 몸에 피를 묻히는 자 등을 말한다. 또한 정종은 재위 마지막 해인 1046년에 장자상속과 적서의 구별을 법으로 정하기도 하였다.

정종은 이 뿐 아니라 비서성으로 하여금 『예기정의』禮記正義, 『모시정의』毛詩正義 등을 간행하여 문신들에게 나누어 주어 정신 함양의 중요성도 간과하지 않았다.

임금의 마지막 조서

정종 시대에는 자연재해가 참으로 많았다. 먼저 지진에 관한 기록을 보면 1035년(정종 1) 6월에 서울에 지진이 있었고, 8월과 9월에는 서울과 경주 지방의 19개 주에 지진이 일어났는데 마치 우레와 같았다고 기록하고 있다. 또한 1036년 6월에는 서울, 동경, 상주, 광주, 안변부 관내 주현州縣에서 지진이 일어나 수많은 가옥이 훼손되었고, 동경에서는 3일이 지나서야 멎었다고 한다.

천재지변에서 벗어날 수 없는 것이 우리 인간들인데 지금으로부터 천년 세월 전에는 그 정도가 훨씬 심했을 것이다. 이후로도 지진에 관한 기록이 계속 보이지만 당시 정종 임금의 심기를 극히 불안하게 만든 것은 뭐니 뭐니 해도 제때에 내려 주지 않는 비였다. 농사가 나라 경제의 근간이다 보니 극심한 가뭄이 찾아올 때마다 임금은 하늘에 비를 빌었고, 스스로 반찬 수를 줄여가며 근심에 휩싸였으며 혹 이러한 천재지변이 자신의 부덕 탓이 아닌가, 혹시라도 형벌을 옳게 처리하지 못하여 백성의 원망이 하늘까지 닿은 탓이 아닌가 마음 졸이며 죄수들을 석방해 주기도 하였다.

임금이란 만인 위에 군림하는 사람처럼 보이지만 이렇듯 나라 안의 모든 일이 자신의 책임이요, 근심거리라 하루도 마음 편할 날이 없었다.

그래서였을까. 재위 12년도 채 되지 않은 29세 젊은 나이에 정종은 병이 들어 그만 자리에 눕고 만다. 자신이 다시는 일어나지 못할 것을 알아차리고 정종은 아우 낙랑군 휘徽를 병석으로 불러들여 마지막 조서를 내린다.

'내가 돌아가신 임금의 유명으로 여러 왕대의 위업을 이은 지가 열두 해나 되었다. 이 12년 동안에 천행으로 나라를 잘 다스렸는데 내가 봄, 여름 이래로 노심하던 끝에 병을 얻어 약을 써도 효능이 없고 필경은 위중한 상태에 이르렀다. 이제 나라의 중책을 덕행 있는 사람에게 맡기려고 생각한다. 내사령으로 있는 낙랑군 휘는 나의 사랑하는 아우로서 사람이 어질고 효성이 있으며 공순하고 검박하여 그의 명성이 널리 알려졌으니 왕위를 그에게 줌으로써 우리나라를 빛나게 해야 할 것이다.'

정종은 아우 휘에게 왕위를 넘겨준 뒤 그날 바로 죽었다. 성격이 너그럽고 인자하며 부모에게 효성스럽고 형제간에 우애가 있었으며 식견과 도량이 크고도 넓으며 영용하고 과단성이 있어서 사소한 절차에 구애되는 일이 없었던 왕의 죽음은 모든 백관과 백성에게 크나큰 슬픔을 안겨 주었다.

시호를 용혜容惠로, 묘호를 정종靖宗으로 하였으며 북쪽 교외에 장사하니 능호는 주릉周陵이었다.

정종의 후비와 종실들

정종에게는 후비 다섯과 아들 넷, 딸 하나가 있었다.

용신容信 왕후 한씨는 단주 사람으로 증 문하시중 한조韓祚의 딸이다. 정종이 처음 평양공으로 있을 때 맞아들여 비로 삼았으며, 왕위에 오른 후 연흥延興 궁주라는 칭호를 주었다. 1035년(정종 1) 아들 형詗을 낳았으며 혜비로 책봉하였다가 이후 정신定信 왕비로 봉하였다. 1036년(정종 2) 7월에 죽었으며 8월 현릉玄陵에 매장하였다. 1048년(문종 2) 3월에는 용신容信 왕후라는 시호를, 1056년(문종 10) 10월에는 정의定懿, 1140년(인종 18) 4월에는 명달明達, 1253년(고종 40) 10월에는 희목禧穆이라는 시호를 추가하였다.

용의容懿 왕후 한씨도 한조의 딸이다. 1038년(정종 4) 4월에 비로 책봉하고 호를 창성昌盛 궁주라고 하였으며 후에 현덕궁玄德宮이라 고치고, 1040년(정종 6) 2월 왕후로 책봉하였다. 애상군哀殤君 방昉, 낙랑후樂浪侯 경璥, 개성후開城侯 개㬬를 낳았다.

용목容穆 왕후 이씨는 부여군 사람으로 공부 시랑 이품언李稟焉의 딸이다. 호를 창성昌盛 궁주라고 하였으며 도애悼哀 공주를 낳았다.

용절容節 덕비 김씨는 경주 사람으로 문하시중 김원충金元沖의 딸이다.

호를 연흥延興 궁주라고 하였으며 1102년(숙종 7) 3월에 죽으니 왕이 조문하는 글을 주고 덕비德妃로 추봉하였으며 시호를 용절이라고 하였다.

연창延昌 궁주 노씨盧氏는 그 가계가 상세하지 않다. 처음에 정종이 그의 용모가 아름답다는 말을 듣고 가만히 궁중에 들여 왔다 왕의 사랑을 독차지하게 되었다. 문종이 왕위에 오르자 전왕의 유언에 따라 연창궁을 노씨에게 주었는데 문하성과 어사대에서 논박하여 아뢰기를

"노씨는 예절을 갖추어 맞아들이지 않았으며 선왕의 종잡을 수 없는 명령이니 복종할 일이 아니옵니다."

라고 하였으나 왕은 끝끝내 듣지 않았다. 1048년(문종 2) 3월에 죽었다.

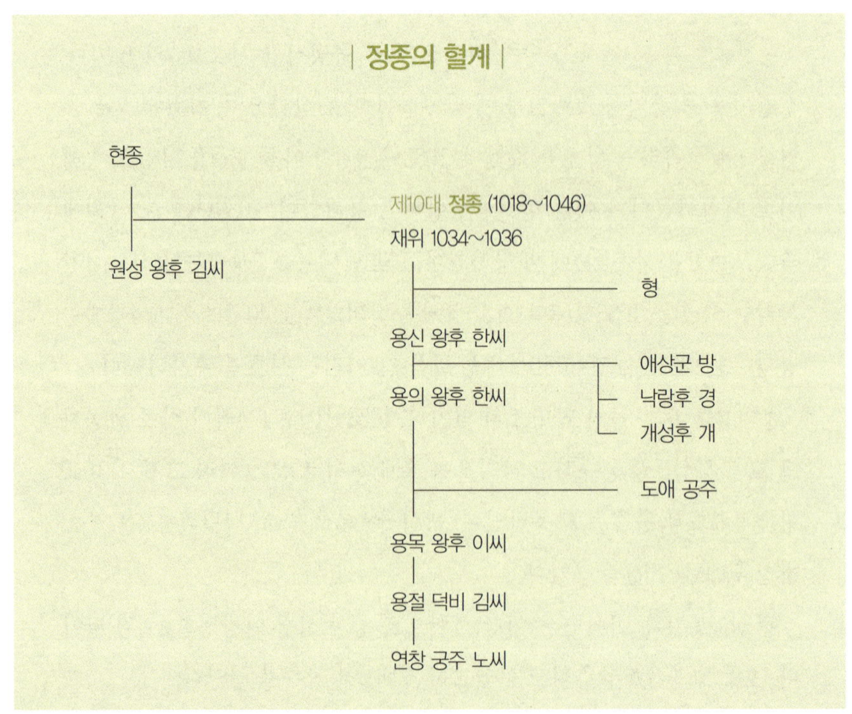

11

고려의 황금기를 열다

옳고 그름을 논의하라

고려 시대 최고의 황금기라 일컬어지는 문종 임금의 치세가 시작된 것은 1046년(정종 12) 5월이었다. 현종의 셋째 아들이자 원혜 태후 김씨의 소생인 문종은 1019년(현종 10) 12월에 출생하였으며 이름은 휘徽, 자는 촉유燭幽, 본 이름은 서緖였다.

문종은 즉위하자마자 화려하기 이를 데 없는 용상과 발돋움踏斗(답두), 이불과 요를 가리키며 다음과 같은 명령을 내린다.

"돌아가신 임금이 사용하던 용상과 발돋움은 전부가 금은으로 장식되어 있고 이불과 요 또한 금은 실로 짠 계금罽錦(비단)으로 만들었으니 담당 관리로 하여금 견직으로 고치게 해야 할 것이다."

문종의 소박하고 검소한 성품이 잘 드러나는 대목이라 하겠다. 비록 금과 은으로 된 것이지만 있는 것을 물리고 견직으로 이불과 요를 새로 마련하고 용상과 발돋움을 수리하자면 담당 관리의 수고로움과 비용이 이중으로 드는 셈이겠지만 사소한 부분에서부터 검소함을 실천하여 모든 관료들에게 모범을 보이고자 했던 것이리라 짐작해 볼 수 있다.

즉위년 8월, 건덕전에서 조회를 받고 선정전으로 나간 문종은 시중 최제안과 평장사 최충 등을 불러들여 당면 정책의 옳고 그름을 논의해 보라고 하였다. 여러 사람의 의견에 귀를 기울여 보다 나은 정책을 정하고, 이를 시행하는 것은 정치가가 실천해야 할 기본적인 덕목이라고 할 수 있다. 문종은 1047년(문종 1)에도 4월과 6월, 7월, 11월에 군사 정책과 법률을 위시한 당면 정책의 옳고 그름에 대해 대신들에게 의견을 개진해 보라고 끝없이 요구하였다. 즉위 초에 정책의 기본 방향을 잡아보고자 신하들과 활발하게 의견 교환을 했던 것으로 보인다.

안정기를 넘어 동북아의 중심이 되기까지

최제안이 죽었으므로 최충을 시중으로 임명하고 6월 무신일에 대신들을 불러 모은 문종은 다음과 같이 명하였다.

"법률이란 형벌을 판단하는 규정이다. 그것이 분명하면 형벌에 억울하고 지나친 것이 없을 것이요, 분명치 못하면 죄상에 대한 경중이 옳게 처리될 수 없을 것이다. 현행 법률에 어떤 것은 잘못이 크므로 내 이를 못내 가슴 아프게 생각하는 바이다. 시중 최충은 여러 법관을 모아 상세한 교정을 거듭하되 되도록 타당하게 할 것이며 서산업書算業(회계 업무)에 대해서도 역시 고증 시정토록 하라."

문종의 업적을 살펴보면 새로운 법제를 마련하거나 기존 제도를 보완 발전시킨 부분이 상당히 많다. 공음전시법功蔭田柴法과 양반전시과兩班田柴科, 재면법災免法과 답험손실법踏驗損實法, 양전보수법量田步數法, 삼원신수법三員訊囚法, 고교법考校法, 선상기인법選上其人法이 바로 그것인데 정비된 법제들의 내용을 간략하게 살펴보면 아래와 같다.

공음전시법의 골자는 5품 이상 고급 관료들에게 상속할 수 있는 토지 지급을 보장해 준다는 것이었다. 1049년(문종 3)에 제정된 법으로 1품 문하시랑평장사는 전田 25결 · 시柴 12결을, 2품 참정 이상은 전 22결 · 시 12결을, 3품은 전 20결 · 시 10결을, 4품은 전 17결 · 시 8결을, 5품은 전 15결을 주었다. 이들은 모반 대역을 저질러 공신에서 제명되지 않는 한 그 자손에게 3분의 1을 상속할 수 있었다.

고려 전기의 토지제도가 최종 완비된 것은 1076년(문종 30) 때의 일이었다. 양반 전시과가 정비된 것이 바로 그것인데 문종은 이와 함께 문무백관 및 유역인有役人들에게 시행된 녹봉 제도까지 마련하여 중앙집권적 지배 체제 속에서의 물질적 토대를 완비하였다.

차례대로 재면법과 답험손실법, 양전보수법, 삼원신수법, 고교법, 선상기인법에 대해 살펴보기로 한다.

먼저 재면법은 재난을 당하여 손해를 입었을 경우 농사의 피재액被災額에 따라서 피재액이 4분 이상일 경우 조租를 면하고, 6분인 경우 조 · 포布를 면하고, 7분인 경우 조 · 포 · 역役을 모두 다 면제해주도록 마련한 법제였다.

답험손실법은 관에서 파견된 관리가 농사 상황을 조사하여 피해의 정도에 따라서 조세를 경감, 조절해주는 제도였다.

1069년(문종 23)에는 양전보수법이 마련되어 세금을 거둬들이는 결의 면적을 확정하였다. 이전까지는 토지 1결에 세금을 5승升 징수했는데 양전보수법이 정비되면서 7승 5홉合으로 인상되었다.

삼원신수법은 1062년(문종 16)에 마련된 법인데 죄수를 신문할 때에는 반드시 형관이 3명 이상 입회하게 하여 범죄 조사가 공정하게 이루어지도록 하였고, 1063년에는 국자감 학생들의 재학 연한을 제한한 고교법을 제정하였다. 즉, 유생儒生은 9년, 율생律生은 6년으로 재학 기간을 제한하여 학업 성적을 올리지 못하는 자질 부족한 학생들을 도태시켰다. 마지막으로 선상기인법은 1077년(문종 31)에 제정된 법으로 향리의 자제를 인질로 서울까지 불러들여 지내게 하였는데 이는 중앙집권적 지배 체제의 안정과 강화를 위한 조치였다.

부왕 시절부터 이어져 내려온 안정적인 나라 상황을 바탕으로 백성의 생활과 지배 체제 강화를 위해 여러 가지 법과 제도를 마련한 문종 임금은 고려의 위상을 한층 끌어올려 놓았다. 송과 거란이라는 대국들 틈바구니에 끼어 눈치를 살피기 바빴던 고려는 어느덧 그들과 어깨를 나란히 하며 동북아의 역사를 이끌어 가는 주체 세력으로 떠오른 것이었다.

고려의 자존심

1055년(문종 9) 7월 초하루였다.

"전날 압록강 이동 지역을 우리 고려의 영토로 한다는 것을 거란에서도 인정한 바가 있으나 그들이 최근 압록강에 다리를 가설하며 점차 옛날 경계선을 넘어오고 있으니 이야말로 남의 땅을 다 빼앗지 않고서는 만족을 느끼지 못한다는 격입니다. 그런데 오늘에 와서는 우정郵亭까지 설치하여 우리 영토를 침식하고 있으니 이것은 『춘추』春秋에 이른바 '그 세력이 점점 커지게 하지 말라! 커지면 처치하기 어려울 것이다' 라는 말과 같습니다."

도병마사의 보고가 있자 문종은 눈을 부릅떴다. 이러한 일로 항의하는 서신을 보낸다면 예전의 관례를 보았을 때, 거란 조정에서는 군사를 일으켜 무력시위를 벌일지도 모를 일이었다. 그러나 문종은 비약적으로 강해진 국력에서 오는 자신감 때문이었는지 다음과 같은 국서를 동경 유수에게 보냈다.

'본국은 기자箕子의 옛 국토 그대로 압록강을 국경으로 삼아 왔고, 이는 귀국에서도 인정하는 바였다. 그럼에도 불구하고 귀국에서는 얼마 전에 우리 영역 내에 다리와 보루를 설치하였다. 그렇지 않아도 옛 지역을 돌려 달라고 누차 귀국에 요구한 적이 있는데 그에 대한 대답도 없이 최근에 내원성來遠城 군인들이 우리의 성과 박근한 곳으로 궁구문을 옮겨 오고 게다가 정사를 건축하려고 벌써 목재와 돌을 쌓아 놓았다. 바라건대 당신은 귀국 정부에 이 문제를 건의하여 옛 지역을 돌려주게 하는 동시에 성벽, 보루, 궁구란자, 정사 등 일체 시설을 전부 철거하도록 하기를 바라는 바이다.'

그러나 국서를 받아 본 거란에서는 아무리 기다려도 이렇다 저렇다 말이 없었다. 그렇다고 예전처럼 무력 도발을 해 오지도 못했다. 고려의 국력이 날로 강성해지는 때라 그저 침묵으로 일관하는 것이 상수라고 판단했는지도 모를 일이었다.

기다리다 못한 문종은 1057년(문종 11) 4월 다음과 같은 명령을 내린다.

"지난해에 거란에 사절을 파견하여 궁구문 바깥에 있는 우정을 없애라고 하였는데 지금까지 그것을 철회하지 않았을 뿐만 아니라 또 송령 동북 지대에 토지 개간 사업을 점점 확대시키고 암자를 설치하여 사람과 가축을 증식시키고 있다. 이는 필시 우리의 강토를 침범할

장본이니 마땅히 이것을 빨리 철폐하도록 요구해야 할 것이다."

늘 큰 나라의 눈치만 보아온 탓에 습관적으로 어깨가 움츠러들었던 것일까. 중서성에서 이 문제에 대하여 다음과 같이 아뢰며 문종의 뜻을 꺾으려 하였다.

"현재 거란 측에서 변경을 소란하게 하지 않을 뿐만 아니라 그들의 새 임금이 들어섰고, 책명을 보내온 뒤에 아직 회사도 하지 못했는데 국경 문제를 먼저 제기하는 것은 옳지 않은 듯합니다."

그러나 문종은 단호하였다.

"저들이 만일 우리보다 먼저 성책을 설치한다면 비단 후환이 있을 뿐 아니라 반드시 우리를 경각성이 없는 것으로 생각할 터이니 계속 사신을 파견하여 모든 시설을 철거하게 할 것이다."

이처럼 자신감에서 우러난 문종의 외교 정책은 백관과 백성에게 자긍심을 심어주었을 것이 틀림없다. 1055년(문종 9) 10월에 조정에서 일어난 일을 통해 어느 정도 짐작해 볼 수 있다. 때마침 거란에 사신으로 갔던 최종필崔宗弼이 이런 보고를 하였다.

"거란 황제 이름이 종진宗眞인 바 나의 이름이 그에 저촉된다 하여 '종' 자를 고치라고 요구하기에 표문에 있는 나의 성명을 최필로 고쳤습니다."

최종필의 보고 내용을 전해 들은 문하성에서 일제히 들고 일어났다.

"종필은 응당 그것을 우리나라에서 알지 못하여 그렇게 쓴 것이며 표문에 기록된 내용을 자의로 고칠 수 없다고 대답했어야 할 것이요. 만일 그들이 강요하였다면 글자의 한 점, 한 획 정도나 지워 버리는 것은 체면상 틀릴 바가 없겠는데 함부로 표문을 고침으로써 신성한 국가 사명을 욕되게 하였사오니 그에게 벌을 주시기 바랍니다."

문종이 너그럽게 용서해 주기는 하였지만 신하들의 자긍심이 어느 정도였는지를 엿볼 수 있는 대목이라 하겠다. 나라에 힘이 없는 상태에서 이런 일을 당했다면 아무도 문제 제기를 하지 못했을 것이다.

유교와 불교의 융성

과거제를 통한 신진 관료 선발이 정착되고 여러 법제가 마련되면서 중앙집권적 정치 체제가 안정 궤도에 접어들자 만조백관과 양반, 귀족 계층을 중심으로 유학을 배우고 생활화하려는 열풍이 불어 닥친다.

백관 관료들뿐만 아니라 일반 백성의 생활까지 두루 살펴야 할 위치에 있었기 때문에 문종은 유교만이 비대하게 성장하거나 그에 따라 관료들의 힘이 필요 이상으로 강성해지는 것을 원치 않았다. 게다가 백성의 생활 속에는 불교가 뿌리를 깊게 내리고 있었다. 이에 문종은 불교를 중심으로 민심을 통일시키고자 불교 융성책을 모색하기에 이른다. 이렇게 하여 시작된 것이 흥국사 창건이었다.

1055년(문종 9) 10월, 문종은 다음과 같은 명령을 내렸다.

"옛날 제왕들이 불교를 숭상했음은 문헌들에서 볼 수 있고, 특히 우리의 태조 이후로 대대로 사원을 세워 행복과 경사를 축원하여 왔다. 그런데 내가 왕위를 계승하여 어진 정치를 실시하지 못한 관계로 재변이 빈번하게 나타난다. 그러므로 나는 부처의 힘을 빌려서 나라를 행복하게 하려 하노니 해당 관리로 하여금 적지를 선택하여 사원을 건설하게 하라."

그러나 유교에 깊이 심취한 대신들이 문종의 명령에 반기를 들고 일어선다. 사원을 건설한다고 나라가 화평해지는 것이 아니며, 오히려 사원을 증설하기 위한 공사를 일으키면 백성이 수고롭게 되어 원성이 자자할 것이라는 이유에서였다. 일면 타당한 이야기였으나 문종은 대신들의 의견을 물리치고 송도에서 남쪽으로 이십 리 떨어진 덕적산 남쪽에 넓은 터를 잡고 자신의 뜻대로 흥왕사 창건을 밀고 나갔다.

문종의 후비와 종실들

문종은 후비 다섯에 아들 열 셋과 딸 일곱을 두었다.

인평仁平 왕후 김씨는 현종의 딸이다.

인예 순덕仁睿順德 태후 이씨는 인주 사람으로 중서령 이자연李子淵의 맏딸이며 칭호는 연덕延德 궁주라고 하였다. 1052년(문종 6) 2월에 왕비로 봉하였으며 그의 부친 이자연을 태위로 삼고 어머니 낙랑 군군樂浪郡君 김씨를 대부인으로 봉하였다.

왕비는 순종順宗, 선종宣宗, 숙종肅宗, 대각 국사大覺國師 후煦, 상안공常安公 수琇, 도생道生 승통僧統 규規, 금관후金官侯 비丕, 변한후卞韓侯 음愔, 낙랑후樂浪侯 침忱, 총혜 수좌聰慧首座 경璟, 적경積慶과 보령保寧 두 궁주를 낳았다.

1086년(선종 3) 2월 태후로 책봉되었을 때 각 도에서 모두 축하문을 보내었으며 각 고을에서 예물로 바친 포목이 무려 십만여 필이었다. 탐라에서도 축하하러 와 토산물을 바쳤다.

태후는 1092년(선종 9) 9월에 서경에서 죽었는데 돌아와서 대릉戴陵에 매장하였다. 독실한 불교 신자로 국청사를 건설하였으며 또 유가 현양론瑜加顯揚論을 은 글씨銀書로 필사할 것을 발원하여, 숙종 때에 이르러 비로소 완성되었다. 1140년(인종 18) 4월에는 성선聖善, 1253년(고종 40) 10월에는 효목孝穆이라는 시호를 추가하였다.

대각국사 왕후의 자는 의천義天인데 송나라 철종의 이름자를 피하여 자로써 이름을 대행하였다. 문종이 하루는 여러 아들들에게

"누가 승려가 되어 부처를 공양하고 공덕을 닦겠느냐?"

하고 물으니 후가 일어나

"제가 승려가 될 뜻을 품고 있사오니 부왕께서 명령하시는 대로 하겠습니다."

라고 대답하여 왕이 허락하였다. 왕후는 총명하고 지혜가 있으며 학문을 즐겼는데 처음 화엄경을 배움에 5교敎에 통달하였으며 동시에 유가의 교리도 연구하였는데 정통하지 못한 것이 없었다. 후는 송나라로 가서 불도를 공부할 것을 원했으나 여러번 반대에 부딪히자 1085년(선종 2) 4월 2명의 제자와 함께 몰래 송나라 상인 임녕林寧의 배를 타고 떠났다. 고려에 돌아온 후는 천태종天台宗을 창간하였고 얼마 후 남녘 땅을 유람하러 떠나 여러 명산을 찾아다니다가 해인사에서 거주하였다. 이후 숙종이 즉위한 후 불러들여 흥왕사 주지로 삼았다. 요나라 사신 왕악王萼이 흥왕사의 작은 종을 보고 감탄하자 후가 금종 두 개를 주조하여 요나라 황제에게 선물하기로 정하고 답례사로 가는 공목관孔目官 이복李復에게 부탁하여 이 뜻을 전하였다. 그런데 요나라 황제는 왕악이 사신으로 고려에 가서 제 마음대로 제물을 요구한 것으로 오해하고 왕악을 엄벌에 처할 터이니 종을 바치지 말라고 지시하였다.

후가 병들자 왕이 총지사摠持寺로 가서 문병하였으나 곧 사망하였다. 왕이 후에게 대각이라는 시호를 내리려 하니 중서 문하성에서 대각이라는 것은 부처라는 뜻으로 부처의 이름을 외람하게 쓰는 것에 대해 반대하였으나 왕은 듣지 않았다. 이때 정당문학 이오李頫가

"왕후는 비록 왕의 가까운 친척이라 하여도 예법에 의하면 이미 출가한 승려이니 복이 없습니다. 그러나 재주와 덕행이 모두 우수하며 명망이

요나라와 송나라에까지 드높아져서 국사國師로 추존하려 하는 터이니 복을 입지 않을 수 없습니다."

라고 하여 왕과 여러 신하들은 현관玄冠 소복素服하고 3일간 조회를 중지하였으며 부의를 후하게 주고 책명을 내려 대각 국사로 추존하였다. 그리고 또 제자들에게도 교서를 주어 조문하였다.

도생 승통道生僧統 왕규는 1070년(문종 24) 머리를 깎고 승려가 되라는 명령을 받았으며 후에 속리산 법주사法住寺에 거주하였다. 1112년(예종 7) 어떤 자가 왕규가 상서우승 김인석金仁碩, 전주 목사 이여림李汝霖과 내통하여 반란을 도모한다고 고발하여 왕은 왕규를 거제현에 귀양 보냈다. 귀양을 간 이여림, 김인석, 전중소감 하언석河彦碩, 대경 이중평李仲平, 숭교사崇教寺의 승려 자상資尙 등 중 자상은 중도에서 죽었고 미구에 왕규가 죽었다. 왕규는 많은 재산으로 남을 잘 도와 재물을 탐하는 자들이 그에게 많이 아부하였으며 이 때문에 패망하고 말았다.

인경仁敬 현비賢妃 이씨도 이자연의 딸로 칭호를 수녕壽寧 궁주라고 불렀으며 1082년(문종 36) 정월 숙비로 봉하였다. 조선공朝鮮公 도燾, 부여공扶餘公 수燧, 진한공辰韓公 유愉를 낳았다. 죽으니 시호를 인경이라고 하였다.

조선공 왕도의 4대손인 왕면王沔은 의종의 딸 화순 궁주和順宮主에게 장가 들었으며 신종이 그에게 수 사공 관직과 상주국 훈위를 주고 광릉후廣陵侯로 봉하였다가 후에 공公으로 승진시켰다. 왕면은 1218년(고종 5) 죽었다. 그는 성격이 순후하고 침착하였으며 글씨를 잘 썼다. 또한 특별히 의술에 정통하여 약을 준비해 두고 사람을 살리는 것을 자신의 임무로 삼았다. 종기가 난 자는 모두 그의 집으로 찾아갔으나 꺼리는 기색이 조금도 없어 사람들이 모두 탄복하였다.

인절仁節 현비 이씨도 이자연의 딸로 호를 숭경崇敬 궁주라고 하였으며

1082년(문종 36) 7월에 죽으니 시호를 인절이라고 하였다.

인목仁穆 덕비 김씨는 시중 김원충金元沖의 딸로서 칭호를 숭화崇化 궁주라고 하였다. 1094년(선종 11) 6월에 죽으니 시호를 인목이라고 하였다.

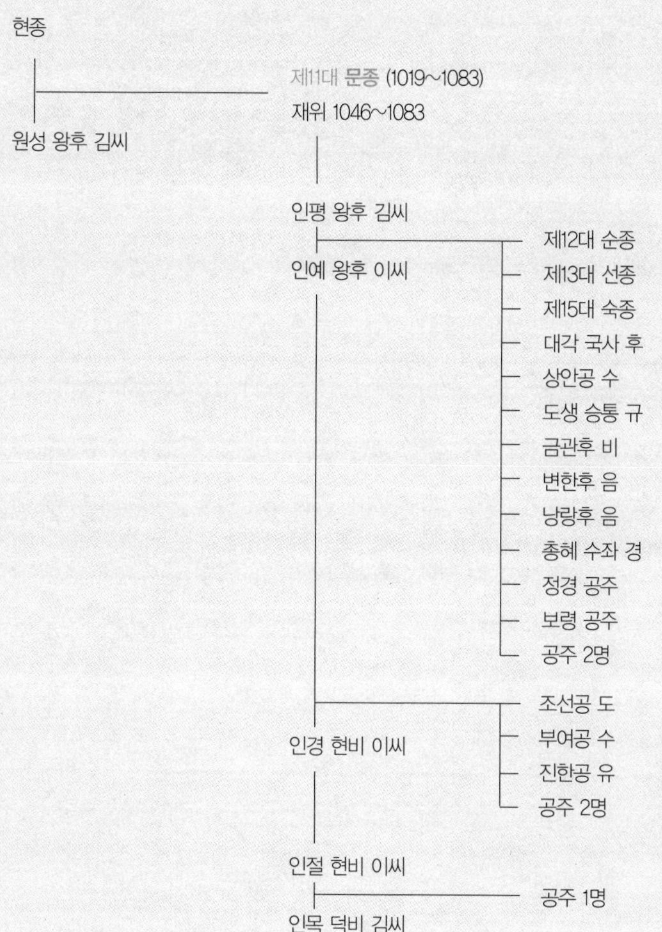
| 문종의 혈계 |
현종
원성 왕후 김씨
제11대 문종 (1019~1083)
재위 1046~1083
인평 왕후 김씨
인예 왕후 이씨
제12대 순종
제13대 선종
제15대 숙종
대각 국사 후
상안공 수
도생 승통 규
금관후 비
변한후 음
낭랑후 음
총혜 수좌 경
정경 공주
보령 공주
공주 2명
인경 현비 이씨
조선공 도
부여공 수
진한공 유
공주 2명
인절 현비 이씨
인목 덕비 김씨
공주 1명

12

부정이 그리워 세상을 놓다

왕위에 올랐으나

순종 대왕의 이름은 훈勳, 자는 의공義恭이며 본 이름은 휴烋였다. 문종의 맏아들이자 인예 태후 이씨의 소생이었던 그는 1047년(문종 1) 12월에 출생하여 8세 때인 1053년(문종 7) 2월에 태자로 책봉되었고, 1083년(문종 37) 7월, 문종이 죽자 37세의 나이로 고려 제12대 왕에 즉위하였다.

세상만사 어떤 일이든 그 시작은 대단한 의욕이 함께하기 마련이다. 순종 또한 문종의 오랜 치세가 끝나고 새롭게 왕이 되자 자신이 해야 할 일을 생각하며 스스로 의욕을 북돋웠을 것이다. 그러나 그의 앞날은 그리 평탄치 않았다.

8월에 문종을 경릉景陵에 장사지낸 순종은 그달 경자일에 신봉루에 나가서 대사령을 내리고, 10월 초하루에는 회경전에서 3일간이나 소재도량消災道場을 베풀고 중 3만 명에게 음식을 먹였다.

이처럼 집권 초기에 왕이 된 사람들이 으레 하기 마련인 몇 가지 일을 해내며 순탄하게 치세를 해 나가는가 싶었으나 원래 병약한 몸인데다 거상 중에 너무 애통해 한 나머지 순종은 병이 위중해지고 말았다. 즉위한 지 3개월 만이었다. 결국 순종은 동복아우 국원공國原公 운運에게 명령하여 나랏일을 임시로 맡아 보게 하였다.

짧은 치세에 대한 이제현의 평

병상에 누워 있던 순종은 죽음을 예감하고 다음과 같은 최후 조서를 내린다.

'내가 근자에 부왕의 유언을 받들어 국가의 중요한 직책을 맡아 보잘것없는 역량으로 그대들과 혼연일체가 되어 장구한 계책을 강구함으로써 조상의 유업을 보전하고 그분들의 공적을 영구히 빛내려 하였더니 뜻밖에도 거상 중의 과도한 애통과 쌓인 근심으로 병이 생기게 되어 시일이 지날수록 점점 더하고 낫지 않으며 첫 겨울이 되면서부터는 마침내 위중하게 되었다. 생각하건대 풍전등화처럼 비몽사몽한 몸으로 어찌 죽기를 면하여 사직을 계속 받들 수 있겠는가! 미리 대책을 세워 뒷일을 위촉해야 되겠다. 나의 동복아우인 수태사 겸 중서령守太師兼中書令 국원공 운은 원래 재능이 많고 덕행도 나날이 발전할 뿐만 아니라 민간 실정에 밝고 자기 사업에 성통하며 정치의 잘잘못을 완전히 이해하고 있다. 만일 그가 왕위에 오르면 백성의 기대에 보답할 만하니 내가 죽거든 즉시 정권을 잡게 하라! 일체 국가 상벌에 관한 중대한 문제를 새 임금에게 문의한 후 처리할 것이며 멀리 떨어진 주, 진 관원들은 다만 본 군에서 애도의 뜻을 표할 것이요, 함부로 자기 임소를 떠나지 말게 하라. 상복 입는 기한은 하루를 한 달로 계산하고 능묘 제도는 극히 검박하게 하라. 아! 슬프다. 사람의 수명이란 한이 있으며 났다가 죽는 것이 한스럽다. 오직 바라는 것은 중대신들과 안팎 문무백관이 한맘 한뜻으로 충성을 다하여 나의 친왕을 도와주기를 부탁한다. 이렇게 함으로써 국가 운명을 길이 유지하여 이 강토를 영구히 맡길 수 있다면 내가 당장 죽은들 다시 무슨 여한이 있겠는가!'

이날 왕은 상차喪次(부모의 영위를 설치한 곳)에서 죽었다. 향년은 37세였다. 시호를 선혜宣惠라 하고 묘호를 순종順宗이라 하였으며 성 남쪽에 장사하니 능호는 성릉成陵이었다.

이제현의 평

부모가 죽어 3년간 상주 노릇을 하는 것은 임금으로부터 일반 백성에 이르기까지 마찬가지이다. 그러나 이른바 어머니의 상복을 입고 죽을 먹으며 수척한 얼굴로 슬프게 우는 것을 모든 사람들이 보고 탄복하였다는 사실은 옛날 중국의 등문공滕文公 이후로는 듣지 못하였다. 그런데 순종은 자기 아버지 문종의 상사를 당하여 과도하게 슬퍼한 나머지 병이 되어 4개월 만에 죽었으니 이를 옛날 제도에 비추어 보면 너무 지나친 바가 있기는 하나 부모를 공경하는 정신만은 지극하다 하겠다.

순종의 후비와 종실들

순종에게는 후비 셋이 있었으며 자식은 없었다.

정의貞懿 왕후 왕씨는 종실 평양공 왕기王基의 딸이다.

선희宣禧 왕후 김씨는 경주 사람으로 대경大卿 김양검金良儉의 딸이다. 순종이 태자로 있을 때 간택에 입선되어 궁으로 들어가 총애를 받았으나 문종은 김씨를 미워하여 외가로 돌아가라는 명령을 내렸다. 그런 까닭에 끝내 아들이 없었다. 칭호를 연복延福 궁주라고 하였으며 1126년(인종 4) 2월에 죽으니 선희 왕후라는 시호를 추증하였다. 1130년(인종 8) 4월 왕이 주관 관리에게 명령을 내려 태묘太廟에서 체제를 지내고 순종 사당에 합사하였다. 1140년(인종 18) 4월에는 공의恭懿라는 시호를, 1253년(고종 40) 10월에는 화순和順이라는 시호를 더하였다.

장경長慶 궁주 이씨는 인주 사람으로 호부 낭중 이호李顥의 딸이다. 순종이 왕위에 오르자 이씨를 맞아들여 비로 삼았는데 왕이 죽은 후 외궁에 거처하면서 궁노와 간통하다가 발각되어 궁주의 자리에서 쫓겨났다.

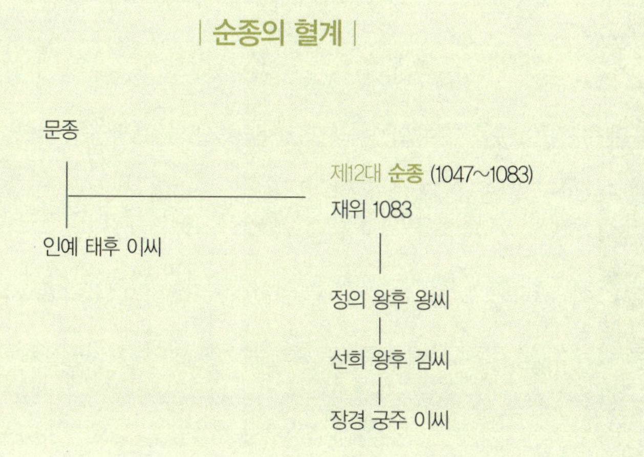

13

고려, 동북아의 중심 국가로 거듭나다

안정 속에서 이어받은 왕위

3개월 사이에 아버지와 형의 죽음을 겪고 경황이 없는 가운데 왕위에 오른 선종은 큰 변화보다는 기존 인물과 체제의 유지를 택한다. 전 왕들이 정치와 국방, 사상, 문화 면에서 워낙 나라의 토대를 탄탄하게 다져 놓은 탓에 변화 없이 그대로 이어가는 것이 유익하리라는 판단 때문이기도 했을 것이다.

문종의 둘째 아들로 1049년 9월에 태어난 선종은 1056년(문종 10) 3월에 국원후國原侯로 책봉되었고, 상서령尙書令에 제수된 뒤 순종 때 수태사守太師 중서령中書令이 되는 등 여러 관직을 거쳐 1083년 10월 순종이 죽자, 그 이튿날 유언을 받들어 즉위하였다.

죽음을 예감한 순종이 임종을 앞두고 내린 최후 조서에서도 밝혔듯 선종은 어려서부터 총명하고 지혜로우며 예를 아는 인물로 고려를 이끌 자질을 충분히 갖고 있었다.

과거의 문을 활짝 열어라

즉위 이듬해인 1084년 정월, 보제사의 승려 정쌍貞雙 등이 선종에게 승과에 관한 의견을 다음과 같이 아뢰었다.

"9개의 절간에서 불교를 공부하는 중들을 진사 규정에 준하여 3년에 1차씩 승직僧職에 선발하도록 하시기 바랍니다."

이는 곧 승려들도 과거 시험을 볼 수 있도록 해달라는 청이었다. 선종은 이들의 청을 수용하여 3년에 한 번씩 승과를 치를 수 있도록 허락하였다. 승려들의 청에 의해 이러한 제도가 마련되었다는 점에서 고려 사회 전반에 불교가 차지하는 비중을 미루어 짐작해 볼 수 있는 대목이라 하겠다.

그런데 승과는 선종 즉위 후에 처음 생긴 것이 아니었다. 고려 광종 때 이미 귀화인 쌍기의 건의로 진사과와 명경과가 창설될 때 승과 역시 마련된 바 있었다. 그러나 광종 대에 마련된 승과는 비정규적이었던 데 반해 선종 대에 이르러 비로소 승과는 3년에 한 차례씩 실시하는 식년제式年制로 격상되었다.

천태종의 개창자, 대각 국사 의천

승과제 실시에서 보는 것처럼 고려의 불교는 선종의 적극적인 장려책에 힘입어 많은 발전을 거듭해 간다. 선종 대의 불교를 이야기하자면 빼놓을 수 없는 사람이 한 명 있다. 바로 대각 국사 의천이다.

의천은 문종의 넷째 아들로서 선종에게는 둘째 동생이 된다. 그는 1055년(문종 9)에 태어났으며 이름은 후煦, 자는 의천義天, 시호는 대각 국사이다.

어느 날 문종이 네 왕자를 불러들인 후에 이렇게 물었다.

"누가 출가하여 복전福田의 이익을 짓겠느냐?"

문종의 말이 떨어지기 무섭게 의천이 일어나 승려가 되겠다는 뜻을 밝히자, 문종은 이를 허락하였다. 1065년(문종 19) 5월 14일 머리를 깎고, 개경의 영통사에 머물게 되면서 그는 본격적으로 승려의 길을 걷기 시작했다.

문종이 죽고 순종이 즉위하였으나 바로 선종이 왕위를 이어받는 왕실의 우여곡절을 바라보면서도 구도의 길만을 걸어온 그가 궁궐 내전에 들어가 송나라로 건너가 구법할 뜻을 간곡히 아뢴 것은 1084년(선종 1) 정월이었다. 그러나 그의 청은 받아들여지지 않았다. 의상의 입당 구법入唐求法의 예를 들면서 눈물로 청하였건만 의천의 뜻이 받아들여지지 않은 것은 거란을 자극할 수도 있다는 대신들의 염려 때문이었다. 비록 승려이지만 그에 앞서 고려의 왕자 신분이다 보니 외교 관계를 고려하지 않을 수 없었던 것이다. 그러나 의천은 구도의 열정을 버리지 않고 선종과 어머니에게 간곡한 뜻이 담긴 편지를 남긴 뒤 제자들과 함께 송나라로 밀항을 한다.

이렇게 하여 송으로 가게 된 의천은 송나라 임금의 따뜻한 영접을 받은 것을 시작으로 14개월 동안 머물면서 50여 명의 고승들을 만나 불법을 묻기도 하고 교류하기도 하였다. 그는 먼저 흥국사에 머물며 인도 불교를 심도 있게 배웠으며 항주杭州 상부사의 주지 정원에게 화엄교를, 종간에게 천태종을 전수받으며 친밀하게 교류하였다. 훗날 고려로 돌아온 의천이 화엄종華嚴宗과 천태종天台宗의 화합을 위해 노력한 것은 정원과 종간에게 받은 영향 때문이었을 것이다.

의천은 14개월 동안 송나라에 머물면서 불교에 대한 국제적인 안목과 종합적인 시각을 키울 수 있었다. 이는 곧 고려 불교 발전의 획기적인 전기가 되었다. 의천이 불법을 공부하고 돌아왔을 때의 환영 의식은 매우 성대하였다고 한다. 의천은 불경과 경서 천 권을 바쳤고, 흥왕사興王寺에 교장도감敎藏都監을 세울 것을 건의하였으며 송, 요, 일본 등지에서 서적을 사들이니 거의 4천 권에 달하였는데 모두 간행하게 하였다.

순종은 뒤이어 1089년(선종 6) 회경전會慶殿에 13층 금탑金塔을 세우고, 인예 왕후仁睿王后의 청에 따라 천태종天台宗의 중심 사찰인 국청사國淸寺를 짓게 하였다. 이는 천태종 개창을 의미하는 것이었다. 이것 외에도 의천은 팔만대장경의 기초가 된 속장경을 마련하는 등 고려의 불교 발전에 지대한 영향을 끼쳤다.

이렇듯 의천이 왕자의 신분으로 송나라까지 다녀온 뒤 왕성한 활동을 통해 불교의 발전을 꾀할 수 있었던 것은 당대의 사회상은 물론이고 선종 임금의 정책이 불교 쪽에 많이 기울어 있었음을 보여준다 하겠다.

동북아의 외교를 주도하다

종교적 입장에서만 보면 불교와 유교는 적대적인 것이 틀림없다. 그러나 나라를 다스리는 선종의 입장에서 바라본 불교와 유교는 공히 부흥을 꾀해야 할 대상들이었다. 불교는 민심을 안정시키고 모든 백성의 심적 유대감을 유지해 나가는 데 없어서는 안 될 대상이었다. 그런가 하면 유교는 그때 이미 고려의 정치를 이끌어 가는 기본 토대를 이루고 있었다 해도 과언이 아니었다. 이런 까닭에 선종은 어느 쪽에도 치우치지 않고 유교와 불교가 균형을 이루며 발전해 갈 수 있도록 배려하였다.

의천에 의해 불교가 비약적으로 발전해 가는 동안 예부禮部의 주장을 받아들여 1091년(선종 8) 국학에 공자의 제자 72현의 초상을 벽화로 그리는데 송나라 국자감의 예를 따르게 하고 복장은 십철十哲을 모방하게 하여 제사를 지내게 한 것이 대표적이라 할 수 있을 것이다. 공자의 가르침을 언행의 기본으로 삼았던 고려 사람들이 이제는 공자를 신적인 존재로 받아들이게 되었던 것이다.

선왕들이 이룩해 놓은 빛나는 업적 위에 불교와 유교의 발전이 이어지면서 나라 상황이 더욱 튼튼해지자 고려는 곧 동북아의 중심 국가로 부상했다. 고려사에서 확인할 수 있듯 선종 대에 이르러 눈에 띄게 늘어난 송과 거란, 여진, 일본과의 교류, 교역 기록이 이를 뒷받침한다. 여진과 일본보다 국력이 우위에 있었던 고려는 그들을 부드럽게 포용하는 한편으로 강경한 정책을 병행하기도 하여 길을 들였고, 거란과 송에 대해서는 대등한 입장에서 상대에 걸맞는 정책을 펼쳐 나갔다. 즉, 늘 영토 분쟁을 겪던 거란에 대해서는 강경한 태도를 유지하며 나라의 이권을 챙기려 들었고, 문화 선진국 송으로부터는 앞선 문물을 적극적으로 받아들이며 교류를 확대해 나갔던 것이다.

이 중 특히 주의 깊게 살펴볼 부분은 거란과의 외교 변화이다. 물론 선왕 대부터 고려는 국력의 신장과 함께 거란에 대해 제 목소리를 당당하게 낼 줄 아는 국가로 발전해 왔다. 그런데 선종 대에 이르러 특히 유례를 찾아볼 수 없을 정도로 강경한 자세를 견지하였으며, 그에 대해 침묵만을 일삼던 거란이 친히 사신을 보내어 고려와의 친선을 도모하였다는 점이다. 고려는 이때 이미 변방의 귀퉁이를 차지한 조그만 국가가 아니라 동북아 최강국 거란과 전쟁을 불사할 만큼 모든 면에서 강력한 위용을 자랑하고 있었던 셈이다. 늘 강대국의 눈치를 살피며 사대 외교로 일관하였던 우리의 역사를 돌이켜 생각해 보면 참으로 통쾌하고 자랑스러운 시대가 아닐 수 없다.

이렇듯 폭넓은 외교와 힘을 바탕으로 한 자주적 통일 국가를 이끌어오던 선종이 과로로 병이 든 것은 1093년 3월의 일이었다. 꺼지기 직전의 촛불이 마지막 불꽃을 화려하게 태우듯 잠시 쾌차하여 정국을 이끌어 가던 선종은 이듬해 5월에 병이 악화하여 연영전延英殿에서 승하하였다.

1092년(선종 9) 병이 들어 의원이 처방한 약을 먹고 다음과 같은 시를 지었다고 한다.

"약효가 있고 없음이야 무엇을 염려하랴. 덧없는 인생 시작이 있었으니 어찌 끝이 없으리. 오직 원하는 것은 여러 가지 선행을 닦아 청청한 곳에 올라 부처에게 예를 드림이네."

향년 46세로 재위 기간은 10년 7개월이었다. 능은 개성에 있는 인릉仁陵이며, 시호는 사효思孝이다.

선종의 후비와 종실들

선종에게는 후비 셋과 아들 넷, 딸 셋이 있었다.

정신貞信 현비 이씨는 인주 사람으로 평장사 이예李預의 딸이다. 선종이 국원공國原公으로 있을 때에 맞아들여 비로 삼았는데 경화敬和 왕후를 낳고 죽으니 시호를 정신이라고 하였다. 1107년(예종 2)년 예종이 선종의 묘정에 합사하려 하였으나 간관들이 왕이 즉위한 후 얼마되지 않아 죽었음을 이유로 반대하자 예종은 이 말을 따랐다.

사숙思肅 태후 이씨는 인주 사람으로 공부 상서 이석李碩의 딸이다. 칭호를 연화延和 궁비라고 하였으며 처음 선종이 국원공으로 있을 때에 맞아들였다. 헌종獻宗과 수안택주遂安宅主를 낳았다. 선종이 왕위에 오르자 왕비로 책봉하고, 헌종이 즉위한 후 태후로 존칭하였으며 그의 궁전 이름을 중화전中和殿이라고 정하고 부를 설치하여 영녕부永寧府라고 하였다. 당시 왕은 나이가 어려 정무를 처결하지 못하였으므로 태후가 집정하여 군사와 행정을 포함한 일체 정사를 모두 맡아 처리하였다. 헌종이 죽으니 주관 관리가 영녕부 및 중화전의 칭호를 폐지할 것을 청하였다. 그가 죽으니 시호를 사숙 태후라고 하였다.

1140년(인종 18) 4월에는 정화貞和라는 시호를, 1253년(고종 40) 10월에는 광숙匡肅이라는 시호를 추가하였다.

원신元信 궁주 이씨는 인주 사람으로 평장사 이정李頲의 딸이다. 칭호를 원희 궁비라고 하였으며 한산후漢山侯 윤昀을 낳았다. 헌종이 왕위에 오르자 비의 오빠 추사 이자의李資義가 윤을 받들어 왕으로 삼으려고 하였으므로 즉위한 후에 궁주와 윤을 경원군으로 귀양 보냈다.

선종은 자식이 없어 셋째 부인인 원신 궁주를 맞이했으나 여전히 아이는 생기지 않았다. 이를 걱정하던 궁주의 꿈속에 어느 날 두 도승이 나타나 말하였다.

"우리는 장지산長芝山 남쪽 기슭에 있는 바위틈에 사는 사람들이오. 배가 매우 고프니 먹을 것 좀 주시오."

하고는 홀연히 사라졌다.

꿈에서 깬 궁주가 선종에게 꿈 이야기를 하자 왕은 곧 사람을 보내어 살펴보게 하였다. 장지산 아래에 큰 바위 두 개가 나란히 서 있다는 보고를 받은 선종은 즉시 이 바위에 두 불상을 새기고 사찰을 지어 불공을 드리도록 하였다. 그리하자 그해에 원신 궁주에게는 태기가 있었고, 왕자 한산후가 탄생했다는 것이다. 불상이 조성된 곳은 보물 제93호로 지정된 용미리 석불 입상이다.

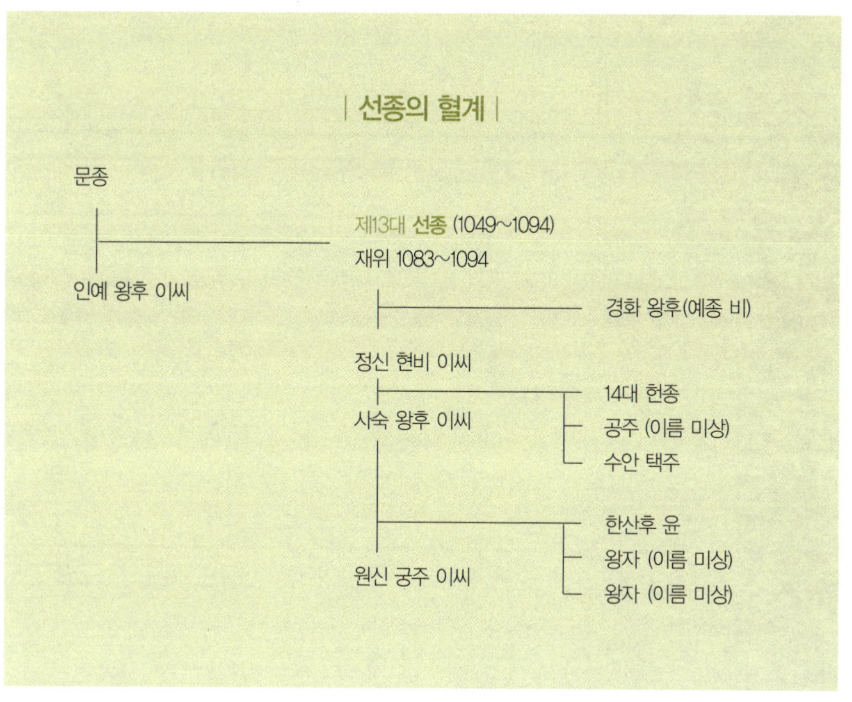

14

어찌 임금이 되었던고!

누가 왕이 되어야 하나

덕종과 정종이 그러했고, 선종이 그러했던 것처럼 왕의 소생이 어리거나 없을 때는 그 동생에게 왕위를 물려주는 것이 전통처럼 굳어버린 시대였다. 선종이 재위 10년 7개월 만에 임종하자, 조정의 대신들과 왕의 형제들은 11세에 불과한 선종의 아들 욱 대신에 선종의 동생이자 문종의 셋째 아들인 계림공 왕희王熙(옹顒)가 대권을 이어받을 줄 알았다. 그런데 선종은 세상 사람들의 믿음을 저버리고 자신의 아들 욱에게 왕위를 물려준다.

욱은 선종과 두 번째 비 사숙 태후 사이에서 1084년(선종 1) 6월에 태어났는데 아주 어려서부터 소갈증, 즉 당뇨병에 시달린 관계로 왕권을 이어받는 데 문제가 많은 사람이었다. 자리가 그 사람을 만든다지만 원래부터 어울리지 않는 사람을 왕위에 앉힘으로써 실로 오랜만에 고려 조정에서는 피비린내 나는 왕권 쟁탈이 벌어지고 만다. 자기 자식에게 왕위를 물려주고자 하는 선종의 마음을 모르는 바 아니지만 지나친 욕심이 결국 아들의 운명을 더 끔찍한 구렁텅이로 몰아넣은 셈이 되고 말았다.

기실 11세의 어린 헌종은 단 한번도 정권의 중심에 서 있을 수가 없었다. 왕위에 오른 직후에는 어머니 사숙 왕후가 섭정을 하는 바람에 그 치마폭에 휘감긴 채 병마와 싸웠고, 삼촌에게 왕위를 찬탈당한 뒤에는 얼마 남지 않은 목숨이나마 부지하고자 후궁으로 물러나 있다가 비참한 최후를 맞이했다.

당시 헌종이 이어받은 왕위를 노리는 사람은 한두 명이 아니었다. 문종과 인예 왕후 사이에서 태어난 세 번째 왕자 계림공 왕희와 상안공 왕수, 인경 현비 이씨의 소생 조선공 왕도와 부여공 왕수, 진안공 왕유가 그들이었다. 게다가 선종의 제3비 원신 궁주 이씨의 소생 한산후 왕윤도 타의에 의해 왕권 쟁탈에 끼어들었다. 이렇듯 어지러운 시국 아래에서 어린 임금 헌종은 그야말로 무늬만 임금인 허수아비 같은 나날을 보내야 했다. 어찌 보면 헌종은 왕권을 노리는 후보 중 가장 강력한 인물이라 할 수 있는 계림공 왕희에게 모든 것을 넘기고 편안하게 일생을 보내는 것이 더 나을지도 모를 일이었다.

폭풍의 전조

바야흐로 헌종의 병세는 악화 일로를 걷고 있었다. 왕권을 노리는 사람들 입장에서는 결전의 시간이 속속 다가오는 셈이었다.

선종의 제3비 원신 궁주는 인주 이씨 가문 출신으로서 강력한 친정

세력을 배후에 두고 있었다. 특히 헌종이 왕위에 오른 뒤 중추원사가 된 이자의李資義는 사숙 태후와 사촌지간이자, 원신 궁주의 오빠로서 그 누구도 제어할 수 없을 정도로 강한 권력과 재력을 가진 사람이었다. 그는 사사로이 사병을 기르는 중이기도 하였는데 조카 한산후 왕윤의 대권을 강력하게 지원하고 있었다.

사정이 이렇다 보니 강력한 대권 경쟁자 계림공 왕희와 이자의는 반목할 수밖에 없었다. 이에 따라 왕희와 이자의를 지지하는 사람들로 패가 갈렸는데 왕희를 지지하는 사람으로는 평장사 소태보邵台輔, 이자의를 지지하는 사람으로는 평장사 이자위李子威와 합문지후 장중張仲이 대표적이었다.

조정은 다시 피로 물들고

1095년(헌종 1) 정월 초하루에 해 옆에 혜성이 나타났는데 태사太史가 아뢰기를

"해의 곁에 혜성이 있음은 근신近臣의 난이 있을 징조이니, 제후 중에 배반하려는 자가 있겠습니다."

라고 하였다. 이 말이 있은 지 얼마되지 않은 7월 어느 날 밤이었다.

왕희가 소태보의 집으로 은밀하게 발걸음을 내딛고 있었다. 야망에 사로잡힌 그의 눈빛은 어둠 속에서 번들번들 빛을 내고 있었다.

이윽고 소태보의 집 사랑방으로 들어간 그는 영문을 몰라 어리벙벙한 표정을 짓는 소태보에게 단호한 어조로 소리쳤다.

"근자에 이자의의 움직임이 심상치 않다는 것은 누구나 다 아는 사실이오. 필시 일을 꾸미는 것이 분명하오. 당하기 전에 먼저 손을 쓰

는 것이 상수이니 군사들을 동원하여 그와 그를 따르는 무리를 없애 버려야 할 것이오."

소태보 또한 언제고 이런 날이 오리라는 것을 예상하고 있었다. 그는 왕희의 명이 떨어지기 무섭게 상장군으로 있는 왕국모에게 편지를 보냈다.

'이자의가 반란을 꾀하고 있소. 상황이 급박하니 즉시 군사를 이끌고 궁으로 들어가 왕을 호위토록 하오.'

소태보의 편지를 받아 읽은 왕국모는 곰곰 생각에 잠겼다. 상대는 그리 만만히 볼 자가 아니었다. 필시 군사를 일으켜 주변을 소란케 하면 그 또한 이에 대응하려고 군사를 모을 것이고 양쪽이 피를 흘리게 될 것이 불을 보듯 훤했다. 상장군 왕국모는 장사長史 고의화高義和를 급히 불러들였다.

"드디어 명이 떨어졌소. 새로운 왕이 일어서려는 순간이오. 즉시 군사를 데리고 가서 이자의를 없애 버리도록 하오."

고의화 또한 그리 꽉 막힌 인물이 아닌 터라 명을 받자마자 수하 장수들을 데리고 신속하게 움직였다. 마침 이자의는 궁에 있었다. 고의화는 궁궐 뜰에서 이자의와 마주치자마자 단칼에 그를 죽였다. 피를 보고자 칼을 들었으니 적의 수장뿐만 아니라 그 수하들까지 깨끗하게 청소를 해야 뒤탈이 없을 터였다. 고의화는 연달아 이자의를 따르던 합문지후 장중과 중추원 당후관 최충백 등 주요 인물들을 베어 버렸다. 뿐만 아니라 이자의의 집으로 달려가 그 아들 이지소의 목을 베고 50여 명의 관련자들을 색출하여 변방으로 귀양 보냈다. 이로써 왕희와 왕권을 다투던 이자의 세력이 몰살당했고, 대권 경쟁의 추는 왕희 쪽으로 완전히 기울었다.

스스로 내준 왕위

이자의 세력을 몰살함으로써 나라의 권력을 한 손에 틀어쥐게 된 왕희는 즉각 이자의를 편들었던 사람들을 하나하나 가려내어 멀리 귀양 보냈다. 뿐만 아니라 선종의 비 원신 궁주와 그 소생 한산후 왕윤과 형제들마저 귀양을 보냈다.

정적들을 모두 제거한 뒤 왕희가 착수한 일은 조정의 모든 인물들을 자기 입맛에 맞는 사람으로 갈아치우는 것이었다. 소태보를 위시하여 정적을 제거하는 데 공을 세운 모든 사람에게 중책을 맡겼는데 사정이 이렇다 보니 허수아비 왕에 불과한 헌종과 모후는 그 누구에게도 관심을 받지 못했다. 심지어 백관들은 왕과 모후를 궁궐에 남겨 둔 채 안건이 있을 때마다 일일이 왕희의 집으로 찾아가 국정에 대하여 보고하거나 결정을 기다리곤 하였다.

이러한 상황이다 보니 헌종과 모후는 늘 생명의 위협에 시달렸을 터였다. 공포심과 압박감을 견디다 못한 헌종은 결국 1095년 10월, 지병이 악화되었다는 핑계를 대고 왕희에게 양위한 뒤에 물러나 편안한 삶을 구하고자 하였다.

그러나 헌종은 왕위를 내놓은 뒤에도 심한 압박감과 공포에 시달려야 했다. 그 바람에 헌종은 1097년(숙종 2) 2월 14세라는 어린 나이에 죽음을 맞이하고 만다. 시호는 회상懷殤이었다가 예종 때 공상恭殤으로 바뀌었으며 능은 개성에 있는 온릉穩陵이다.

겉보기에는 양위한 것처럼 보이지만 왕희에게 왕위를 찬탈당한 것이나 마찬가지인 헌종에 대하여 이제현은 다음과 같은 평을 내렸다.

고대 중국의 하우씨夏禹氏가 왕위를 아들에게 전한 것은 후세의 찬역을 염려한 조치였던 바 그 후 유복자를 임금으로 세워 곤룡포를 입혀 놓아도 세상이 동요하지 않은 것은 명분이 정해져 있기 때문이었다. 헌종의 세 아들은 형제끼리 서로 왕위를 전해서 순종에게까지 미쳤으나 순종이 거상 중에 너무 슬퍼하다가 일찍 죽고 아들이 없어서 선종에게 전했으며 선종이 죽은 다음 태자가 뒤를 이었는데 이가 헌종이었다. 나라 사람들이 여러 왕대에서 형제끼리 왕위를 주고받은 데 견문이 익어서 대번에 '선종은 아우가 다섯이나 있는데 어린 아들을 세운다' 고 하여 이것만을 잘못으로 여기니 어째 그리 생각하지 못하는고? 다만 문제로 되는 것은 근친 중에 주공周公과 같은 이가 없고 신하들 가운데 곽광霍光과 같은 사람이 없어서 나랏일을 맡겨 정치를 보좌하지 못하였기 때문이다. 이렇게 되면 나라의 운명이 위태롭고 정치가 어지러워질 것은 뻔한 일이다. 후세에 만일 불행한 일이 있어서 강보유아에게 중대하고 어려운 사업을 맡기게 될 때에는 이것으로써 교훈을 삼아야 할 것이다.

헌종의 후비와 종실들

어린 나이에 죽어 후비와 자식이 없다.

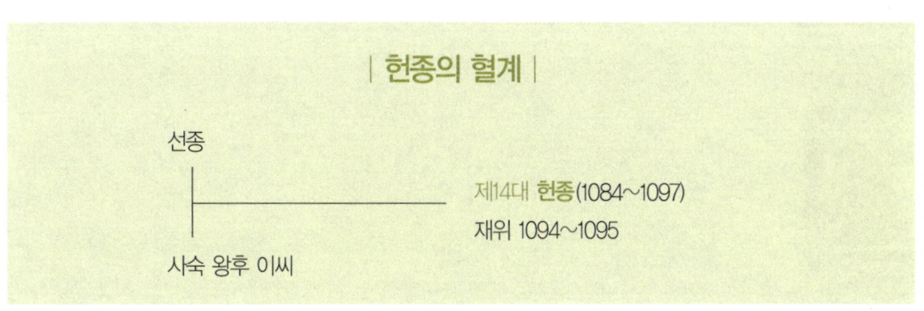

15

부국강병의 꿈

동요하는 고려

비록 조카의 왕위를 찬탈하였으나 그것이 전부 숙종의 잘못이라고 몰아붙일 수만은 없는 노릇이었다. 전왕들이 형제에게 왕위를 물려주곤 하여 남은 형제들이 적잖이 기대를 할 수밖에 없는 상황인데다 주변의 대신들까지 11세의 어린 헌종에게 왕위를 물려준 선종에 대해 언짢은 마음을 품고 있었기 때문이다. 즉, 전반적인 사회 분위기가 숙종의 욕망을 부채질하고 있었다 해도 과언이 아니었다.

사실 숙종은 아버지 문종으로부터 후일에 왕실을 부흥시킬 자라는 말을 들을 정도로 사랑을 많이 받았으며 천기 보는 사람이 임금이 될 징표를 갖춘 자라고 떠받들기까지 한 인물이었다. 총명한데다 부지런하고 검소하며 도량이 크고 기질이 군세며 매사에 과단성이 있고 학문에도 밝았다.

헌종이 스스로 양위하는 형식으로 권좌에 오른 숙종은 정적들을 숙청하고 귀양 보내는 등 왕위 찬탈과 관련된 최종 과정을 마무리 짓고 국정과 민심 안정을 도모하기 시작한다.

그러나 한차례 피바람이 몰아친 탓에 뒤숭숭한 분위기는 좀처럼 가시지 않았다. 이에 숙종은 신봉루에 나가서 죄수들을 방면해 주는가 하면 나이 많은 노인과 환자를 돌보는 등 민심 안정에 최선을 다했다. 아울러 관료들을 새롭게 임명하고 팔관회를 열기도 하였다.

숙종의 이러한 노력 덕분에 동요하던 고려의 정세는 아주 서서히 안정을 찾아가기 시작했다. 숙종은 문종의 예언대로 고려의 부흥을 위해 많은 일을 이루어낸다.

부국강병의 꿈

고려의 왕가는 대대로 성골 왕족을 중심으로 족내혼族內婚이 성행하였다. 이는 왕가의 혈통과 뿌리를 지켜나가기 위해서였다. 그러나 족외혼族外婚과 가족 윤리를 중시하는 유학자들이 득세하면서 왕가의 이러한 전통은 알게 모르게 위협을 받는다. 주변에서 자신을 보위하는 대신들마저 유림 출신이고 보면 숙종은 족내혼 금지를 부르짖는 그들의 요구를 끝까지 무시할 수 없었을 터였다. 이에 따라 숙종은 1096년(숙종 1) 결국 6촌 이내의 혼인을 금지시킨다. 그러나 숙종이 마지못해 받아들인 결혼 정책은 실효를 거두지 못한다. 백성 사이에서만 지켜졌을 뿐 왕족들은 여전히 왕가의 혈통과 뿌리를 지켜야 한다는 욕구가 강렬했던 것이다.

만백성의 아버지로서 권좌에 오른 임금들은 공통되는 하나의 꿈을 가슴에 품기 마련이다.

부국강병.

군대를 강하게 길러내어 외침의 위협이 없는 가운데 나라를 부유하게 하여 백성의 삶을 편안하게 만들어주는 것 말이다. 숙종은 이러한 욕구가 그 어느 임금보다 강한 사람이었다.

숙종은 1097년 주전관鑄錢官을 두고 주화를 만들어 통용시켰으며, 1101년(숙종 6)에는 본국의 지형을 본떠서 은병을 주조하고, 이듬해에는 고주법鼓鑄法(돈 만드는 법)을 제정하여 해동통보海東通寶 1만5천 관을 만들어 문무 양반과 군인들에게 분배하였다. 당시 고려 사람들의 경제 활동을 보면 물품으로 거래하는 물물교환의 형태를 띠고 있었다. 이러다 보니 한계가 분명하여 백성의 경제 활동과 국가 재정 확충에 많은 어려움이 있었다. 이를 극복하고자 마련한 화폐제도는 가히 혁명적이라 해도 과언이 아닐 정도였다.

이와 함께 숙종은 1099년(숙종 4) 김위제의 주장을 받아들여 남경 개창도감南京開創都監을 설치하고 남경(한양)에 궁궐을 조성하고자 한다. 김위제가 남경 천도를 주장하게 된 배경을 살펴보면 숙종이 이자의 무리를 주살하고 조카 헌종의 왕위를 찬탈한 일과 무관하지 않았다. 때마침 남경 부근에 심한 서리와 우박이 내린 것이다. 김위제는 이를 찬탈과 살육에 대한 하늘의 응징이라고 생각하였으며 그 대응책으로 남경 천도를 주장한 것이었다.

남경 개창도감의 설치와 함께 숙종은 최사추崔思諏와 윤관尹瓘, 문상文象 등을 양주에 파견하여 적당한 궁궐터를 찾아보도록 하였다. 이리하여 1104년(숙종 9) 5월 남경궁南京宮을 낙성하였다.

또한 숙종은 비서성에 쌓아둔 책판이 훼손되는 것을 막고, 관학을 진작시키고자 1101년(숙종 6) 국립대학인 국자감 안에 서적포書籍鋪를 설치하였다. 이는 국자감 안에 소속된 출판부라고도 할 수 있었는데 비서성에 소장된 책판을 모두 이곳으로 옮겨 인쇄하였고, 이를 널리 보급하였다.

1102년(숙종 7)에는 예부에서 다음과 같은 주장을 하였다.

"우리나라가 예의로 교화하기는 기자箕子로부터 비롯되었으니, 원컨대 그 분묘를 찾고, 사당을 세워 제사하십시오."

이에 따라 숙종은 서경에 기자사箕子祠를 세웠으며, 유학을 부흥시키고자 공자의 묘에 선비들을 배향하기도 하였다. 숙종은 여기서 그치지 않고 불교를 진흥시키는 데도 노력을 아끼지 않았다.

부국강병의 꿈을 이루려고 숙종이 이처럼 다방면에 걸쳐 노력하고 있을 때, 하나의 도전처럼 국제 관계가 급변하기 시작하였다. 거란이 힘을 잃고 약해진 틈에 여진이 날로 강성해지고 있었던 것이다. 숙종으로 하여금 여진 정벌을 결심하게 한 일련의 사건들을 자세히 살펴보기로 한다.

여진을 정벌하라

일찍이 고려 출신 의원으로서 완안부完顔部에 가 있으면서 병을 잘 고치는 사람이 있었다. 그때 동 여진의 추장 영가盈歌의 친척 중에 환자가 있었는데 만일에 병을 고친다면 의원을 고국 고려로 보내주겠다고 약속하였다. 이 말을 듣고 신이 난 의원은 정성을 다해 환자를 치료한 끝에 완치시켰다. 영가가 약속대로 사람을 시켜 의원을 국경까지 전송하였다. 고려로 돌아온 의원은 즉시 숙종 앞으로 나아가 다음과 같이 아뢰었다.

“흑수에 사는 여진인들은 그 부족이 날로 번성하며 군사가 더욱 강해지고 있습니다.”

여진에 대해 크게 신경 쓰지 않던 고려에서는 의원의 말에 깜짝 놀라 여진과 사절을 교환하며 외교 관계를 열어가기 시작하였다.

비록 상호 왕래하며 교류하고 있었으나 숙종은 급변하는 국제 정세에 발맞추기 위해 애를 많이 써야 했고, 여진에 대한 경계심을 한시도 늦추지 못하였다.

그러던 중 1104년(숙종 9) 정월에 동여진의 추장 오아속烏雅束이 별부別部의 부내로夫乃老와 사이가 좋지 못하여 공형지조를 시켜 부내로를 치면서 그 기병을 정주定州 관문 밖에 주둔시켰다. 여진의 도발이 분명하다고 판단한 숙종은 곧 문하시랑평장사 임간林幹을 판동북면 병마사로 임명하고 정주를 지키게 하였다. 그러나 정주 성 밖으로 나가 여진의 기마병에 맞서 싸우던 임간은 대패하여 물러나고 만다.

숙종은 임간을 탄핵한 뒤에 추밀원사 윤관을 동북면 행영 병마 도통으로 임명하고 중광전에 나가서 병기를 주어 전선으로 다시 보냈다. 그러나 윤관 또한 여진의 기마병을 견뎌내지 못하고 화의를 체결한 뒤에 돌아왔다.

숙종은 무엇보다 부국강병의 꿈이 훼손된 것을 견디기 어려웠을 것이다. 이 때문인지 윤관이 별무반別武班 창설을 건의하자 적극 수용하였다. 이때 윤관이 주장한 내용은 다음과 같았다.

“신이 여진에게 패한 것은 저들은 기병이고, 우리는 보병이므로 대적할 수 없었습니다. 저들의 기병을 깨뜨릴 새로운 군대 창설이 필요한 줄 아뢰오.”

숙종은 드디어 기병으로 구성된 신기군神騎軍, 보병으로 구성된 신보군神步軍, 승도僧徒들로 구성된 항마군降魔軍을 두어 별무반이라 칭하고 여진 정벌을 준비하게 하였다.

미완의 꿈을 남겨둔 채

안으로는 부유한 나라를 건설하고, 밖으로는 군사적으로 강한 나라를 만들어가고자 하는 숙종의 꿈은 이후에도 지속적으로 펼쳐졌다.

그러나 1105년 서경에 순행하여 동명왕東明王 묘에 제사하고 돌아오는 길에 숙종은 그만 병이 들고 만다. 하여 부랴부랴 개경으로 돌아오는데 숙종에게 남은 시간은 그리 많지 않았다. 도중에 수레 안에서 숨이 끊어지고 말았던 것이다.

왕의 향수는 52세요, 왕위에 있은 연수는 10년이었다. 시호는 명효明孝라 하고 묘호는 숙종肅宗이라 하였으며 송림현松林縣에 장사하니 능호는 영릉英陵이다.

숙종의 후비와 종실들

숙종에게는 한 명의 후비와 아들 일곱, 딸 넷이 있었다.

명의明懿 왕후 유씨는 정주 사람으로 문하시중 유홍柳洪의 딸이다. 칭호를 명복明福 궁주라고 하였다가 후에 연덕延德 궁주라고 고쳤다. 1097년(숙종 2) 궁주가 아들을 낳으니 왕은 사신을 파견하여 조서를 내리고 은그릇, 비단, 포목, 곡식, 안마를 주었으며 1099년 3월로 왕비로 봉하였다.

명의 왕후는 예종睿宗 및 상당후上黨侯 필佖, 원명 국사圓明國師 징엄澄儼, 대방공帶方公 보俌, 대원공大原公 효侾, 제안공齊安公 서偦, 통의후通義侯 교

僑와 대령大寧, 흥수興壽, 안수安壽, 복녕福寧 네 궁주를 낳았다.

예종이 왕위에 오르자 왕태후의 존호를 올리고 궁을 천화전天和殿이라고 하며 부를 숭명부崇明府, 그 생일을 지원절至元節이라고 하였다.

1112년(예종 7) 7월에 왕태후의 병이 위독하므로 왕이 급히 달려가서 왕궁으로 들어가자고 청하여 행차하던 도중 신박사信朴寺까지 왔을 때 왕태후가 죽었다. 왕이 백관을 인솔하고 명의 왕태후라는 시호를 올렸다.

그해 8월 숭릉崇陵에 장사하였으며 1113년(예종 8) 요나라에서 사신을 파견하여 조문하고 제사하였는데 우리나라에서 선조 이래로 태후가 돌아가신 장사에 이웃 나라에서 사신을 파견하여 조문하고 제사지낸 예는 없었다. 1140년(인종 18) 4월에 유가柔嘉라는 시호를 추가하였고 1253년(고종 40) 10월에는 광혜光惠라는 시호를 추가하였다.

대방공 왕보의 3대손인 왕공王珙은 인종의 딸 영화 궁주永和宮主에게 장가들었고 소성백邵城伯으로 책봉되었으며 1182년(명종 12)에 수사도와 소승후로 승진되었다. 왕공은 성품이 욕심 많고 비열하여 물건을 살 때는 종을 시켜 강탈하게 하고 값을 주지 않았으며 물건 파는 사람이 혹시 값을 달라고 하면 구타와 욕설을 퍼부어 많은 사람들이 괴로워하였다. 어느 날 추밀부사 조원정曺元正의 종이 시장에 나가 꿩 두 마리를 팔고 있는 것을 공의 종이 강탈하여 조원정은 법관에게 빼앗긴 꿩을 돌려줄 것을 청하였다. 법관은 왕공의 종을 가두고 아주 혹독하게 고문하였으며 이 사건으로 왕공은 연좌되어야 했으나 조원정에게 은 6근을 뇌물로 주고 죄를 모면하였다. 이 소식을 들은 사람들은 왕공의 횡포가 좌절되고 모욕당한 것을 기뻐하였다. 왕공은 48세에 등창이 나서 죽었는데 서울 사람들이 모두 다 우리들은 살아났다고 말하며 좋아하였다.

제안공 왕서는 이자겸이 정권을 잡고 왕에게 아뢰어 대방공, 태원공과 모든 명망 높은 인물들을 귀양 보내자 자신도 모면하지 못할 것이 두려워

호위병을 철거할 것을 청원하였다. 그리고 문을 닫고 손님을 접견하지 않았으며 술을 함부로 마시면서 자기 존재를 감춘 덕분에 화를 모면할 수 있었다. 그는 시호를 사절思節이라고 하였다.

왕서의 아들 왕장王璋은 사공司空으로 있었으나 평소에 무뢰한으로 활쏘기와 말타기를 즐겼으며 직장 동정直長同正 이구수와 함께 음주, 도박하고 격구擊毬를 하였다. 의종의 아우인 승려 충희沖曦가 흥왕사에 있을 때 왕장이 자주 놀러갔는데 흥왕사 담당 내시內侍 박회준朴懷俊이 두 사람이 불측한 뜻을 품고 있다고 왕에게 아뢰었다. 그리하여 1155년(의종 9)에 왕장의 작위를 삭탈하고 이구수와 함께 인주에 귀양 보냈는데 왕장은 그곳에서 화병이 나서 죽었다.

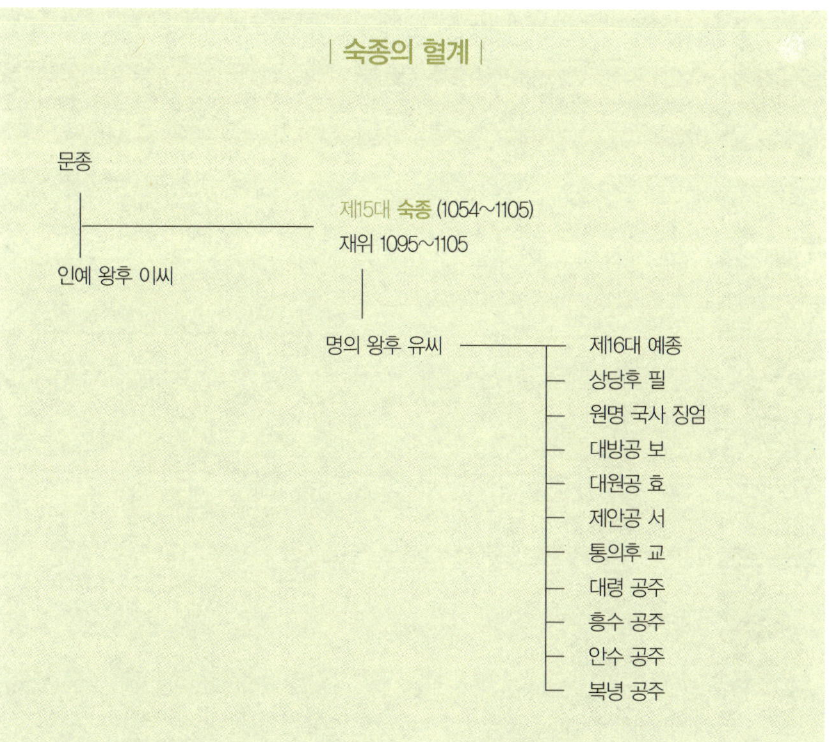

16

중립 외교로 실리를 취하다

예종

여진 정벌에 대한 맹세의 글

예종은 숙종과 명의 왕후 유씨 사이에서 1079년(문종 33)에 맏아들로 태어났다. 아버지 숙종이 왕위에 오른 것이 1095년이니 예종은 그때 이미 17세로서 장성한 상태였다. 이름은 우俁요, 자는 세민世民으로 어릴 때부터 침착하고 도량이 있었으며 유학을 좋아하였다.

그는 장성한 나이임에도 불구하고 태자로 책봉되지 못하다가 1100년(숙종 5)에야 왕태자가 되었다. 이렇듯 세자 책봉이 늦어진 이유는 숙종이 조카 헌종으로부터 왕위를 찬탈한 처지였던 점이 가장 커 보인다. 그의 즉위 과정을 살펴보면 왕권의 장자 상속에 반기를 든 것이나 마찬가지였다. 따라서 줄줄이 버티고 선 형제들을 외면한 채 숙종 스스로 자기 아들에게 왕권을 넘겨주기가 몹시 부담스러웠을 것이다. 당시 숙종의 형제들 중 왕권을 이어받을 만한 인물로는 문종과 인경 현비 이씨 사이에서 태어난, 숙종의 이복동생 부여공 왕수가 있었다. 그러나 왕수는 예종이 태자로 책봉되기 바로 전 해에 역모 혐의를 받고 유배 길에 오르는 신세가 되어 버린다. 게다가 숙종이 가장 아끼던 둘째 아들 상당후 왕필마저 갑작스럽게 죽자, 숙종은 예종을 태자로 책봉하기에 이른다.

비록 부왕의 절대적인 믿음 속에 태자로 책봉되지는 못하였지만 이미 장성한 나이였던 터라 예종은 숙종의 비원悲願을 잘 알고 있었고, 그것을 이루기 위해 재위 기간 내내 온갖 노력을 아끼지 않았다.

『숙종실록』 부분에서 이미 언급한 바와 같이 늘 인근 국가의 눈치를 보며 억눌려 있던 여진의 부상으로 인한 정세의 변화는 고려는 물론이고 거란에까지 파급되어 갔다. 힘이 생기면 영토에 대한 욕심이 생기고, 인근 국가들을 누르고자 하는 욕구가 생기기 마련이다. 이에 따라 동북아 일대에는 일시에 전운이 감돌기 시작했고, 몇 차례 여진의 침략을 받아 크게 패하게 되자 숙종은 비원을 품은 채 세상을 달리하였다.

숙종의 비원

그것은 숙종이 남긴 여진 정벌에 대한 서소誓疏(맹세하는 축원문)에 잘 나타나 있다. 여진은 원래 고구려의 한 부락으로서 개마산蓋馬山 동편에 모여 살면서 대대로 고려에 조공하여 온 족속이었다. 그런데 갑자기 세력이 불어나며 강성해지자 고려를 배반하였다. 1105년(숙종 10)에는 고려의 경비가 약한 틈을 타서 전란을 도발하여 고려 백성을 살육했고, 납치해 노예로 삼기도 하였다. 이에 진노한 숙종은 군대를 정비하고 장차 여진을 정벌하려 하던 차에 세상을 떠나게 된 것이었다.

이러한 과정을 잘 알고 있었기 때문에 예종은 좌우 신하들에게 다음과 같이 말하였다.

"큰 효도란 어버이의 뜻을 잘 계승하는 것이다. 내가 오늘 삼년상을 마치고 국사를 총람하기 시작하였으니 어찌 정의의 칼을 들어 저 무도한 적을 정벌함으로써 선군이 당하신 치욕을 깨끗이 씻지 않을 수 있겠는가?"

예종은 이러한 말과 함께 중광전의 불감佛龕 속에 간직해 두었던 숙종의 여진 정벌에 대한 서소를 가져다가 양부 대신들에게 보였다. 대신들은 그 글을 읽고 울지 않는 자가 없었다 한다.

"선대 임금께서 남기신 뜻이 이같이 심절하신데 어찌 적에 대한 복수를 잊을 수 있으리까?"

대신들까지 한 목소리로 여진 정벌을 주장하고 나서니 예종은 거칠 것이 없었다.

출진에 앞서 민심을 돌아보다

큰 싸움을 앞두고서는 혹시 모를 배후의 적을 미리 살펴 달래는 것이 우선이다. 이와 함께 필히 챙겨야 할 것은 나라의 내실을 다지는 일이라 할 수 있을 것이다. 고려의 경우 배후의 적이 있을 리 없기 때문에 예종은 정치 체제를 전시에 맞게 개편하고, 백성의 삶을 미리 살펴 편안하게 만들어 놓는 것이 우선 과제라고 생각했다.

예종은 1105년 11월 무술일에 종실 영瑛을 수태위로, 원源을 검교태위 수사도로, 위계정魏繼廷을 수태위 문하시중 상주국으로, 최홍사

崔弘嗣와 이오李頫를 문하시랑평장사로, 윤관尹瓘을 중서시랑평장사로, 임의任懿를 상서좌복야 참지정사로, 정문鄭文을 검교 사공 예부상서로, 김경용金景庸을 태자태사 수사공으로, 강증康拯을 지어사대사로 각각 임명하였다.

이렇게 조정을 개편하고 나서 예종이 가장 먼저 관심을 기울인 것은 선량한 백성의 빈곤한 삶이었다. 예종이 내린 조서의 내용을 잠시 살펴본다.

'내 듣건대 민간에서 사고파는 미곡과 은품銀品의 질이 몹시 나쁘다고 한다. 대개 간교한 자들이 법을 무시하고 이익에만 몰두하여 모래와 흙을 쌀에 섞으며 구리와 철을 은에 혼동 시켜 어리석은 백성에게 협잡을 부리는 것이니 이는 천지신명의 뜻에 어그러지는 것이며 백성이 빈곤해지는 원인이 되고 있으니 법으로써 징계하여야 하겠다.'

이렇듯 백성의 생활과 직결되는 유통 문제에까지 일일이 관여하여 민심을 안정시키고자 노력했던 예종은 같은 조서 내에서 요순시대의 정치를 구현하고자 하는 원대한 포부를 밝힌다.

'요순시대에는 오형五刑에 해당한 죄를 의관으로 구별하였으되 백성이 법을 위반하지 아니하여 형벌이 쓸데없게 되고 사람마다 선량하였던 것이니 나는 이를 매우 부럽게 생각한다. 바라건대 안팎 군민과 공인, 상인 등 모든 사람들이 마음을 개변하여 착한 일을 하고 죄를 범하지 않는다면 저절로 형벌이 없어지고 나의 교화가 침투될 것이다.'

예종은 백성의 행복한 생활과 태평 무사한 풍속을 조성하여 감옥이 필요 없는 세상을 꿈꾸었다. 그런데 예종이 이러한 조서를 내린 지 얼마 되지 않아 실제로 나라 안의 모든 옥이 비었다. 이에 예종은 '옥이 비었다' 獄空는 두 글자를 써서 형조의 남쪽 거리에 붙임으로써 융성한 시대에 형벌을 폐지하였다는 미덕을 표시하자는 어사대의 제안을 받아들여 그대로 시행하였다.

또한 예종은 12월이 되자 지방의 탐관오리를 축출하고 백성의 삶을 편안케 하기 위해 다음과 같은 교서를 내렸다.

'지금 여러 지방의 주군 수령들 중 백성을 진심으로 돌보아 주는 청렴한 자는 열에 한둘도 없다. 모두가 이익을 탐내고 공명에 팔려서 사욕을 채우며 백성들을 박해하고 있다. 이 때문에 유랑하고 도망하는 백성이 속출하여 열 집 중 아홉 집은 비었으니 심히 마음 아픈 일이다. 이는 성적의 우열을 고사하는 법이 실시되지 않고 사람들을 고무 징계하는 일이 없었기 때문이다. 그러므로 명망 있는 신하를 시켜 주현에 돌아다니면서 수령들의 성적을 조사 보고하게 하여야 하겠다. 추밀원 대신들은 모두 나의 뜻을 받들고 조상의 옛 법전을 상고하여 백관을 징계하고 타이르되 이것을 항례로 하라!'

여러 방면에 걸쳐 백성의 삶을 돌보는 한편 왕가와 오연총을 각각 서북면과 동북면 병마사로 임명하여 여진과의 충돌을 대비토록 한 예종은 비로소 여진 정벌을 본격적으로 준비해 나가기 시작한다.

여진 정벌과 9성 획득

1107년(예종 2) 10월, 대신들이 선왕의 뜻을 계승하여 여진을 토벌할 것을 청원하였다. 누구보다 여진 정벌 욕구가 강하였지만 예종은 결심을 잠시 유예한 채 평장사 최홍사를 태묘로 보내 길흉을 점치게 하였다. 곧바로 감지기제坎之旣濟라는 길한 괘가 나왔다고 최홍사가 알려 오자 예종은 비로소 출병을 결정한다.

임진일이 되자 예종은 순천관 남문에서 군사를 검열한 다음 은과

포를 주고 음식을 먹였으며 윤관을 원수로, 오연총을 부원수로 각각 임명하였다.

"제가 일찍이 선왕의 밀지를 받았고, 이제 또 전하의 엄명을 받았으니 어찌 감히 삼군을 통솔하고 적의 보루를 격파하여 우리 강토를 개척하고 지난날의 국치를 씻지 않겠습니까?"

원수로 임명된 윤관이 감격한 어조로 아뢰며 결의를 다졌다. 그런데 오연총이 자못 성공을 의심스럽게 생각하며 윤관에게 비관적인 어조로 속삭이는 것이었다. 이에 윤관은 개연한 어조로 오연총을 타일렀다.

"당신이나 내가 아니면 그 누가 능히 죽음의 땅으로 가서 국가의 치욕을 씻을 수 있단 말이오? 국책이 이미 결정되었는데 무엇을 의아하고 있는가?"

오연총은 부끄러운 낯빛을 감추지 못하며 잠자코 있었다.

한편, 왕이 서경으로 가서 장수를 파견해야 한다고 천문관이 아뢰자 예종은 망설임 없이 서경을 향하여 떠났다. 오래지 않아 서경에 도착한 예종은 위봉루에 올라 윤관에게 부월(통솔권의 상징으로 왕이 주던 작은 도끼와 큰 도끼)을 건네주고 출정을 명하였다.

윤관과 오연총은 동부 지방에 이르러 군대를 장춘역에 집결하였으며 약 17만 대군이었으나 20만이라고 선전하였다. 아울러 병마판관 최홍정과 황군상을 정주와 장주 두 고을에 파견하여 여진의 추장들을 꼬이도록 하였다.

"우리 조정에서 허정許貞과 나불羅佛 등을 석방하려고 하는데 너희들은 와서 명령을 받으라."

최홍정과 황군상은 이렇게 소리치면서 군대를 매복시킨 채 때를 기다리고 있었다. 여진의 추장들이 이를 곧이듣고 고라古羅를 비롯한 4

백여 명이 도착하였다. 최홍정과 황군상은 그들에게 술을 먹여 취하게 만들고는 복병을 발동시켜 한 사람도 남김없이 섬멸하였다.

고려군은 용기백배하여 여진을 향하여 진군하였다. 윤관은 5만3천여 명의 군사를 거느리고 정주 대화문으로 나가고, 중군병마사 좌복야 김한충金漢忠은 3만6천여 명을 거느리고 안륙수로 가고, 좌군병마사 좌상시 문관은 3만3천여 명을 거느리고 정주 홍화문으로 향하고, 우군병마사 병부상서 김덕진은 4만3천여 명을 거느리고 선덕진의 안해와 거방 두 초소의 중간 지점으로 나가고, 선병별감船兵別監 이부원, 외랑 양유송梁惟竦, 원흥도부 서사元興都部署使 정숭용鄭崇用, 진명도부서 부사鎭溟都部署副使 견응도甄應陶 등은 해군 2천6백여 명을 인솔하고 도린포로 떠났다.

윤관이 대내파지촌을 통과하는 데는 한나절이 걸렸다. 고려 군대의 기세가 매우 강대한 것을 본 여진 사람들은 모두 도망쳤다. 그런데 문내니촌에 다다라 보니 적들이 보동음성으로 들어가서 농성하는 것이었다. 이에 윤관은 임언과 최홍정으로 하여금 정예 부대를 거느리고 가서 급격히 공격하게 하였다. 여진군은 이를 견디지 못하고 패주하였다.

고려와 여진의 병사들이 다시 충돌한 것은 석성 아래에 이르렀을 때였다. 윤관은 여진군이 모여 있는 것을 보고 통역 대언을 보내 항복할 것을 권유했다.

"우리는 한번 싸워서 승부를 결정하려는데 어째서 항복하라고 하는가?"

여진군이 이렇게 대답하며 화살과 돌을 날렸다. 고려군은 비같이 쏟아지는 화살과 돌 때문에 진공할 수 없었다. 윤관이 척준경을 바라보며 급하게 명령하였다.

"날이 저물면 사태가 위급하게 될 터이니 그대는 장군 이관진과 합력하여 공격하라."

척준경은 자못 감격한 얼굴로 윤관에게 대답하였다.

"제가 일찍이 장주에서 종군하다가 과오로 죄를 범한 적이 있었는데 그때 당신이 나를 장사라고 하며 조정에 특청하여 용서 받았으니 오늘이야말로 바로 저의 한 몸을 희생하여 국가에 보답할 날입니다!"

척준경은 날이 어두워지자, 석성 아래로 가서 갑옷을 입고 방패를 들고 적진으로 뛰어들어 추장 몇 명을 쳐 죽였다. 이때를 타서 윤관의 휘하 대군과 좌군이 합세하여 죽음을 무릅쓰고 격전하여 적을 크게 무찔렀다. 또한 최홍정과 김부필, 이준양을 파견하여 이위동의 적을 공격함으로써 대승을 거두었고 우군과 중군, 좌군은 각각 광탄, 고사한, 심곤 등을 공격하여 백여 개에 이르는 촌락을 격파하였으며 수많은 적을 죽이거나 포로로 잡아들였다.

윤관이 이러한 승전보를 예종에게 알리니 왕은 기뻐하며 두 원수와 여러 장령들에게 격려하는 조서를 내리고 각각 차등 있게 상품을 주었다.

윤관은 거기서 만족하지 않고 다시 병사들을 독촉하여 국경선을 획정하였다. 동으론 화곶령, 북으론 궁한이령, 서로는 몽라골령에까지 고려의 영토가 넓어진 셈이었다. 이렇게 하여 윤관은 영주성과 웅주성, 복주성, 길주성을 쌓았다.

윤관과 오연총은 이듬해에 정병 8천 명을 거느리고 가한촌의 병모가지 소로에 다다랐다. 그런데 소로 부근 숲속에 매복하고 있던 적들이 갑자기 들이닥쳐 윤관의 부대를 덮쳤다. 이 때문에 윤관의 부대는 모두 괴멸되고 겨우 10여 명만 살아남아 적에게 포위되었다. 윤관은 다행히 다치지 않았으나 오연총은 화살에 맞아 형세가 심히 위급하였다. 이를 본 척준경이 용사 10여 명을 인솔하고 윤관과 병사들을 구원하러 가려 하였다. 그런데 그의 아우 낭장 척준신이 그를 말리면서 이렇게 말했다.

"적진이 견고하여 좀처럼 돌파하지 못할 것 같은데 공연히 쓸데없는 죽음을 당하는 것이 무슨 이익이 있겠소?"

이에 척준경은 크게 노하여 호통을 쳤다.

"너는 돌아가서 늙은 아버님을 봉양하라! 나는 한 몸을 국가에 바쳤으니 의리상 가만히 있을 수 없다."

곧바로 적진 속으로 뛰어든 척준경은 여진군 10여 명을 순식간에 쳐 죽였다. 이때 최홍정과 이관진 등이 산골짜기로부터 군대를 인솔하고 나와서 구원하니 적들이 드디어 포위를 풀고 도망쳤으며 고려군은 그들을 추격하여 36명을 죽였다.

윤관은 해가 기울자 병사들을 이끌고 영주성으로 돌아갔다. 윤관은 성에 도착하자마자 척준경의 손을 잡으며 감사의 눈물을 흘렸다.

"이제부터 나는 너를 자식과 같이 생각할 터이니 너는 나를 아비와 같이 여겨 달라!"

윤관의 보고를 들은 예종이 척준경을 합문지후로 임명하였다.

날이 밝자, 적의 보병과 기병 2만 명이 영주성 남쪽에 나타나 싸움을 걸어왔다.

"적병은 다수이고 아군은 소수이니 대적할 길이 없다. 그저 방어만 하는 것이 상책이다."

윤관과 임언이 상의하는 것을 들은 척준경이 발끈하여 소리쳤다.

"만일 출전하지 않고 있다가 적병은 날마다 증가되고 성 안의 양식은 점점 없어지며 외부의 원조도 오지 않을 경우에는 어떻게 하실 작정이십니까? 지난날 승리한 예를 보지 않았습니까? 오늘도 또 죽을힘을 다하여 싸울 터이니 여러분들은 성 위에서 보고 계십시오."

척준경은 곧 결사전에 지원하는 용사들을 인솔하여 성 밖으로 나갔다. 척준경이 동에 번쩍 서에 번쩍하며 적병 19명을 순식간에 죽이니 적들이 패하여 북녘으로 도망쳤다. 이에 척준경이 북을 치고 젓대를 불며 개선하니 윤관 등이 성루에서 내려와 영접하며 손을 잡고 서로 절하였다.

윤관과 오연총은 곧 중성 대도독부로 여러 장령들을 소집하였다. 그런데 권지승선 왕자지王字之가 부대를 인솔하고 공험성으로부터 도독부로 오는 도중에 적의 추장 사현의 군대를 만나 싸우다가 패전하였다. 이 소식을 전해들은 척준경은 즉시 힘센 군사를 데리고 구원하러 가서 적을 격파하고 돌아왔다.

이때 여진군 수만 명이 웅주를 포위하였다. 최홍정이 사졸을 격려하니 전체 대원들이 모두 적과 결사적으로 싸울 것을 결심하였다. 최홍정은 곧 군사들과 함께 성문을 열고 일시에 뛰어나가 힘껏 싸웠다. 고려군의 기세에 눌린 여진군은 대패하여 도망쳤고 척준경 또한 통태진, 자야등포를 거쳐 길주에 이르러 적을 만나자 크게 격파하였다.

여러 장수들의 눈부신 활약과 병졸들의 결사적인 싸움 덕분에 윤관은 다시 영주, 복주, 길주, 함주와 공험진에 성을 쌓았다.

이때 윤관의 군대가 새로 설치한 여섯 개 성은 대략 다음과 같다. 첫째는 함주 대도독부이니 여기에 속한 병민이 1948호이며, 둘째는 영주 방어사이니 병민이 1238호이고, 셋째는 웅주 방어사이니 병민이 1436호였다. 또한 넷째는 길주 방어사이니 병민이 680호요, 다섯째는 복주 방어사이니 병민이 632호이고, 여섯째는 공험진 방어사이니 여기에 속한 병민이 532호였다. 상기한 여섯 개 성 외에 의주, 통태진, 평융진 세 성을 지방에 쌓아 모두 9개의 성을 축성하였다. 윤관은 임언에게 명하여 승전한 실황을 기술하게 하여 비석에 새겨 예종의 업적을 길이 전하게 하였으며 왕은 남녘 지방 백성들을 이곳으로 이민하여 살게 하였다.

대세를 따라 9성을 반환하다

1108년(예종 3) 4월 윤관과 오연총이 군사들을 이끌고 개선하였다. 예종은 기뻐하며 군악대를 시켜 그들을 맞이하였고, 연회를 열어 군사들을 위로하였다. 오래지 않아 경령전에 이른 윤관과 오연총은 왕에게 복명을 하고 병기를 도로 바쳤다.

병기까지 모두 바쳤으니 여진과의 전쟁이 모두 끝났는가 싶었을 것이다. 그러나 싸움은 아직 끝난 것이 아니었다. 땅을 빼앗긴 여진은 툭하면 달려와 성을 에워싼 채 싸움을 걸어오곤 했다. 『고려사』를 살펴보면 1108년 5월 오연총이 웅주에서 여진과 싸워 이긴 기록이 있으며, 6월에는 예종이 직접 행영병마사 원수 문하시중 윤관에게 명령하여 여진을 다시 치게 하기까지 하였다. 그런데도 여진의 기세가 수그러들지 않고 계속 성을 넘보며 싸움을 걸어오는 통에 병사들은 날로 피로도가 심각하여 졌다. 예종이 직접 변방의 적이 물러가도록 해 달라고 하늘에 빌 정도였다 하니 당시의 고려에게는 참으로 귀찮으면서도 심각한 일이 아닐 수 없었다.

실제로 여진과 크고 작은 싸움을 치르는 과정에서 고려의 병사들은 여진 못지않게 손실을 많이 입었다. 여기저기서 아홉 성을 여진에게 돌려주어야 한다는 의견이 고개를 들고 있었으나 부왕의 비원을 기억하는 예종은 결코 이를 용납하지 않았다.

그러던 중 1109년 5월에 선덕전에 침입한 여진이 고려의 백성을 함부로 죽이며 재물을 약탈하고 있다는 급보가 날아든다. 여진이 변경에 침입한 사건과 관련하여 예종은 여진 정벌을 재차 시도하고자 재상들을 불러들여 의논했다. 최홍사가 안 될 일이라고 하였지만 예종은 끝내 오연총과 윤관을 파견하였다. 그러나 먼저 파견한 오연총이 패한데 이어 군사를 거느리고 길주를 구원하러 가던 윤관도 적이 화친을 청한다는 말을 듣고 정주로 돌아왔다.

조정의 분위기가 침체 일로를 걷고 있을 즈음 여진에서 사신을 파견하여 강화를 청하면서 옛 땅을 되돌려 달라고 애원하자, 예종은 회의를 열었다. 그러나 의견이 구구하였으며 왕도 망설이며 결정을 내리지 못했다. 이때 우간의대부 이재가 임금에게 글을 올렸다.

'여진의 침략이 종식되지 않았고 주둔군이 물러가지 않은 상황입니다. 최근 그들이 간사하게 화친을 청하며 아홉 개 성을 돌려달라고 하는데 이에 솔깃하여 우리 영토를 돌려주려 하는 것은 심히 옳지 못하오니 신중히 처리하시기를 바랍니다.'

이재뿐만 아니라 호부 낭중 한상과 예부 낭중 박승중 등이 아홉 개 성의 반환을 반대하며 반환을 찬성하는 김인존과 평장사 최홍사를 비롯한 28명의 대신들과 연일 언쟁을 벌이고 있었다. 이 중 김인존은 애초에 고려에서 여진을 정벌하려 할 때 홀로 상소하여 불가하다고 극력 간언한 사람으로 잘 알려져 있었다. 그가 아홉 성의 반환을 주장하며 진언한 내용을 살펴보면 다음과 같다.

"토지란 원래 백성을 기르기 위한 것인데 이제 성을 다투면서 인명만 살상하니 차라리 그 땅을 여진에게 돌려주어 백성을 안식시키는 편이 상책이요, 만일 이번에 돌려주지 않으면 반드시 거란과 분쟁을 일으킬 것입니다."

거란과 분쟁이 일어난다는 말에 깜짝 놀란 예종이 까닭을 물으니 김인존이 차분하게 대답하였다.

"최초 아홉 개 성을 축조할 때에 거란에 통고하기를 '여진이 강점한 땅은 옛날 우리의 영토요, 주민들 또한 우리 국적을 가진 사람인데 여진에서 근래에 자주 국경을 침범하여 그곳에 성을 쌓는다' 고 하였습니다. 그러나 그 지역 추장들은 거란의 관직을 받은 자가 많으므로 거란 측에 대해 우리가 한 말이 허위라 생각하며 다음과 같은 공문을 보냈습니다.

'토지의 소속과 호구의 귀속 여하를 이미 해당 부문 관리에게 지시하여 자세히 조사하고 있으니 판명되는 대로 우리의 입장을 밝히겠다.'

이러한 공문 내용으로 볼 때 우리가 아홉 성을 반환하지 않으면 거란이 반드시 양도하라고 강요할 것입니다. 만일 우리가 동으로 여진을 방비하고 북으로 거란을 방어하지 않을 수 없게 된다면 소신의 생각으로는 아홉 성을 다투는 것은 우리의 복이 못될까 두려워하는 바입니다."

예종은 김인존의 말을 옳게 여겼다. 그러나 이때까지도 찬반 양쪽이 팽팽하게 맞선 상황이라 예종은 쉽게 결정을 내릴 수가 없었다.

그로부터 얼마 후에 여진에서 요불, 사현 등의 사신들이 내조하였다. 예종이 온 이유를 물으니 요불이 앞으로 나서며 아뢰었다.

"지난날 우리의 태사 영가는 우리 조상이 큰 나라 고려에서 출생하였으니 의리상 자손의 대에 이르도록 거기에 종속되어야 한다고 말한 적이 있었고, 지금 태사 오아속도 역시 큰 나라를 부모의 나라로 생각하고 있습니다. 갑신년에는 궁한촌 사람으로서 태사의 지도에 순종하지 않는 자가 있어서 군사를 출동하여 그의 버릇을 고치려 하였더니 큰 나라에서는 우리가 국경을 침범한다고 생각하여 군사를 보내어 우리를 쳤으나 그 후 우리와의 우호 관계를 수락하였으므로 우리는 그것을 믿고 조공을 계속하여 왔던 것입니다. 그런데 지난해에는 뜻밖의 대규모 병력을 우리 경내에 들여보내 늙은이와 어린이를 죽이고 아홉 개 성을 설치함으로써 유리 분산된 백성들로 하여금 의지할 곳이 없게 하였습니다. 그러므로 태사가 우리를 시켜 옛 땅을 돌려주실 것을 청하게 한 것이오니 만일 아홉 개 성을 돌려주어 백성의 생활을 안착시키신다면 우리들은 하늘을 두고 맹세하여 대대손손에 이르기까지 정성을 다하여 공물을 바칠 것이요, 감히 기와 조각 하나라도 국경에 던지지 않겠습니다."

예종은 문무 3품관 이상을 선정전에 모은 뒤에 성을 돌려주는 문제에 대한 가부를 물었다. 놀랍게도 모두 '가하다' 고 대답하자 예종은 요불 등을 다시 불러들여 아홉 개 성을 돌려주겠다고 하였다. 요불이 감격하여 눈물을 흘리면서 사례하였다.

아홉 성의 반환이 결정되자 행영병마별감 승선 최홍정과 이부상서 문관이 여진의 추장 거위이에게 찾아가 함주 성문 밖에 단을 설치하고 하늘에 맹세하도록 요구하였다. 이에 거위이가 다음과 같은 맹세를 하였다.

"지금 이후로는 대대손손에 이르기까지 악한 마음을 먹지 않고 공물을 계속 바치겠습니다. 이 맹세를 위반하면 우리는 멸망할 것입니다."

이에 고려군은 여진 정벌을 통해 획득한 아홉 성을 여진에게 다시 돌려주었다.

전쟁의 후유증을 치유하라

나라 간의 전쟁은 그 나라의 운명, 혹은 백성의 생사를 걸고 벌이는 것이기 때문에 동원 가능한 모든 여력을 쏟아 붓기 마련이다. 비록 2년이 되지 않아서 끝난 전쟁이었지만 고려와 여진이 겪은 후유증은 만만치 않았을 것이다.

예종은 전쟁의 후유증을 말끔히 치유하고 평화기에 걸맞은 정치를 펼쳐가기 위해 윤관을 수태보 문하시중에 임명하는 등 조정 개편을 단행한다. 그러나 1110년(예종 5) 4월로 접어들면서 엎친 데 덮친 격으로 전염병이 크게 유행한다. 시체와 해골이 길에 그대로 널렸고, 백성의 삶은 피폐해질 대로 피폐해졌다.

또한 여름이 멀지 않은 때이건만 때 아닌 우박이 내려 그 이튿날에야 녹는 기상 이변이 일어나 백성의 마음을 더욱 어둡게 만들었다.

보다 못한 예종은 다음과 같은 조서를 내렸다.

"3, 4년 동안 농사에 흉년이 들고 백성들은 질병과 기아에 신음하고 있으니 안타까운 마음 금할 길이 없다. 더구나 하늘의 변괴가 날마다 나타나고 있으니 두려운 마음으로 백성의 마음을 위로하여 화기를 조성함으로써 나라를 평안하게 하려고 한다."

예종은 이런 조서와 함께 유형 이하 죄수들의 형을 모두 면제해 주고 유배 중인 사람들을 가까운 곳으로 옮겨 주거나 처자가 모여 살 수 있게 해 주었다. 그러나 예종의 근심과 배려에도 불구하고 민심은 날로 흉흉해지고 있었다.

그러던 중 1112년(예종 7) 8월에 뜻밖의 사건이 일어나 고려 땅을 뒤흔들어 놓는다.

문종의 여섯째 아들 왕규는 일찍이 출가하여 속리사俗離寺 주지 승통住持僧統이 되었다. 그런데 정체를 알 수 없는 어떤 자가 '주지 승통 왕규가 상서우승 김인석과 전주 목사 이여림 등과 작당하여 불궤를 도모하려 한다'고 고변을 한 것이었다.

이 때문에 승통 왕규는 거제현으로 귀양을 갔으며 김인석과 이여림뿐만 아니라 전중소감 하언석, 형부상서 임신행, 대경 이중평, 형부원외랑 이일숙, 장군 김택신 · 송영한, 별장 김유상, 남원 부사 이류, 영삭 진사 이일연, 숭교사의 승려 자상 등이 먼 지방으로 귀양을 갔다. 승려 자상은 귀양을 가던 중 목이 잘렸으며 김인석, 이여림, 임신행, 하언석의 아들들 또한 귀양살이를 면치 못하였다.

백성의 삶이 피폐하고 나라에 기근과 전염병까지 덮쳐 경황이 없는 터에 모반 사건까지 겪은 예종은 더욱 조심하며 민심을 보살피는 일에 전력하였다.

1112년에 가난한 백성의 질병을 고치기 위하여 혜민국惠民局을 설치한 일이 대표적이라 하겠다. 혜민국에는 판관判官 네 명을 두었는데, 본업本業 및 산직散職으로 교차하고 을과乙科에 급제한 사람이 임시로 사무를 맡아서 보았다.

또한 예종은 그 이듬해에 예의상정소禮儀詳定所를 설치하여 신분에 따른 의복 제도와 공문서 양식 및 예의 등을 새로 제정하였다. 소속 관원의 직책 및 존속 기간에 관한 기록은 찾아볼 수가 없는데 아마도 상설 관서가 아니라 특별한 일이 있을 때마다 적임자를 선발하여 일을 맡아 보도록 한 것으로 보인다.

역사의 소용돌이 속에서 길을 찾다

1115년(예종 10) 정월, 여진의 완안 아골타가 스스로 황제라 칭하며 이름을 민旻으로 고치고, 국호를 금金이라 하였다. 수도를 북경으로 정한 금나라는 이후 120년 동안 중국 대륙을 호령한다.

금나라를 세운 여진족은 풍속이 흉노匈奴와 같아서 모든 부락에는 성책이 없고 들에 분산되어 살며 문자가 없다 보니 언어나 노끈 매듭으로 언약과 증표를 삼았다. 그 지방에는 돼지, 양, 소, 말들이 흔한데 특히 말은 우량한 것이 많고 어떤 것은 하루 천 리를 달리는 것도 있었다. 사람들은 사납고 날쌔, 아이 적부터 활을 잘 다루어 그것으로 새와 쥐를 쏘았고, 장년이 되면 누구나 강병이 되었다. 그러나 모든 부락이 제각기 뽐내어 그들을 통일시키는 수가 없었다.

여진은 서쪽으로는 거란에 닿고, 남쪽으로는 고려와 인접되어 있다 보니 일찍이 거란과 고려를 섬겨 왔다.

옛적에 동주 성숙사星宿寺의 금준이라는 승려가 있었는데 품행이 단정치 못하고 여색을 밝혀 파계당한 뒤 여진족이 사는 동북으로 도망갔다. 금준의 유일한 장기는 병을 잘 고치는 것이었는데 이 재주로 아지고촌 촌장의 세 딸을 꼬드겨 모두 부인으로 삼았고, 이 후손들이 금나라의 선조가 되었다는 이야기가 전해진다. 또 한편으로는 평주의 승려 김행지의 아들 극수가 처음 여진의 아지고촌에 들어가서 여진인 여자와 결혼하여 아들 고을 태사를 낳았고, 고을은 활라 태사를 낳았다는 기록이 『고려사』에 전해진다. 활라에게는 아들이 여럿 있었다. 맏이는 핵리발劾里鉢이요, 다음은 영가盈歌였는데 영가가 가장 돋보이는 인물로서 인심을 얻었다. 영가가 죽은 뒤 핵리발의 맏아들 오아속烏雅束이 그 뒤를 이었고 오아속이 죽자 그의 아우 아골타가 금나라를 세우게 된 것이었다.

금나라가 대륙의 강자로 떠오르게 된 것은 거란의 세력 약화와 무관하지 않았다. 즉, 거란의 힘에 눌려 있던 여진이 거란의 세력이 약화된 틈에 융성기를 맞이하게 된 것이었다.

부상하는 금나라 때문에 위압감을 느낀 거란은 초기에 그들을 정벌할 속셈으로 고려에 원병을 청하였다. 국제 정세의 변화로부터 결코 자유로울 수 없다는 것을 잘 아는 예종은 갈등에 사로잡힌다. 그러나 예종은 쉽사리 나아갈 바를 결정할 수가 없었다. 금나라의 부상이 고려에게도 크나큰 부담감으로 작용하고 있었던 것은 사실이나 섣불리 거란의 청에 응하여 금나라를 폐하려 하였다가 돌이킬 수 없는 전란 속으로 휘말려들 위험성이 다분했기에 예종은 재상들을 위시하여 도병마판관 및 각 위位의 대장 이상을 불러 놓고 대책을 물었다.

"북방의 사태가 어수선해서 요에서 사신이 와 금나라를 협공하자고 청하는데 경들의 의향은 어떠하오?"

그러자 많은 대신들은 요와의 그동안 친분을 이야기하며 도움을 주자는 이상론을 폈으나, 직접 금나라 군사와 전투를 치른 경험이 있는 척준경과 예부 낭중 김부일金富佾의 반대에 부딪쳐 아무런 결정을 짓지 못하였다.

이에 거란에서는 1115년 11월에 다시 관찰사 야율의와 소경 손양모를 고려에 보내어 출병을 독촉하였다. 고려의 군사는 이전부터 검열이 잘 되어 있어 언제든 출병할 수 있지 않느냐고 야율의와 손양모가 간절하게 애원하자 예종은 다시 신하들을 불러들여 의논을 했다. 그러나 의견은 좀처럼 통일되지 않았고, 예종은 이 때문에 돌아가는 정세를 예의 주시할 뿐 거란의 사신들에게 확답을 주지 않았다.

그런데 이듬해 4월 신미일에 중서문하에서 다음과 같이 제의하였다.

"거란이 여진의 침공을 받아 멸망하게 될 상태에 놓였으므로 그들의 연호를 쓸 수 없으니 지금부터는 공사 문건에 천경이라는 연호를 제거하고 간지만을 써야 하겠습니다."

예종은 이러한 제의를 좇는 한편 8월 경신일에 금나라 장수 살갈이 거란의 내원과 포주 두 성을 쳐서 거의 함락될 상황에 놓이자, 급히

금나라로 사신을 보내어 포주는 원래 고려의 옛 땅이니 돌려 달라고 하였다. 이에 금나라 황제 아골타는,

"당신들 자체로 그 성을 탈취하라."

고 대답하였다.

그런데 1117년(예종 12) 3월 거란의 내원성에서 쌀 5만 석을 빌려달라는 공문을 보내왔다. 전쟁 때문에 농작물을 거두지 못한 탓에 백성들이 먹을 식량이 부족하다는 것이었다. 예종은 판병마사 김연을 시켜 내원성 통군을 타일렀다.

"우리의 두 성과 백성들을 돌려주면 쌀을 꾸어갈 필요가 없지 않은가."

결국 내원과 포주 두 성은 물론이고 백성들까지 돌려달라는 이야기였다. 그러나 거란은 쉽사리 성과 백성을 돌려주지 않았다. 그러다가 금나라의 군사들이 거란의 개주를 탈취하고, 이어서 내원성과 대부, 걸타, 류백 세 병영을 습격하여 병선을 모조리 불태우고 피해를 입은 다음에야 내원과 포주 두 성을 고려에 돌려주었다.

거란과 힘을 합쳐 금나라를 치는 대신 중립을 지키고 있다가 내원과 포주 두 성을 얻음으로써 국토를 넓힌 예종의 정책은 소용돌이치는 역사 속에서 고려가 나아가야 할 길을 제대로 짚어낸 결과였다고 할 수 있을 것이다. 이러한 정책은 금나라에도 그대로 적용하였다.

같은 달 계축일에 금나라 임금 아골타가 고려에 편지를 보내왔다.

'형뻘 되는 대여진 금국 황제는 아우 고려국 왕에게 이 편지를 보낸다. 우리 할아버지 때부터 한쪽 지방에 끼어 있으면서 거란을 대국이라 하고 고려를 부모의 나라라 하여 조심스럽게 섬겨 왔는데 거란이 오만하게도 우리 국토를 유린하고 우리 백성을 노예로 생각하였으며 번번이 까닭 없는 군사 행동을 감행하였다. 우리가 하는 수 없이 그에

항거하여 나섰더니 다행히 하늘의 도움을 받아 그들을 섬멸하게 되었다. 고려 왕은 우리에게 화친을 허락하고 형제의 의를 맺어 영세무궁한 우호 관계를 갖도록 해주기 바란다.'

예종은 즉시 대신을 모아놓고 이에 대해 논의를 하였다. 그러나 김부철金富轍을 제외한 대부분의 신하들이 금나라와 같이 미천한 나라와 화친하는 것은 불가하다며 반대를 하였고, 결국 예종은 아골타의 제의를 거절할 수밖에 없었다. 그런데도 아골타는 1119년(예종 14) 2월 말 한 필을 예종에게 선물로 보내면서 편지로 거란을 여러 번 패배시켰을 뿐만 아니라 북쪽 상경으로부터 남쪽 바다에 이르기까지 모든 부족들을 평정하였다는 사실을 알려왔다. 이에 예종은 그해 12월에 혹시 있을지 모를 여진의 침략에 대비하기 위하여 천리장성의 높이를 석 자나 더 높였다. 금나라 변방 관리가 군사를 발동하여 이를 방해하려 하였으나 고려가 단호한 태도를 보이며 성을 계속 쌓자, 아골타도 더는 어쩌지 못하고 묵인하였다.

예종의 죽음

부왕의 뜻을 받들어 여진을 정벌하기도 하였으며 혼란해진 국제 정세 속에서 중립 정책을 선택하여 나라의 영토를 넓히고 고려의 위상을 드높인 예종은 백성의 편안한 삶과 문화 발전에도 크게 기여한 왕이었다. 1116년에 청연각靑讌閣과 보문각寶文閣을 짓고 학사를 두어 경적을 토론하게 함으로써 유학을 부흥시켰으며 송나라에서 아악雅樂이라는 궁중음악을 들여오기도 하였다. 뿐만 아니라 1119년에는 양현고養賢庫라는 장학 재단을 국학에 설립하였고, 유사에게 명하여 학사를 널리 설치하였으며 국학 7재國學七齋의 정원을 유학 60명, 무학 17명으로 하여 명유를 뽑아 가르치게 하였으며 이로 인해 문풍이 크게 진작되었다. 예종은 죽기 2년 전인 1120년에 팔관회를 열고 태조의 공신인 신숭겸과 김락을 추도하여 도이장가悼二將歌를 짓기도 하였다.

이렇게 재위 16년 6개월 동안 많은 업적을 이룩한 예종이 병에 걸린 것은 1122년 3월이었다.

> "내가 덕이 없음으로 하여 하늘이 벌을 내리고 병이 낫지 아니하니 어떻게 신민의 윗자리에 앉아서 군국 대사를 총람하겠는가. 태자가 비록 나이는 어리나 원래 덕행이 있으니 그대들은 한 마음으로 그를 도와서 조상의 유업을 그르치지 않게 하라."

1122년 4월 을미일, 병이 위중해지자 부축을 받고 앉아서 재상들에게 위와 같이 이른 예종은 병신일에 승하하였다. 향년은 45세요, 시호는 문효文孝이고 묘호를 예종睿宗이라 하였으며 성 남쪽에 장사지내니 능호는 유릉裕陵이다.

사관의 평

예종은 천품이 명철하여 일찍이 태자로 있을 때에 어진 선비들을 예절로 대접하고 효성과 우애심을 훌륭히 나타냈으며 왕위에 오른 뒤로는 밤낮으로 나랏일을 알뜰히 근심하였고 정치를 잘 하기 위하여 노력을 경주하였다.

그런데 영토를 넓히는 데 뜻을 두고 변방에서의 전공을 요행수로 기대하여 외적과의 혼란이 계속되었으며 송나라 문화를 흠모하였고, 호종단胡宗旦(송나라 사람으로서 고려에 와서 벼슬을 하였음)을 신임하여 잘못된 그의 말에 미혹됨으로써 실수를 면치 못한 바가 있었다.

그러나 군사를 발동하는 것이 어려운 일임을 알았기 때문에 원한을 참고 우호 관계를 맺음으로써 인접 지대의 백성들을 감복시켜 그들로 하여금 귀순하게 하였으며 홀아비와 과부들을 돌보아 주고 늙은이들을 존경하여 학교를 설치, 선비들을 양성하였으며 청연각과 보문각을 두어 날마다 문신들과 함께 6경을 강론하였으며 전쟁을 중지하고 문화를 숭상하여 예악으로써 아름다운 풍속을 조성하려 하였다. 일찍이 한안인韓安仁은 예종의 17년간 통치는 후세의 모범으로 될 만하다고 하였으니 이 말이 옳도다!

예종의 후비와 종실들

예종에게는 후비 넷과 아들 하나, 딸 둘이 있었다.

경화敬和 왕후 이씨는 선종의 딸로서 외가에서 자랐으며 연화延和 공주로 봉하고 예종이 맞아들여 비로 삼았다. 용모와 태도가 현숙하고 아름다워 왕이 매우 총애하였으나 31세라는 나이로 일찍 세상을 떠났다. 자릉慈陵에 장사하고 시호를 경화 왕후라고 하였다.

순덕順德 왕후 이씨는 조선국공朝鮮國公 이자겸의 둘째 딸로서 칭호를 연덕延德 궁주라고 하였다. 1109년(예종 4) 인종仁宗을 낳았으며 1114년(예종 9) 왕비로 책봉되었다.

왕후는 인종仁宗과 승덕承德, 흥경興慶 두 궁주를 낳고 1118년(예종 13) 죽었다. 왕후는 성질이 유순하고 선량하며, 총명하고 슬기로워 왕의 총애를 받았다. 왕후가 병석에 눕자 왕이 친히 약을 조제하였으며 왕후가 죽으니 여러 차례 통곡하였다. 시호는 순덕 왕후라고 하고 수릉綏陵에 안장하였다. 이때 왕이 친히 신봉문神鳳門 밖까지 나가 조제弔祭를 드려 영구를 송별했으며 그 후 또한 혼당魂堂에도 갔다. 이에 간관들이 태후에게 지나친 예를 보임이 우려가 된다는 상소를 올리자 왕은 송나라 임금의 예를 들며 반박하였다.

인종이 왕위에 오르자 문경 왕태후로 추존하였으며 1140년(인종 18) 4월 자정慈靖이라는 시호를 추가하였다.

문정文貞 왕후는 종실 진한후辰韓侯 왕유王愉의 딸로 간택에 입선되어 궁에 들어갔다가 왕이 죽은 후 영정궁永貞宮으로 나와서 거처하였다. 1129년(인종 7) 숙비로 봉하였으며 1138년(인종 16) 죽었는데 왕이 정전正殿을 피하며 3일간 소복을 입었고 백관들도 역시 소복을 사흘 동안 입었다. 시호는 문정 왕후라고 하였다.

숙비淑妃 최씨는 참정參政 최용崔湧의 딸로서 입선되어 후궁에 들어왔다. 장신 궁주라고 불렀으며 1129년 숙비로 봉하였다. 1144년(인종 22) 그의 부친 최용에게 수사공 상서우복야 참지정사를 추증하였다. 1184년(명종 14) 죽었다.

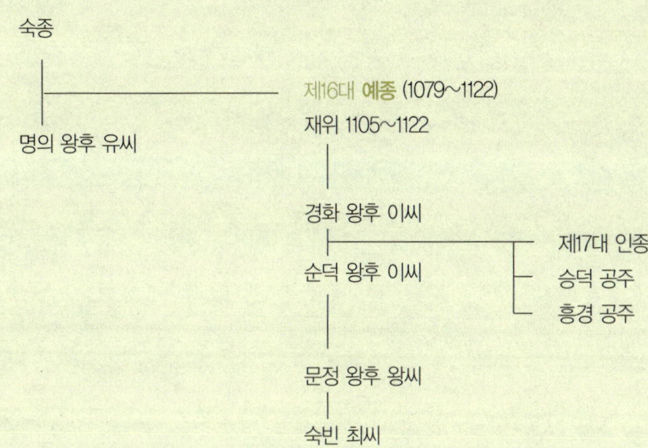
| 예종의 혈계 |
숙종
명의 왕후 유씨
제16대 예종 (1079~1122)
재위 1105~1122
경화 왕후 이씨
순덕 왕후 이씨
제17대 인종
승덕 공주
흥경 공주
문정 왕후 왕씨
숙빈 최씨

17

우유부단한 군주의 24년 치세

움트는 분쟁의 씨앗

1122년 4월에 예종이 죽자, 인종이 부왕의 유지를 받들어 14세의 나이로 왕위에 오른다. 인종의 이름은 해楷요, 자는 인표仁表이며 초명은 구構이니 예종의 맏아들이고, 어머니는 순덕 왕후 이씨이다. 인종은 성품이 어질고 효성이 있었으며 너그럽고 인자하였는데, 왕위에 올랐다는 화려한 겉모습과 달리 그 내면에는 숱한 갈등과 염려가 똬리를 틀고 있었을 것으로 사료된다.

예종에게는 여러 아우들이 있었는데 그들은 인종의 나이가 어리다는 이유로 은근히 임금의 자리를 엿보고 있었다. 과거에도 삼촌 되는 자가 조카의 왕위를 찬탈한 예가 있었기 때문에 인종은 더더욱 근심이 많고 겁이 났을 것이 틀림없다.

당시 고려의 조정을 살펴보면 어느 한 편으로 권력이 집중되는 것을 극히 경계하였던 예종 임금의 정치 덕분에 이자겸을 중심으로 한 세력과, 임금의 총애를 바탕으로 세력을 키워온 한안인을 축으로 한 관료 세력이 서로 경계하며 힘을 나눠 갖고 있었다. 그 중 한안인은 공공연히 예종의 동생 대방공 왕보를 왕위에 앉히고자 애썼다. 이 때문에 인종은 즉위와 함께 두려운 마음으로 한안인을 멀리하며 자신의 외할아버지이기도 한 이자겸에게 의지를 많이 하였다.

이자겸은 자신의 종형제 되는 이자의가 자기 누이 소생 한산후를 내세우다가 숙종에게 패배한 것을 거울삼아 이번에는 처음부터 단단히 주선하여, 전왕 예종의 아우되는 사람들을 감히 그 근처에도 오지 못하게 단속하고 외조로서 수완을 부리기 시작하였다.

상황이 이렇게 전개되자 이자겸은 한안인이 가지고 있던 권력까지 빼앗아 일거에 나라의 중심으로 우뚝 설 수 있었다. 많은 것을 누리다가 빼앗긴 한안인은 박탈감과 함께 사람이면 누구나 그렇듯 잃어버린 것을 되찾고자 하는 욕망에 사로잡혔다.

이로 인해 인종은 즉위하자마자 심각한 분쟁의 씨앗을 남긴 꼴이 되었고, 꼬리를 물고 이어지는 권력 쟁투의 그늘에 숨어 숨 막히는 세월을 보내게 된다.

왕보의 역모 사건

우선 한안인을 중심으로 벌어진 왕보의 역모 사건을 자세히 살펴보기로 한다.

한안인의 자는 자거子居, 이전 이름은 교여皦如로 단주 사람이다. 한안인은 일찍이 과거에 급제하고 한림원으로 있었다. 예종의 태자 시절 한안인은 이영, 이여림 등과 함께 태자의 시학侍學을 맡았는데 예종이 즉위한 후 전일의 은정으로 인해서 은총을 입었다. 이에 따라 한안인의 형제들과 친척들은 모두 연줄을 당기어 요직을 차지하였다. 사정이 이러하다 보니 사대부 중에서 권세와 이익을 추종하는 자는 모두 한안인에게 붙으려 하였다.

그러나 인종이 즉위하면서 상황은 많이 달라졌다. 이자겸을 중심으로 한 외척 세력이 득세하면서 그간 왕의 총애를 믿고 부와 권세를 누린 한안인과 문공미를 위시한 관료 세력은 움츠러들 수밖에 없었다.

달변으로 이름 높았던 한안인은 기회 있을 때마다 이자겸을 시기하여 비방을 일삼곤 하였다. 뿐만 아니라 한안인은 예종이 죽었을 때 태의太醫(왕의 전속 의사) 최사전이 병 치료에 조심하지 않았다는 이유로 그를 처벌하려 한 적이 있었다. 그 때문에 최사전은 한안인을 매우 원망하였고, 그러한 원망이 훗날 역모 혐의를 받는 빌미가 되었다.

어느 날, 이자겸은 최유적을 급사중으로 임명하였는데 이 문제를 둘러싸고 뒷공론이 분분하였다. 최유적이 이자겸에게 노비 20명을 뇌물로 주고 급사중 벼슬을 얻었다는 소문이 퍼졌던 것이다. 이 소문을 듣고 한안인이 성 안에서 공공연히 이자겸을 비방하며 소문을 더 널리 퍼뜨렸다.

한편, 소문의 진상을 파악한 최유적은 이자겸에게 찾아가 눈물로 억울함을 호소하였다. 이에 이자겸이 크게 성을 내며 이 문제를 어사대에서 해명할 것을 왕에게 요청하였다. 한안인은 무안하기도 하고 겁이 나기도 하여 그만 휴가를 신청하고 집에 머물면서 문공미와 그의 사촌 정극영, 매부 지어사대사 이영 등과 자주 만나 밤까지 지내다가 헤어지곤 하였다.

공교롭게도 한안인의 심상치 않은 동향이 최사전의 눈에 띄었다.

최사전은 이 기회에 숙감을 풀고자 음험한 사람 채석과 함께 이자양과 최홍재에게 한안인의 동향을 날조하여 고변하였다.

"한안인과 문공미가 붕당을 맺고 음모를 꾸미고 있으니 장차 이자겸 공에게 불리한 일이 있을 것입니다."

이 말을 전해 들은 이자겸은 정신이 번쩍 들며 의심이 생겼다. 한동안 고민하던 이자겸은 드디어 그들의 죄목을 크게 꾸며서 왕에게 고하였다. 한안인이 대방공 왕보를 추대하고자 역모를 일으키려 한다는 이야기였다.

이로 인해 참으로 많은 사람들이 희생되었고, 궁궐에는 한차례 피바람이 휘몰아쳤다. 왕보는 경산부로 추방되었고, 한안인은 승주 감물도로 귀양 보낸 뒤에 바다 속에 던져 죽였으며, 문공미는 충주로 귀양을 보냈다. 이들 외에도 한주와 이영, 정극영, 한안인의 형 상서우승 한안중, 아우 한영륜, 종제 예부 낭중 한충과 처의 동생 시어사 임존, 사위 합문지후 이중약 등이 귀양을 가게 되었다. 그중 이중약은 의술이 능하다는 이유로 의심을 하고 사람을 뒤쫓아 보내어 물속에 던져 죽였다.

허수아비로 전락한 임금

한안인 세력이 몰락하자, 고려는 온전히 이자겸의 세상이 되었다. 이자겸의 권력이 굳건해질수록 인종은 설 자리를 잃고 뒤로 물러설 수밖에 없는 입장이었지만 그는 그때까지만 해도 이자겸을 진심으로 믿으며 의지하고 있었다. 1124년(인종 2) 7월 이자겸을 조선국공朝鮮國公으로 책봉한데 이어 8월 경오일에 내린 교서를 보면 알 일이다.

'외가 어른들을 높여 돌아가신 어머니의 혼령을 위로하려 한다. 더군다나 조선국공은 성심성의로 나를 도와 공적이 이미 높았기에 사신을 보내어 공과 그 부인을 책봉하는 동시에 그의 아들과 사위들을 등용하였으니 이 은택을 안팎에 보급시켜야 할 것인바 참형, 교형 이하 죄수들은 전부 죄를 면죄하여 놓아주고…….'

인종의 어머니 순덕 왕후 이씨가 이자겸의 딸인 것은 이미 앞에서 밝힌 바 있다. 순덕 왕후 이씨의 소생 인종은 이자겸의 집에서 성장하며 외가 식구들과 정이 많이 들었다. 그러니 이자겸을 믿고 의지하는 것은 어찌 보면 당연한 일이었다.

이렇듯 이자겸이 속한 인주(인천) 이씨 가문은 왕실과의 혼인을 통해 권력 기반을 확고하게 다졌다. 이자연이 자신의 세 딸을 문종에게 시집보낸 이래 인주 이씨 가문은 인종 때까지 80년이 넘는 세월 동안 외척으로 굳건하게 자리를 잡고 있었다.

그들은 왕실과 중복하여 혼인을 맺음으로써 후비, 귀인 자리를 거의 독점하다시피 하였고, 그에 따라 왕실의 왕자나 그 소생들이 인주 이씨의 외손 아닌 자가 드물 정도였다. 이런 가문의 대표 주자이다 보니 이자겸은 명문 가문으로 발돋움하는 방법을 정확하게 알고 있었다.

즉, 어느 가문이든 인종과 혼인 관계를 맺는 순간 권력의 중심으로 떠오를 수 있었던 것이다. 이를 경계한 이자겸은 자신의 셋째 딸과 넷째 딸을 1124년 8월과 1125년 정월에 연달아 인종에게 바쳤고, 이를 통해 보다 확고한 권력 기반을 구축하였다. 뿐만 아니라 중서시랑평장사 척준경과도 사돈을 맺어 측근 세력을 튼튼하게 다지기까지 하였다.

이로써 이자겸은 왕이 초라해 보일 정도로 권세가 드높아졌고, 그에 걸맞은 행동으로 인종을 허수아비 같은 존재로 만들어 나갔다. 자신의 자식과 친척들을 요직에 앉혔을 뿐만 아니라 뇌물을 받고 관직을 파는 행위까지 서슴지 않았다. 또한 아들인 승려 의장義莊을 수좌首座로 삼는 등 불교 세력과도 유대 관계를 맺는 한편 자신의 생일을 인수절仁壽節이라 부르게 하여 많은 이의 반발을 샀다.

뿐만 아니라 이자겸은 궁중에도 부하를 배치시켜 어디서 누가 무슨 말을 하더라도 전부 자신의 귀에 들어오도록 하였다. 외조부이자, 장인이기까지 한 이자겸을 믿는 마음이 아무리 강했다 해도 왕이나 된 것처럼 사사로이 송나라에 표를 올리거나 토산물을 바치기까지 하는 이자겸의 행위를 인종은 더는 두고 볼 수 없었다. 그리하여 이자겸을 멀리하기 시작했다.

이자겸을 처단하라

아무리 허수아비에 불과한 왕이지만 인종 곁에 사람이 아주 없었던 것은 아니었다. 내시 지후內侍祗侯 김찬金粲과 내시 녹사內侍錄事 안보린安甫鱗이 바로 그들이었다. 인종의 참담한 심경을 헤아린 그들은 1126년(인종 4) 2월, 동지 추밀원사 지녹연智祿延과 상장군 최탁崔卓, 오탁吳卓, 대장군 권수權秀와 장군 고석高碩 등과 함께 이자겸 일파를 제거하자는 뜻을 세우고 인종을 찾아간다.

인종은 기쁨을 감추지 못하며 김찬을 이자겸의 6촌 형제인 평장사 이수李壽와 이자겸의 처남인 전 평장사 김인존金仁存에게 보내 의논하도록 하였다. 이수와 김인존은 계획 자체에 대해서는 반대하지 않으나 다만 이자겸의 세력이 막강하므로 거사를 늦추고 적당한 때를 노리자고 건의하였다.

그러나 치욕을 씻고자 하는 마음이 강했던 인종은 이자겸 세력을 척결할 수 있다는 김찬의 주장을 좇아 명령을 내린다.

"역적, 이자겸과 그 일파를 척결하라!"

이리하여 최탁, 김찬 등이 군사를 이끌고 궁으로 들어가 병부상서 척준신拓俊臣(척준경의 아우)과 내시 척순拓純(척준경의 아들)을 죽인 다음 시체를 궁궐 밖으로 내던졌다.

이 소식을 전해 들은 이자겸과 척준경은 당황한 와중에도 재추宰樞와 백료百寮들을 자신의 집으로 불러들여 대책을 논의하였다. 그러나 모두 허둥대기만 할 뿐 적절한 대책을 내놓는 자가 없었다.

보다 못한 척준경이 일이 급하므로 앉아서 기다릴 수만은 없다고 소리치면서 수십 명의 군사만 거느린 채 궁궐로 달려갔다. 왕을 호위하는 군사들과 척준경의 군사들이 대치한 채 시간을 끌고 있을 때, 이자겸의 아들이자 승려인 의장이 승려 3백 명을 이끌고 달려왔다. 기세가 오른 척준경은 활을 쏘면서 총공격을 퍼부으며 궁궐에 불을 질렀고, 곧이어 오탁과 최탁이 숨을 거두었다. 이에 전세가 기울기 시작하여 결국 이자겸과 척준경의 군사가 궁궐을 장악하였다. 이자겸은 인종 앞으로 달려가 주모자를 내놓으라고 고래고래 소리쳤다.

결국 빼앗긴 왕권을 되찾고자 일으킨 거사는 실패로 돌아간 셈이었다. 주동자라 할 만한 지녹연과 김찬 등은 곧바로 유배 길에 올랐고, 인종은 남궁으로 옮겨 앉았다가 이자겸의 집인 중흥택重興宅에 연금되는 신세가 되었다. 이자겸은 인종을 집에 가둔 채 행동은 물론이고 음식까지 통제하며 자신이 왕이 되려는 꿈을 키워가기 시작했다.

금나라를 상국으로 받들다

금나라가 거란을 멸망시키자 1126년(인종 4) 3월, 조정에서는 금나라를 섬기는 문제에 대해 가부를 의논하였다. 고려에 조공을 하던 여진족을 상국으로 섬길 수 없다는 생각에 모든 대신이 반대하였지만 이자겸과 척준경은 달랐다. 금나라를 섬김으로 해서 대외 관계를 평안하게 다지고, 그것을 통해 자신들이 거머쥔 권력을 탈 없이 유지하자는 것이 그들의 속셈이었다.

"금나라가 이전에는 작은 나라여서 거란과 우리나라를 섬겼지만 지금은 흥왕하여 송나라와 거란을 없애고 강대한 국가가 되었습니다. 우리 국경과 인접되어 있으니 형편상 섬기지 않을 수 없고, 또한 작은 나라로서 큰 나라를 섬기는 것은 마땅한 도리이니 우선 사신을 보내어 예빙하여야 합니다."

이자겸과 척준경이 이런 주장을 펴자, 그들에게 억압되어 있던 인종은 어쩔 수 없이 좇을 수밖에 없었다. 고려 스스로 신하의 나라라 칭하며 사신을 파견하니 금나라에서는 싫어할 리 없었다.

한편, 이자겸을 없애려다가 실패하여 그의 저택에 감금된 인종은 겁에 질린 채 이자겸에게 왕위를 넘겨주고자 조서를 내렸다. 이자겸으로서는 꿈에도 그리던 일이었으나 양부兩府의 눈이 두려워 감히 그 조서에 응낙할 수 없었다. 아마도 인종의 조서를 품에 간직한 채 시일을 끌다가 슬그머니 즉위하고 싶은 것이 그의 마음이었을 것이다.

그런데 바로 그때 이수가 이자겸을 비난하고 나섰다. 인종이 조서를 내렸다고 해도 신하 된 입장에서 이자겸이 어찌 감히 이럴 수 있느냐는 것이었다. 이에 이자겸은 내키지 않지만 인종에게 조서를 반납하였다.

그렇다고 해서 이자겸이 왕이 되고자 하는 욕망을 완전히 버린 것은 아니었다. 이씨가 왕이 된다는 '십팔자도참설'十八子圖讖說을 굳게 믿는 자가 이자겸이었기 때문이다.

이간책에 희생당한 이자겸

그해 5월 인종을 연경궁延慶宮으로 옮겨 앉게 하고, 여전히 척준경과 더불어 정사를 농단하며 권력을 나눠 갖고 있었지만 이자겸은 왕이 되기 전에는 만족할 수가 없었다.

그는 음식에 독을 넣어 인종을 두 번이나 죽이려고 하였으나 공교롭게도 이자겸의 넷째 딸인 왕비가 이를 알아차리고 방해하는 바람에 인종은 간신히 목숨을 건질 수 있었다.

이런 일이 있고 나서 잃어버린 왕권을 회복하는 것보다 자신의 목숨을 부지하는 것이 더 급하다는 사실을 깨달은 인종은 대책 마련에 부심해졌고, 급기야 내의內醫 최사전崔思全을 은밀하게 불러들여 다음과 같이 명했다.

"이자겸이 권력을 농단하며 왕실의 위엄을 땅에 떨어뜨린 것이 어제 오늘의 일이 아니다. 아직 늦지 않았으니 척준경으로 하여금 왕실에 충성하도록 하라 이르라."

최사전이 인종의 조서를 보이자 척준경은 호의적인 태도를 보이며 충성을 맹세한다.

그즈음 척준경과 이자겸은 사이가 좋지 않았다. 이자겸의 아들 이지언의 종이 척준경의 종에게 전날 척준경이 궁궐을 불태우고 화살을 쏜 일을 힐난했는데 이것이 척준경의 귀에 들어가면서 불화가 생기기 시작한 것이다. 척준경은 아무것도 모르는 종의 입에서 나온 말이 그 주인의 속내임을 누구보다 잘 알고 있었던 것이다.

인종이 다시 한 번 최사전을 보내 회유하자, 척준경은 인종의 뜻에 따라 이자겸을 치기로 약속하며 재차 충성을 다짐했다. 이에 인종이 친히 교서를 다시 내려 이자겸의 제거를 당부하였다.

마침내 척준경이 군사를 동원하여 이자겸을 기습한 것은 1126년 5월이었다. 척준경은 이자겸과 그 가족들을 죽이는 대신 결박하여 궁으로 끌고 갔다. 이에 인종은 이자겸과 그의 아내 최씨, 그리고 아들 이지윤李之允과 그 일파들을 모두 귀양 보냈다. 이어서 인종의 비이자 이자겸의 셋째, 넷째 딸들도 사가로 쫓겨나고 만다.

비록 죽음을 면하고 영광으로 유배되었으나 이자겸은 그해 12월에 유배지에서 쓸쓸하게 죽음을 맞이했다. 이자겸을 제거하는 데 공을 세운 척준경은 추충정국협모동덕위사공신推忠靖國協謀同德衛社功臣에 책봉되고 변함없는 권세를 누렸지만 이듬해 3월 좌정언左正言 정지상鄭知常 등으로부터 탄핵을 받아 암타도巖墮島로 유배되었다.

척준경까지 몰락함으로써 정치를 농단하던 무리들이 모두 정리되고 인종은 빼앗겼던 왕권을 되찾았지만 잃은 것이 너무 많았다. 궁궐이 소실되었는가 하면 무수한 인명이 살상되었기 때문이다. 이러한 상처들을 보듬으며 왕으로서 결단성 있는 정치를 펼쳤더라면 이후 전개될 비극의 역사는 만들어지지 않았을 수도 있다. 그러나 우유부단한 인종은 정치 질서가 문란해지고, 문벌 귀족들 사이에 분열과 대립이 노골화되는 모습을 그저 지켜보기만 하다가 묘청의 무리가 제기하는 서경 천도론에 귀를 기울인다.

묘청의 난

정치가 권력이라는 단물을 내포하고 있는 한 그것을 더 많이 차지하기 위한 반목과 대립은 피할 수 없는 일이던가. 이자겸의 난이 정리된 후 정계에는 다시 문벌 귀족 세력과 신흥 세력이 등장하여 팽팽하게 대립한다. 김부식金富軾을 중심으로 한 개경의 문벌 귀족이 유교 이념을 바탕으로 한 합리적인 정치를 지향한다면 지방, 특히 서경의 신흥 세력은 도교의 풍수지리설과 유교 사상을 결합시켜 고려의 자주성과 개혁정치를 주장하고 있었다. 묘청과 정지상, 백수한白壽翰 등이 그 중심을 이루고 있었는데, 이들은 서경 천도론과 함께 고려도 황제 칭호를 사용할 것과 금나라 정벌을 내세우고 있었다. 즉, 개경은 지덕地德이 다했으므로 서경으로 천도하여 고려를 다시 중흥시키고, 국왕을 황제라 부르면서 연호를 사용하여 자긍심을 높이고, 이를 바탕으로 금나라를 정벌하자고 주장한 것이었다. 물론 이들이 이런 주장을 하면서 노린 것은 문벌 귀족을 누르고 서경으로 천도하여 제반 정치의 주도권을 장악하려는 데 있었다.

인종은 이들의 주장 중 특히 서경 천도론에 귀를 기울였다. 아버지로부터 왕위를 물려받은 이래 고초만을 겪어온 인종이고 보면 개경을 버리고 다른 곳에 수도를 정하여 새로운 분위기 속에서 왕권을 강화하고픈 열망이 강렬했을 터였다. 결국 인종은 묘청, 백수한 등의 주청을 받아들여 임원역林原驛 근처에 대화궁을 짓도록 명령한다.

인종은 가끔 서경에 행차하여 공사가 진척되는 과정을 보았으며, 묘청은 태일옥장보법太一玉帳步法이라는 술법으로 새 대궐을 개기開基하였다.

궁궐 공사가 시작되자 천도는 고려의 당면 과제로 떠올랐고, 이에 따라 개경의 문벌 귀족들이 대대적으로 들고 일어나 서경 천도론에 반발한다. 문벌 귀족들 입장에서 보면 서경 천도는 하나의 거대한 정치적 도전이 분명했다.

그런데 때마침 서경에서 재이災異가 자주 일어나고 인종의 서경 행차시에도 천재지변으로 가슴을 쓸어내릴 만한 일이 벌어지자 천도론에 대한 인종의 지지가 주춤거리기 시작한다. 기세가 오른 문벌 귀족들은 김부식을 중심으로 더욱 격렬하게 천도를 반대하며 묘청 처단을 요구한다.

"금년 여름에 서경 대화궁에 30여 개소나 벼락불이 떨어졌으니 만약 그곳이 길한 땅이라면 하늘은 반드시 이렇게 할 리가 없을 터인데 그런 곳으로 재난을 피하러 간다는 것은 잘못이 아닙니까? 하물며 서경 지방은 아직 추수가 끝나지 않았는데 만약 거동하신다면 반드시 농작물을 짓밟을 것이니 이것은 백성을 사랑하고 물건을 아끼는 본의가 아닙니다."

김부식이 이러한 말로 서경 천도의 부당함을 고하자, 간관들도 함께 상소하여 극력 간언하였다. 결국 인종은 오랜 고민 끝에 서경 천도를 포기하기에 이른다.

서경 천도가 무위로 돌아가자 묘청은 분사 시랑分司侍郎 조광趙匡, 병부상서 유참柳旵 등과 함께 1135년(인종 13) 서경을 점령하며 반란을 일으킨다. 이들은 국호를 대위大爲, 연호를 천개天開, 군대 이름을 천견충의군天遣忠義軍이라 정한 뒤 개경 출신 인물들을 옥에 가두고 군사 교통의 요지인 절령(황해 자비령)을 차단하며 결사 항전을 다짐했다.

한편, 인종은 반란군을 진압할 총책임자로 김부식을 임명하고 출정을 명하였다.

"서경의 반란에 정지상, 김안, 백수한 등이 공모하였으므로 우선 이

자들을 제거하지 않으면 서경을 평정할 수 없습니다."

김부식은 서경으로 떠나기에 앞서 이렇게 주장하며 백수한과 정지상, 김안 등과 같은 서경 천도파를 죽였다. 이윽고 평산과 관산을 거쳐 서경으로 향한 김부식은 1년여 간 완강하게 저항하던 묘청의 반란군을 1136년(인종 14) 2월에 완전히 붕괴시키고 난을 진압하였다.

고난 끝에 맞이한 평화, 그리고 죽음

한 나라의 왕이 되었으나 하루도 마음 편할 날이 없었던 인종은 묘청의 난이 진압된 다음에야 안도하며 평화로운 시기를 맞이한다.

일찍이 주현에 학교를 세운 바 있고, 1129년(인종 7)에는 서적소書籍所를 설치하여 임금이 학문을 닦는 모범을 보이고자 했던 인종은, 말년의 평화기가 찾아오자 김부식에게 명하여 『삼국사기』三國史記 50권을 편찬하도록 명한다.

그러나 인종은 즉위 후 고난을 너무 많이 겪은 탓인지 한창 일할 나이인 38세에 그만 병을 얻고 만다. 병세가 위독하여지자 인종은 태자 현晛에게 왕위를 물려주고 곧 숨을 거둔다. 재위 연수는 24년이요, 시호는 공효恭孝, 묘호는 인종仁宗이다. 왕성 남쪽에 장사 지냈으며 능호는 장릉長陵이다.

사신 김신부의 평

예종은 말년에 처가에 대한 배려가 지나쳤던 까닭에 외척들의 탐욕스럽고 방자한 행동이 있게 하였고, 인종이 어린 몸으로 왕위에 오른 후 재상 한안인 등이 장구한 앞날을 예견하지 못하고 한갓 외척의 권력을 은밀히 빼앗으려다가 분란과 사단을 일으켜서 도리어 귀양살이와 살육을 당했으며 간사하고 흉악한 무리들이 발호하게 하였고 그 해독이 전국에 파급되었던 것이다. 뿐만 아니라 임금의 수레에 활을 쏘고 궁전과 종묘에 불을 지르며 임금을 위협하여 자기 집에 데려다 두고 왕의 좌우 시종들을 함부로 살육했으며 나라의 정권을 송두리째 탈취하려고까지 하여 하마터면 조상들의 유언이 땅에 떨어질 뻔했으니 후세의 거울로 삼아야 할 일이었다.

또한 묘청, 백수한 등의 음양설에 반하여 마침내 서경에서의 반란을 야기한 것은 무엇 때문인가? 그것은 인종의 천성이 지나치게 인자하여 매사에 우유부단하였던 까닭이다. 이로 인해 병오년 역도들에 대한 벌이 정당치 못했고, 서경 반란자들에 대한 처치가 공정하지 못하였으며 게다가 불교를 독실하게 믿어서 백성들에게 폐해를 더욱 증대시켰던 것이다.

애석하다!

그가 유람과 주연을 즐기지 않고 환관 내시의 수를 줄이며 일상생활에서 검박하고 이웃 나라와의 외교에 성심과 신의를 다한 것 등등은 비록 옛날 제왕인들 이에서 더하였으랴!

인종의 후비와 종실들

인종에게는 후비 넷과 아들 다섯, 딸 넷이 있었다.

폐비 이씨는 조선국공 이자겸의 셋째 딸이다. 이자겸은 다른 사람이 왕비가 되면 자신에 대한 권세와 총애가 갈릴 것을 두려워 한 나머지 왕에게 강요하여 자신의 딸을 또 바치려 하였으므로 인종은 부득이 맞아들여 연덕延德 궁주로 책봉하였다. 이자겸이 패망한 후 간관이 누차 글을 올려

"궁주는 왕의 종모從母가 되는 까닭에 배필로 삼을 수 없다."

고 간언하므로 왕은 이에 그녀를 내보냈다. 비록 이자겸 때문에 내보내기는 하였으나 예우를 다하였으며, 이씨는 1139년(인종 17) 죽었다.

폐비 이씨 또한 이자겸의 넷째 딸이다. 이자겸이 인종을 죽이고자 음식에 독약을 넣은 사실을 알고 인종의 목숨을 구하였기 때문에 폐위 후에도 그 공을 생각하고 토지와 저택, 노비를 주는 등 은총이 컸다. 그 후 의종과 명종 역시 이씨를 성실하게 섬겼다. 1195년(명종 25) 죽었으며 왕후의 예식으로 장례하였다.

공예恭睿 왕후 임씨는 중서령 임원후任元厚의 딸이자 문하시랑 이위李瑋의 외손녀이다.

임씨가 탄생한 날 밤 이위는 황색의 큰 깃발을 그 집의 중문에 세우고 깃발의 꼬리는 선경전宣慶殿 치미鴟尾를 싸고돌며 휘날리는 꿈을 꾸었다. 비가 출생하자 이위는 임씨를 특별히 아끼면서

"이 아이가 후일 선경전에서 놀게 될 것이다."

라고 말하였다.

성년인 15세가 되어 평장사 김인규金仁揆의 아들 김지효金之孝와 약혼하였는데 혼례를 치르기로 한 날 밤 김지효가 신부 집 대문에 이르자 임씨가 갑자기 병이 나서 거의 죽을 지경이 되었다. 그래서 결혼을 사절하고 신랑을 돌려보낸 후 점쟁이에게 점을 쳐보았더니

"근심할 것 없소. 이 처녀는 비할 바 없이 귀하니 반드시 왕후가 될 것이오"

라고 말하였다. 당시 이자겸은 이 소문을 듣고 즉시 왕에게 고하여 임

원후를 개성 부사로 강직시켰다. 일 년쯤 후에 개성부 막료幕僚의 꿈에 태수 청사의 대들보가 벌어지며 큰 구멍이 생기더니 황룡이 그 구멍에서 나왔다. 아침이 되자 막료는 예복을 갖추어 입고 임원후를 방문하여

"댁에서는 반드시 큰 경사가 있을 것입니다."

라고 말한 일도 있었다.

어느날 인종이 들깨 5승升과 황규黃葵 3승을 얻는 꿈을 꾸고는 이 이야기를 척준경에게 말하니 해몽하기를

"들깨(荏임)란 임任입니다. 임씨 성을 가진 후비를 맞으실 징조이고 그 수가 다섯이니 다섯 왕자를 낳을 길조입니다. 또한 황규의 황黃은 임금 황皇자와 같으며 규葵는 도규道揆라는 규揆와 같으니 이른바 '황규'란 임금이 도규를 잡고 국가를 통치하는 조짐이며 그 수가 셋이니 다섯 아들 중에서 세 아드님이 국왕으로 될 조짐입니다."

라고 하였다. 인종은 이자겸의 두 딸을 내보낸 후 1126년(인종 4) 임씨를 선택하여 궁중에 들여 연덕延德 궁주라고 불렀다.

1138년(인종 16) 궁주의 어머니 이씨가 죽으니 왕은 소복을 입고 정전을 피하였으며 백관들은 글을 보내어 위문하고 3일간 소복을 입었다. 그리고 이씨에게 진한국 대부인의 칭호를 추증하였다.

왕후는 의종毅宗, 대령후大寧侯 경暻, 명종明宗, 원경 국사元敬國師 충희冲曦, 신종神宗과 승경承慶, 덕녕德寧, 창락昌樂, 영화永和 네 궁주를 낳았다. 의종이 왕위에 오르자 왕태후로 존칭하고 그의 궁전을 후덕전厚德殿이라고 하였으며 부를 설치해 선경부善慶府라 하고 관속을 두었다.

인종과 공예 왕후 임씨에게서 태어난 원경 국사元敬國師 충희冲曦의 다른 이름은 현희玄曦이다. 1177년(명종 7)에 흥왕사의 승려가 급변이 있다며 승통僧統 충희가 은밀하게 승려들과 결탁하여 반란을 음모한다고 고하여 충희의 시종하는 사람을 국문하였으나 증거가 나타나지 않아 석방하였

다. 1180년(명종 10)에 왕후가 유종乳腫을 앓아서 충희를 불러 병을 간호하게 하였는데 충희가 많은 궁녀들을 간음하고 공주와 간통하여 추악스런 소문이 밖에까지 퍼졌다. 그리하여 우사간 최선崔詵이 글을 올려 그를 대궐에서 내보낼 것을 요청하였으나 왕은 형제를 이간질한다고 판단하고 최선을 파면시켰다. 그후부터 대간에서 간언하지 못하고 여러 신하들이 모두 다 충희에게 아첨하여 뇌물을 주고 받는 것이 공공연하게 되었다. 충희는 명종 13년에 죽었다.

1182년(명종 12) 충희가 죽자 왕은 왕후가 비통해 할 것을 염려하여 알리지 않았으나 몇 달 후 이 소식을 들은 왕후는 장군들이 충희를 죽인 것으로 짐작하고 병을 얻고 말았다. 당시 신종은 평량공平諒公으로 있었는데 그도 치질을 앓아 오래도록 태후에게 문안을 드리러 오지 못하자 왕후는 신종도 충희와 같은 화를 당한 것이 아닐까 불안해하였다. 그러나 그 후 신종을 만나보고 기뻐하며 마음의 안정을 얻었으나 얼마 지나지 않아 또 다시 위독해져서 사망하였는데 그때 나이가 향년 75세였다. 순릉純陵에 안장하였으며 시호는 공예 태후라고 하였고 그 이듬해 금나라에서 사신을 보내어 조상하였다.

대녕후 왕경은 1148년(의종 2)에 후侯로 책봉되었는데 도량이 있어서 많은 사람들의 신망을 얻고 있었다. 내관 정함鄭諴은 대간臺諫을 모함할 것을 꾀하고 비밀리에 산원散員 정수개鄭壽開를 유인하여 대성臺省 및 대리臺吏 이분李汾 등이 왕을 원망하면서 왕경을 추대하여 임금으로 삼으려 한다고 무고하였다. 왕이 그의 말을 믿고 그들을 내쫓으려 하였으나 증거가 나오지 않았다. 정함은 죄를 모면하기 위해서 외척과 대신들이 대녕후의 집에 출입하는 것으로 보아 틀림이 없다며 또 다시 참소하였다. 의종은 평소에 도참圖讖을 믿으며 여러 동생들과 우애가 없었기에 여전히 의심을 하며 몰래 간관들을 시켜 대녕후와 임극정 등의 죄를 추궁하게 하였다. 그리고 왕후가 그를 구원할 것을 걱정하여 먼저 왕후를 보제사로 옮겨 놓고 이 사건을 부득이 승인하는 것처럼 가장하였다.

선평宣平 왕후 김씨는 병부상서 김선金璿의 딸로 1127년(인종 5) 맞아들여 둘째 왕후로 삼았다. 의종이 김씨를 왕태비 연수延壽 궁주로 존칭하였으며 1179년(명종 9) 죽으니 시호를 선평 왕후라고 하였다.

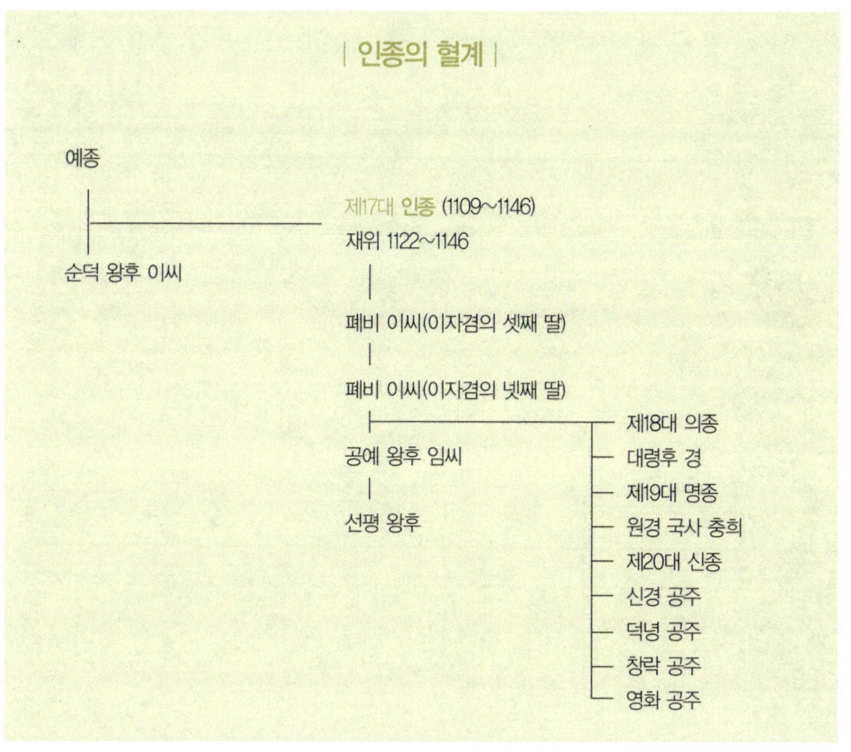

18

무신 정변의 희생양

우여곡절 끝에 왕이 되었으나

1146년 2월, 인종이 숨을 거두자 20세의 의종이 왕위를 이어받는다. 그는 인종과 공예 왕후 임씨의 맏아들로서 초명은 철徹이고, 이름은 현晛이며, 자는 일승日升으로 1127년(인종 5) 출생하였다.

인종에게는 4명의 비가 있었으나 5남 4녀의 자녀들은 모두 공예 왕후 임씨의 소생이다. 인종은 1143년(인종 21)에 맏아들 현을 태자로 책봉하면서 못내 걱정스러움을 떨쳐내지 못하였다. 맏아들 현은 총명하여 글을 잘 읽고 시문에도 남다른 재주가 있었으나 놀이와 잔치를 좋아하여 아무리 봐도 임금이 될 만한 자격이 충분치 못한 것 같아서였다. 어머니 공예 왕후 임씨 또한 이러한 점을 느끼고 있었던지 맏아들 현 대신 둘째 아들 대령후 왕경(명종)을 태자로 삼자고 하였다.

바보가 아닌 이상 태자도 자신을 미더워하지 않는 부모의 마음을 알고 있었을 것이다. 그래선지 현은 왕위를 이어받은 뒤에도 아우 왕경을 이유 없이 미워하며 반목을 일삼는다.

인종은 공에 왕후 임씨의 거듭되는 청을 이기지 못하고 태자로 이미 책봉된 현을 폐하고 왕경을 새로이 세자로 책봉할 마음을 먹는다. 이때 인종 앞으로 나아가 적극적으로 태자 현을 변호한 인물이 정습명鄭襲明이었다. 오랜 기간 간관의 직무에 있으면서 바른 말로 서슴없이 간하는 기풍이 있으므로 인종은 정습명을 심히 소중히 여겨 태자 현의 스승(시독侍讀)으로 삼은 바 있었다. 그런 정습명이 적극적으로 현을 보호하며 자신이 끝까지 곁에서 보필할 것임을 밝히자 인종은 마침내 마음을 바꿔 현을 태자에서 폐위하지 않았다.

"나라를 다스리는 데는 마땅히 정습명의 말을 들어야 한다."

병이 위독하여 목숨이 경각에 달렸을 때 인종은 현을 친히 불러 놓고 이런 유훈을 남겼다.

어찌 보면 정습명은 현에게 있어 평생 잊지 못할 은인인 셈이었다. 실제로 현은 왕위에 오른 뒤 정습명을 한림학사로 임명하고 추밀원지주사로 올려 주며 중하게 여겼다. 이는 아버지의 유훈을 받들고 임금의 자리에 오른 이상 제대로 된 정치를 펼쳐 보려는 의지의 반영이라고도 할 수 있었다.

사실 의종이 즉위한 당시의 상황은 대내외적으로 많은 어려움이 산적해 있었다. 문벌 귀족들이 득세하면서 왕권 경시 풍조가 만연해 있었고, 대륙의 지배자로 떠오른 금나라가 날로 강대해지면서 고려는 위축될 수밖에 없는 상황이었다.

의종은 자신이 해야 할 일 중 첫 번째를 왕권 회복이라고 생각하였다. 그러자면 무엇보다 개경에 기반을 둔 문신 세력을 찍어 눌러야 할 필요성이 있었다. 이 때문에 의종은 일이 잘못될 때마다 적극적으로 나서서 바른 말을 하곤 하는 정습명을 미워하여 멀리하게 되었다.

의종이 잘못된 길로 들어선 이유

서경 천도가 무위로 돌아가고 묘청의 난이 진압되자 고려의 정권은 개경의 문벌 귀족들이 장악하였다. 정치와 경제, 사회 등 여러 방면에 걸쳐 특권을 독점한 문벌 귀족들에 관한 문제는 이미 인종 대에서 노골화된 바 있었다. 백성과 나라의 안위를 망각한 채 자신들의 이권 획득에만 혈안이 된 문벌 귀족을 퇴치하기 위해 고려의 민족주의자들이 들고 일어난 것이 묘청의 난이었다. 난의 형태로 발전하여 인종이 그를 진압하라고 명하기는 하였으나 인종의 일관된 태도는 문벌 귀족들에 대한 적대감이었다.

부왕의 그러한 태도를 이어받은 의종은 나라를 좌지우지하는 문벌 귀족들로부터 왕권을 되찾고자 무던히 애썼다. 기실 자신이 즉위할 수 있도록 결정적인 역할을 한 사람이 정습명이지만 의종의 눈에 비친 그는 문벌 귀족의 앞자리에 서서 자신의 왕권 행사를 방해하는 인물에 지나지 않았다. 그러나 인종이 정치 자문역을 해 달라고 정습명에게 유훈을 남긴 것에서 알 수 있듯 정습명은 의종이 기꺼운 마음으로 취해야 할 인물이었다.

그러나 의종은 정습명을 위시하여 문벌 귀족들을 멀리하면서 자신의 친위 세력을 키워 가려고 노력하였다. 이것이 바로 의종이 선택한 문벌 귀족 퇴치, 왕권 회복의 길이었다. 여기서 우리는 의종의 서글픈 처지를 읽어낼 수 있다. 환관과 내시를 중심으로 친위 세력을 키워 갈 수밖에 없었던 의종의 외로운 처지 말이다. 그만큼 의종 곁에는 쓸 만한 인재가 없었다는 이야기가 된다. 이는 바꿔 이야기하면 의종이 해결하고자 했던 당면 과제들을 성취해 내기가 무던히도 어려운 조건이었다는 뜻이기도 하다.

아무튼 환관과 내시를 측근으로 끌어들이며 의종이 행동에 나서자 문벌 귀족들은 다 같이 들고 일어나 의종의 처사를 비판한다.

이미 예상하고 있었던 일이기 때문에 의종은 나 몰라라 하며 어릴 때부터 즐겼다던 격구 경기를 관람하며 정사를 등한시한다.

뿐만 아니라 『고려사절요』 의종 5년을 보면 하루가 멀다하고 간신들에게 싸여 불사佛寺에 여념이 없는 의종을 보다 못한 정습명이 불사를 삼갈 것을 간하자, 이 말을 들은 임금은 왕후가 자기를 폐할 것을 원하셨는데 무슨 염려가 그리 대단하느냐고 못마땅해 하였으며 여기에 더해 다른 아들을 내세워 정사를 맡기라고까지 말하였다.

이처럼 어수선한 정국이 이어지자 1147년 11월과 1148년 10월에 심상치 않은 변고가 발생한다. 그 내용을 간단히 살펴보면 다음과 같다.

1147년 11월 병자일에 서경 사람들인 이숙, 유혁, 숭황 등이 금나라에서 온 제천사가 돌아갈 때에 밀서를 건넸다.

밀서에는 '귀국 군사가 직접 서경으로 쳐들어온다면 우리들이 내응內應하겠다' 는 내용이 실려 있었다.

다행스럽게 이 사실이 발각되어 관련자들이 전부 처단되었지만 흔들리는 고려의 정국을 상징적으로 보여주는 사건이라 할 만하였다.

그런데 이듬해 10월에 위와 유사한 사건이 또다시 발생하였다. 이심, 지지용 등이 송나라 사람 장철과 공모하여 심은, 동방흔이라는 가명으로 송나라 태사 진회에게 편지를 보낸 것이다.

'만약 당신이 금나라를 정벌한다는 명목으로 고려에 길을 빌리고 우리가 여기서 내응한다면 고려를 점령할 수 있을 것이다.'

지지용은 이러한 내용이 적힌 편지와 고려 지도를 송나라 상인 팽인에게 주어 진회에게 전달하게 하였다. 그러나 이번에도 송나라 도강都綱 임대유林大有가 그 편지와 지도를 가져와서 고려 조정에 고발했다. 이로 인해 이심과 지지용은 옥 중에서 죽고, 장철은 사형을 당하였으며 그들의 아내는 모두 먼 섬으로 귀양 갔다.

이에 대해 지어사대사 문공유文公裕와 좌정언 정지원鄭知源이 합문 밖으로 나가 사흘 동안 버티면서 방만한 정치의 원인을 제공한 환관 내시들에게 벌을 내리라고 요구하였다. 이에 의종은 고집스럽게 버티다가 그들의 요구대로 7명의 환관 내시들을 유배 보냈다.

문관 관료들의 기세에 밀려 잠시 주춤하는 듯하였지만 의종은 다시 김존중金存中과 정서鄭敍를 측근으로 불러들이면서 친위 세력을 키워 나간다. 김존중은 밤낮으로 정습명이 잘못한다고 흠을 잡아온 인물이었다. 마침 정습명이 병으로 휴가를 청하니 항상 맨 앞에 서서 임금의 행동을 규제하려 드는 정습명이 미웠던 의종은 김존중 등 간신들의 말을 곧이듣고 관직을 빼앗아 버린다. 김존중으로 하여금 자신의 직무를 임시로 대행하게 하는 것을 보고 왕의 의도를 짐작한 정습명은 그대로 자살함으로써 세상을 떠나고 만다.

이로 인해 문관 관료들이 위축된 모습을 보이자, 아첨쟁이들이 날마다 왕 곁으로 몰려들었고, 이에 왕은 더욱 방만해져서 놀이만 일삼게 되었다. 한번은 왕이 귀법사에 갔다가 말을 달려 달령의 다원까지 가서 보는데 시종하는 신하들이 아무도 따라오지 못하였다. 의종은 홀로 기둥에 의지하여 서서 측근자들이 다가오기를 기다렸다가 이렇게 이야기했다.

"만약 정습명이 살아 있었다면 어찌 내가 이렇게 행동하게 되었겠는가?"

길은 이미 예정되어 있었다

아무리 높은 뜻을 세웠다한들 제반 여건이 충분치 못하면 사람들은 대개 실의에 빠져들기 마련이다. 1152년(의종 6) 정월 의종은 벽두부터 강안전康安殿에 거둥하여 채붕綵棚을 관람하였다. 양부악은 전날 밤에 연등 대회를 지냈기 때문에 벌써 철거하였는데도 불구하고 임금의 명으로 급히 서둘러 다시 설치하여 춘정에서 잔치를 베풀고 광대俗人로 하여금 잡희를 하게 하고 의종은 이를 관람하였다.

의종이 유희를 즐길 때면 간간이 우간의 신숙申淑 등이 합문에 엎드려 간하였는데, 평장사 문공원文公元과 거문하성사 최자영은 처음에는 논의에 참여하였으나 이때만은 오지 않았다.

한편 내시 윤언문尹彦文은 괴석怪石을 모아 수창궁 북쪽 동산에 가산假山을 쌓고 그 곁에 조그마한 정자를 세우고 이름하여 만수정萬壽亭이라 하였다. 여기에 황색 능견綾絹으로 벽을 발라 그 사치스러움이 사람의 눈을 휘황찬란하게 하였다.

『고려사절요』 의종 6년 4월조를 보면 잔치를 피하려 할 때 가산이 무너지고 암탉이 울었다고 한다. 임금이 나가 유흥할 때 초저녁부터 밤중까지 사면에 촛불을 켜놓고 시녀들과 어울려 음탕한 놀이를 즐겼는데, 새벽이 되자 별안간 벼락이 치고 지진이 발생해 가산이 무너지는 일이 발생했다.

이 일이 있은 후 어사중승 고영부高瑩夫, 시어사 한정韓靖과 최균심崔均深 등은 사흘 동안이나 합문에 엎드려서 상주하였다. 그러나 의종은 오히려 용안이 변하기까지 하면서

"저 옛날 진나라 사안은 동산에서 휴가를 즐기며 유흥하였고, 당나라 이백도 도리원에서 병촉야유하지 않았소? 하물며 한 나라의 왕자

로 이 정도의 유흥이 뭐 그리 대단하다고 이리들 소란하오?"

라고 말하였다.

그럼에도 이들이 초지를 굽히지 않자 임금은 마지못해 윤언문 등 네 명을 내쫓았다. 왕이 비록 이들을 추방하기는 하였으되 야반의 놀이는 결코 그치지 아니하였다.

친위 세력을 만든다는 명목 하에 환관과 내시들을 측근으로 불러들여 정사를 팽개쳐둔 채 유흥과 오락에 빠져 있다가 간관들이 농성하면 요구를 들어주는 척하고, 다시 이와 같은 일을 반복한 것이 의종의 치세였다. 또한 유교적 정치 이념을 의도적으로 외면하며 불교를 지나치게 숭상하고, 영의를 불러들여 점을 치게 하는 등 온갖 폐단을 초래하기도 하였다.

특히 의종은 도참사상에 매혹되어 있었기 때문에 주위에는 이를 기화로 온갖 거짓 간언이 뒤따르고 있었다. 그중에서도 대시인 복자卜者 영의榮儀가 임금에게

"나라를 태평하게 만들고 장수하시려면 영통사, 경척사, 천수사, 홍왕사 네 절에 일 년간 불공을 드리고 재앙을 멀리 하소서. 국사 기업의 영원과 임금 수명의 장단은 불사의 빈도와 양회禳禬의 반복에 있사옵니다. 폐하께서 연년익수延年益壽 하시려면 천제석과 관음보살을 섬기시고 처처에 이궁離宮을 건립하소서."

라고 권하자 임금은 이 말을 혹신하여 여러 절에 다니며 불공을 드리고, 천제석과 관음보살의 상을 그려 각처의 절에 모셔 두고 법회를 하게 명령하였다. 의종은 이를 축성 법회祝聖法會라 하여 각 지방에 있는 창고에서 그 비용을 내도록 하였다. 영위가 한번 지방에 내려오면 각 지방의 방백 수령들은 뇌물을 다투어가며 바쳤다.

또한 영위는 각처의 이궁과 별장을 지으려고 여러 곳을 물색하여

다니면서 민폐를 끼쳤다. 먼저 대궐 동쪽에 있는 왕제 익양후의 집을 빼앗아 이궁을 지었는데 이 이궁은 일 년간이나 걸려 완공한 것으로 당시 제일 호화로운 궁궐이었다. 이 궁궐을 짓기 위하여 왕제의 집은 물론 왕시중, 김정순, 유필, 김거공의 집은 물론 민가 50여 호를 헐어야만 했다.

그의 재임 시기가 국제적으로 안정된 시대였던 것도 의종의 방만한 생활이 가능했던 하나의 이유였음을 알 수 있다. 의종 14년간은 평화로운 시대였다. 금나라에서는 동방의 요순이라는 세종이 치세하였고, 송나라에서는 효종이 치세하여 고려는 두 나라와의 통상 교역을 통해 윤택한 나라로 등장할 수 있었던 것이다. 안으로는 국부國富를 증진할 수 있고 밖으로는 원만한 국제 관계로 우환이 없게 되자 자연히 임금은 호유豪遊에 마음을 빼앗겼으며 그가 왕위에 오른 해인 1147년 정묘년에는 4월부터 외제석원外帝釋院에 거동하였는데 기록에서는 사원에 행행行幸하여 노니는 것을 모두 기록할 수 없다고 할 정도였다. 의종은 재위 24년간을 거의 빼놓지 않고 착석하였는데 그의 재임 후기에는 그 정도가 더하였다.

의종은 대체 왜 이러한 행위를 한 것일까. 놀기 좋아하는 성격도 한몫 거들긴 했겠지만 이것이야말로 의종이 가진 한계라고 보는 편이 옳을 것이다. 각종 미신을 조장하거나 놀이로 소일하며 문관들에게 자기 과시를 하는 것 외에 미약한 왕권을 가진 의종이 할 수 있는 일이 없었던 것이다.

1157년(의종 11) 김존중과 정함이 대령후 왕경과 가까이 지낸다는 이유로 정서가 역모를 꾸미려 한다고 고변하자, 의종은 왕경과 정서를 귀양 보내 버린다.

고향으로 내려간 정서는 호를 과정瓜亭이라 하고 임금의 부르심을 기다렸으나 의종은 과정을 오래도록 부르지 않았다. 과정은 자신의 신세를 한탄하며 가사를 만들어 한 곡조 읊으며 울분과 원한을 달래었다. 거문고를 타며 읊는 그 소리가 매우 처량하고 참담하여 듣는 사람으로 하여금 애간장을 끊게 하였는데 뒷날 이 가사를 그의 호를 따서 「정과정곡」鄭瓜亭曲이라 하였다.

憶君無日不霑衣 억군무일불점의
政似春山蜀子規 정사춘산촉자규
爲是爲非人莫問 위시위비인막론
只應殘月曉星知 지응잔월효성지

내 임이 그리워서 울었더니
산접동새 또한 나와 비슷하오이다.
시비를 묻지 마라, 잔월효성이 아시리로다.
넋이라도 임과 함께 가고져라.
아! 항언하시던 이 누구시던가.
죄도 허물도 없소이다.
여럿의 참언을랑 듣지 마소서.
슬프구나, 아! 임이 벌써 나를 잊으셨사옵니까.
아서라 임아, 내 간곡한 정곡을 들으사 날 총애하여 주옵소서.

이 한시는 후에 익재 이제현이 「정과정곡」을 한문으로 번역해 놓은 것이다. 묵죽화에 능한 정서는 그 뒤 말년에 용서받고 김이영, 이작승 등과 같이 왕의 부름을 받아 직전을 회복케 되었다.

의종은 계속해서 불교에 심취하고, 놀이와 미신을 즐기는 등 비뚤

어진 행태를 보이다가 마음에 맞는 측근의 문관들을 끌어들여 주연을 자주 베풀면서 그간 적대시해 온 문관들과 대적케 하였다. 이런 과정에서 환관과 내시는 물론이고 아부와 아첨을 즐기는 자들이 득세하게 되었으니 의종 앞에 놓인 길은 이미 결과가 정해져 있는 것이었다.

무신 정변으로 세상을 갈아엎다

고려는 분명 문반과 무반 양반 체제로 구성되어 있었으나 정치와 경제의 특권은 물론이고 군대의 지휘 통수권까지 문신들에게 내준 채 무신들은 상대적 박탈감과 소외감에 시달려야 했다.

이러한 상황에서 의종이 문신들과 어울려 자주 주연을 베풀고 환관과 내시들을 중하게 여기면서 무신들에 대한 천대는 극에 달할 정도였다. 의종의 방만한 정책으로 국가 기강은 문란해졌고, 문관 귀족들이 부를 독점하여 축적해 가는 과정에서 무신들은 설 자리를 잃었으며, 백성은 생활고를 견디지 못하고 떠돌아다니는 이가 많았다. 한마디로 당시의 고려는 문관 귀족들만을 위한 세상이었다.

무신들은 한낱 내시에게조차 천대받는 신세로 전락하였으며 주연이 벌어질 때면 왕과 문신들을 지키기 위해 수고로움을 감수하면서도 지위에 걸맞은 대우를 받지 못하였다. 심지어 김부식의 아들 김돈중이 대장군 정중부의 수염을 촛불로 태운 일까지 있을 정도였으니, 당시에 무신을 경시하는 풍조가 얼마나 뿌리 깊고 위험천만한 것인지 알 수 있다.

견디다 못한 무신들은 결국 반역을 계획하기에 이른다. 왕이 보현원으로 향하기를 기다렸다가 일을 벌이기로 약속한 것이다.

마침내 문제의 날인 1170년(의종 24) 8월 정축일이 밝았다. 왕은 보현원으로 가는 길에 오문 앞에 다다라 시신侍臣들을 불러 놓고 술을 마셨다. 의종은 술이 거나해지자 좌우 시종들을 돌아보면서 이렇게 외쳤다.

"훌륭하구나. 이곳은 군사 기술을 연습할 만하다."

의종은 이런 말과 함께 무신들에게 명령하여 오병五兵 수박희手搏戲를 하게 하였다. 무신들의 불평불만을 어느 정도 알고 있었기 때문에 후하게 상품을 내림으로써 그들의 마음을 위무하려는 생각에서 이루어진 것이었다. 그런데 이때 놀라운 일이 벌어졌다. 대장군 이소응이 젊은 장수와 수박희로 겨루던 중 견디지 못하고 슬그머니 달아나자 젊은 문신 한뢰가 이소응의 뺨을 때린 것이다. 김부식의 아들에게 수염을 상하는 봉변을 당한 적이 있는 정중부가 노하여 소리쳤다.

"이소응은 비록 무인이지만 벼슬이 3품인데 어찌 그리 욕을 보일 수 있느냐!"

그때 술에 취한 왕과 문신들은 정중부와 무신들의 이글이글 타오르는 눈빛을 미처 알아보지 못했을 것이다. 그 자리에서 결판을 낼 수도 있었으나 무신들은 미리 약속한 바가 있었기 때문에 꾹 눌러 참았다.

이윽고 저녁 무렵이 되자 왕이 탄 가마는 보현원 근처에 이르렀다. 이때 이고와 이의방이 앞질러 가서 왕의 명령을 위조하여 순검군을 모아 놓았다.

마침내 의종이 원문에 막 들어서고 여러 신하들이 물러서려 할 때 이고 등이 임종식, 이복기, 한뢰 등을 죽였으며 모든 호종 문관과 대소 관료, 환관들을 살해하였다.

그동안 맺힌 한이 많았기에 무신들의 행동은 거침이 없었다. 정중부는 잠시 후 개경으로 군사들을 보냈다.

"문관을 쓴 자는 서리라도 씨를 남기지 말고 모조리 죽여라!"

이때 서울에 남아 있던 문신들은 50여 명이었는데 모두 남김없이 학살되었다.

왕을 끼고 궁으로 돌아온 정중부는 9월 초하루 해가 기울 무렵에 다시 의종을 수행한 내시 10명과 환관 10명을 수색해서 죽였다. 공포에 사로잡힌 의종은 그러나 겉으로는 태연자약한 태도를 잃지 않으며 술을 마셨다. 이때 이고, 채원 등이 왕을 죽이려고 하였으나 양숙이 이를 저지하였고, 왕은 곧 정중부에게 협박을 받은 끝에 군기감으로 옮겼다가 홀몸으로 거제현으로 추방당하는 신세가 된다. 이때 태자 또한 진도현으로 추방되었다.

그 이전에 아무리 숭문 억무책을 썼다고는 하나 고려 초기로부터 상승되어 온 무반의 지위는 서서히 성장하고 있었고 그것이 그들의 저력이 되어 이번 무신 정변을 성공시키는 원동력이 된 것이다.

고려는 법적 대우를 통하여 정치 권력과 경제력을 증대시키고 사회 신분상의 지위를 향상시킬 수 있는 시대였다. 고려의 무반에 높은 양반 계급과 토호층이 편입되어 사회적 지위를 성장시켜 나간 것이다. 이렇게 무신들이 누적된 불만을 쏟아내고 급격한 혁명에 성공할 수 있었던 것도 무반의 현실적 세력 신장이 큰 배경으로 작용했다고 볼 수 있다.

의종이 추방되자마자 정중부, 이의방, 이고 등은 군사를 거느리고 가서 의종의 아우인 익양공 호皓를 맞아다가 왕위에 앉혔다. 그러나 익양공 호는 명목상 왕에 불과할 뿐 나라의 정권은 무신들이 독차지하고 있었다. 바야흐로 백 년에 걸친 무신 집권기가 시작된 것이었다.

의종의 비참한 죽음

무신 정권에 비판적이었던 우간의 김보당이 동계에서 군사를 일으킨 것은 1173년(명종 3)이었다. 그는 정중부, 이의방 등을 몰아내고 의종을 다시 세우고자 하였다. 그리하여 장순석과 유인준을 시켜 의종을 계림으로 옮겨 오게 하였다.

조정에서는 김보당이 군사를 일으키자 북계의 군대를 풀어 이를 진압토록 하였다. 이때 장군 이의민과 산원散員 박존위가 함께 군사를 이끌고 남로로 내려가 김보당이 지휘하는 반군 세력을 완전히 진압하였다. 난을 진압한 이의민은 같은 해 10월 경신일에 곤원사 북쪽 연못가에서 의종에게 술을 권한 뒤 손으로 등뼈를 눌러 꺾어서 죽였다. 그리고는 의종의 시체를 연못에 그대로 던져 버렸다.

권좌에서 쫓겨난 임금의 최후는 대개 비참함을 면키 어려운 법이지만 의종의 최후만큼 비참하고 끔찍한 예는 찾아보기 어려울 것이다.

의종의 향년은 47세이며, 재위 연수는 25년이었다. 시호는 장효莊孝, 묘호는 의종毅宗이며, 능호는 희릉禧陵이다.

사신 김양경의 평

옛날 당나라 명종 때에 대리 소경 강증이 명종에게 글을 올려 당면 대책을 말하기를,

'국가를 경영함에 있어서 두렵게 생각할 나위가 없는 것이 다섯 가지요, 매우 두렵게 생각해야 할 것이 여섯 가지입니다. 즉, 삼진(해, 달, 별)이 제 궤도를 어기는 것은 두렵게 생각할 나위가 없으며,

하늘에 변괴가 나타나는 것은 두렵게 생각할 나위가 없으며, 소인들이 퍼뜨리는 거짓말은 두렵게 생각할 나위가 없으며, 산이 무너지고 냇물이 고갈되는 것은 두렵게 생각할 나위가 없으며, 수해 · 한재 · 충해는 두렵게 생각할 나위가 없으되, 어진 사람이 자취를 감추는 것을 매우 두렵게 생각해야 하며, 사람들의 염치와 도의가 없어지는 것을 매우 두렵게 생각해야 하며, 윗사람과 아랫사람이 잘못을 서로 감싸주는 것을 매우 두렵게 생각해야 하며, 비방과 칭찬이 공정하지 못함을 매우 두렵게 생각해야 하며, 바른 말이 들리지 않음을 매우 두렵게 생각해야 합니다.'

라고 하였는데 구양공이 이에 대하여 말하기를

"무릇 국가를 경영하는 이로서 어찌 경계하지 않을 수 있으랴?"

라고 하였으니 참으로 옳은 말이로다.

대체 의종 왕은 불교를 숭봉하고 귀신을 받들어 경색이니 위의색이니 기은색이니 대초색이니 하는 것들을 특별히 만들어 놓고 제를 올리며 기도를 하는 데 드는 비용을 대중없이 거두어 들여서 부처와 귀신을 섬기기에 몰두하였으며 게다가 이복기, 임종식, 한뢰 등과 같이 간악하고 아첨하는 자들을 축조 신하로 두었고, 정함, 왕광취, 백자단 등과 같이 간사한 자들을 내시로 두었으며 영의, 김자기 등과 같이 아유구용하는 자들을 술사로 두었으며, 왕이 총애하는 첩 무비가 궁내에서의 모든 일을 주간하면서 왕의 비위를 맞추기에 갖은 아첨을 다하였고 감언이설이 조정에 충만되고 충직한 말은 들을 수 없게 되어 변란이 임금의 눈앞에서 일어났건만 마침내 알지 못했으니 이것이 바로 두려워하지 않을 데 두려워하고 두려워할 데는 두렵게 여기지 않아서 그렇게 된 것 아닌가?

또한 환란이 발생한 초기에 단 한 사람도 왕을 위해서 목숨을 바친 사람이 없었으니 더욱 탄식할 만한 일이로다.

의종의 후비와 종실들

의종에게는 후비 둘과 아들 하나, 딸 셋이 있었다.

장경莊敬 왕후 김씨는 종실 강릉공江陵公 김온金溫의 딸이다. 의종이 태자로 있을 때에 비로 맞아들였는데 인종이 사신을 파견하여 조서를 내리고 예물을 주었다. 의종이 왕위에 오르자 흥덕興德 궁주로 봉하였다. 장경왕후는 효령孝靈 태자 기祈와 경덕敬德, 안정安貞, 화순和順 세 궁주를 낳았다. 1253년(고종 40) 10월 혜자惠資라는 시호를 추가하였다.

장선莊宣 왕후 최씨는 참지정사 최단崔端의 딸이다.

| 의종의 혈계 |

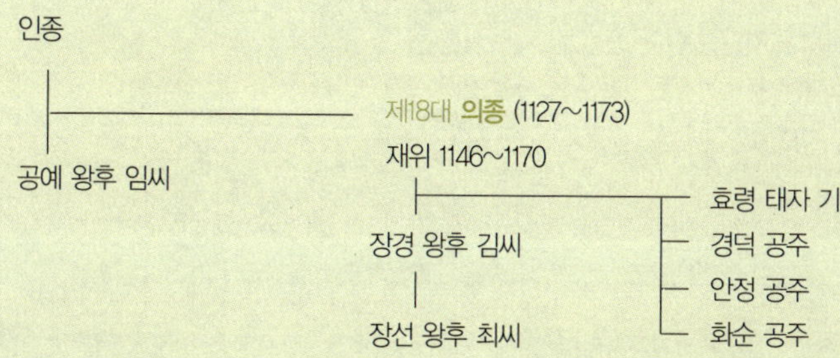

인종
공예 왕후 임씨
제18대 의종 (1127~1173)
재위 1146~1170
장경 왕후 김씨
장선 왕후 최씨
효령 태자 기
경덕 공주
안정 공주
화순 공주

19

무신들의 틈바구니에서 숨죽이다

명종

임금의 꿈

정중부, 이고, 이의방을 위시한 무관들이 난을 통해 정권을 잡은 뒤 의종을 내쫓고 새로 임금으로 추대한 사람이 명종이다. 명종은 이름이 호皓, 자는 지단之旦이며, 초명은 흔昕이다. 인종의 셋째 아들이자 의종의 친동생으로 1170년(의종 24) 9월 기묘일에 대관전에서 40세의 나이로 즉위하였다.

전 임금 의종은 도참설을 믿어 모든 아우들을 꺼렸다. 그런데 명종이 임금이 되기 전 전첨典籤 최여해崔汝諧가 신기한 꿈을 꾸었다며 찾아온 적이 있었다. 자신과 관련된 꿈이라는 것을 눈치챈 명종은 관심 있게 최여해의 이야기를 들었다. 그런데 최여해가 들려준 꿈 내용이 명종의 가슴을 덜컥 내려앉게 만들었다. 최여해가 꿈에서 명종에게 홀笏(벼슬아치가 임금을 만날 때 손에 쥐던 물건)을 주니 명종이 그것을 받아

가지고 용상에 올라앉았다는 것이다. 한마디로 명종이 장차 왕이 되리라는 꿈이었다.

"그 꿈을 다시는 말하지 말라! 이는 중대한 일이니 임금이 이 말을 들으면 반드시 나를 해칠 것이다."

명종은 정색을 하고 이렇게 타이르면서도 그리 싫은 기분만은 아니었을 것이다. 비록 셋째 아들로 태어났으나 왕자의 신분이다 보니 권좌에 오르고자 하는 욕망이 전혀 없지는 않았기 때문이었다.

어쨌든 신기하게도 최여해의 꿈이 맞아떨어져 명종은 왕이 된다. 훗날 이의민을 극구 개경으로 청한 사건에서 알 수 있듯 무능력하고 우유부단한 인물이었지만 명종은 왕위에 대한 욕심만은 누구 못지않았던 듯 하다.

왕은 설 자리를 잃고

돌이켜 보면 인종과 의종은 문벌 귀족들에게 빼앗긴 왕권을 되찾기 위하여 갖은 노력을 기울인 바 있다. 그러나 그토록 염원하던 일이 왕의 힘이 아닌 무장들의 반란을 통해 이루어지다 보니 명종은 무신들에게 모든 것을 내준 채 궁궐의 용상만을 일없이 지키는 외로운 처지가 되어 버렸다.

정중부는 참지정사가 되어 정치에 참여하고, 이의방은 대장군이 되었으며 전중감을 겸하여 궁내에서 세력을 잡고, 이고 역시도 대장군이 되어 위위시경衛尉寺卿이 되었다. 그들은 전 임금의 사제를 하나씩 나누어 차지하였는데 관북댁館北宅은 정중부가 차지하고, 천동댁泉洞宅과 곽정댁藿井宅은 이의방과 이고가 각각 차지했다.

전왕들은 왕권을 되찾기 위해 스스로 노력을 하거나 문신들에게 자기 과시라도 할 수 있었다지만 명종 앞에는 그저 숨죽이며 살아가는 삶만이 남아 있었다. 권력을 장악하기 위해 의종을 잔인하게 살해한 그들이고 보면 한시도 마음을 놓을 수 없는 상황이었던 것이다.

이렇게 허수아비가 되어 버린 명종이 정중부와 이의방, 이고의 초상을 벽에 붙여 벽상 공신으로 삼아 놓고 눈치를 살피는 동안 모든 권력을 독차지한 무신들은 중방重房을 설치하여 국가의 크고 작은 문제를 공동으로 처리하며 그 권한과 기능을 확대해 나가고 있었다.

그러나 인간사가 대부분 그러하듯 최고의 자리에 올라 권력의 단맛에 흠뻑 취해 버린 그들은 서로 더 많은 것을 차지하고자 다툼을 벌이기 시작한다. 결국 욕심이 그들의 틈을 벌어지게 만들고, 모든 것을 잃게 만든 셈이었다.

이고와 채원의 무너진 꿈

산원 이의방 등과 모의한 후 정중부에게 거사할 뜻을 비치고 동의를 얻은 뒤에 무신 정변을 주도적으로 이끈 이고는 대장군 위위경 겸 집주에 임명되었고, 벽상 공신이 될 정도로 높은 자리에 올랐지만 같은 벽상 공신들에 비해 얻은 것이 미약하다고 판단했던지 정권 독단을 노리고 있었다. 그리하여 은밀하게 행실이 불량한 젊은이들과 어울리며, 또 개국사의 승려 현소 등과도 연이 닿자 모의 끝에 이의방에 관한 거짓 제서를 꾸몄다. 이를 알아차린 이의방은 이고를 극도로 미워하였고 이에 겁을 먹은 이고는 난을 일으키기로 마음먹는다. 태자에게 원복을 가할 때 여정궁에서 베풀어진 잔치에 이고도 참석하게 되었는데 악소들로 하여금 소매 속에 칼을 품고 있다가 난을 일으키도록 계획한 것이다. 그러나 이고의 노복이던 교위校尉 김대용의 아들이 이고가 반란을 일으키려 한다는 사실을 알리자, 김대용은 다시 내시 장군 채원과 함께 이의방 앞으로 달려가 모든 사실을 고변해 버렸다.

그렇지 않아도 이고에게 미운털이 박혀 있던 이의방은 궁문 밖에서 철퇴를 휘둘러 이고를 죽였다. 이어서 순검군巡檢軍을 풀어 이고의 어머니와 잔당을 잡아들여 살해하였다. 다만 이고의 아버지는 그 자식을 불초자식으로 여기며 미워한 바가 있어 귀양을 보내는 데 그쳤다.

그런데 오래지 않아 이고를 없애는 데 공을 세운 채원 또한 이의방에게 살해되고 만다. 전날 이고와 함께 이의방을 비난한 것이 탄로 난 까닭이었다.

이고와 채원이 죽자 벽상 공신 정중부와 이의방, 그리고 양숙梁淑에게 더 많은 권력이 집중될 수밖에 없었다. 그중에서도 이고와 채원을 살해한 이의방은 최고의 실력자로 떠올라 모든 이에게 두려움을 안겨주고 있었다. 또한 이의방은 자신의 힘을 더욱 양성하기 위해서는 궁중과 결탁해야 함을 알고는 자신의 딸을 태자에게 출가시켰다. 갈수록 이의방의 행동은 방약무인傍若無人 해졌고 이것을 눈꼴사납게 본 정중부의 아들 정균은 자신의 부친과 상의하였다.

정중부는

"그럼 나는 세상에 나가지 않겠다. 문신들이 나라를 망칠 듯하여 세력 부리던 자를 죽였는데 또 새로운 세력가가 생기는구나."

하며 모든 관직을 사퇴하였다.

그러나 이의방의 형 이준의는 물론 이의방까지 몸소 찾아와 다시 정치 일선으로 나올 것을 청하자 결국 이의방과 부자의 의를 맺고 문하시중이 되었다.

그러나 불만을 품은 정중부의 아들 정균과 사위 송유인은 기회를 보아 이의방의 세력을 꺾고자 하였다. 그럴수록 겉으로는 이의방과 친하게 지냈고 그의 행동을 감시하며 기회를 엿보았다.

예나 지금이나 옳지 않은 방법으로 권력을 차지한 자들은 권력에 버금가는 폐해를 끼치기 마련이다. 나라 안 곳곳에서 전란이 끊이지 않고 일어난 것은 이의방의 독단과 비리, 나아가 무신 집단의 권력 농단을 응징하려는 하나의 거대한 물결이었음을 부인할 수 없다.

전란에 휩싸인 고려

명종 시대에는 크고 작은 전란이 끊이지 않았는데 그 시작을 알린 것이 귀법사 승려들이 일으킨 사건이었다. 이 사건을 이해하려면 무신 정권과 불교의 관계를 먼저 살펴볼 필요가 있다. 무신들이 난을 일으켜 정권을 잡기 전까지만 해도 불교는 왕실은 물론이고 일반 백성과 귀족들의 생활에 강하게 밀착되어 있었다. 즉, 고려 사회 자체가 불교를 기반으로 삼고 있었던 것이다. 무신 정권에 의해 자신들의 기반이 무너져 내리자 불교, 특히 교종 세력은 문신 귀족들과 결탁하여 무신 정권에 저항하기 시작한다.

그리하여 1172년(명종 2) 귀법사의 승려 백여 명이 실력 행사에 들어가게 되는데, 이들은 도성 북문으로 침입하여 선유 승록宣諭僧錄 언선을 살해하였다. 이에 이의방이 군사 천여 명을 거느리고 나가 승려 수십 명을 죽이자 봉기한 승려들은 뿔뿔이 흩어지고 만다. 이의방의 무자비한 진압에 분개한 승려들은 이튿날 중광사, 홍호사, 귀법사, 홍화사 등 여러 절에서 2천여 명이 몰려나와 성 동문 밖에 집결했다. 이의방은 승려들의 엄청난 숫자를 보고 성문을 닫아걸었다. 이에 승려들은 성 밖 인가에 불을 질렀다. 불길은 무섭게 번져 올라 숭인문까지 태워 버렸다. 승려들은 숭인문이 타면서 길이 열리자, 돌진하여 이의방 형제를 죽이려 하였다. 이의방은 이를 눈치채고 부병을 징집하여 백여 명을 다시 죽이며 승려들을 성 밖으로 몰아냈다. 이어서 그는 부병을 풀어 각 성문을 수비하게 하고 승려의 출입을 일체 금지시켰을 뿐만 아니라 한 발 더 나아가 승려들의 봉기와 관련된 절, 즉 중광사와 홍호사, 귀법사, 용흥사, 묘지사, 복흥사 등을 파괴해 버리고 기명을 약탈했다. 이렇게 해서 승려들이 일으킨 난은 진압되었지만 잔인하고 무자비한 진압 때문에 이의방은 더더욱 민심으로부터 멀어졌다.

승려들의 봉기에 이어 1173년(명종 3) 8월에는 김보당이 의종의 복위를 부르짖으며 난을 일으켰다. 이 사건으로 인해 의종은 이의민에게 살해되었고, 수많은 문신들이 희생당했다.

이때까지만 해도 이의방은 눈도 꿈쩍 않고 끊임없이 일어나는 난을 막아냈으며 지위를 더욱 굳건하게 다지기 위하여 자신의 딸을 태자비로 삼기까지 하였다. 그러나 하늘 높은 줄 몰랐던 이의방의 몰락을 알리는 사건이 터졌으니 바로 서경 유수 조위총趙位寵이 1174년 9월에 일으킨 난이었다.

조위총은 의종 말년에 병부상서로서 서경 유수에 임명된 사람인데 이의방 등이 김보당의 난을 진압하는 과정에서 기어코 의종을 살해하자, 나라의 정권을 독차지한 무신들을 토벌할 계획을 세우고 동북 양계의 각 고을 군대에 격문을 보내 호소하였다. 이에 절령(자비령) 이북 40여 성이 모두 호응하였으나 오직 연주만은 성문을 굳게 닫고 고수하였다.

조위총이 군사를 일으켰다는 소식을 접한 이의방은 윤인첨에게 3군을 통솔하고 반란군을 진압하게 하였다. 또한 내시 예부 낭중 최균을 동북로 도지휘사로 임명하여 각 성을 회유하라 하였다.

윤인첨이 절령역에 이르렀을 때, 조위총은 군대를 파견하여 갑자기 관군을 급히 쳐서 대파하였다. 기세를 탄 조위총의 군사들은 서울 서쪽까지 파죽지세로 밀고 내려갔다.

이의방은 적이 개경 근처까지 몰려오자 직접 출전하여 격파하였고 첫 패배 앞에서 당황한 조위총의 군대는 뿔뿔이 흩어진 채 서경으로 도망쳤다. 조위총이 패잔병을 수습한 것은 대동강에 이르고 나서였다. 조위총은 이내 서경 성 안으로 들어가서 진을 쳤다.

이윽고 서경 성 밖에 이른 이의방은 싸움을 독촉하며 군대를 주둔시켰다. 그러나 조위총이 성을 지키기만 하니 싸움이 되지 않았고 날까지 추워지자 이의방은 더이상 견디지 못해 개경으로 돌아갔다.

이의방은 1174년 12월, 전열을 정비한 후에 다시 출전하였다. 그러나 칩거하며 때를 기다리던 정중부의 지시를 받은 아들 정균과 승려 종감에게 이의방은 살해당하고 만다. 이의방과 그 측근들이 모두 꺾이자, 이의방이 차지하고 있던 모든 권력은 정중부에게로 넘어갔다.

정중부 세상에서도 난은 끊이지 않고

정중부는 『삼국지』三國志에 등장하는 관우를 연상시킬 정도로 체구가 우람하고 수염이 아름다웠으며 자존심이 강한데다 행동 하나하나가 신중하기 이를 데 없는 사람이었다.

1170년(의종 24) 상장군으로서 무신들의 수장으로 있던 정중부는 이의방, 이고, 채원, 양숙 등과 같은 젊은 무사들이 정변을 일으킬 것임을 알려왔을 때, 동조도 그렇다고 질책도 하지 않은 채 침묵으로 일관하였다. 그 결과 무신들이 정권을 잡은 뒤에 이고, 이의방 등과 함께 일등 공신의 대열에 섰지만 권력의 중심으로 나설 수는 없는 입장이었다. 그렇다고 욕심이 전혀 없는 인물은 아닌 터라 늘 권력의 중심으로 올라서고픈 마음을 품고 있었다. 실제로 아들 정균과 사위 송유인이 이의방을 제거하자고 주장한 적이 있었으나 정중부는 아직 때가 되지 않았다고 이르며 몸을 움츠린 채 적당한 기회가 올 때까지 기다리자고 타일렀다.

그랬던 정중부가 정균에게 군사를 모으고, 이의방에게 반감을 품은 승려들을 규합하라고 이른 것은 조위총의 난으로 나라 안이 어수선할 때였다.

결국 이의방을 제거하고 그 측근 세력까지 쓸어버린 정중부는 이의방을 제거한 명분을 얻기 위해 1년 7개월 전에 살해된 바 있는 의종의 국상을 반포하고, 그를 고려 제18대 왕으로 복권시켰다. 이로 인해 고려의 정국은 다소 안정을 되찾는 듯하였다.

그러나 1176년(명종 6) 1월 망이 · 망소이의 난이 일어나면서 고려의 정국은 다시 어지러운 안개 속으로 휘말려 들고 만다.

당시 고려는 사회질서가 극도로 문란해진데다 지방의 관리들은 탐학이 심하여 삶의 기반을 잃고 유랑하는 사람들이 속출하였다. 이러한 상황을 견디지 못하고 공주에 딸린 천민 부락 명학소에 살던 망이와 망소이는 도당을 모아 자칭 '산행 병마사'山行兵馬使라 일컬으며 공주를 공격하여 함락시켰다. 당시 고려의 정예군은 조위총의 반란을 진압하기 위해 출병한 상태였다. 이러한 때에 새로이 민란이 발생하자 정중부와 조정에서는 지후祗候 채원부와 낭장郎將 박강수를 급히 보내 망이와 망소이를 회유하려고 하였다. 그러나 그들은 회유에 응하지 않았다. 이에 정중부는 정황재로 하여금 군사를 이끌고 가서 난을 진압하게 하였으나 결과는 참패였다. 당황한 정중부와 조정은 명학소鳴鶴所를 충순현忠順縣으로 승격시켜 주겠다며 또다시 회유책을 쓴다. 그러나 망이, 망소이는 이 또한 받아들이지 않고 예산현과 충주를 공격하여 점령한다. 이렇게 정국이 위태로운 상황으로 치닫고 있을 때 아주 반가운 소식이 날아든다. 윤인첨과 두경승이 이끄는 고려의 정예군이 조위총을 참수하고, 난을 진압하였다는 낭보였다.

정중부는 정예군을 공주 지방으로 투입하여 망이 · 망소이의 난을 진압하는 대신 마지막 회유책을 쓴다. 난을 종결하고 생업으로 돌아간다면 죄를 묻지 않겠다는 제안이었다. 개경으로 직접 올라간 망이 · 망소이는 이러한 회유책을 받아들여 생업으로 돌아가기로 약속한다.

그런데 공주 지역에 주둔하고 있던 군사들이 망이의 어머니와 아내를 인질로 잡아들이며 토벌을 감행한다. 이에 망이와 망소이는 다시 봉기하였고 토벌군과 전투를 벌이던 중 잡히고 만다. 이로써 망이 · 망소이의 난은 종결되었지만 사회질서가 극도로 문란해진 상황에서 백성의 삶이 무너진 지 오래인 때였기 때문에 크고 작은 민란이 계속하여 일어났다.

또다시 무신 정권의 주인은 바뀌고

앞에서도 이미 밝혔듯 강력한 권력의 그늘에는 불법과 무리한 권력 남용 등과 같은 독버섯이 상존하고 있기 마련이다. 정중부도 예외는 아니어서 그의 부당한 치부와 권력 남용에 민심이 들끓을 정도였다. 이러한 틈바구니에 끼어 정중부를 쓰러뜨리고 권력을 독차지하고자 야망을 불태우는 젊은 장수가 한 명 있었으니 바로 경대승慶大升이었다.

경대승은 청주 사람으로 중서시랑평장사 벼슬을 지낸 경진의 아들이다. 경대승은 힘이 장사였는데, 15세에 문음門蔭으로 교위에 보용되었고 여러 번 승직되어 장군으로 임명되었다. 그의 부친 경진은 본래 탐욕스러워서 타인의 토지를 많이 강탈하였는데 아버지가 죽은 후 경대승은 강탈한 토지를 모두 원래 임자들에게 돌려주었다. 그의 청렴함에 많은 사람들이 탄복한 것은 당연한 일이었다.

경대승은 일찍이 정중부가 권력을 독점하는 모습을 분하게 여겨 오던 중 정중부의 아들 정균을 죽이기로 마음먹는다. 때는 1179년(명종 9) 9월이었는데 평상시 사이좋게 지내던 견룡牽龍 허승許升을 찾아간 경대승이 자신의 뜻을 밝혔다.

"내가 흉적들을 처치하려는데 당신이 협력한다면 성사가 될 것이요."

이 말에 허승이 흔쾌히 승낙하자 경대승은 덧붙여 말하였다.

"장경회가 끝나는 날 밤에 야간 숙위하는 사람들은 필시 피곤하여 잠들 것이니 내가 결사 대원 30여 명을 화의문 밖에 매복하여 두었다가 당신이 먼저 안에서 정균을 죽이고 휘파람을 불어 신호하면 내가 매복조를 발동시켜 호응하겠소."

이렇게 각자 해야 할 바를 정하고 두 사람은 때가 되기를 기다렸다. 그리고 장경회가 끝나는 날 밤 사경四更에 정균이 숙직하는 집으로 들어간 허승이 그를 죽였다. 잠시후 휘파람 소리가 들려오자 경대승은 결사대원을 인솔하고 왕궁 담을 넘어 들어가서 대장군 이경백과 지유指諭 문공려를 죽이고 사람을 보는 대로 죽이니 궁중이 소란해졌다.

침전에서 잠들었던 명종이 놀라 소리치자 경대승은 정중부 등 흉적들을 없애려는 것뿐이라며 왕을 안심시켰다. 곧이어 경대승은 금군을 출동시켜 정중부와 송유인 부자를 체포하게 해달라고 명종에게 요청하였다. 겁에 질린 명종이 그렇게 하라고 승낙하니 경대승은 곧바로 금군을 출동시켜 정중부와 송유인 등을 잡아 죽였다.

이리하여 고려의 정권을 경대승이 장악하자 조정 관리들이 일제히 대궐로 들어와서 축하 인사를 건넸다. 그러나 경대승의 반응은 시큰둥했다.

"임금을 죽인 자가 아직도 남아 있는데 무슨 축하인가?"

이것은 바로 이의민을 두고 한 말이었으므로 이의민은 이 말을 듣고 대단히 무서워하였다.

비록 무력을 동원하여 정권을 잡았으나 경대승은 관리를 등용할 때에 문신과 무신을 고루 기용하려고 노력하였다. 이에 여러 무신들로부터 반감을 사 충돌 위험성이 높아지자 경대승은 무신들의 최고 권력 기구 기능을 담당했던 중방을 무력화시키고 결사대 백 수십 명을 모집하여 집안에 두고 불의의 사변에 대비케 하였다. 이것이 곧 자신의 사적 집단인 도방인데, 도방은 경대승이 정권을 유지해 나가는 바탕이 되었다.

한편 정중부 제거에 공을 세운 허승, 김광립 등은 자신들의 공을 믿고 교만을 부리면서 은밀하게 불량배들을 양성하고 있었다. 또 왕태자에게 친근하게 시종하면서 태자궁 후면 벽에서 누워 자며 밤새도록 노래를 부르고 풍악가를 치는 등 방약무인의 행동을 하였다. 이로 말미암아 그들을 꺼리게 된 경대승은 허승을 자기 집으로 불러서 죽이고, 김광립을 도중에서 만나 선 자리에서 죽였으며 군대의 호위를 강화하였다.

1181년(명종 11)에는 대정을 지낸 바 있는 한신충, 채인정, 박돈순 등이 반란을 음모하였다. 이때 영사 동정 대공기가 그들의 모의를 알아채고 경대승에게 밀고하였다. 경대승은 명종에게 고하고 나서 그들을 잡아 국문하였다. 석화와 별장別將 박화, 주부注簿 이돈실도 반란 음모에 관련된 것을 안 경대승은 한신충, 채인정, 박돈순은 섬으로 귀양을 보냈고, 석화는 남해 현령, 박화는 하산도 구당사로 강직시켰으며 이돈실은 광주로 귀양 보냈다.

이처럼 경대승은 비록 유언비어라 할지라도 자신에게 해가 되는 이야기면 무조건 관련자를 잡아 가두고는 국문하는 등 형벌을 무자비하게 적용하였다. 그가 집권한 기간은 5년여였는데 그 동안 도방의 무리라 자처하는 도둑들이 횡행하였고, 사회가 매우 어지러웠다.

이렇게 고려 사회를 혼란 속으로 몰아가던 경대승이 죽은 것은 1183년(명종 13) 7월이었다. 잠을 자던 중 정중부가 칼을 들고 호통치며 달려드는 꿈을 꾸고 나서 병을 얻은 것이다. 그때 얻은 병을 끝내 떨쳐내지 못하고 경대승은 30세의 나이로 죽었다.

유약한 임금의 선택

경대승의 죽음은 무신들에게 짓눌린 삶을 살아온 명종에게 더없이 좋은 기회였다. 임금을 살해한 자라 하여 경대승이 위협을 가하곤 하였기에 때마침 이의민마저 개경을 떠나 경주에 머물고 있었다. 권력을 농단할 만한 무신들이 없는 틈에 왕권의 기틀을 다지고 이제라도 고려를 제대로 된 나라로 일으켜 세우면 될 터였다.

그러나 명종은 이의민이 반란을 일으켜 권력을 장악한 뒤 자신을 폐위시킬지도 모른다는 생각에서 그를 개경으로 불러올린다. 그 즈음 이의민은 비록 천민 출신이었으나 경주를 뿌리로 하고 있었기 때문에 신라 재건을 부르짖으며 군사력을 키워가고 있었다. 스스로 욕심을 버리고 탐관오리를 쳐부수며 신라의 재건을 외치니 경주의 민심은 곧 이의민에게 뜨겁게 모여들었다.

경대승의 도방과 일대 격전을 준비하고 있던 이의민은 곧 경대승이 죽었다는 소식을 접하고는 잠시 할 바를 잊는다. 명종이 개경으로 올라오라고 명한 것도 바로 그때였다. 망설이는 그에게 명종이 다시 병부상서 벼슬을 내리며 개경으로 올라와 달라고 부탁한다. 주변에서는 개경의 고려군과 전쟁을 벌일 적기이니 어서 출병하자고 성화가 대단했으나 이의민은 명종의 청을 뿌리치지 못하고 결국 개경으로 올라간다.

이렇게 해서 명종은 왕권 회복 기회를 놓치고 무인 정권 시대를 스스로 재차 열어젖혔다.

왕손은 12대에서 끝나고, 다시 십팔자가 나온다

호랑이 입으로 저절로 굴러 들어온 고기라고 표현해도 무리가 아닐 터였다. 소금 장수의 자식에 불과한 이의민이 개경으로 올라가 보니 그를 위해 잔칫상이 차려져 있었다. 독단과 부정부패, 온갖 만행을 저질러도 상관없는 절대 권력이 이의민을 기다리고 있었던 것이다.

힘 한번 써보지 않고 고려의 모든 권력을 장악한 이의민은 쏟아져 들어오는 뇌물과 아첨, 아부를 일삼는 사람들 때문에 입이 귀에 걸렸고, 권력의 달콤함에 푹 빠져든 채 토지 강탈과 양가 처녀 강탈, 폭행과 살인 등을 제멋대로 자행하였다.

세상은 이의민의 것이었다. 임금은 정치에 아무 힘이 없으니 궁중 안에서 궁녀나 데리고 노는 형편이었다. 그러던 중 자신이 사랑하던 궁녀 둘이 일 년을 두고 연이어 죽자 소리 내어 통곡하며 애도의 글을 지었으며 6개월 동안 육식을 금하기까지 하였다.

이를 보고 사람들은 왕후의 상을 당하고는 석 달 만에 육식을 하더니 후궁이 죽은 후에는 여섯 달 동안 육식을 하지 않았음을 비아냥댔다. 어떤 이는 명종의 글을 보고 임금은 글을 잘 하나 그 밑에 있는 장군들이 문장은 할 줄 모르고 권력 다툼만 해댐을 안타까워하였으며 다음과 같은 시로 당시 이의민과 두경승의 주먹 자랑을 풍자하기도 하였다.

吾畏李與杜 오외이여두
屹然眞宰輔 흘연진재포
黃閣三四年 황각삼사년
拳風一萬古 권풍일만고

내 가장 두려워하는 이는 이씨와 두씨일세.
우뚝 서 있으면 과연 재상같이 보이네.
황각에 삼사 년 있는 동안
주먹 바람은 만고에 빛나리.

이런 생활을 13년 동안이나 해오던 중 이의민은 어느덧 '왕손은 12대에서 끝나고 다시 십팔자十八子(李의 파자)가 나온다'는 말을 믿게 되었다. 왕이 되겠다는 참람한 뜻을 가슴에 품은 것이었다.

이런 생각에 사로잡힌 이의민은 1193년(명종 23) 경상도 청도와 초전草田(현 울산)에서 일어난 김사미와 효심의 농민 반란군을 뒤에서 은밀하게 지원해 준다. 새로운 왕조를 열기 위해 단지 과중한 수탈과 고된 생활고를 해결해 달라는 뜻에서 봉기한 농민반란을 이용하고 있었던 것이다.

이 때문에 반란군을 진압하는 것이 몹시 어려웠는데 11월이 되어 상장군 최인과 장군 고용지가 토벌군에 가세하면서 전세가 기울자, 이의민은 농민군으로부터 등을 돌리는 얄팍함까지 보인다.

난이 진압된 뒤에도 변함없이 고려를 장악한 채 탐학을 자행하던 그는 1196년 4월, 최충헌 일파에게 살해당하고 만다.

일거에 권력을 장악한 최충헌 형제는 1197년(명종 27) 9월 66세나 된 명종을 협박하여 단신으로 향성문을 나서게 하여 창락궁에 감금하고 태자 도는 강화도로 추방하였다. 그러고는 명종의 아우 평량공平凉公 민旼(탁晫)을 새로운 왕으로 세우고 그 아들 연淵을 태자로 삼았다.

창락궁에 갇힌 명종은 1202년(신종 5) 9월 이질에 걸렸다. 신종이 중사를 보내어 의원과 약을 보내려 하였지만 28년이나 왕위에 있었고, 나이가 72세이니 어찌 더 살기를 바라겠느냐며 명종이 이를 거절하였다. 그리하여 명종은 결국 11월 무오일에 창락궁에서 죽었다. 시호는 광효光孝, 묘호는 명종明宗이며 장단에 장사지내고 능호를 지릉知陵이라 하였다.

사신의 평

정중부, 이의방, 이의민 등이 작간作奸으로 의종을 죽이고 국권을 마음대로 뒤흔들었으니 명종의 입장으로는 마땅히 마음을 단단히 먹고 기어이 역적을 처단하고 말았어야 했을 것이다. 경대승은 왕실이 쇠약함을 분히 여기고 강신의 횡포를 증오하여 일조에 정의의 조치를 취하여 정중부 부자를 처단하기를 마치 여우나 토끼 자르듯 하였으며, 이의민이 목을 바치고 소소한 도적들은 도망을 쳐서 시골에서 숨도 크게 쉬지 못하였으니 이는 바로 현량한 사람들을 등용하고 국가의 규율을 확립함으로써 왕실을 부흥시킬 수 있는 기회였었다. 왕은 그렇게 하지 못하고 유흥과 안일에 사로잡혀서 보통 무사한 때처럼 아무런 대책도 취하지 않았다.

이의민 같은 자는 한갓 필부에 지나지 않았으니 사신 한 명을 보내어 그가 임금 죽인 죄가 있으니 목을 자르고 일족을 없애 버려야 할 것인데, 도리어 그를 초대하여 갑자기 높은 벼슬까지 줌으로써 그로 하여금 왕실을 짓밟고 조신들을 살육하며 벼슬과 옥을 팔아먹게 하여 나라의 정치를 혼란시켰으니 그 화단이야말로 참혹하였다. 최충헌은 이런 기회를 타고 일어나는 판에 왕은 도리어 추방을 당하고 자기 자손을 보전하지 못하게 되었다. 이때부터 권신들이 서로 꼬리를 물고 나서서 정권을 잡았으며 몇 백 년 동안 위험한 속에서 겨우 왕실을 유지하여 왔으니 슬프고 아픈 일이로다.

명종의 후비와 종실들

명종에게는 후비 하나에서 낳은 아들 하나와 딸 둘, 후궁에서 낳은 서자 10여 명이 있었다.

광정光靖 왕후 김씨는 강릉공 김온의 딸로 의정義靜 왕후로 봉하였다.

강종康宗과 연희延禧, 수안壽安 두 궁주를 낳고 죽었으며 강종이 왕위에 오르자 광정光靖 태후로 추존하였다. 1253년(고종 40) 10월 공평恭平이라는 시호를 추가하였다.

후궁이 낳은 서자 10명인 선사善思, 홍기洪機, 홍추洪樞, 홍규洪規, 홍균洪鈞, 홍각洪覺, 홍이洪貽 등은 모두 다 머리를 깎고 승려가 되었으며 소군小君이라는 칭호를 주었다. 그 나머지 서자들은 사기에 전해지지 않았다.

선사는 나이 겨우 10살 때에 명종의 명령으로 승려가 되어 대우와 작위가 적자와 다름이 없었으며 궁중에 출입하면서 권세를 떨쳤다. 당시 여러 소군들에게 삼중 벼슬을 주었고 유명한 절을 선택하여 거주하게 하니 권세를 부리고 뇌물을 받아 요행을 바라는 자들이 주위에 많았다.

홍기, 홍추, 홍규, 홍균, 홍각, 홍이 등은 명종이 왕위에서 쫓겨나자 다 함께 섬으로 귀양을 보냈다.

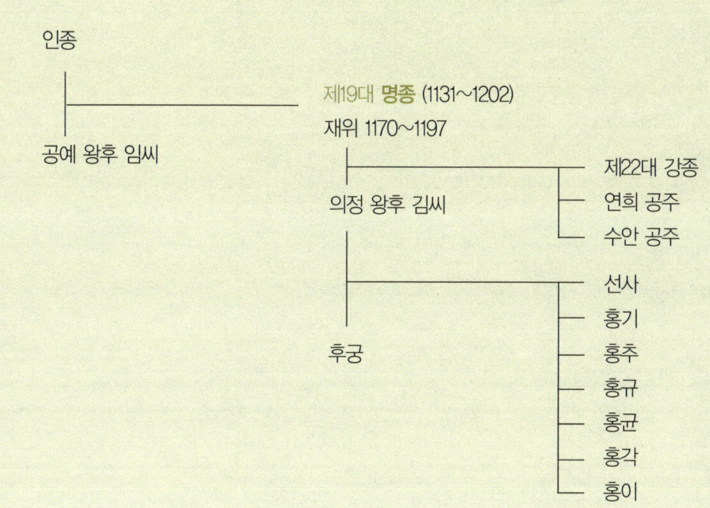
| 명종의 혈계 |
인종
공예 왕후 임씨
제19대 명종 (1131~1202)
재위 1170~1197
의정 왕후 김씨
후궁
제22대 강종
연희 공주
수안 공주
선사
홍기
홍추
홍규
홍균
홍각
홍이

20

난신의 그늘

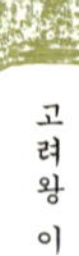

미타산에서 무너진 꿈

무신들이 나라를 장악한 의종 임금 시대 이래로 고려 왕실의 위엄과 체통은 찾아보기 어려워졌고, 백성의 삶은 무너져 내렸으며 힘이 곧 정의로 통하는 세상이 되어 버렸다. 힘이 있고, 어느 정도 지략만 갖추고 있으면 나라를 통째로 삼킬 수 있는 상황이다 보니 야욕을 가슴에 품은 자들이 많았고, 그래서 세상은 더더욱 어지러워졌다.

이의민이 고려의 정권을 장악한 채 제왕의 꿈을 키워가던 그때 최충헌 형제 또한 야심을 숨기지 않고 있었다. 전서구傳書鳩를 통해 측근 무장들과 은밀하게 연락을 취하며 때를 기다리고 있었던 것이다.

그랬던 최충헌이 기다리던 때가 아직 오지 않았음에도 부랴부랴 미타산 별장으로 달려가 이의민을 살해한 것은 이의민의 아들 이지영에게 전서구傳書鳩를 강탈당하면서 자신들의 모의가 발각될 위기에 처했기 때문이었다. 호위 병사도 없이 미타산으로 향했던 이의민은 결국 날랜 무장들과 함께 들이닥친 최충헌에게 목이 잘리고 말았다.

이의민이 죽자 아들 이지영을 위시한 측근 무장들이 결사대를 조직하여 반격했지만 하늘은 최충헌의 손을 들어주었다. 적을 모두 패퇴시킨 후 최충헌이 드디어 고려의 정권을 손아귀에 쥐게 되었던 것이다. 최충헌은 이의민을 떠받들어 온 문무관들을 대량 학살하였으며, 살아남은 자들은 귀양을 보냈다.

고려는 최씨의 손아귀에 들어가고

힘이 지배하는 세상에서 단지 힘으로 정권을 장악했을 뿐이지만 최충헌은 자신이 성공시킨 거사에 명분을 얻고 싶었다. 그리하여 명종 앞으로 나아가 다음과 같이 아뢰었다.

"적신 이의민이 일찍이 시역의 죄를 범하고 생민을 포악하게 침해하며 왕위를 엿보므로 신 등이 미워한 지 오래였습니다. 이제 국가를 위하여 그들을 토벌하였으나 다만 일이 누설될까 두려워서 감히 명을 청하지 못하였으니 죽을죄입니다."

오랜 집권 기간 동안 힘을 바탕으로 집권한 무신들의 틈바구니에서 숨죽인 세월을 살아온 명종은 이번에도 최충헌이 원하는 바를 정확하게 읽어 냈다. 최충헌의 거사가 나라를 위한 충정의 발로였음을 인정하며 명분을 실어 주었던 것이다.

최충헌은 회심의 미소를 지으며 이번 거사의 정당성을 대내외에 보다 확고하게 인식시키기 위해 '봉사십조' 封事十條를 명종에게 올렸다.

구기의 설을 믿을 것이 아니라 새로 짓고 사용하지 않는 궁궐에 입어入御할 것, 대토지 소유자가 겸병한 공사전을 문적에 비추어 환원할 것, 공사 조부의 공정을 기하고 권세가의 민산民產 침해를 금할 것, 승려의 왕궁 출입과 왕실의 민간에 대한 고리대업을 금할 것, 조신들의 사치 생활을 금할 것 등이었다.

최충헌은 왕의 측근을 지키는 자들을 50여 명 추방하고 나서 무신 독재 정치의 발판을 마련해 나갔다. 뿐만 아니라 좌우 승선左右承宣 벼슬에 오른 것을 시작으로 승진을 거듭하여 모든 권력을 자신의 손아귀 안으로 옮겨 왔다.

허수아비에 불과한 명종을 무시한 채 모든 정책을 자신의 손으로 주무르던 최충헌은 1197년(명종 27) 9월에 이르러 봉사십조를 제대로 지키지 않는다는 이유를 들어 명종을 창락궁에 가둬 버리고는 명종의 아우 평량공 민을 새로운 왕으로 즉위시킨다.

궁궐이라는 이름의 옥

최충헌과 그의 동생 최충수, 외종질 박진재의 뜻에 따라 54세 때 고려 제20대 왕으로 등극한 공예 왕후 임씨의 다섯 번째 아들 민(신종)은 6년 4개월여의 재위 기간 동안 힘과 권위를 잃은 왕의 비애를 통감하며 한숨으로 오랜 나날을 보내야 했다.

눈 한번 꿈쩍하지 않고 내키는 대로 왕을 폐위시킬 수 있었던 최충헌 일파는 더 이상 신하가 아니었다. 그들은 궁궐을 제 손바닥 위에 놓인 공깃돌처럼 장악한 채 임금을 그곳에 가두고 고려의 운명을 좌지우지했다.

최충헌 일파가 무언가 이야기할 때마다 억지웃음을 지으며 고개를 끄덕여 주면 그뿐인 왕. 자신의 생사여탈권을 최충헌 일파가 쥐고 있기에 앉으나 서나 가시 방석이었고, 행여 그들의 뜻에 거슬려 해코지를 당하는 것이나 아닌지 가슴 졸여야 하는 세월이었다.

그랬기에 왕권 회복을 위한 그 어떤 노력도 할 수 없었고, 왕실의 권위와 성스러움을 내팽개친 채 목숨을 부지하기 위해 급급할 따름이었다.

신종은 1197년 10월에 자기의 이름을 탁晫으로 고쳤다. 금나라 임금과 이름이 같아 개명코자 재상들에게 이름을 지어 바치라고 일렀는데 참지정사 최당이 '탁' 자를 택하여 바쳤던 것이다. 이 때문에 왕의 이름을 피하기 위하여 탁자 성을 가진 고려의 백성들은 외가의 성을 따르게 되었고, 본가와 외가의 성이 같을 경우에는 친조모나 외조모의 성을 따르게 하였다.

권력은 항상 분쟁을 낳는다

욕심이 욕심을 부른다는 말이야말로 동서고금에 두루 통용되는 이야기가 아닌가 싶다. 최충헌과 함께 거사를 성공시켜 권력을 장악하고 수성제란공신 삼한정광 중대부 응양군상장군 위위경 도성지사 주국이 된 최충수는 권력욕에 사로잡힌 나머지 더 큰 것을 쟁취하기 위해 자신의 딸을 태자비로 삼으려 한다.

이에 이의방이 자기 딸을 태자비로 삼았으나 살해되고 만 예까지 들며 최충헌이 동생 최충수를 만류했다. 그러나 욕심을 끝내 떨쳐내지 못한 최충수는 마음먹은 바를 실천에 옮기려 한다.

이 때문에 크게 노한 최충헌은 최충수의 딸이 궁궐로 들어가는 것을 막았고 이렇게 시작된 두 사람의 불화는 결국 군사 행동으로 이어진다.

홍국사에서 최충헌에게 패한 최충수는 임진강 이남에서 다시 거사하려는 뜻을 품고 도망치던 중 덜미를 잡히고 만다. 최충수가 살해된 장소는 파평현에 있는 금강사였다.

권력욕에 눈이 멀어 형제간에 벌어진 분쟁은 결국 한쪽의 목이 잘린 다음에야 끝이 났다. 세상 사람들은 권력 앞에서는 친동생의 목숨조차 간단하게 앗아 버릴 수 있는 최충헌의 잔인성과 야심에 진저리를 쳤다. 최충헌이 정권을 잡은 후에는 거의 해마다 싸움이 벌어졌다.

최충수가 죽은 때로부터 10년 뒤인 1207년(희종 3)에는 거사의 주역이자 최충헌의 외종질이기도 했던 박진재가 또다시 희생된다. 이 또한 욕심에서 비롯된 죽음이었다.

최충헌이 고려의 모든 권력을 장악한 이후 박진재는 은근히 최충헌에게 불만을 품고 있었다. 자신이 거느린 수백 명의 문객 중에 관직을 얻은 자가 적었기 때문이었다. 박진재가 반란을 일으켜 최충헌을 없애려고 마음먹었다는 익명서가 나붙은 것은 1201년(신종 4)이었다. 이 때부터 두 사람은 서로 믿지 못하고 불편한 관계가 되었다.

비록 생질 간이지만 최고의 권력자 최충헌과 사이가 좋지 않다 보니 박진재는 불안했을 것이다. 그리하여 그는 만약의 경우에 대비하여 사람을 모으기 시작한다.

그러나 문제는 천하의 최충헌이 박진재의 움직임을 정확히 꿰뚫어 보고 있었다는 사실이었다. 결국 박진재를 불러들인 최충헌은 조카의 발뒤축 심줄을 잘라 버리고 백령진으로 유배를 보낸다. 박진재는 그곳에서 목숨을 잃었다.

들끓는 민심

임금 위에 군림하는 유일한 신하로서 국가 대사를 무엇이든 뜻대로 정할 수 있게 된 최충헌은 자기 집에서 중요한 정책을 결정하여 임금의 허락도 받지 않고 시행하기 일쑤였다. 그런가 하면 인사권을 틀어쥔 채 내키는 대로 대신들을 갈아 치우기도 하였다. 나라의 정치가 이러하다 보니 불만을 품지 않은 자가 드물 정도였고, 중앙에서 지방에 이르기까지 벼슬아치들은 정의라는 것을 망각한 채 자신의 이권에 따라 모든 일을 결정해 나갔다. 이런 상황에서 죽어나는 것은 오직 백성뿐이었다.

백성들은 살기 위해 곳곳에서 난을 일으켰고, 그것은 가뜩이나 어지러운 고려의 상황을 더욱 어려운 지경에 빠뜨렸다.

신종 임금 시대로 접어들어 처음으로 발생한 난은 공교롭게도 최충헌의 가노家奴 만적에 의해서였다. 만적은 한미한 집안에서 성장한 최충헌이 고려의 정권을 장악하고, 왕을 허수아비로 만들어 가는 과정을 누구보다 가까운 곳에서 지켜보았을 것이다. 일개 신하가 왕을 능멸하며 사회질서를 무너뜨렸는데, 천대받는 종의 신분에 불과한 나 또한 왕후장상이 되지 말란 법이 어디 있단 말인가. 하극상 풍조가 만연한 고려의 현실을 지켜보면서 만적은 이런 생각에 빠져들었고, 급기야 천인들의 봉기를 이끌어 내기에 이르렀다.

1198년(신종 1) 5월, 개경 북산으로 나무를 하러 간 만적은 역시 나무를 하러 온 효삼, 소삼 등과 같은 노비들을 모아 놓고 다음과 같이 부르짖었다.

"정중부와 김보당의 난 이래 고관이 천례賤隷에서 많이 나왔으니 장상이 어찌 씨가 따로 있으랴. 때가 오면 누구나 할 수 있는 것이다. 우리만 어찌 뼈 빠지게 일하며 매질 밑에서 곤혹을 당하겠는가."

그 자리에 모인 천노들로부터 동조를 얻어낸 만적은 거사 계획을 치밀하게 세워나간다. 그러나 율학박사律學博士 한충의 가내 노비 순정이 밀고를 하는 바람에 만적의 난은 실패로 돌아갔다.

최충헌은 그 뒤 문무관을 위시한 한량, 군졸 중에서 골라 뽑은 자들로 도방을 설치하여 6번番으로 나누고 돌아가면서 자신의 신변을 지키게 하였다. 들끓는 민심 속에서 자신을 원망하며 곳곳에서 기회를 노리는 자들이 많다는 사실을 최충헌도 모르지 않았던 것이다.

그러나 최충헌의 염려와 여러 조치를 비웃듯 이미 불붙은 민초들의 항쟁은 꼬리에 꼬리를 물고 맹렬하게 이어졌다. 1199년(신종 2)에 명주에서 일어난 농민 반란은 삼척과 울진 두 현으로 번져 성이 함락되었고, 동경(현 경주)에서도 난이 일어나 명주현의 반란군과 합류하여 주군을 노략질하였다. 이에 최충헌은 낭장 오응부와 차함 합문지후 송공작을 명주로, 장작소감將作少監 조통과 낭장 한지를 동경으로 보내어 반란군을 무마하였다.

그러나 이듬해 4월, 다시 진주에서 공사 노비들이 난을 일으켰다. 주리廚吏들의 횡포를 참다못한 노비들이 성난 파도처럼 들고 일어난 것이었다. 주리들의 집으로 몰려간 노비들은 가옥 50여 호를 불태우며 울분을 토해냈으나 이들은 곧 출동한 병사들에게 진압되고 말았다.

그런데 이때 공교롭게도 주리 중 한 사람인 정방의가 역모 혐의를 받고 투옥되는 사건이 발생했다. 이에 그의 아우 정창대가 무력으로 형을 구하고, 사람들을 끌어 모아 다시 반란을 일으켰다. 소부감 조통과 중랑장 이당적이 난을 진압하려 하였으나 실패했고, 이듬해가 되어서야 간신히 난이 평정되었다.

이어서 1200년(신종 3) 8월에 동경에서 난이 일어나고, 1202년에는 탐라 독립 운동이 일어나는 등 고려의 상황은 악화 일로로 치닫았다.

그러나 최충헌은 이런 와중에도 흔들림 없이 일인 독재의 조건을 차근차근 마련해 가고 있었다. 벼슬은 날로 높아져 1203년 12월에는 중서시랑평장사 이부상서 판어사대사 태자소사에 올라 군사와 행정, 인사에 관한 모든 결정권을 틀어쥐었다. 이렇게 되자 왕은 최충헌이 결정한 사항을 알려오면 그저 머리만 끄덕일 뿐이었다.

신종의 죽음

노쇠한 나이에 왕위에 올라 최충헌의 기세에 억눌려 지내던 중에 신종이 병을 얻어 자리에 누운 것은 1203년 12월이었다. 신종은 자신의 아들 영韺에게 왕위를 전하고 1204년 정월 정축일에 아들 덕양후의 저택으로 옮겨 가서 이내 죽었다.

신종의 재위 연수는 6년 4개월이고 향년은 61세였다. 시호는 정효靖孝, 묘호는 신종神宗이며 성 남쪽에 장사하고 능호를 양릉陽陵이라고 하였다.

사신의 평

신종은 최충헌이 세운 임금으로서 사람들을 살리고 죽이는 것과 임명하고 파직시키는 문제는 전부 최충헌에 의하여 좌우되었다. 신종은 허수아비처럼 왕이라는 이름으로 신민들의 위에 앉아 있었을 뿐이었으니 애석한 일이로다.

신종의 후비와 종실들

신종에게는 후비 하나와 아들 둘, 딸 둘이 있었다.

선정宣靖 태후 김씨는 강릉공 김온의 딸이다. 신종이 평량공으로 있을 때 맞아들였으며 왕위에 오르자 원비元妃로 책립하고 1200년(신종 3) 궁주로 봉하였다.

태후는 희종熙宗과 양양공襄陽公 서恕, 효회孝懷 공주, 경녕敬寧 궁주를 낳았다. 희종이 왕위에 오르자 왕태후로 높였으며 그의 부府를 경흥부慶興府라고 불렀으며 그 궁전을 장추전長秋殿이라고 불렀으나 이후 부를 응경부膺慶府, 궁전을 수복전綏福殿으로 고쳤다.

태후는 어려서부터 여공與共에 부지런하였으며 최충헌이 왕을 폐립하였을 때 갖은 고난을 겪었으나 오직 근신하며 스스로 지조를 지켰다.

1222년(고종 9) 죽으니 왕이 애도하였으며 주관 관리에게 명령하여 예의를 갖추어 진릉眞陵에 안장하게 하였다. 시호를 선정宣靖 태후라고 올렸으며 1253년(고종 40) 10월 신헌信獻이라는 시호를 추가하였다.

신종의 3대손인 서흥군 왕전王琠은 충렬왕 때에 볼모로 원나라에 가 있었다. 왕유소와 송방영이 왕에게 참소하여 충선을 폐위시키고 왕전을 보탑실리 공주에게 재취시켜 왕의 후계자로 삼으려는 음모를 꾸몄는데 왕전의 외모가 아름다워 왕이 그를 시켜 화려한 의복을 입고 자주 왕래하게 하여 공주의 눈에 띄게 하였다. 평소에 행실이 좋지 못했던 공주는 곧 왕전에게 뜻을 두게 되었다. 이후 왕유소 등이 처단될 때에 충선왕은 왕전을 용서하려 하였으나 재상들이 반대하여 형부刑部로 하여금 왕유소 등과 함께 문명문 밖에서 참형에 처하였다.

4대손인 왕향王珦은 처음에 학성후鶴城候로 책봉되었고 후에 학성부원군으로 책봉되었다. 1361년(공민 10)에 신년을 축하하러 원나라에 파견되어 가다가 길이 막혀서 가지 못했다. 이때 공민왕이 홍건적을 피하여 복주福州로 갔는데 왕향은 그의 동생 평안군平安君 등 두 사람과 더불어 행재소行在로 가서 공민왕을 만났다. 1377년(폐왕 우 3) 내관 김수만의 처가 왕향을 상대로 토지, 노비를 가지고 다투더니 왕향을 모해하기 위해 내시 김원로의 처와 더불어 왕향이 장차 왕에게 불리하리라는 무고를 하였다. 그래서 우왕은 순군에 명령하여 왕향의 집을 지키고 김수만과 김원로의 처를 국문하였다. 명덕 왕후의 청으로 이들을 처벌하지 않았으나 관계 관리에게 명령하여 종실들의 무단 출입을 금지하였다.

6대손인 영흥군永興君 왕환王環은 그의 처남 신순辛珣이 신돈의 세력에 빌붙어 살다가 처단될 때 함께 연류되어 무릉도로 귀양간 후 생사를 알지 못하고 19년이 흘렀다. 그의 처 신씨가 왕환이 폭풍에 표류되어 일본국에 갔다는 소문을 듣고 도당都堂에 청하여 자비로 금은을 준비하고, 자기 집 종을 시켜 회례사를 따라가 서너 차례 그를 찾아보게 하였다. 1388년(폐왕 창 원년)에 그 종이 왕환을 데려왔는데 용모가 본인과 같지 않고 바보 같이 자기 부친과 조부의 이름도 모르고 살던 고향조차도 몰랐다. 그를 보고 신씨의 종제從弟 전 판사 신극공과 그의 인척인 전 판 개성부사 박천상, 전 밀직부사 박가흥, 지밀직 이숭인, 하륜 등이 그 사람은 왕환이 아니라고 말하였다. 그러나 신씨는 경산부로부터 와서 보고는 남편을 제일 잘 아는 것은 아내라면서 매우 기뻐하였다. 드디어 헌부憲府에서 소송하니 문하부 낭사, 전법사典法司, 순군巡軍과 합동 심사하면서 종실들과 박천상 등을 소집하여 대질시켰다. 왕환의 두 아들과 그의 형 승려 잠수 및 종실 여러 군들은 모두 다 영흥군이 맞다고 하였으나 왕환의 사위인 전판서 이숭문李崇文은 잘 모르겠다고 대답하였다. 그러나 국문을 당하자 나의 장인이 맞다고 자백하였으며 이리하여 박천상, 신극공, 박가흥, 하륜 등은 무고하였다는 죄로 먼 곳에 귀양을 보냈다.

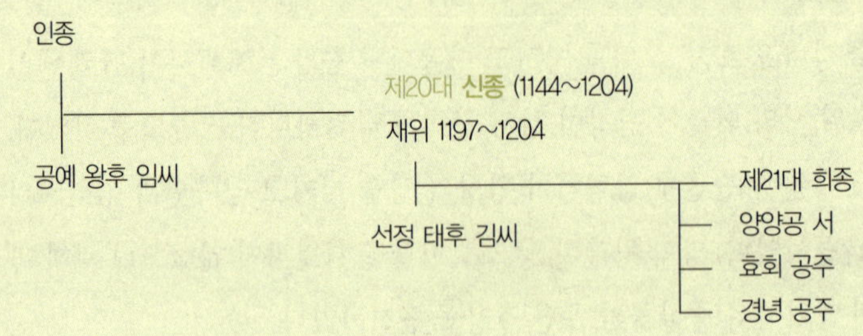
신종의 혈계
인종
공예 왕후 임씨
제20대 신종 (1144~1204)
재위 1197~1204
선정 태후 김씨
제21대 희종
양양공 서
효회 공주
경녕 공주

21

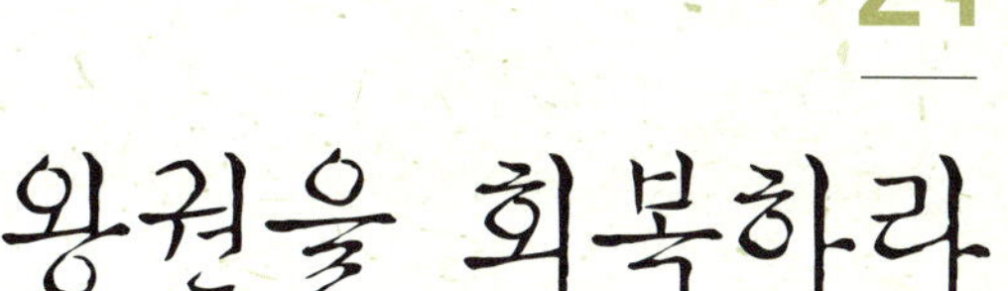

왕가의 전통을 이었으나

부왕 신종에 이어 왕위에 오른 희종은 무신들이 정권을 장악한 이래 사라졌던 왕가의 전통을 이은 임금이다. 의종은 무신들에 의해 쫓겨난 후 복위를 꿈꾸다가 이의민에게 살해되었고, 정중부 무리가 멋대로 즉위시킨 임금 명종은 무신들의 위세에 눌려 근근이 연명하여 오다가 최충헌 무리에 의해 폐위되고 신종이 즉위하였다. 따라서 명종과 신종은 왕가의 전통이 아니라 무신들의 뜻에 따라 즉위한 임금이었던 셈이다. 그러나 희종은 그 시작이 다르다. 죽음을 앞둔 신종의 노력으로 마침내 왕위를 이어받게 되었던 것이다.

희종은 이름이 영韺, 자는 불피不陂, 처음 이름은 덕悳이며, 신종과 선정 태후 김씨의 맏아들이다. 다음 임금의 선택은 오로지 최충헌의 말 한마디에 달린 일이라 희종에게 왕위를 물려주고자 신종은 거듭

거듭 선위의 뜻을 내보이며 간곡하게 청하였다 한다. 부왕의 그러한 노력을 잘 아는 희종은 눈물로써 선위를 굳이 사양하다가 끝내는 마지못해 즉위하였다.

희종은 7년 11개월이라는 짧은 치세 끝에 최충헌의 눈 밖에 나 유배지를 전전하다가 결국 강화 교동에서 죽고 만다. 희종에 대해 평한 사신의 글을 보면 왕가의 전통을 이은 사람으로서 경박한 모사에 휘말려 왕권 회복의 기회를 무산시킨 것에 대한 안타까움이 절절하게 묻어난다. 사신의 평을 잠시 살펴보기로 한다.

'이때에 최충헌이 나라의 권력을 잡은 지가 이미 여러 해 되어 패거리들이 재산을 불리고 사람들의 생사를 제 마음대로 하였으니 희종이 아무리 착한 일을 하려 한들 어떻게 하였겠는가! 왕이 취하여야 할 계책은 응당 자신이 정당한 입장에 서서 어질고 재능 있는 사람을 등용하여 왕실을 공고하게 꾸렸어야 할 것이었다. 이렇게 한다면 아무리 재멋대로 날뛰는 신하가 있더라도 나쁜 짓을 제 마음대로 할 도리가 없었을 것인데 왕이 이것을 알지 못하고 경박한 모사에 귀를 기울여 한때의 분을 풀려다가 마침내 추방을 당하였으니 슬프도다!'

사신의 평을 보면 최충헌이 나라의 권력을 잡은 채 사람의 생사를 마음대로 하였으며 이에 대해 희종은 분한 마음을 품고 있었다고 되어 있다. 최충헌과 희종의 관계가 이 짧은 문장 속에 모두 드러나 있다 해도 과언이 아닐 것이다.

꺾지 못할 바엔 높여 주자

희종은 즉위 후 최충헌을, 벽상삼한삼중대광 개부의동삼사 수태사

문하시랑동중서문하평장사 상장군 상주국 판 병부 어사 대사 태자 태사로 높여 주었다. 그뿐만 아니라 자신을 추대하여 왕위에 오르도록 해준 공로가 있다고 하여 최충헌을 언제나 특별하게 예우하였으며 '은문상국' 恩門相國이라고 불렀다.

희종은 이어서 1206년(희종 2)에 다음과 같은 조서를 내렸다.

'문하시중 진강후 최충헌은 선군先君의 재위在位 때는 물론이고 내가 왕통을 계승한 때로부터 오늘까지 충성을 다해서 나를 도운 큰 공적이 있다. 그러므로 부府를 세워 줌으로써 높이 표상할 것이다.'

희종은 조서의 내용대로 최충헌을 진강후晉康侯에 책봉하고 흥녕부興寧府를 세우도록 하였다. 이로부터 최충헌의 권세는 더욱 드높아져 궁궐 출입시에 평상복을 입은 채 일산日傘을 드리우고 시종을 데리고 다녔다 한다.

1207년에는 최충헌의 청으로 유배자 3백여 명을 가까운 곳으로 옮겨 방면하기도 하였으며 그 다음해에는 개성 대시大市 좌우의 긴 행랑 1,080영楹을 다시 짓게 하였는데 오부 방리五部坊里와 양반의 집에서 미속米粟을 내게 하여 그 비용을 충당하였다.

희종은 여기서 그치지 않고 최충헌에게 중서령中書令 벼슬과 진강공晉康侯 작을 내리려 하였다. 그러나 최충헌은 이를 사양하였다. 최충헌을 꺾지 못할 바엔 차라리 높여 주자고 마음먹은 희종은 다음 해에 또다시 중서령과 진강공 관작을 주었다. 희종의 속마음을 간파한 듯 최충헌은 이번에도 공이란 작위는 최고위이며, 중서령이란 벼슬은 신하로서 더 없는 고관이라고 하며 끝내 받지 않았다.

이처럼 모든 권력이 최충헌에게만 집중되자, 정권을 장악하기 위한 거사를 치를 때 주도적으로 앞장섰던 최충헌의 외종질 박진재는 노골적으로 불만을 토로하기 시작한다.

"우리 외숙은 마음으로부터 임금을 업신여긴다."

술에 취할 때마다 이런 말을 하며 비난을 하니 최충헌의 귀에 들어가지 않을 리가 없었다. 당시 박진재는 대장군으로 있었는데 드나드는 문객의 수가 최충헌에 비해 크게 뒤질 것이 없고 모두 용맹한 사람들이다 보니 최충헌으로서도 알게 모르게 위협을 느껴오던 터였다. 이런 상황에서 최충헌을 제거할 음모를 꾸미고 있다는 익명의 방이 나붙자, 최충헌은 참지 못하고 박진재를 불러들인다.

박진재가 뜰 아래 이르자 최충헌은 대뜸 언성을 높였다.

"네가 어찌하여 나를 해하려 하느냐?"

이 말과 함께 최충헌은 좌우에 명하여 그를 결박하게 한 후 다리 힘줄을 자르고는 백령진白翎鎭(현 백령도)으로 귀양을 보냈다. 그로부터 몇 개월 후 박진재는 병을 얻어 죽었으며 그의 문객들 중 용맹한 자는 무사한 이가 드물었다. 그러자 최충헌은 자신에게 반대하는 세력을 찾아내기 위해 1209년(희종 5) 교정도감을 설치하였다.

따로 기관을 만들어야 할만큼 최충헌에 반대하는 세력이 많았다는 뜻일 것이다. 조카로부터 시작된 최충헌에 대한 반발은 1209년과 1210년, 1211년의 크고 작은 사건으로 이어져 최충헌의 간담을 서늘케 만든다.

최충헌을 암살하라

바야흐로 무신 정권이 들어서서 고려의 정국을 농단한 지 39년째로 접어드는 해였다. 시간이 지날수록 최충헌의 권력은 하늘을 찌를 듯 높아지기만 하고, 왕국의 절대자 임금의 권한은 위축되어 뜻있는 백성이라면 누구나 울분을 느끼게 마련인 시절이었다.

이러한 때에 청교 역리 세 명이 최충헌 부자를 살해하고 나라를 바로잡고자 공첩公牒을 위조하여 각 절의 승도僧徒를 불러 모으려 하였다. 그런데 그 공첩이 귀법사歸法寺에 전달되었을 때 사건이 생겼다. 승려 하나가 문서를 가지고 온 자를 잡아다가 최충헌에게 고해 버린 것이었다. 최충헌은 즉시 교정별감教定別監을 영은관迎恩館에 두고 성문을 굳게 닫아걸었다. 그러고는 청교 역리 일당을 대대적으로 수색하였다. 이로 인해 우복야 한기와 그의 아들 삼형제, 장군 김남보 등 아홉 명이 죽임을 당했으며 그에 동조한 사람들은 먼 섬으로 귀양을 가게 되었다.

또, 1210년(희종 6)에는 이름이 적히지 않은 심상치 않은 투서가 최충헌의 집으로 날아들었다.

'직장 동정直長同正 원서元諝와 재상 우승경于承慶이 최충헌을 암살코자 한다.'

투서의 내용을 확인한 최충헌은 즉시 수하 장수들을 보내 원서와 우승경을 체포하고는 문초하였다. 이에 원서가 하늘을 올려다보며 탄식하였다.

"이것은 반드시 나와 원수진 바 있는 유익겸庾益謙의 모함이다. 몇 해 전에 유익겸이 은병 2개를 꾸어간 일이 있는데 여러 해가 지나도록 갚지 않고 도망하여 그의 집을 빼앗았다. 이에 앙심을 품고 유익겸이 이런 짓을 저지른 것이다."

깜짝 놀란 최충헌이 유익겸의 집으로 사람을 보내보니 과연 투서의 초안이 있어, 최충헌은 유익겸을 귀양 보냈다.

최충헌의 권세와 위엄이 고려를 뒤흔들다

최충헌은 활동리에 자신의 저택을 지을 때 인근 민가 백여 채를 허물고, 북쪽 시가지 전방廛房에 십자각이라는 별당을 지었는데 토목 부역이 하도 극심하여 백성의 원성이 대단하였다. 집 둘레만 해도 몇 리에 이르렀으며 그 화려함이 오히려 대궐에 앞선다고 할 정도였으니 말이다. 게다가 백성 사이에서는 이상한 소문이 무성하게 나돌았다.

"최충헌이 토목土木의 나쁜 기운을 물리치기 위하여 동남童男, 동녀童女를 잡아다가 오색 옷을 입혀 집터의 네 귀퉁이에 생매장하였다."

이런 소문이 입에서 입으로 번지자 인근 주민들은 모두 어린아이를 깊이 감추었고, 심지어는 먼 곳으로 도망가는 사람까지 있었다. 이러한 분위기에 편승하여 무뢰배들이 어린아이를 잡아가는 척하며 놀란 부모에게 재물을 갈취하는 일이 빈발했다. 이에 최충헌은 어사대御史臺를 시켜 시가지에 방榜을 붙여

〈사람의 목숨이 가장 귀중한 것인데 어찌 어린 생명을 생매장하여 재앙을 물리치겠는가.〉

라며 백성의 마음을 안정시켰다.

입담 좋은 사람이 지어낸 것만 같은 이러한 이야기를 통해 당시 최충헌이 누리던 권세를 어느 정도 상상해 볼 수 있을 듯하다. 그야말로 위엄과 권세가 임금을 압도하고 고려 땅을 뒤흔들 정도였으리라. 이를 증명하듯 최충헌은 자신의 뜻을 거역하는 자가 있으면 파리 목숨 끊듯 모두 죽여 없애곤 하였다. 이런 상황이다 보니 불만이 있다 해도 모든 이가 입을 다물고 말하지 않았다.

그런데 대장군 노준盧俊의 아들 노인우盧仁祐는 달랐다. 그는 최충헌의 인척이라 늘 가까이 있었는데 여러 번에 걸쳐 미친 척하며, 바른말

을 했다. 이 때문에 미움을 받은 노인우는 인주(현 인천)의 골원으로 강직당하기도 하였다.

임기가 다하여 노인우가 다시 최충헌 곁에 돌아와 있을 때였다. 한번은 최충헌이 세 번째 집을 짓고 금은보화며 돈과 양곡이 산처럼 쌓여 있는 것을 가리키며 좌우 사람들에게 물었다.

"부府의 창고에 저장해 둔 것만 남기고 금은보화는 왕부王府에 헌납하여 국가 비용에 보탬이 되도록 하는 것이 어떻겠는가?"

최충헌이 하는 말이다 보니 모두가 그저 좋다고 대답할 뿐인데 노인우가 앞으로 나서며 이렇게 대답했다.

"그럴 것 없이 기왕지사 있는 재물은 그대로 경비에 보태 쓰되 다시는 백성으로부터 필요 이상으로 재물을 긁어 들이지 않는 것이 좋겠습니다."

비꼬는 듯한 노인우의 이야기에 최충헌은 낯을 붉히고 말았다.

왕권 회복을 강렬하게 원한 희종

앞서 사신의 평을 소개하며 이미 밝혔듯 부왕으로부터 왕위를 이어받은 희종은 최충헌의 위세에 압도당하여 늘 그를 높여주면서도 속으로는 분한 마음을 품고 있었다. 자리가 사람을 만든다는 말이 있듯 임금의 자리에 올랐으나 일개 신하에 불과한 최충헌이 자신을 허수아비 취급하며 나라의 정권을 오로지하고 있으니 비분한 마음 지울 길이 없었을 것이다.

큰아버지인 명종과 아버지 신종은 모두 무신들에 의해 왕이 된 사람들이라 정당하게 왕위에 오르지 못했다는 부담감을 갖고 있었으나 희종은 정식으로 태자로 책봉되었기에 무소불위로 권력을 휘두르는 최충헌과 같은 자들을 몰아낼 명분 또한 충분하였다.

최충헌에 반대하는 세력들도 점차 고개를 들기 시작하였다. 최충헌이 권력을 독점하는 것에 불만을 품은 장군들은 물론, 불교에 소속되어 있는 승려들까지 최충헌을 제거하기 위한 음모를 꾸몄던 것이다. 또한 최충헌이 왕을 우습게 여기는 것에 불만을 품은 사람들도 많았다.

속으로만 애를 태울 뿐 아무것도 하지 못하고 있던 희종은 1211년(희종 7) 12월, 측근 내시 왕준명 등과 최충헌을 제거할 계획을 짠다.

마침내 거사일이었다. 최충헌은 예상대로 수창궁으로 들어와 희종을 배알하였다. 희종은 미리 계획해 놓은 대로 최충헌의 배알이 끝나자마자 내전으로 들어가고, 중관中官이 나와서 최충헌의 측근들에게 말하였다.

"전하의 분부로 술과 음식이 준비되어 있으니 모두 같이 가서 드시지요."

중관이 최충헌의 측근들을 궁중 깊이 유인하여 데려가자마자 복도에서 승려와 속인俗人 10여 명이 갑자기 무기를 들고 뛰어나와 최충헌의 하인 몇 사람을 때려죽였다. 그 소리를 듣고 사변이 생겼다는 것을 알아차린 최충헌은 임금에게 달려가 다급하게 소리쳤다.

"전하, 저를 구원하여 주십시오."

그러나 희종은 잠자코 문을 닫은 채 최충헌을 들여놓지 않았다. 그 순간 최충헌은 희종이 자신을 없애려 한다는 사실을 눈치 챘다. 그러나 당장은 어찌할 도리가 없는 상황이라 최충헌은 사방을 두리번거리다가 지주사知奏事 방 문창지 틈으로 숨었다. 승려 한 명이 세 차례나 살기등등한 얼굴로 들이닥쳐 최충헌을 찾았으나 끝내 그를 발견하지 못했다.

사태가 이처럼 급박하게 돌아가는 것을 몰랐던 김약진과 최충헌의 아들, 최우의 장인 지주 정숙첨鄭淑瞻은 중방에 들어가 있었다. 그러나 그들도 오래지 않아 최충헌의 신변에 문제가 생겼다는 것을 알고는 즉시 달려와 최충헌을 구출하였다.

바로 이때 최충헌의 측근 신선주申宣胄, 기윤위奇允偉 등이 승려들과 뒤얽혀 격투를 벌이기 시작하였다. 곧바로 궁궐 밖에 남아 있던 최충헌의 도방 6번들이 내전으로 들어와 사태를 정리하였다. 김약진이 흥분하여 최충헌에게 소리쳤다.

"지금 즉시 궁중에 있는 사람을 모조리 죽이고 임금도 처단하겠습니다."

그러나 최충헌은 허락하지 않았다.

"그렇게 하면 장차 이 나라는 어찌 되겠느냐? 후세의 말거리가 될까 두려우니 경거망동하지 말라!"

최충헌은 이후 상장군 정방보鄭邦輔 등을 시켜서 사약司鑰 정윤시鄭允時와 중관中官을 체포하여 인은관仁恩館에 가두고 국문하였다. 그 결과 주모자는 내시 낭중 왕준명王濬明과 참정 우승경于承慶, 추밀 사홍적史弘績 장군 왕익王翊 등으로 밝혀졌다. 분노에 사로잡힌 최충헌은 왕준명과 우승경, 사홍적, 왕익 등을 외지로 귀양 보냈으며, 희종을 폐위시켜 버리고는 강화도로 쫓아 보냈다. 최충헌을 살해하려다가 자리마저 보전할 수 없게 된 희종은 오래지 않아 강화도에서 자연도紫燕島로 옮겨 갔다. 희종이 이런 처지가 되었으니 태자 왕지 또한 무사할 리가 없었다. 태자는 인주로 추방되었고, 덕양후 서(양양공)와 시녕후 위는 각각 교동과 백령도로 쫓겨 갔다.

이로써 최충헌의 무신 정권은 더욱 막강한 힘을 가지게 되었다. 희종은 1219년(고종 6) 다시 서울에 봉영奉迎되어 딸 덕창 궁주를 최충헌의 아들 성城과 혼인시켰으나, 1227년(고종 14) 복위의 음모가 있다는 무고로 최우崔瑀에 의하여 다시 강화로 쫓겨났다. 이후, 유배지에서 낙심하여 살아가던 희종은 법천정사에서 지내던 중 1237년(고종 24) 8월 무자일에 죽고 말았다. 왕의 재위 연수는 7년 11개월이고 향년은 57세였다. 시호는 성효誠孝, 묘호는 정종貞宗으로 하였다가 뒤에 희종熙宗으로 고쳤으며 능호는 석릉碩陵이라 하였다.

희종의 후비와 종실들

희종에게는 후비 하나와 아들 다섯, 딸 다섯이 있었다.

성평成平 왕후 임씨任氏는 종실 영인후寧仁侯 진稹의 딸인데 본 성을 숨기고 임씨라고 하였다. 1211년(희종 7) 함평咸平 궁주로 봉하였다.

왕후는 창원공昌原公 지祉, 시녕후始寧侯 위禕, 경원공慶原公 조祚, 대선사大禪師 경지鏡智, 충명 국사沖明國師 각응覺膺, 안혜安惠 태후와 영창永昌, 덕창德昌, 가순嘉順, 정희貞禧 네 궁주를 낳았다. 1247년(고종 34) 죽으니 소릉紹陵에 안장하고 시호를 성평 왕후라고 하였으며 1253년(고종 40) 10월 정장貞章이라는 시호를 추가하였다.

경원공 왕조는 1279년(충렬 5)에 죽었다. 고전에 정통하여 세상에서는 그가 예법을 잘 안다고 칭송하였고 원종은 의심나는 일이 있으면 반드시 왕조에게 문의하였으며 그를 종실의 모범이라 불렀다. 그의 장사 때 왕이 홍대촉紅大燭을 사용하는 것을 허락하였으며 이때부터 양반이나 평민 모두 홍대촉을 사용할 수 있게 되었다.

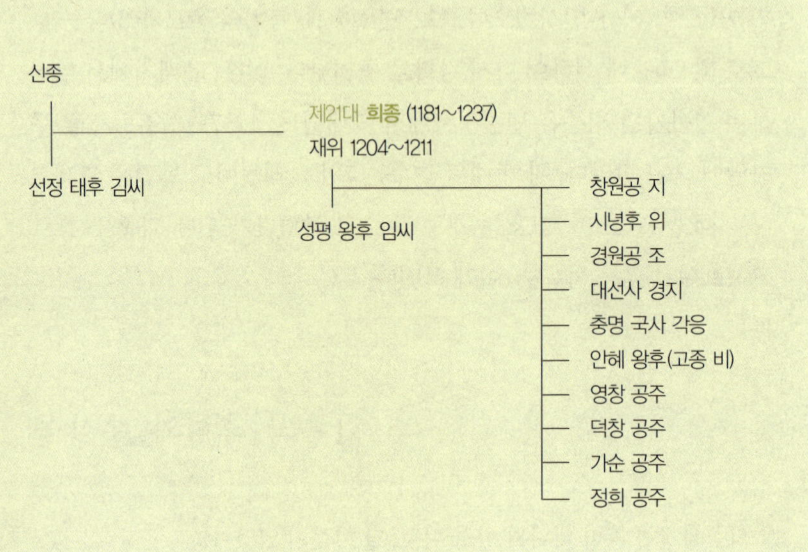
| 희종의 혈계 |
신종
선정 태후 김씨
제21대 희종 (1181~1237)
재위 1204~1211
성평 왕후 임씨
창원공 지
시녕후 위
경원공 조
대선사 경지
충명 국사 각응
안혜 왕후(고종 비)
영창 공주
덕창 공주
가순 공주
정희 공주

22

늙고 병든 몸으로 왕이 되었으나

뒤바뀐 운명

희종이 왕권 회복을 위하여 최충헌을 살해하려다가 실패하면서 명종의 맏아들 왕오(강종)는 또 한 차례 급하게 밀려오는 운명의 파고를 맞이한다.

명종과 의정 왕후 김씨의 맏아들로 1152년(의종 6) 4월에 태어나 1173년(명종 3) 4월에 태자로 책봉되었던 왕오는 원래 고려의 제20대 왕이 되어야 할 몸이었다. 그러나 1197년(명종 27) 9월, 최충헌에 의해 명종이 강제 폐위되자 왕오 또한 강화도로 유배되어 1210년(희종 6) 12월 개경으로 다시 돌아올 때까지 기나긴 유배 생활을 견뎌내야 했다.

어쩌면 왕오는 왕이 되고 싶지 않았을는지도 모르겠다. 청년기에 겪은 무신 집권자들에 대한 공포가 그의 머릿속에 강렬하게 각인되어 있을 것이 분명하기 때문이었다. 그가 태자로 책봉된 1173년은 나라의 정권을 장악한 지 얼마 안 된 무신들의 기세가 날선 칼처럼 위압적인 시절이었다. 그러한 상황에서 명종과 마찬가지로 숨죽인 세월을 살아가면서 그는 왕실의 자손이라는 사실에 자괴감을 느꼈을지도 모른다.

그랬기에 그는 기나긴 유배 생활에서 풀려났을 때, 그저 편안한 노후를 보낼 수 있게 되기만을 소원했을 것이다. 그러나 운명은 그를 그냥 내버려두지 않았다. 희종이 폐위되자마자 최충헌의 아들 최우와 평장사 임유가 찾아와 그를 강안전으로 데려갔고, 곧 고려 제22대 왕으로 즉위케 하였으니 말이다. 강종의 나이 60세 때의 일이었다.

늙고 병든 임금의 치세

환갑이 머지않은 나이도 나이려니와 오랜 유배 생활 끝에 병약한 몸이 되어 버린 강종이 스스로 할 수 있는 일은 그다지 많지 않았다. 그저 날선 칼처럼 느껴지는 최충헌에게 모든 것을 일임한 채 저물어가는 노년의 심회를 어루만질 따름이었다.

강종은 즉위 원년에 최충헌의 부인 임씨를 봉하여 수성택주綏成宅主로 삼았고, 왕씨는 정화택주靜和宅主로 삼았다. 또한 최충헌의 흥녕부를 고쳐 진강부晉康府라 하고, 문경무위향리조안공신文經武緯 嚮理措安功臣 호를 내려주며 크고 작은 나랏일을 모두 최충헌에게 일임하였다.

2년이 채 안 되는 강종의 치세 기간 동안 가장 눈에 띄는 것이 있다고 하면 1212년(강종 1) 7월 을축일에 아들 진瞋(질晊 · 철瞮)을 왕태자로 책봉하고, 이듬해 8월에 지병으로 몸져눕자, 다음과 같은 조서를 내리며 왕자 진에게 왕위를 물려주었다는 사실이다.

'내가 변변치 못한 사람으로 임금의 자리에 오른 지가 지금까지 수년이 되었는데 덕은 박하고 책임이 중할 뿐만 아니라 병조차 위중하게 되었다. 생각하건대 임금의 자리는 잠시도 비울 수 없는데 태자 진의 덕행이 인방의 동의를 얻을 만하고 총명은 아래 사람들을 통솔할 만하므로 왕위를 주어 중대하고 어려운 일을 맡기노니 여러 백관들은 각기 직무를 수행함에 있어서 새 임금에게 복종하라! 내가 죽은 후 능묘 제도는 검박과 절약을 앞세우도록 하며 한 달 입을 상복을 3일 후에 벗게 하라!'

그날 밤 이경二更에 강종은 수창궁 화평전에서 죽었다. 왕의 재위 연수는 1년 8개월이요, 향년은 62세였다. 시호는 원효元孝, 묘호는 강종康宗, 능호는 후릉厚陵이다.

사신의 평

강종은 모든 나랏일을 처리하는 데 있어 최충헌의 통제를 받아야 했다. 그러다 갑자기 병에 걸려 한 나라의 임금으로서 누릴 수 있는 행복을 제대로 맛보지도 못하고 숨을 거두었으니, 참으로 슬픈 일이다.

강종의 후비와 종실들

강종에게는 후비 둘과 아들 하나, 딸 하나가 있었다.

사평思平 왕후 이씨는 이의방李義方의 딸이다. 강종이 태자로 있을 때에 이의방이 자신의 딸을 태자로 들여보내 수녕壽寧 궁주를 낳았으나 이의방이 처단되자 이씨도 쫓겨 나갔다.

원덕元德 왕후 유씨는 종실 신안후信安侯 유성柳城의 딸로서 고종을 낳았으며 1212년(강종 1) 연덕延德 궁주로 책봉되었다.

1239년(고종 26) 죽으니 곤릉坤陵에 안장하였다. 시호를 원덕 태후라고 하였으며 1253년(고종 40) 10월 정강貞康이라는 시호를 추가하였다.

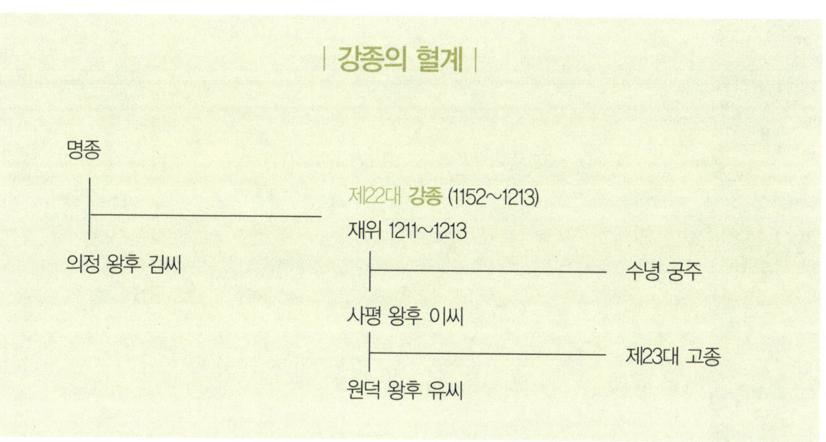

23

격랑의 소용돌이 속에 서다

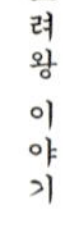

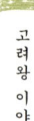

단절의 세월을 넘어

1213년 8월 정축일, 아버지 강종의 선위로 왕위에 오른 고종의 당시 나이는 22세였다. 이름은 철瞮, 자는 대명大明 또는 천우天祐이며, 처음 이름은 진瞋, 이후 질眰로 고쳤으며 강종과 원덕 왕후 유씨의 맏아들로 1192년(명종 22) 정월에 태어났다.

고종은 1197년(명종 27) 할아버지 명종이 유배될 때 아버지 강종과 마찬가지로 8세의 나이로 유배 길에 올라야 했다. 그가 유배된 곳은 황해도 안악현이었는데, 그곳에서 강종이 즉위한 이듬해인 1212년(강종 1)에 개경으로 돌아왔다. 어린 나이에 아버지도 없이 14년이나 되는 기나긴 유배 생활을 견뎌온 고종으로서는 자신이 왕위에 오르게 되리라는 사실을 꿈에도 상상하지 못했기에 기쁨은 더더욱 컸다.

그러나 당시의 상황으로는 왕이 되었다고 해도 자신이 뜻한 바를 자유롭게 정사에 반영할 수 없었다. 고려를 실제로 통치하는 군주는 최충헌이었기 때문이다.

그러나 이미 노쇠한 최충헌을 바라보면서 젊은 고종은 일말의 기대 같은 것을 가슴에 품고 있었을 것이 틀림없다. 무신 정권이라는 반역의 세월을 끝내고 왕권 중심 국가로 재도약하겠다는 기대 말이다.

전운에 휩싸인 동북아

그러나 갓 즉위한 고종 앞에 가로놓인 주변 상황은 그리 만만한 것이 아니었다. 최충헌 일가의 무신 지배 체제는 바야흐로 안정기를 구가하고 있었고, 국외에서는 대제국 몽고가 위세 좋게 일어나 점점 위협적인 존재로 변해가고 있었으며, 엎친 데 덮친 격으로 거란이 다시 발호하여 금나라 변경에서 다툼을 벌이는 중이었다. 또한 금나라의 선무포선 만노는 반란을 일으켜 요동 지방을 차지한 채 나라 이름을 대진이라 하고 스스로 황제라는 칭호를 사용하기 시작했다.

무신 집권기를 거치면서 민심이 흉흉해지고, 나라의 기반이 흔들리던 중 급변하는 국제 정세 속으로 휘말려든 고려에 금나라로부터 공문이 날아든 것은 1216년(고종 3) 7월이었다. 밖에서는 거란이 국경을 침범하며 살상을 일삼고 안으로는 만노가 반란을 획책하며 나라를 어지럽히자, 금나라 왕이 고려에 식량 원조를 청한 것이다. 그러나 고려에서는 금나라의 요구를 거절하였고, 이에 따라 국경 지역에서 금나라와 고려 사람 간의 미곡米穀 무역이 성행하였다. 고려에서는 이 또한 금지시키기 위해 많은 노력을 하였고, 이에 금나라 장수가 군사를 거느리고 와서 전날의 우호 관계를 버리고 곡식을 빌려주지 않는 이유를 물으며 책망하기도 하였다.

한편 거란의 유족인 금산 왕자와 금시 왕자가 하河, 삭朔 지방에 압력을 가하면서 대료수국왕이라 자칭하고 천성이란 연호를 썼는데, 몽고가 대병력으로 그를 토벌하자 두 왕자는 근거지를 버리고 동으로 와서 금나라 군대 3만 명과 개주관에서 교전하였다. 금나라 군대는 승전하지 못하고 대부영으로 퇴각하여 방어만 하고 있었는데, 두 왕자가 사람을 보내어 고려 북계 병마사에게 다음과 같이 통고하였다.

"당신네가 식량을 보내 우리를 방조하지 않으면 우리는 꼭 너희 강토를 점령할 것이다. 우리가 며칠 후에 황색 깃발(황제 노릇을 한다는 뜻)을 올릴 것이니 너희들은 그곳으로 와서 황제의 명령을 들으라. 만약 오지 않으면 너희들에게 군사 행동을 취할 것이다."

지정한 날에 이르러 과연 황색 깃발이 올랐으나 고려의 병마사는 가지 않았다. 그러자 1216년 8월 을축일에 금산 왕자가 부하 장수 아아걸노로 하여금 군사 수만 명을 이끌고 고려를 공격하게 하였다. 거란병이 영덕 성을 무너뜨리고 안주, 의주, 구주 세 고을을 포위하고 연주, 용주 경계로부터 철주, 선주 두 고을을 침공하여 왔다. 그들은 모두 처자를 데리고 왔으며 산과 들로 돌아다니면서 마음대로 알곡을 거두고 말과 소를 잡아먹었다.

고려에서는 상장군 노원순盧元純을 중군 병마사로, 지어사대사 백수정白守貞을 지병마사로, 좌간의대부 김온주金蘊珠를 부사로, 상장군 오응부吳應夫를 우군병마사로, 최종준崔宗峻을 지병마사로, 시랑 유세겸을 부사로, 김취려金就礪를 후군 병마사로, 최정화를 지병마사로, 진숙을 부사로 각각 임명하여 13령의 군사와 신기군을 통솔하여 적을 막아내게 하였다.

거란군을 물리치기 위해 출병한 고려군은 조양진에 이르러 적 80여 명을 죽이고 20여 명을 포로로 잡으며 첫 승리를 거두었다. 이후 연주 동동과 구주 삼기역, 조종수와 개평역 등지에서 크고 작은 승리를 거두며 계속 전진하였다. 또한 청새진과 평로진, 도령, 녹진에서도 적을 포로로 삼거나 죽였으며, 적군이 거듭되는 패배 끝에 창주에서 잔당을 끌어 모아 무력시위를 벌이자 관군이 다시 출병하여 적병 150여 명을 죽이며 패주시켰다. 이렇듯 크고 작은 전투에서 계속 승리하는 듯 보였으나 수만 명에 이르는 거란군을 막아내기가 쉽지만은 않았다.

그런데 바로 이때 거란군이 밤을 이용하여 청천강을 건넌 다음 서경으로 몰려왔다. 관군은 위주 성 밖에서 적을 맞아 싸웠는데 패배하여 천여 명이 전사하자 위기감을 느낀 개경의 백성들은 통곡하였다. 이러는 동안 서경 성 밖까지 전진한 거란군은 사람들을 닥치는 대로 모조리 죽이고, 얼음을 이용하여 대동강을 건너 서해도로 들어간 뒤에는 황주마저 도륙하였다. 적군은 안양 도호부를 함락한 뒤 원주에 이르러 고을 사람들의 저항에 막혀 잠시 주춤하였으나 이내 성을 함락시켰다.

그러나 전열을 가다듬은 고려군이 양근, 지평에서 승리를 거두고 맥곡의 박달 고개에서 김취려, 신덕위, 이극인, 최문준, 주공예 등의 활약에 힘입어 대승을 거두자 거란군은 궁지에 빠졌다. 고려군은 기회를 놓치지 않고 계속 밀어붙여 거란군을 강동성으로 몰아넣었다. 강동성은 거란군이 거점으로 삼고 있는 지역이었다.

이때 몽고의 원수인 합진哈眞과 찰라札剌 두 장군은 군사 1만을, 동진東眞의 장군 완안자연完顔子淵이 군사 2만을 각각 인솔하고 서경에 있는 원수부 조충에게 사신을 보내 형제지국이 되어 거란병을 물리칠 뜻을 전하고 군대와 식량을 요청하였다. 이에 고려에서는 김취려와 조충 장군이 이끄는 군대와 식량을 지원하여 1219년(고종 6) 정월에 거란군을 공격함으로써 2년여에 걸친 거란과의 전쟁은 끝이 났다.

거란을 멸한 후에 몽고의 합진이 포리 대완 등 10여 명에게 조서를 보내며 강화를 청하였다. 말이 강화이지 이는 고려를 몽고의 속국으로 만들겠다는 저의가 내포된 행동이었다. 그럼에도 고종은 시어사 박시윤을 보내 그들을 맞이하였다.

이때 포리 대완 등은 관 밖에 이르러 머뭇거리면서 들어오지 않고 고려 왕이 나와서 자신들을 맞아야 한다고 버텼다. 박시윤이 통역을 통해 그들을 힐난한 끝에 관문으로 들어왔으나 대관전에서 고종이 그들을 접견할 때 놀라운 일이 벌어지고 말았다. 털옷, 털관에 활과 화살을 메고 올라온 몽고 사신이 고종의 손을 잡으면서 품에서 꺼낸 편지를 건넨 것이다. 고종은 그만 얼굴색이 변하였고, 이를 보다 못한 최선단崔先旦은 황겁하여 울면서 말하였다.

"어찌 이 더러운 오랑캐를 왕에게 접근시키겠는가? 가령 왕의 신변에 불측지변이 생긴다고 하더라도 반드시 미처 손쓸 겨를이 없을 것이다."

이처럼 몽고는 고려를 대하는 태도부터가 고압적이고 야만스럽기 그지없었다.

2월 기미일에 합진 등이 군사를 이끌고 몽고로 돌아가면서 수하 41명을 의주에 남겨두면서 이렇게 일러두었다.

"너희는 고려 말을 배우면서 내가 다시 오기를 기다려라."

이 때문에 몽고 사람들이 다시 돌아온다는 소문이 무성하게 돌자 7월에 호부시랑 최정분 등 8명이 북계 홍화도의 모든 성들을 분담하여 순회하면서 병기와 군량, 군비 등을 점검하기도 하였다. 게다가 동북면 병마사가 보고하기를 몽고와 동진국이 군사를 보내 진명성 밖에 주둔시키면서 공납을 독촉한다고 하였다. 고려 조정은 일순 긴장감에 휩싸였다.

지는 별과 뜨는 별

1219년 9월 임자일에 최충헌이 죽었다.

이의민을 살해하면서 나라의 정권을 좌지우지한 이래 왕권마저 무력화시키며 부귀영화를 누린 세월이 얼마였던가. 최충헌은 말년에 이르러서도 임금으로부터 궤장과 왕씨 성을 받을 정도로 온갖 영광을 누렸다. 그러나 흐르는 세월만은 천하의 최충헌도 막지 못했다. 병이 나서 자리에 누워 있던 중 눈을 감으니 최충헌의 나이 71세였다.

최충헌이 죽자 아버지의 후계자 자리를 놓고 그 아들 최우와 최향 사이에 다툼이 벌어졌다. 그러나 곧 최우가 최향과 최향을 지지하던 사람들을 귀양 보내면서 사태는 일단락되었다.

무신 정권의 수뇌 자리를 이어받은 최우는 교정별감이 되자마자 자신이 축적하고 있던 금은보화를 고종에게 바치고, 최충헌이 빼앗은 토지와 금품 또한 원 임자들에게 돌려주었다. 이와 함께 권력이 없거나 가난한 선비들을 선발 등용하기도 하였는데 이규보와 최자가 대표적인 인물이었다.

고려는 대몽 전쟁을 선택할 수밖에 없었다

1221년(고종 8) 8월 기미일에 몽고 사신 착고여가 일행을 이끌고 고려에 왔다. 왕이 대관전에서 몽고 조서를 접수하려 하는데 착고여가 일행 21명이 다 정전에 올라가서 명령을 전달하겠다고 하였다. 고려에서는 몽고 측의 무리한 요구를 들어주지 않았다. 그러다 보니 한 명만 정전에 올려 보내려는 고려와 몽고 사신들 사이에 옥신각신 실랑

이가 벌어졌고, 결국 몽고 일행 중 8명만 정전에 오를 수 있었다. 이 때문에 기분이 상했던지 착고여는 무리하게 공물을 요구하며 불손한 태도를 보였다.

그가 요구한 물품을 보면 수달피 1만 장, 가는 명주 3천 필, 가는 모시 2천 필, 솜 1만 근, 용단묵 1천 장, 붓 2백 자루, 종이 10만 장, 지치 5근 등 이루 헤아릴 수 없을 정도였다. 착고여 등은 몽고 왕의 편지와 함께 공물 문건이 적힌 문건을 전달하고 정전에서 내려갈 때 제각기 품속에서 무언가를 꺼내 고종 앞에 던졌다. 놀랍게도 그것은 연전에 고려에서 주었던 거친 주포紬布였다. 몽고인들의 방자함과 횡포가 여기에서 그치지 않았다. 그들은 연회에도 참석하지 않았으며 고려에 올 때 몽고 원수들인 찰라와 포흑에게 받아 놓았던 편지를 뒤늦게 보이면서 수달피와 면주, 솜 등속을 추가로 더 요구하였다.

9월 초하루가 되자 동북면 병마사가 몽고 사신 저가 등이 또다시 고려에 온다고 보고하였다. 고종은 대관전에서 4품 이상 신하들을 불러들여 2차로 오는 몽고 사신을 받아들일지 여부를 놓고 상의했다. 고종은 전날의 일도 있고 하여 몽고의 침략에 대한 방비 시설을 하여 놓고 그들의 입국을 거절하려고 하였다. 이에 신하들은 펄쩍 뛰며 몽고가 반드시 공격할 텐데 사신을 영접하지 않으면 어쩌느냐고 반대 의견을 내놓았다.

이때 고종과 마찬가지로 심기가 상할 대로 상한 최우는 몽고와의 전쟁을 각오하고 있었다. 그리하여 최우는 의주와 화주, 철관 등과 같은 요해지에 성을 쌓게 하였고, 1223년(고종 10)에는 은병 3백여 개, 쌀 2천여 석을 내어 개경의 나성을 수리하게 하였다.

고려가 몽고의 침략에 차근차근 대비하는 사이 몽고에서는 주기적으로 사신을 보내어 공물을 가져가곤 하였는데 그들은 압록강에 이르러 주포 등속을 버리고 수달피만 가져가곤 하였다. 필요하지도 않은 물품을 요구하여 운송해 가다가 압록강가에 버리곤 하는 그들의 행위는 최우에게 그대로 보고되어 더더욱 미움을 샀다.

몽고와 고려 사이에 벌어진 28년 전쟁의 시발점이 된 문제의 몽고 사신 착고여가 다시 일행 10명과 고려에 도착한 것은 1224년 11월 을해일이었다. 착고여는 이번에도 압록강을 건너가면서 국가 예물인 수달피만 가지고 기타 주포 등속은 다 들판에 버렸다. 그런데 압록강을 건넌 후 몽고로 향하던 착고여가 중도에 도적을 만나 피살되는 사건이 일어났다. 이것을 몽고에서는 고려가 저지른 짓이라고 덮어씌웠고, 결국 양국의 국교는 끊어지고 말았다.

전란에 휩싸인 고려

몽고군이 원수 살례탑을 앞세우며 고려로 침범해 들어와 함신진과 철주를 무너뜨린 것은 1231년(고종 18) 8월이었다. 바야흐로 착고여를 살해한 책임을 묻겠다는 미명 하에 고려를 복속시키고자 침입한 몽고와 고려 간 28년 전쟁의 막이 오른 것이었다.

함신진咸新鎭에 도착한 살례탑은 사람을 시켜 항복하지 않으면 도륙도 서슴치 않겠다는 경고를 계속해서 외치게 했고, 이에 부사 전간全間과 장군 조숙창趙叔昌은 항복하고 말았다. 장군 조숙창은 원수 조충의 아들로 싸우지도 않고 항복한데다 앞장서서 몽고군에게 항복할 것을 권유하는 부끄러운 모습을 보였다.

그러나 철주鐵州에서 몽고군에게 붙잡힌 낭장 문대文大는 몽고군이 왔으니 항복하라는 협박에도 굴하지 않고 반항하다가 피살당하였으며, 판관 이희적李希勣은 최후까지 항전하다가 나중에는 창고에 불을 놓고 자살하였다. 그러나 이때 홍복원洪福源은 바로 몽고에게 항복하고는 살례탑의 앞잡이가 되어 본국에 칼을 겨누었다.

경황이 없는 가운데 최우는 9월 을유일에 재상들을 자신의 집으로 불러들여 몽고군 방어 대책을 토의하였다. 최우는 대책이 마련되자마자 채송연을 북계 병마사로 임명하고 각 도의 군사를 징발하여 삼군三軍을 즉각 출동시켰다.

9월 병술일에 몽고군이 구주성을 에워쌌으나 고려군이 물리쳤고, 계사일에는 서경성을 침공하였다. 구주성 안에는 김경손金慶孫, 김중온金仲溫, 박서朴犀 등과 정주, 삭주, 위주, 태주 등의 수령들이 모조리 이곳에 모여 최대의 항전을 전개했다. 박서는 각 군대를 사면에 배치시켜 방어케 했다. 먼저 남문을 방어하고 있던 김경손은 자기의 수하군사와 각지의 별초군을 보고

"너희들 중에 죽어도 후퇴하지 않을 자만 나를 따르라."

라고 하자, 오직 자기의 수하군사에서 12명만이 나섰다. 할 수 없이 12명의 군사만을 거느리고 성 밖으로 나섰으나 몽고의 선봉장을 화살로 쓰러뜨리고 첫 승리를 거두었다.

첫날 패배했던 몽고군은 위주 부사 박문창을 보내 항복을 권유하였으나 박서는 박문창을 그 자리에서 죽이고 성문 밖으로 목을 내보냈다. 고려군의 완강한 저항에 몽고군은 북문으로 3백 명을 보내어 기습을 시도한다. 큰 차에 나무를 쌓고 그 속에 숨어서 몽고군이 성문 가까이 왔을 때 김경손이 성에 올라서서 쇠를 녹인 철물을 내리부어 격퇴하였다.

남쪽으로도 몽고군이 대포를 쏘며 진격해 들어왔으나 큰 포차를 성 위에 내걸고 돌을 넣고 쏘아서 적의 전차를 부숴 버렸다. 몽고병은

달아나지 않고 불꾸러미에 사람의 기름을 발라 가지고 던졌는데 그럴 때마다 고려군 쪽에서는 흙으로 불을 막았다. 나중에는 적이 다시 불꾸러미를 초루譙樓로 던졌고, 고려군은 미리 준비하였던 불로 이를 방비하며 한편으로는 불꾸러미를 다시 적진으로 던졌다.

하루는 김경손이 성 위에서 독전할 때 적의 대포알이 그의 앞에 떨어졌다. 그때 부하들이 뒤로 잠시 피하라고 하여도 김경손은

"내가 이 자리를 떠나면 사기가 죽으므로 안 된다."

라며 움직이지 않았다.

적은 한 달 동안 모든 방법으로 성을 습격하였으나 함락되지를 않았다. 이것을 본 적들은

"하늘이 도와주는 성이로다. 사람의 힘으로는 어찌할 수가 없다."

고 감탄하며 다른 성으로 가 버렸다. 이렇듯 구주에서는 성내 백성이 혼연일체가 되어 죽음을 무릅쓰고 항전하여 몽고군을 크게 격퇴하는 등 전쟁 초기에는 상황이 고려 쪽으로 기우는 듯하였다.

그러나 12월로 접어들며 몽고군이 개경 사대문四大門 밖까지 밀려들어 주둔하자, 백성들 사이에서는 소요가 일어나고 민심이 들끓었다. 오래지 않아 몽고군이 홍왕사를 공격하자, 고려에서는 어사 민희를 보내 강화를 청하였다. 몽고에서는 사신을 보내 착고여를 죽인 이유에 대해 집중적으로 캐물었고, 정기적으로 공물을 바칠 것과 태자를 포함하여 대관의 아들과 딸 천 명씩을 몽고 왕에게 보내야 한다고 윽박질렀다.

이에 대하여 고종은 원나라 왕에게 보내는 표문에서 착고여를 죽인 것이 고려가 아니라 금나라 소행임을 밝혔다. 기실 착고여의 귀국 경로만 살피더라도 쉽게 알 수 있는 일이었다. 이런 주장과 함께 거듭 강화를 청하니 몽고군은 강화를 받아들여 이듬해 정월에 철군하였다.

강화도 천도

몽고군은 고려 땅에서 물러나며 서경을 위시하여 서북면 14개 요성에 72명의 다루가치(달로화적)를 남겨두었다. 몽고 원수 살례탑이 철군의 조건으로 내건 것이었기 때문에 고려에서는 다루가치를 받아들일 수밖에 없었다. 다루가치는 진압에 종사하는 사람 혹은 속박하는 사람이라는 뜻을 가진 몽고말이다. 이러한 말뜻에서 알 수 있듯 다루가치는 다분히 고려를 속박하는 입장에 있었으며, 이에 따라 고려 관민들은 그들과 적잖은 갈등을 겪었다.

고려에서는 1232년 7월, 내시 윤복창을 북계의 모든 성에 보내 다루가치들의 활과 화살을 빼앗아 오게 하였다. 그런데 선주에 이르렀을 때 다루가치들이 윤복창을 쏘아 죽였다.

이러한 사건으로 다루가치들에 대한 고려 관민의 불편한 심사는 더더욱 증폭되었다. 그리하여 8월 초하루 기유일에 서경 순무사巡撫使 대장군 민희가 사록司祿 최자온과 함께 비밀리에 장교들을 시켜 다루가치들을 죽이고자 계획을 세웠다. 그런데 서경 백성들이 이러한 소식을 듣고 몽고 군사에게 살육당할 것을 염려하여 반란을 일으켰고, 이 때문에 최자온이 갇히자 계획은 수포로 돌아갔다.

이러한 사건이 일어나기에 앞서 요동 지역으로 철수해 있던 살례탑은 1232년(고종 19) 2월 무술일에 고려의 국사를 지도하기 위해 도단을 개경으로 보냈다. 그는 본래 거란 사람인데 성품이 매우 간사하고 교활하여 전일 몽고 군사를 강동성으로 불러들여 거란을 전멸시킨 바 있었다. 개경에 도착한 그는 고려의 국사를 지도하기 위해 온 것인 만큼 대궐에 들어가 있겠다고 하여 고려 조정을 난처하게 만들었다. 이러한 요구가 받아들여지지 않자 그는 성을 내며 사관으로 돌아갔으며 사관의 영송 판관迎送判官으로 배치되어 있던 낭중 민회적이 자신에게 공대를 잘하지 못한다는 이유로 그를 때려죽이기까지 하였다. 게다가 살례탑은 편지를 보내 고려 백성을 선발하여 개주관 및 선성산 밑으로 이주시켜 농사를 짓도록 하라고 요구하였다. 고종은 이를 거절하면서 몽고 측의 과중한 공물 요구와 국왕, 모든 종친, 공주, 군주, 대신들의 자제를 몽고로 보내라는 요구에 대해서도 거절하였다. 이렇듯 몽고의 부당한 요구에 대해 적극적으로 대처하면서 고려는 또다시 이어질지도 모를 몽고의 침략을 방어할 방법을 모색해 나간다. 한편 살례탑은 자신의 요구가 받아들여지지 않자 화를 내며 지의심을 포함한 사신들을 잡아 원나라로 압송하였다.

바야흐로 몽고와 고려 간에 전운이 감돌기 시작하자, 최우는 수전에 약한 몽고와의 일전을 위해 고종을 위협하여 1232년 6월, 강화로 도읍을 옮긴다. 최우는 강화에 궁궐을 쌓게 하고 백성들을 이주시키는 한편 새로이 궁궐과 사원을 짓고, 그 이름을 송도의 것과 동일하게 하여 전과 같이 연등회나 팔관회를 치뤘다. 규모는 작지만 서울인 송도를 그대로 옮겨놓은 것과 같게 한 것이다. 그 뿐 아니라 최우는 자신의 집을 지을 때도 군대를 동원하여 송경의 나무를 운반해 화려하고 웅장하게 지었으며, 수십 리나 되는 후원 가운데 송백을 심어 경치를 좋게 하였다.

그런데 현종 때 부인사符印寺의 대장경이 소실되어 군신들이 혼란에 빠지자 1227년(고종 14)부터 강화에서 대장경 경판을 다시 만들기로 하였다. 임금은 이 경판만 만들어 놓으면 몽고의 도적이 물러갈 것이라고 생각하고 이규보에게 기고문祈告文을 지어 대장경판 완성을 독려하게 하였다. 이처럼 고려는 불교의 힘으로 몽고군을 물리치고자 했던 것이다.

고려의 이러한 움직임에 대해 몽고는 비난을 퍼부었고, 고려 측에서 누차 편지로 딴 뜻이 없음을 밝혔는데도 몽고는 개경 환도를 요구하며 2차 침입을 감행했다. 기실 살례탑이 이끄는 몽고군은 강화로 천도한 것을 비난하며 고종이 육지로 나올 것을 요구하였으나 이에 응하지 않자, 고려를 침략하여 개경을 거쳐 한양을 함락한 뒤 처인성에 이르렀다. 이때 난을 피하여 처인성에 와 있던 승려 김윤후金允侯가 활을 쏘아 살례탑을 사살하자 몽고군은 당황스러워하다가 철군하고 만다. 몽고군의 2차 침입을 물리친 과정은 고려에서 동진에 보낸 편지의 내용을 통해 당시 몽고를 바라보는 고려의 시각과 전쟁 상황을 짐작해 볼 수 있다.

'소위 몽고란 나라는 시기심이 아주 심하여 화친을 하였다 해도 믿을 나위가 없으니 우리나라에서 그들과 좋게 지낸 것은 꼭 본의에서 나온 것은 아니다. 몇 해 전에 그들의 군사가 왔을 때에 그들은 비록 맹약과 신의를 저버리고 그처럼 횡포 무도하였지만 우리나라에서는 잘못이 저쪽에 있을지언정 우리가 그들의 잘못을 본받고 싶지 않았기 때문에 대우를 시종일관 깍듯이 하여 보냈으며 우리가 이렇게 도읍을 옮겼지만 그들의 군사가 오면 대접을 더욱 후하게 하였다. 그런데 그들은 아직도 이 뜻을 조금도 생각지 않고 원근 국경 지대에 횡행하면서 난폭한 약탈을 일삼고 있다. 이로 말미암아 각 주군들에서 성을 둘러싸고 굳이 지키지 아니한 데가 없으며 혹은 물을 방어선으로 삼아 완강하게 지키면서 사태를 보고 있었는데 그들은 점점 우리나라를 집어삼킬 목적으로 모든 주군을 쳐서 빼앗으려 하니 각 주군들에서 어찌 국가의 지시에 구애되어 해칠 마음을 가진 사람과 사귀어 스스로 후환을 초래할 수 있겠는가? 그리하여 다만 성안에 앉아 지킬 뿐만 아니라 왕왕 백성들에게 가해지는 침략을 참을 수 없어서 그들과 교전하여 관리와 장병들을 살상하고 포로로 만든 수가 적지 않았다. 금년(1231) 12월 16일에는 수주에 속한 고을인 처인 부곡의 조그마한 성에서 백성들이 몽고군과 대전하다가 그들의 괴수인 살례탑을 쏘아 죽였고, 포로로 만든 수도 많았으며 패배한 잔당들은 사방으로 분산되었다. 이때로부터 기운이 꺾여서 일정한 곳에 편히 있을 수 없게 되어 군사를 철수한 듯하다.'

예상치 못한 패배를 당하고 물러난 몽고는 이후 동진과 금을 평정하는 데만 전력을 기울인다. 덕분에 고려는 비록 짧은 기간이지만 전쟁의 참화에서 벗어날 수 있었다.

이어지는 전란들

살례탑이 죽은 것을 복수하기 위해 몽고가 또다시 고려로 쳐들어온 것은 1235년(고종 22)이었다. 5월 병자일에 몽고 기병 50여 명이 관동에 들어온 것을 시작으로 6월 경인일에는 의주강을 건넌 몽고군이 자주, 삭주, 구주, 곽주 등 17개소에 진을 쳤다. 1239년 4월 몽고군이 철군할 때까지 4년 가까운 기간 동안 고려는 그야말로 전 국토가 초토화되고 수많은 인명과 재산을 잃었다. 뿐만 아니라 황룡사 탑과 같은 귀중한 문화재가 소실되기도 하였다. 고려인들은 이렇듯 모진 시련 속에서도 결사 항전을 다짐하며 불력佛力에 의지하여 몽고군을 물리치고자 팔만대장경 간행을 시작한다. 그러나 결사항전 의지와 불력에 의지하는 것만으로는 몽고군을 막아내기에 역부족이었다. 결국 고려에서는 1238년 12월, 장군 김보정과 어사 송언기를 몽고에 파견하여 강화를 요청한다. 때마침 몽고 조정에 내분의 기운이 감돌던 때였기 때문에 몽고에서는 1239년 4월에 보가아질 등 20여 명을 고려로 보내 고종의 친조를 요구하였고 마침내 몽고군은 철군하였다.

이후 몽고는 왕의 친조를 지속적으로 요구하였으나 고려에서는 응하지 않았다. 이에 몽고는 1247년(고종 34) 강화에서 개경으로 수도를 다시 옮길 것을 요구하며 4차 침략을 감행하였으나 몽고 왕 태종이 죽는 바람에 그들은 곧 고려에서 물러갔다.

수차례의 전쟁을 치르면서도 몽고와 고려 간에는 사신이 오가고 있었다. 1251년(고종 38) 11월에는 몽고 사신 장곤과 홍고이가 40여 명을 이끌고 와서 고종의 친조를 요구하였으며 이후로도 다가, 아사 등과 같은 사신들이 와서 개경 환도와 고종의 친조를 요구하였다. 그럼에도 고려에서는 별다른 움직임을 보이지 않았다. 이는 최우의 대몽 강경론에 기인한 바가 컸다.

그런데 1249년 최우가 병으로 죽고 만다. 당시 최우의 아들 최항은 송광사에서 승려가 되어 선사로 있다가 최우의 병이 심상치 않음을 알고 환속하여 무신 정권을 이어받았다. 무신 정권의 주인이 바뀌었지만 대몽 정책에는 별다른 변화가 없었다. 최항 또한 대몽 강경책을 고수하고 있었던 것이다.

그러자 고려를 다녀간 아모간, 홍복원 등이 원나라 왕에게 이렇게 보고하였다.

"고려에서는 겹성을 쌓아 변란에 대비하고 있으며, 육지로 나와 우리나라에 귀순할 뜻이 없는 것 같았습니다."

이런 보고를 접한 원나라 왕은 결국 5차 침략을 감행하기에 이른다. 이때 몽고군의 원수는 야굴이었는데, 그는 고종에게 여러 차례에 걸쳐 편지를 보내는 등 유화책을 펴 나가는 한편 고주, 화주, 광주를 침략하여 살인과 방화를 일삼는 등 강경책을 병행했다.

야굴이 유화책을 펴면서 요구한 사항들은 왕이 육지로 나와서 항복할 것, 성을 허물고 원나라에 귀순할 것 등이었다. 고종은 거듭되는 몽고의 공격에 여러 성들이 함락되고, 수많은 인명이 살상되자 결국 최항의 묵인 하에 육지로 나가 몽고의 사신들을 맞아들인다. 이때 둘째 아들 안경공 창을 몽고로 보내자, 침략군은 철병하였다.

그러나 몽고군은 이듬해 7월 다시 고려를 공격해 들어온다. 왕이 비록 육지로 나왔으나 진정한 개경 환도가 이루어지지 않았다는 것이 이유였다. 전쟁 초기만 하더라도 몽고군의 일방적인 살육전이 진행되는가 싶었지만 고려의 별초군이 결사 항전하면서 몽고군도 곤란한 지경에 빠져들고 만다. 적에게 잡혀간 남녀가 26만6천8백여 명이요, 살육당한 자의 숫자 또한 이에 못지않을 정도로 막대한 피해를 입은 고려와 마찬가지로 몽고군도 헤아릴 수 없을 정도로 많은 군사들을 잃었다.

이처럼 피해 상황이 날로 늘어나자 고종은 사신을 몽고에 보내 철군을 요구하는 한편 고려 왕의 친조와 개경 환도를 약속하기에 이른다. 이리하여 몽고군이 물러갔으나 그 후 몽고에 약속한 사항들은 지켜지지 않았다. 최항이 굳건하게 버티고 있었기 때문이다. 대신들은 한 술 더 떠서 몽고에 보내는 봄철 공납을 중지하자고 주장한다. 몽고에서 해마다 침략을 하는데 우리가 아무리 힘을 다하여 그들을 대접하더라도 이로울 것이 없다는 이유에서였다.

그런데 그즈음 고려 내부에서 아주 중대한 변화가 일어난다. 1257년(고종 44) 최항이 죽고 그 아들 최의가 무신 정권을 이어받은 것이다. 당시 최항은 목숨이 오래 가지 못할 것을 짐작하고 어느 날 봄, 낙화가 펄펄 날리는 걸 보면서 다음과 같은 시를 지었다고 한다.

桃禍香裏幾千家 도화향리기천가

金幄溫溫十里斜 금악온온십리사

無賴狂風吹好事 무뢰광풍취호사

亂驅紅雨過長河 난구홍우과장하

복숭아꽃 향기 그윽한 서울에

비단 장막에 서기(좋은 기운) 어려 멀리 뻗쳤네.

광풍이 건듯 불어올 새

낙화는 붉은 빗발같이 앞내에 떨어지네.

최항은 선인열宣仁烈과 유능柳能에게 자기의 아들 의竩를 부탁하고 죽었다. 최항의 죽음은 곧 최씨 무신 정권의 붕괴로 이어진다. 최의는 무신 정권을 이끌 만한 자질을 갖추지 못한 인물이었던 것이다.

한편, 공납까지 중지하며 약속한 것을 이행하지 않는 고려의 태도를 보다 못한 몽고는 1257년 5월에 또다시 침공을 재개한다. 6월 신해일, 서경에 이른 몽고군은 고종이 친히 나와 군사들을 맞이하되 태자를 몽고에 볼모로 보내면 회군하겠다고 알려왔다. 고종은 대신들을 모아 놓고 의논한 끝에 태자를 몽고 왕에게 보내기로 결정했고, 이를 알리니 몽고군은 즉각 철수했다.

그러나 고종은 태자를 몽고에 보내는 것이 아무래도 불안했던지 11월 계축일에 4품 이상 관원들이 모인 자리에서 태자를 몽고로 보낼 것인가 말 것인가, 몽고군을 어떻게 방어할 것인가에 대해 토의하게 하였다. 오래지 않아 의견이 하나로 모아졌다. 태자 대신 그의 동생 안경공 창을 몽고에 다시 보내기로 결정한 것이다.

그런데 이듬해 3월 병자일, 대사성 유경과 별장 김준(초명 김인준) 등이 최의를 죽이고 정권을 고종에게 올리는 대사건이 벌어졌다. 최씨 무신 정권이 드디어 무너지고 형식적으로나마 모든 정권이 고종에게 이양된 것이었다. 그러나 이는 겉모습에 불과할 뿐 여전히 나라의 정권은 최의를 제거한 유경과 김준에게 넘어가 있는 상태였다. 이러한 상황에서 고려는 기나긴 대몽 항쟁의 끝을 향해 치달아가고 있었다.

그즈음 안경공 창이 연경에 도착하자, 속았다는 것을 안 몽고는 이듬해 6월 다시 고려로 침공해 들어온다. 군사들을 이끌고 평주 보산역에 진을 친 여수달은 다음과 같은 말을 전해 왔다.

'우리 황제께서 고려에 대한 일을 나와 차라대에게 맡긴 것을 아는가? 나는 귀국이 항복을 하는가 안 하는가에 따라 철거 여부를 결정할 따름이다. 국왕은 비록 영접하러 나오지 못하더라도 태자가 병영에 와서 항복하면 그날로 군사를 철수할 것이요, 그렇지 않으면 남쪽으로 내려가 도륙할 것이다.'

30년 가까이 작은 나라 고려를 공격했으나 굴복시키지 못한 대제국 몽고. 아마도 그들은 자존심에 대단한 손상을 입고 또 한편으로는 기나긴 전쟁에 지칠대로 지쳤을 것이다. 그래선지 대군을 이끌고 쳐들어왔음에도 요구 사항을 한층 낮춰 태자가 나와 군사들을 영접하라고 이야기하고 있었다. 그러나 고려에서는 불측지변을 꾸미려는 것이 분명하다고 주장하며 태자가 병이 났으니 낫기를 기다리라고 일축해 버렸다. 이에 약이 바짝 오른 여수달이 다시 고종에게 사절을 보내 자신을 업신여기는 것이냐고 따지며 어서 태자를 보내라고 독촉하였다. 그래도 고종은 태자를 보내지 않고 사람을 보내 사례만 하였다.

일이 이렇게 되자 여수달은 고려의 거짓을 알았다고 소리치며 군사를 놓아 노략질을 시작하였다. 또한 차라대도 군사를 거느리고 개경에 도착하여 주둔하였는데 군사들이 뿔뿔이 흩어져 백성의 집을 약탈했다.

이때 통진현 사람 조휘와 정주 사람 탁청이 화주 이북 땅을 몽고군에 떼어주었다. 몽고에서는 화주에 쌍성총관부를 설치하고 조휘와 탁청을 각각 총관摠管과 천호千戶로 삼았다. 그런데 이튿날 달보성 백성들이 방호별감防護別監 정기 등을 잡아 몽고군에 투항하는 사건이 또 일어났다. 이처럼 곳곳에서 항복하는 사람이 줄을 잇자 고종은 그해 12월에 장군 박희실 · 조문주, 산원 박천식 등을 몽고에 보내 다음과 같이 알렸다.

'본국이 귀국에 대한 성의를 다하지 못했던 것은 다만 권력을 잡고 있던 간신이 나라의 정치를 독단하면서 귀국과 친근하게 지내기를 싫어했기 때문이다. 그러나 지금은 최의가 죽었으므로 곧 여기를 떠나 육지로 가서 귀국의 요구를 듣고자 한다.'

결국 고종은 태자를 몽고에 보낼 것까지 약속한 뒤에야 30년 가까이 진행되어 온 전쟁을 끝낼 수 있었다. 그해 4월 갑오일, 태자 전(원종)은 표문을 가지고 추밀원부사 김보정 등 40여 명의 대신들과 함께 몽고로 떠났으며 고려에서는 몽고의 요구로 강화의 성을 모두 헐어 버렸다. 태자가 몽고로 갈 때 종자는 불과 40명 밖에 되지 않았으며, 노자도 부족하여 문무관들이 보태어 주는 형편이었다고 한다. 태자는 거의 한 달이나 되어 만주 호천虎川을 건너 고려를 치러 나오는 송길松吉을 만나 가지고 가던 물건을 선사하고 이제는 황제를 뵈러 가니 더 이상 괴롭히지 말라고 애원하였다.

태자 일행이 옛날 당나라 현종이 양귀비와 놀던 장안 교외 온천장인 청하궁清華宮을 지나 다시 육반산六槃山까지 갔을 때 몽고 황제가 세상을 떠났다는 소식을 들어 더 이상 가지 못하고 형세를 보고 있었다. 마침 황제의 동생 쿠빌라이忽必烈가 황제로서 유력하다는 소식을 듣고 쿠빌라이가 있는 남쪽으로 내려가 양양襄陽 근처에서 황태자를 만나 몽고의 서울인 개평부開平府로 갔다. 개평부에서는 태자를 자기 나라의 황족같이 대접하여 조금도 불편함이 없었다.

그러나 이때 본국에서 고종이 승하하였다는 소식이 들어와 태자는 만 일 년 만에 귀국하여 개경으로 들어갔고 몽고와의 싸움은 끝을 맺었다. 쓸쓸한 태자 일행과 같이 약탈당한 고려 천지는 쓸쓸할 뿐이었다.

고종의 죽음

1259년(고종 46) 3월부터 몸이 좋지 않았던 고종이 유경의 관저에서 숨을 거둔 것은 6월 임인일이었다. 재위 46년 동안 권신의 그늘에서 기를 펴지 못하다가 몽고의 침략으로 고난의 세월을 또다시 맞이해야 했으며, 비록 최씨 무신 정권이 끝났다고는 하나 여전히 권신들이 득세하는 세상을 바라보며 안타깝게 세상을 등지고 만 것이었다. 향년 68세였던 고종의 시호는 안효安孝, 묘호는 고종高宗이며, 능호는 홍릉洪陵이다.

고종이 죽자 대장군 김준은 안경공 창을 추대하여 왕위를 잇게 하려고 하였으나 양부에서 반대를 하고 나섰다. 맏아들이 뒤를 잇는 것이 통례이며, 태자가 몽고에 들어가 있는데 그 아우를 임금으로 삼을 수 없다는 것이 이유였다. 이와 함께 양부의 관원들은 고종이 죽기 전에 남긴 조서를 발표하였다.

'내가 덕은 작고 책임이 중대한데 병이 이렇게 위중하다. 왕위는 오래 비워 둘 수 없고 더군다나 나의 맏아들은 그 덕행이 족히 임금 노릇을 할 만하기에 그에게 나의 자리를 맡기노니 모든 관원들은 각각 자기 직무를 담당하여 새 왕의 명령에 순종할 것이며 새 왕이 몽고에서 돌아오기 전에는 군국의 모든 일을 나의 손자에게 물어 하라.'

고종의 유언까지 들이대며 안경공 창의 즉위를 반대하니 최씨 무신정권에 이어 권신의 자리에 오른 김준도 더 이상 고집을 피우지 못했다.

사관의 평

고종 시대에 안으로는 권세를 잡은 가신이 서로 잇대어 나라의 명령을 제 마음대로 하였고, 밖으로는 여진과 몽고가 해마다 군사를 보내 침범하였으니 당시의 나라 형세는 매우 위태로웠다. 그러나 왕이 조심스럽게 법을 지키고 수치를 견디고 참았기 때문에 왕위를 보전하였을 뿐만 아니라 마침내 정권이 왕실로 돌아오게 되었다. 그리고 적이 들어오면 성을 튼튼히 하여 굳이 지키고 적이 물러가면 사신을 보내 화친을 맺었으며 태자를 시켜 예물을 가지고 직접 몽고에 들어가게 하였던 것이다. 이렇게 하였기 때문에 마침내 사직을 유지하고 나라를 길이 보전하게 되었다.

고종의 후비와 종실들

고종에게는 후비 하나와 아들 둘, 딸 하나가 있었다.

안혜安惠 왕후 유씨柳氏는 희종의 딸이다. 1211년(희종 7) 승복承福 궁주로 봉하였으며 1218년(고종 5) 왕비로 삼았다. 원종元宗, 안경공安慶公 창淐, 수흥壽興 궁주를 낳았다.

1232년(고종 19) 죽으니 백관들이 3일간 현관 소복을 입었으며 시호를 안혜安惠라고 하였고 1260년(원종 1) 왕태후로 추존하였다. 1310년(충선 2) 원나라 무종武宗이 국서를 보내 고려의 왕비로 추봉하였다.

안경공 왕창의 처음 이름은 간侃이며 처음에는 안경후로 책봉되었다가 1253년(고종 40) 공公으로 승진되었다. 몽고에 사신으로 가서 철병할 것을 요청하고 이듬해에 돌아왔는데 먼저 사람을 보내어 아뢰기를

"제가 오랫동안 비리고 노린내 나는 곳에서 전염되어 왔으니 청컨대 하룻밤만 지난 후 뵙겠사옵니다."

라고 하였더니 고종이

"네가 간 다음부터 나는 하늘에 빌고 부처에게 기도하여 빨리 만나 볼 것을 바랐다. 지금 이미 무사히 돌아왔는데 왜 밖에서 자야 하겠느냐? 그저 네가 입은 의복만을 모두 불에 태워 버리고 다른 옷으로 갈아 입은 후에 즉시 오라."

고 말하였다. 왕창이 밤에 왕을 뵈었는데 고종이 그를 보고 눈물을 흘리니 측근들도 모두 눈물을 흘렸다.

1259년(고종 46) 고종이 죽자 너무 슬퍼하다가 몸이 약해져 지팡이를 짚고서야 행보할 수 있었다. 임연林衍이 왕을 폐위시킨 후 왕창을 왕으로 세우자 몽고에서 사신을 보내어 임연이 마음대로 왕을 폐위하고 즉위시킨 것을 힐문하자 임연은 다시 원종을 세우고 창을 폐위시켰으며 후에 시호를 영종英宗이라고 추증하였다.

| 고종의 혈계 |

강종

원덕 왕후 유씨

제23대 **고종** (1192~1259)
재위 1213~1259

안혜 왕후 유씨

제24대 원종
안경공 창
수흥 궁주

24

왕권 회복을 위해 원 복속을 선택하다

고려 앞에 놓인 두 갈래 길

전란에 휩싸였던 고려가 극적인 전환기를 맞이한 것은 최의의 죽음과 무관하지 않다. 최씨 무신 정권의 마지막 수뇌였던 최의의 죽음은 형식적이나마 왕권의 회복을 의미하였고, 아울러 대몽 강경론을 펴던 최씨 정권의 붕괴로 말미암아 고려의 정세는 대몽 강화론 쪽으로 급히 선회한다.

유경과 김준이 왕정복고를 꿈꾸며 최의를 죽인 것은 1258년(고종 45)이다. 그러나 거사를 주도했던 유경은 훗날 김준의 참소에 의해 권세를 빼앗긴다. 이로써 왕권이 회복되는 듯했던 고려의 정권은 무인 김준의 손아귀로 들어가 김준은 위사공신 1위에 올랐고, 최씨 무신 정권 여러 수뇌들의 뒤를 이어 교정별감이 된다.

교정별감이 된 김준은 권력의 절정에 오르자 탐학을 일삼는 한편 고려의 자주성 회복과 개경 환도 반대, 대몽 강경론을 실천에 옮기려 한다.

당시 고종의 죽음과 함께 왕위에 오른 원종은 고종의 유언에 의해 태자 심(충렬왕)에게 국사를 맡긴 채 몽고에 머물고 있었다. 힘이 부족하여 오랜 기간 펼쳐진 대몽 항쟁을 접고 고종 대신 볼모가 되어 몽고에 가 있었기에 원종은 마음으로부터 몽고에 반감을 품고 있었을 것이 분명하다. 그러나 원종은 몽고 왕의 아우 쿠빌라이를 만나면서 몽고에 다소나마 호감을 갖게 되었고, 막강한 몽고의 힘을 빌려 부왕 시절부터, 아니 무신 정권이 들어선 이래 선왕들이 꿈에도 그려온 완벽한 왕권 회복을 도모해 보고자 마음먹는다.

그 당시 나라 이름을 원으로 고친 몽고의 내부 사정을 살펴보면, 몽고 왕 헌종이 죽고 나서 왕의 아우 쿠빌라이와 아리패 간에 왕위 다툼이 벌어지고 있었다. 원종이 쿠빌라이를 만나러 갔을 때 그는 몹시 기뻐하면서 이렇게 말하였다.

"고려는 만 리나 떨어져 있는 먼 나라요, 일찍이 당나라 태종이 친히 정벌하려 하였으나 항복시킬 수 없었는데 이제 그 나라의 세자가 스스로 와서 나를 따르니 이는 하늘의 뜻이로다."

쿠빌라이는 얼굴이 그림 같이 아름답고 행동거지가 예의범절에 맞아 원종은 그에게 호감을 느끼고 있었는데, 고려에서 고종이 죽었다는 소식이 전해지자 쿠빌라이는 다루가치 속리대 등을 시켜 원종을 호위하게 하였다. 이 때문에 원종은 마음이 더 풀어져 몽고와 친하고자 하는 뜻을 세우기까지 하였다.

이때 강회 선무사 조양필이 쿠빌라이에게, 고려는 비록 작은 나라이나 자신들이 무력을 쓴 지 20여 년이 되어도 항복받지 못하였다고 하면서 일국의 국왕을 대하는 예로 대접해 주어야 원종이 감격하여 자원하여 원나라의 친한 이웃 나라가 될 것이라고 하였다. 쿠빌라이는 조양필의 말이 옳다고 여겨 그날로 원종의 숙소를 옮겨 주고 더욱 후대하였다.

이런 일을 겪으면서 몽고의 힘을 빌려 왕권 회복을 도모해야 겠다는 뜻을 더욱 굳힌 원종은 고종의 죽음을 맞이하여 고려로 돌아온 뒤 1260년 4월 무오일에 강안전에서 41세의 나이로 왕위에 올랐다.

몽고의 복속국이 되더라도 그 힘을 빌려 무신들을 제압해 왕권을 완전하게 회복하고자 하는 원종과, 몽고에 맞서 고려의 자주성을 회복하고 개경 환도를 막고자 하는 김준. 나라를 이끌어 갈 만한 힘을 가진 두 사람의 생각이 이렇듯 달랐기에 고려의 앞날은 예측불허였던 셈이다.

원나라와 무신들 틈에 끼어 길을 잃다

1260년 2월 계해일, 원나라에서 고려로 돌아오던 중 야속달로부터 3월 상순에는 강화도에 있는 모든 사람들이 개경으로 나와야 한다는 강압적인 말을 들은 이래 원종은 개경 환도를 요구하는 원나라 측의 거듭되는 독촉 때문에 전체 관원과 백성, 승려들에게 개경에 집을 지으라고 명령한 바 있다. 이에 폐허로 남아 있던 개경에는 궁궐을 위시한 건축 공사가 한창 진행되고 있었다.

그러나 강화에 뿌리를 내리고 30년째 살아오며 모든 권세를 손에 쥔 김준과 그 측근들은 알고 있었다. 개경 천도와 함께 원나라의 강성한 힘을 등에 업은 원종이 왕권을 회복하게 되리라는 사실을. 이는 무신 정권의 붕괴를 뜻하기도 하였다. 원종의 친원 정책이 애초부터 마음에 들지 않았던 데다 고려의 자주성 회복이라는 명분까지 더해지자, 김준은 원종의 정책에 적대적으로 돌아선다. 즉, 강화도라는 지리적 여건에 의지한 채 차근차근 군사력을 키워 원나라를 이 땅에서 내몰고 보다 강한 고려를 재탄생시키고자 했던 것이다.

닦달하는 원나라와 그러한 닦달을 철저하게 외면한 채 강화도에서 꼼짝도 하지 않는 김준. 비록 자신의 신하라고는 하지만 힘으로 어찌해볼 도리가 없었기에 원종은 좌절하고 말았다.

『고려사』 1260년 12월 경신일의 기록을 살펴보면

'왕이 궁녀들을 수방에다 모아 놓고 음란 방자하여 절도가 없었으므로 어사대부 김준이 수방을 바깥에 옮겼다.'

는 내용이 나온다.

무엇 한 가지 뜻대로 되는 일이 없으니 궁녀들을 상대로 음란한 행위에 몰두했던 것이리라.

이처럼 원종이 실의에 빠져 있을 때, 쿠빌라이가 정권 다툼을 벌이던 아래패가를 제압했다는 소식이 1261년 4월에 날아든다. 왕의 권위를 되찾는 길은 원나라에 의지하는 것뿐이라고 생각해오던 원종은 유대 강화를 위하여 즉각 태자 심을 원나라에 파견하여 축하 표문을 전한다. 이때 전문윤도 일행과 함께 원나라에 갔는데 원종의 편지를 전하고 고려로 다시 돌아오려 할 때, 원나라의 시조이자 몽고의 제5대 왕이 된 쿠빌라이(세조)가 속리대에게 명령하여 함께 고려로 가라고 하였다. 이에 전문윤이 쿠빌라이에게 한 가지 청을 했다.

"속리대는 전년에 황제의 명령으로 주둔군을 철수한 일을 우리나라에서 참소한 것으로 생각하고 화를 내며 돌아왔습니다. 그래서 그는 도리어 우리나라를 참소하여 있지도 않은 말을 꾸며냈습니다. 지금 만일 저와 함께 간다면 이 자가 가서 또 무슨 말을 만들어 폐하를 속일지 모르겠으니 그를 보내지 말아 주시기 바랍니다."

쿠빌라이는 전문윤의 청대로 해주었다.

일본을 타이르라

1264년(원종 5) 5월 신사일 몽고에서 사신 호도, 다을자, 조태, 가와상 등이 쿠빌라이의 조서를 가지고 고려에 왔다. 그간 귀순한 여러 나라의 왕들이 몽고 수도 연경에 모여 조근朝覲의 예를 거행하려 하니 고려 왕도 빠지지 말라는 내용이었다. 그리하여 8월 계축일에 몽고로 출발한 원종은 9월 경자일에 연경에 도착하여 원나라 왕 쿠빌라이를 예방하고 우의를 다졌다.

그러나 원종과 쿠빌라이 사이를 다소 멀어지게 만든 사건이 1266년 11월에 일어난다. 계축일에 흑적 은홍이 가지고 온 몽고 왕의 조서에 이런 내용이 적혀 있었다.

'당신의 나라 사람 조이가 와서 말하기를, 일본은 고려와 이웃 나라인데 그 나라의 법전과 정치가 가상히 여길 만한 것이 있고 한나라, 당나라 때로부터 때때로 사신을 보내온 일도 있다고 하였다. 그래서 지금 흑정 등을 보내 일본으로 가서 그 나라와 우호 관계를 맺고자 하는 바이니 당신은 일본으로 가는 사신의 길을 안내하라. 이 일의 책임은 당신이 맡는 것이 좋을 것이니 바람과 파도가 험하다는 구실을 삼지 말며 일본과 통호한 적이 없다는 말로 나를 설득시키려고 하지 말라. 일본이 나의 명령을 순순히 좇지 않을까 걱정이므로 일본으로 가는 사신을 당신에게 부탁한다. 당신의 성의 정도가 이 일에서 명백해질 것이니 모든 힘을 다할 것이다.'

이때만 해도 원종은 별다른 생각 없이 추밀원부사 송군비와 시어사 김찬 등에게 명하여 흑적과 함께 일본으로 가라고 하였다.

그런데 일행이 1267년 정월에 거제도 송변포에 이르러 보니 풍파가 몹시 험하여 일행은 개경으로 되돌아왔다. 사신들이 배도 못 타 보고 되돌아오자 걱정이 된 원종은 송군비를 몽고로 보내 기상 악화로 일본에 가지 못했음을 알리고, 아울러 고려가 일본과 통호한 적이 없음을 밝혔다.

일이 이렇게 되자, 몽고 왕 쿠빌라이는 덜컥 의심에 사로잡혔다. 몽고에 머무는 고려 사람들이 말하길, 고려가 일본과 힘을 합쳐 몽고에 맞서려 한다고 고했기 때문이다. 쿠빌라이는 전후 약속을 어기는 일이 많은 원종의 잘못을 책망하며 일본이 몽고에 귀순할 수 있도록 다리를 놓음으로써 그간 몽고에서 보살펴준 은혜에 보답하라고 윽박지르기까지 했다.

결국 원종은 되돌아 온 몽고 사신과 기거 시인 반부로 하여금 공문을 가지고 일본으로 떠나도록 명하였다. 그러나 일본으로 간 사신 일행은 얻은 것 하나 없이 1268년(원종 9) 7월이 되어서야 고려로 되돌아왔다. 일행이 경내에 도착했으나 일본인들은 서울에 발도 들여놓지 못하게 하였으며 서쪽 구석인 태재부라는 곳에 머물게 하고는 5개월이 넘도록 관심조차 주지 않았던 것이다. 그들은 친서와 국서를 주어도 답장이 없었으며 선물을 주며 타일러도 묵묵부답이었다.

이러한 소식을 접한 몽고 왕 쿠빌라이는 벌컥 성을 내며 다시 일본에 사신을 보낼 것을 명령하는 한편, 고려에 군대를 갖추고 선박을 건조하라고 일렀다.

"남송이나 일본이나 간에 나의 명령을 거역하면 그들을 징벌할 것이다!"

이것이 쿠빌라이의 뜻이었다. 이와 함께 쿠빌라이는 관원을 흑산도로 보내 일본으로 들어가는 바닷길을 시찰하게 하였다. 바야흐로 일본 정벌의 분위기가 무르익어 가는 시점이었다.

권신의 손에 원종은 폐위되고

한편, 몽고는 1268년 3월 송나라 정벌을 준비하면서 고려에 원병과 병선을 요구하였다. 이에 따라 쿠빌라이는 김준과 그의 아우 김충으로 하여금 모든 준비를 갖추어 연경으로 입조하라고 명령하였다. 그러나 몽고로 들어가는 것에 두려움을 느낀 김준은 원나라 사신을 죽이고 자신을 못마땅하게 여기는 원종마저 제거해 버리려 한다. 하지만 김충의 반대로 김준의 계획은 수포로 돌아가 버리고 이로 인해 김준은 동생과 함께 몽고에 다녀올 수밖에 없었는데, 원종은 김준의 행동거지가 마음에 들지 않아 1268년 12월 정유일 임연에게 김준을 죽이라고 넌지시 이른다. 이에 임연이 김준과 김충을 죽였고, 원종은 이듬해 정월에 김준의 도당인 별장 김창세와 허인세를 죽인 뒤 이득재와 길선보 등 여섯 사람을 귀양 보냈다.

그런데 그해 2월, 몽고에서 돌아온 하정사賀正使 이순익이 심상치 않은 말을 원종에게 전했다. 몽고 왕 쿠빌라이가 고려를 의심하고 있다는 내용이었다. 즉, 몽고의 조서를 빙자하여 선박을 건조한 고려가 장차 바다 한가운데로 들어가 몽고에 대항하려 하는 것 아니냐고 물었다는 것이었다. 이는 몽고 왕 쿠빌라이가 고려의 개경 환도가 완전히 이루어지지 않았음을 들어 책망한 것이었다. 일본으로 가는 사신이 파도 때문에 몽고로 되돌아갔을 때에도 쿠빌라이는 개경 환도를 서두르지 않는 이유를 강하게 질책한 적이 있었다.

이에 원종은 개경 환도를 서두르려 하였다. 그러나 무신 정권의 싹이 완전히 제거되지 않은 상태에서 원종이 독단으로 개경 환도를 이룰 수는 없는 상황이었다. 이는 달리 표현하면 기득권을 쥘 수 있는 장소인 강화도를 무신들이 포기하지 않는 한 진정한 개경 천도는 불가능하다는 뜻이기도 했다. 김인준을 제거하며 정권을 잡은 임연과 원종 사이에 갈등이 불거진 것은 이러한 전후 사정 때문이었다.

임금의 조치에 불만이 많았던 임연은 결국 1269년(원종 10) 6월 임진일 재상들을 모아 놓고 반역을 모의하였다. 이장용의 의견을 받아들여 원종을 폐위시키기로 결정한 임연은 이튿날 갑옷을 입고 삼별초와 6번 도방을 인솔하고 안경공 창의 집에 가서 왕으로 추대하였다. 이와 함께 임연은 원종에게 별궁으로 물러나라고 강요하였다.

왕으로 추대된 안경공 창은 7월 병오일에 임연을 교정별감으로 임명했다. 이로써 실질적으로 정권을 틀어쥔 임연은 중서사신 곽여필을 몽고에 파견하여 왕의 손위遜位에 관한 글을 보냈다. 병에 걸려 왕위에 앉아 있을 수 없으니 창에게 손위한다는 내용이었다.

당시 태자 왕심은 몽고에 있었는데 왕이 바뀌었다는 말을 접하자마자 고려로 돌아갔다. 그런데 태자가 파사부에 이르렀을 때, 정주 관노 정오부가 강을 건너와서 임연이 원종을 폐하고 새 왕을 세운 사실을 일러바쳤다. 워낙 놀라운 이야기라 태자는 좀처럼 믿을 수가 없었다. 이에 정오부가 다음과 같이 건의했다.

"고주사告奏使 곽여필이 영주에 있으니 사람을 시켜 그를 만나게 해 보십시오."

이에 태자는 함께 왔던 몽고 사신 7명을 영주로 보내 곽여필을 잡아 사실 여부를 캐물었고, 정오부의 말이 사실임이 드러나자 태자는 통곡하며 몽고로 돌아갔다.

되돌아온 태자에게 그간 고려에서 벌어진 사건의 내막을 전해 들은 몽고 왕 쿠빌라이는 알탈아불화와 이악을 태자와 서장관 김응문 등과 함께 고려로 보내 사건의 진위를 알아보도록 하였다. 그러나 임연에게서는 원종에게 병이 있어 손위케 하였다는 한결같은 대답만 나왔다.

이에 몽고에서는 그해 11월에 다시 시랑 흑적과 치래도 등을 보내 조서를 전달했다.

'고려로 갔던 사신이 돌아와서 임연의 말을 전했는데 그 내용은 다음과 같다.

〈이번 일은 모두 내가 한 일이라고 전하는 모양이다. 그러나 권력이 있는 자라야 국왕을 폐위시키거나 즉위시키는 것이다. 나의 관직 등급은 일곱 사람의 아래에 있는데 나에게 무슨 권력이 있어서 이 일을 해낼 수 있었겠는가?〉

임연의 말이 이러하니 고려 왕과 안경공 창 및 임연이 함께 연경으로 와서 직접 면대하여 사실대로 말한다면 내가 그 시비를 들어보고 적당히 처리해 줄 것이다.'

즉 사건 당사자들이 모두 몽고로 입조하라는 이야기였다. 두려움에 사로잡힌 임연은 부랴부랴 3, 4품 관료들에게 대책을 마련하여 진술하라고 독촉했다. 이때 임연이 흑적을 위해 연회를 베풀었는데 이 자리에서 흑적이 원종을 복위시키라고 일러주었다. 이렇게 하여 임연은 원종을 다시 복위시켰다.

개경 환도는 이루어지고

그해 12월 경인일, 원종이 쿠빌라이의 부름으로 몽고로 가게 되었다. 이때 안경공 창은 원종을 호종하였으나 임연은 두려움에 사로잡힌 나머지 아들 임유간을 대신 보냈다. 그러나 그의 근심과 두려움은 날이 갈수록 깊어져 결국 그것이 병이 되어 죽고 말았다. 이에 따라 교정별감 자리는 그의 아들 임유무에게 돌아갔다.

한편 몽고로 간 원종은 1270년(원종 11) 5월 상장군 정자여, 대장군 이분희를 고려로 보내 국내에 남아 있는 신하들에게 다음과 같은 뜻을 전했다.

'몽고 왕 쿠빌라이가 행성의 두련가 국왕 및 조평장 등으로 하여금 군대를 인솔하고 나를 보호하여 귀국케 하였으며, 또 나에게 말하기를

〈당신은 고려로 돌아가서 나라 사람들에게 일러 모두 개경으로 이사하여 안심하고 살게 하라! 그러면 우리의 군대는 즉시 돌아올 것이다.〉

고 하였다. 그러므로 이번에 진행되는 개경 환도는 그전처럼 해서는 안 된다. 문무관원으로부터 방방곡곡의 백성에 이르기까지 모두 다 부인들과 어린이들을 데리고 나와야 한다.'

원종은 또한 상장군 정자여를 강화도로 보내 환도를 준비하라는 명을 내렸다. 이에 임유무는 관원들에게 원종의 명을 따를 것인가 말 것인가 의논케 하였는데 임유무의 기대와 달리 모두들 원종의 명을 따르겠다고 하였다. 그러자 격분한 임유무는 수로방호사水路防護使와 산성별감山城別監을 파견하여 백성들이 육지로 나가는 것을 금지시켰다.

이러한 보고를 접한 원종은 어사중승 홍문계, 직문하 성사 송송례 등에게 명하여 임유무를 제거하라고 하였다. 명을 받은 그들은 5월 계축일에 임유무를 처단하고 그 일당인 사공司空 이응렬, 추밀원부사 송군비를 귀양 보냈으며 서방 3번 및 조성색을 없애 버렸다.

임유무가 죽자 개경 환도는 빠른 속도로 진행되어 개경 시대가 다시 열렸다.

삼별초의 난

도성을 개경으로 옮길 때 삼별초는 조정의 시책에 극력 반대하고 나섰다. 삼별초는 최우가 도둑을 잡기 위해 만든 것으로서 밤에만 순시하였으므로 처음에는 야별초夜別抄라고 하였다. 후일 부대의 인수가 많아 좌우로 나누어 두 별초를 조직하였다가, 다시 몽고에서 도망온 사람을 따로 신의군神義軍이라고 하여 합쳐서 삼별초가 되었다. 이 특별 부대는 권신의 부속물이 되었으므로 다른 부대보다 보급도 충분하여 군세가 매우 강하였고, 그 동안 여러번 정권이 변동될 때마다 활약하여 이름을 날렸다.

마지막 집권자 임연이 죽고 그 아들 임유무가 피살된 후에도 강화도에 남아 있던 그들을 본국에서 개경으로 올라오라고 지시하였다. 그러나 삼별초의 지도자들이 듣지 않고 반항적 기세를 보이던 중 김지저金之氐가 강화로 들어가 삼별초의 명부를 가져가 버렸다. 이렇게 되자 삼별초는 장군 배중손과 노영희의 지휘 아래 반란을 일으켰다. 원종을 폐하고 원종의 6촌 동생인 승화후 온溫을 새 왕으로 옹립한 뒤 대몽 항쟁과 자주권 사수 투쟁을 벌여나가기 시작한 것이다.

삼별초는 무신 정권에 의해 만들어졌다는 태생적 한계를 지니고 있었지만 고려 최강의 전투 병력으로서 몽고의 침략을 막아내고 자주권을 사수하는 데 크나큰 공을 세운 집단이었다. 이러한 삼별초가 개경환도에 응하여 육지로 나가게 된다면 몽고 세력에 의해 군대 해산은 물론이고 자칫하면 보복을 당하게 될는지도 모를 일이었다. 그리하여 삼별초는 몽고에 굴욕적 태도를 보이는 왕실에 등을 돌린 백성의 움직임에 힘을 입어 반몽, 반정부 자주독립 전쟁을 선포하기에 이른 것이었다.

승화후 왕온을 왕으로 세운 배중손 등은 이어서 관청 부서를 설치하고 유존혁을 대장군으로, 이신손을 상서좌승으로 임명하였다. 또한 그들은 공사 재물을 접수하고 배 천여 척을 동원하여 귀족, 고관의 가족들과 강화에 남아 있는 사람들을 진도로 옮기기 시작했다. 몽고군의 공격을 막아내자면 강화보다 제해권 장악이 용이한 진도가 더 유리하리라는 판단에서였다.

삼별초는 진도로 옮겨 가자마자 전라도 일대와 해안 도서 지방, 내륙 지방으로 영향력을 확대하여 오래지 않아 인근 전 지역을 세력권 안에 두게 되었다.

한편, 조정에서는 1270년(원종 11) 6월 신사일에 김방경을 추토사로 임명하였으며, 마침내 그해 9월 갑진일 김방경과 몽고 원수 아해를 군사들과 함께 진도로 내려보내 삼별초를 치게 하였다.

진도에 있는 삼별초는 왕손을 중심으로 하여 매일같이 연회하며 관군을 멸시하였다. 그중에 태사국 판사 안방열安邦悅은 완온에게 이렇게 말하였다.

"대왕 폐하, 자고로 용손십이진龍孫十二盡 향남작제경向南作帝京(용의 자손이 12대로 내려오면 남쪽에 가서 임금이 된다)이라는 말이 오늘에야 맞아 들어가나 봅니다. 이제 적은 다시는 못 올 것이옵니다."

이 구절은 난리가 있을 때면 흔하게 돌아다니는 참설讖說이나 왕온은 좋아하며

"고려는 짐의 대에 와서 흥하게 되나 보오."

하면서 안방열에게 후히 상을 주었다.

그러나 삼별초는 여몽 연합군의 진격에도 불구하고 전라도 지방은 물론이고 경상도 남해와 거제, 합포, 동래, 김주 등지를 장악하였으며 그해 11월에는 제주마저 장악하여 고려 조정에 크나큰 재정적 타격을

입혔다. 전라도와 경상도 지역의 조운이 차단된 까닭이었다.

그러나 삼별초는 고려 조정과 몽고의 전폭적인 지원을 등에 업은 연합군의 공세를 끝내 이겨내지 못하고 치명적인 타격을 입는다. 승화후 온과 배중손은 이미 목숨을 잃었고, 살아남은 잔당들이 김통정을 수령으로 추대하며 제주에서 마지막 항전을 벌였으나 1273년(원종 14) 2월에 완전히 토벌되고 만 것이다.

삼별초 토벌 전쟁을 벌이는 동안 민심의 지지를 얻지 못한 고려 조정은 사태 해결을 위해 늘 몽고에 의지하는 나약한 모습을 보였다. 이런 상황에서 삼별초의 난이 완전히 평정되자, 고려는 몽고의 복속국으로 빠르게 전락해 가기 시작한다.

원종의 죽음

이때 몽고는 원이라는 국호를 사용하고 있었는데 해가 바뀌어 1274년이 되자, 여러 방면에서 고려에 무리한 요구를 해오기 시작한다.

3월 경술일에는 경략사 왕총관을 파견하여 군사 5천 명을 징발하여 일본 정벌을 원조하라고 명령하였으며 이때 타고 갈 병선 건조에 동원된 일꾼 및 일체 자제들을 전부 고려의 부담으로 떠넘겼다.

또한 같은 달 임인일에는 원나라에서 매빙사 초욱을 파견하여 남편 없는 부녀 140명을 선출하여 원으로 보내라고 독촉하였다. 이에 고려에서는 결혼도감結婚都監을 설치하여 홀어미와 역적의 처, 승려의 딸 등을 샅샅이 뒤져 그 수를 겨우 채웠다. 이 과정에서 백성의 원성이 하늘을 찌를 듯하였다.

원나라의 힘을 빌림으로써 왕권을 회복하는 데는 성공하였으나, 나라의 운명을 송두리째 원에 맡길 수밖에 없는 복속국의 처지에 빠뜨린 임금이 원종이라고 하면 너무 혹독한 평일까. 대제국 원나라의 힘을 감안해 보건대 어쩔 수 없는 일이었다는 평이 지배적이기 때문이다.

한편, 원종은 1274년 6월 기유일에 병환이 들어 몸져누웠다가 며칠 후 세자 심에게 왕위를 물려주고 제상궁에서 숨을 거두고 만다. 왕위에 있은 지 15년, 향년은 56세였다. 시호는 순효順孝, 원나라의 시호는 충경忠敬이며 묘호는 원종元宗이다. 9월 을유일에 소릉韶陵에 묻혔다.

사관의 평

원종이 세자가 되었을 때, 권신들이 정권을 독점하고 의롭지 못한 일을 진행하여 원나라의 징벌과 문죄를 두려워하면서도 그에게 복종할 것을 즐기지 않았으므로 몽고의 군사들이 몇 해를 계속 국경에 집결하여 우리나라를 위압하며 안팎이 소란하였다. 그러나 왕이 부왕의 명령을 받들고 친히 원나라 조정에 예를 갖추고 방문하여 권신이 발호하려는 뜻을 꺾어 넘기고 드디어 권신으로 하여금 등창이 나서 죽게 하였다. 또 아리패가는 몽고 헌종의 맏아들로서 상도에 군사를 풀어놓아 길을 막았으며, 세조는 당시 번왕으로서 양, 초의 지방에 있었는데 원종은 능히 천명과 민심의 오가는 것을 알고 가까운 데를 버리고 먼 데로 가니 세황이 이를 가상히 여겼으며 홀도로게리미실 공주까지 왕의 아들에게 시집보내었다. 이로부터 대대로 장인과 사위의 좋은 관계를 맺어 동방의 백성들로 하여금 백 년 간 태평의 낙을 받을 수 있게 하였으니 이것은 또한 찬양할 만한 일이다. 그러나 삼별초가 국내에서 반란을 일으켜 여러 고을들을 침범, 노략하였고 원나라에서는 장수들을 보내 재물에 대한 요구가 끝이 없었다. 이런 시기야말로 밤낮을 헤아리지 않고 나라를 잘 다스릴 것을 도모하여야 할 때였는데 안일에만 빠져 결국 비번, 궁녀들에게 마음을 고혹 당하였고, 환관들로 하여금 왕명을 마음대로 출납하게 하였으니 안타까운 일이었다.

원종의 후비와 종실들

원종에게는 후비 둘과 아들 셋, 딸 둘이 있었다.

순경順敬 태후 김씨는 경주 사람 장익공莊翼公 김약선金若先의 딸로서 경목 현비로 봉하였으며 1235년(고종 22) 원종이 태자로 되면서 태자비로 맞아들였다. 충렬왕忠烈王을 낳고 죽었다. 1262년(원종 3) 정순 왕후로 추봉하였고 충렬왕이 왕위에 오르자 순경 태후로 추존하였다. 1310년(충선 2) 원나라 무종武宗이 국서를 보내 고려 왕비로 추봉하였다.

경창慶昌 궁주 유씨는 종실 신안공新安公 전佺의 딸로 경창 궁주라고 불렀다. 1260년(원종 1) 왕후로 책봉하였으며 시양후始陽侯 이珆, 순안공順安公 종悰과 경안慶安, 함녕咸寧 두 궁주를 낳았다. 1277년(충렬 3) 저주하였다는 무고에 걸려 폐위당하고 서민이 되었다.

순안공 왕종은 1263년(원종 4) 이름을 지어주고 관례를 거행하였으며 후侯로 책봉하고, 다시 공公으로 승진되었다. 왕종은 평소에 병이 많아 1277년(충렬 3) 그의 어머니 경창 궁주가 눈이 먼 승려 종동終同을 불러 도액度厄하는 방법을 물어 기도장을 차리고 기도를 한 후 그 음식을 땅에 묻었다. 그러나 내수內竪 양선梁善, 대수장大守莊 등이 경창 궁주가 아들 왕종과 함께 승려 종동을 시켜 임금을 저주하고, 왕종이 공주에게 장가들어 왕이 되도록 기도하였다며 무고하였다. 왕은 종동을 국문하게 하고 경창 궁주와 왕종도 국문하게 하였으나 죄를 인정하지 않아 왕종을 불러 왕이 직접 국문하였다. 재상들이 궁문 앞에 모여 석방할 것을 청하였으나 충렬왕은 왕종 모자의 집과 재산을 몰수하고자 하였고, 이에 찬성 유경柳璥이 이 일을 원나라에 보고하여 승인을 받은 후에 결정하자고 하였다. 그리하여 왕은 조인규를 파견하여 표문을 황제에게 전하였는데 공주가 왕종의 재산을 몰수할 것을 청하여 그대로 하였다. 원종은 평소에 왕종을 사랑하였기 때문에 그에게 준 재물과 보화가 부지기수였는데 공주가 이를 모두 빼앗은 것이다. 게다가 조인규가 원나라로부터 돌아와 황제는 순안공 모자의 사건을 왕의 처치에 맡긴다고 복명하였으므로 경창 궁주를 폐위하여 평민으로 만들고 왕종과 종동은 섬으로 귀양 보냈다가 1270년(원종 11) 소환하였다.

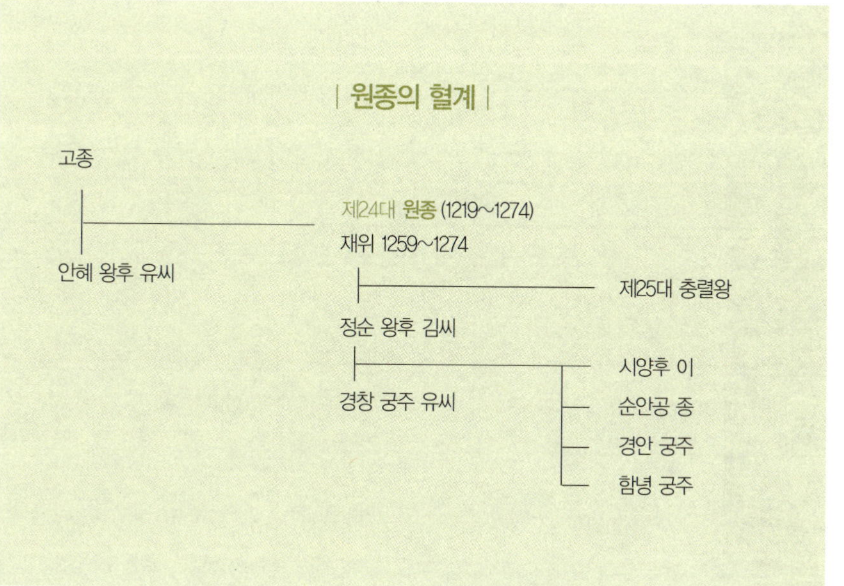

25

원 복속화의 길을 앞당기다

충렬왕

원의 부마가 되다

원종의 죽음으로 고려 제25대 임금이 된 충렬왕은 이름이 거昛, 처음 이름은 심諶 또는 춘賰이라고 불렀다. 원종과 정순 왕후 김씨 사이에서 1236년(고종 23) 2월에 태어났다.

충렬왕은 일찍이 고종이 죽었을 때, 아버지 원종이 원나라에 가 있는 관계로 고종의 유서에 따라 임시로 국사를 대리한 바 있었다. 1267년(원종 8)에 태자로 책봉되었고, 그로부터 5년 후에 원나라로 가서 숙위하였다. 충렬왕은 원래 1269년에 원나라 세조 쿠빌라이의 딸 제국 대장공주(홀도로게리미실)와 혼인이 약속되어 있었는데, 실제로 결혼한 것은 원종이 죽기 한 달 전인 1274년(원종 15) 5월이었다.

충렬왕과 제국 대장공주의 결혼은 고려 왕실과 원나라 왕실 사이에 맺은 첫 번째 혼인으로서 의미하는 바가 많았다. 먼저 고려 왕실은 강국 원나라와 혼인 관계를 맺음으로써 양국 간의 우호를 돈독히 함과 아울러 권신들에게 억눌렸던 힘과 지위를 완전히 회복할 수 있었다. 그러나 이와 동시에 원나라의 세력권 안으로 흡수되어 사사건건 간섭을 받게 됨으로써 종속국화가 빠르게 진행되었다.

원나라에 가서 제국 대장공주와의 혼인을 허락받고 이듬해 귀국할 때, 충렬왕이 변발에 호복을 착용하여 고려 백성으로 하여금 탄식과 슬픔을 자아내게 했다는 일화가 널리 알려져 있을 정도로, 고려의 자주성 상실은 왕실 내부에서부터 아주 서서히 고려 사회 전체로 퍼져 나가기 시작했다.

대신들을 회초리로 때리다

충렬왕이 원나라에서 고려로 돌아온 것은 1274년 8월이었다. 같은 달 기사일, 강안전에서 황포를 입고 왕위에 오르는 의식을 거행한 충렬왕은 9월 기축일에 추밀원부사 기온을 원나라에 파견하여 제국 대장공주를 맞아오게 하였다.

한편 그해 10월에는 원 세조 쿠빌라이가 일본 정벌을 결심하고 고려에도 원군을 청하였는데 고려에서는 도독사 김방경으로 하여금 중군을 통솔하게 하고, 박지량과 김흔을 지병마사로, 임개를 부사로 임명하였으며, 좌군사로는 김선을 임명하고 위득유, 손세정을 각각 지병마사와 부사로 삼았다. 또한 우군사로 김문비를 임명하면서 나유와 박보를 지병마사로, 반부를 부사로 삼아 전체를 삼익군三翼軍이라 총칭하였다. 그런가 하면 원나라에서는 도원수 홀돈, 우부원수 홍다구, 좌부원수 유복형을 파견하며 몽·한 군 2만5천 명을 딸려 보냈다. 이

때 고려에서는 군사 8천 명, 바닷길을 안내하는 자와 뱃사람 6백여 명 정도가 동원되었다.

마침내 일본을 향해 출발한 정벌군은 일기도에 이르러 천여 명의 적을 죽이고 길을 나누어 진격했다. 이에 따라 왜인들은 퇴각하여 도주하다가 죽어 넘어진 시체가 들판을 메울 정도였다.

그러나 여몽 정벌군은 밤이 되어 폭풍우가 무섭게 일자 퇴각할 수밖에 없었다. 이때 전함들이 바위와 언덕에 부딪쳐 적지 않은 수가 파손, 침몰되었고 좌군사 김선이 물에 빠져 죽었다. 1차 정벌에 실패한 여몽 연합군은 1281년(충렬 7)에야 다시 출정한다.

일본 정벌군이 전쟁을 벌이는 동안 고려에서는 제국 대장공주를 맞이하기 위한 준비에 여념이 없었다. 마침내 1274년 10월 신유일, 충렬왕이 서북면까지 가서 제국 대장공주를 영접했는데, 왕을 수행한 사람들 중에 이분희 등이 변발하지 않은 것을 보고 왕이 심하게 책망하였다.

이렇듯 몽고 풍속을 강요하는 충렬왕의 언행은 날이 갈수록 더 심해져, 11월 정축일 왕과 공주 일행이 개경에 도착했을 때는 유례없는 사건이 벌어지기까지 하였다. 재상과 관원들이 국청사 문 앞까지 나가 왕 일행을 영접했는데, 이때 호복을 입지 않은 자들을 골라내어 회초리로 마구 때리게 했던 것이다.

왕이 앞장서서 원나라 풍속을 좇으니 제국 대장공주 또한 고려를 무시한 채 자기 나라 풍속을 고집하였고, 이러한 풍속이 점차 궁궐과 사회 전반으로 퍼져나갔다.

또한 공주가 고려로 들어올 때 원나라에서 따라 들어온 공주의 속인屬人(겁령구怯怜口)들이 권력을 휘두름으로써 고려인들의 괴로움은 더해 가기만 했다.

원의 강요로 고려 처녀들의 결혼을 금지시키다

1275년(충렬 1) 10월 임자일, 고려에서는 원나라의 계속되는 공녀 요구에 호응하듯 전국 처녀들의 혼인 금지라는 초유의 조치를 취하였다. 그때 백성들은 딸들을 모두 숨기거나 시골 깊숙이 보내기도 하고 혹은 절로 보내기도 하였다. 공녀를 뽑아간다는 소문만 나면 모두 딸을 숨기는 바람에 나중에는 밤중에 뒤져 끌어가기도 하였다.

공녀 선발시에는 왕과 제국 대장공주가 인물, 집안, 재주 등을 직접 보고 선택하였다. 이러한 선발은 원치 않는 사람들이 많았으나 한몫 단단히 출세할 수 있었기 때문에 지원하는 집안 또한 많았다. 공녀를 원나라에 바치는 일은 충렬왕 대에만 일어난 일이 아니라 원나라의 국운이 다하고 명나라가 득세할 때까지 계속해서 이어졌다.

1280년(충렬 6) 원나라 평장사 아합마阿哈馬는 제국 대장공주에게 간하여 고려의 미녀를 요구해 왔다. 이때를 기다리던 홍원사弘圓寺의 진전직眞殿直 장인형은 자신의 딸을 보내겠다고 하였다. 자청하여 가겠다고 한 경우는 이것이 처음이었다. 벼슬이 낮아 주저하던 제국 대장공주는 장인형에게 낭장 벼슬을 주고 그 딸인 장소저를 원나라로 보냈다.

원나라의 대신이면 으레 고려의 여성을 요구하여 자신들의 첩으로 삼았고, 또 세력 있는 집안의 경우 황제에게 요청하여 고려 여성을 자기 집에 두는 것을 자랑으로 삼았다. 이외에도 서장西藏, 서역西域, 돌궐突厥, 페르시아, 인도, 대식국大食國에서도 원나라에 내왕하면서 고려의 여성을 데리고 갔다. 고려는 국력이 약하였기 때문에 감히 반대하는 자가 없었다.

원나라 세조의 딸 제국 대장공주는 친정에 들어갈 때마다 공녀를 뽑아갔으므로 원나라 궁중에는 고려 여성의 수가 점차로 늘어갔고 원나라 황제는 외국의 유공한 사람들에게 마치 물건을 주는 것과 같이 고려의 여성을 선물로 주었다. 백성의 삶을 풍요롭게 만들어주기 위해 존재하는 것이 국가라고 했을 때, 고려 조정의 이번 조치는 스스로 고려 백성을 위해 존재하는 것이 아님을 고백한 것이나 마찬가지였다. 즉, 고려 조정은 원나라의 이익을 대변하기 위해 존재하는 정치 조직으로 전락해 버렸던 것이다.

그럼에도 불구하고 원나라에서는 고려에 대한 내정 간섭을 집요하게 계속해 나갔다.

같은 달 경술일, 원나라에서 악탈연을 파견하여 고려의 전면적인 관제 개혁을 요구하였다. 그 내용을 살펴보면 다음과 같다.

'고려에서는 여러 왕씨들이 동성 간에 결혼하는데 이것은 무슨 도리인가? 이미 우리와 더불어 한 집안이 되었으니 우리와 서로 통혼을 해야 한다. 만일 그렇게 하지 않는다면 어찌 일가로 된 의리라고 하겠는가? 그리고 또 우리 태조 황제가 13개국을 정복할 때에 그 나라 왕들이 앞을 다투어 아름다운 여인들과 좋은 말, 희귀한 보배들을 바쳤다는 것은 당신도 들은 바 있을 것이다. 또한 그 나라들은 왕이 아직 왕으로 되기 전에는 태자라 하지 않고 세자라고 부르며, 국왕의 명령을 그 전에는 성지聖旨라고 했던 것을 이제 와서는 선지宣旨라고 하며 관직 칭호로서 우리나라(원)와 같은 것도 역시 그와 마찬가지로 고쳤다고 한다. 이는 모두 당신에게 알리려는 것뿐이고 당신더러 자녀를 바치라거나 관직명을 고치라거나 재상의 수를 감소시키라는 것은 아니니다.'

한마디로 고려는 원에 정복된 복속국에 불과한데 관직명부터 시작하여 모든 것이 분에 넘치니 고치든 말든 알아서 하라는 이야기였다. 이에 고려에서는 10월 임술일에 원나라의 뜻을 받들어 관제를 전면 개정하였다.

즉, 중서문하성과 상서성을 합쳐 첨의부로 고쳤으며, 추밀원은 밀직사로, 어사대는 감찰사로 고쳤고, 육부 또한 폐합 변경하여 전리사와 군부사, 판도사, 접법사로 했다. 아울러 왕에게 붙이던 조祖·종宗을 대신하여 왕이라 칭하고 원나라에 충성한다는 뜻으로 '충'忠자를 붙이기로 하였으며, 선지를 왕지로, 짐朕을 고孤로, 사赦는 유宥로, 폐하는 전하로, 태자는 세자로 각각 고쳤다. 이외에도 원나라는 일본 정벌시 임시로 설치했던 정동행성을 통해 내정 간섭을 지속적으로 실시했다.

또한 당시 고려에는 몽고직제의 영향으로 생겨난 관직들도 있었는데, 몽고식 기병이 야간 순찰을 도는 순마소와 매 잡는 일을 하는 응방, 귀족 자제 중 왕을 좇아 원나라에 볼모로 끌려갔다가 순번제로 숙위하게 된 홀지, 원나라 말 교습을 목적으로 하는 통문관과 원나라 공주를 따라온 겁령구 등이 바로 그것이었다.

이런 곳에 소속된 관원들은 사전의 특권을 누리면서 원에 부합하여 세력가로 부상하기도 하였으며 부역을 견디다 못해 도망친 양민을 잡아들여 농장을 경영하거나 조세를 가로채는 등 폐해가 막심하였다. 뿐만 아니라 특수 임무를 띠고 별감이 빈번하게 지방으로 파견됨으로써 지방 백성의 피해가 심각했고, 충렬왕이 사냥을 병적으로 즐긴 까닭에 매를 관리하는 응방의 적폐 또한 이루 말할 수 없을 정도였다.

불행의 서곡은 시작되고

충렬왕은 태자 시절에 종실 시안공始安公 인絪의 딸 정화 궁주(정신 부주) 왕씨와 혼인하였다. 그녀는 충렬왕의 즉위와 함께 정화 궁주에 책봉되었는데 원나라 왕 세조의 딸 제국 대장공주가 고려로 온 뒤에는 제2비로 물러난 채 별궁에 머물며 충렬왕과도 가까이 하지 못하는 외로운 생활을 견뎌내야 했다.

한 나라의 제1 왕비가 2비로 밀려난 것도 모자라 별궁에 갇히다시피 한 것은 원나라 왕의 딸 제국 공주가 가진 힘 때문이었다.

제국 공주는 여기서 그치지 않고 1276년 정화 궁주가 무녀를 사주하여 자신을 저주하였다고 무고하여 정화 궁주와 왕숙, 김방경 등을 잡아 가두기까지 하였다. 유경柳璥이 울면서 간언하는 바람에 모두 석방되기는 하였으나 제국 대장공주의 권세가 이처럼 대단하였다.

그녀는 때때로 충렬왕 이상으로 권세를 부리며 정사에 관여하기도 했다. 충렬왕은 이에 염증을 느낀 나머지 사냥에 집착하고, 주색에 빠져 지냈는데 이로 인해 충렬왕과 훗날 충선왕이 된 왕자 장 사이에 반목이 생기게 되었다. 충렬왕 만년에 펼쳐질 충선왕과의 반목을 생각해 본다면 기실 충렬왕과 그 가족의 불행은 이때 시작되었다고 해도 과언이 아닐 터였다.

충렬왕, 고려의 영토를 회복하다

1277년(충렬 3)에서 1278년으로 넘어가는 시기에 고려에서는 고발과 무고 사건이 두 차례에 걸쳐 일어났다. 1277년 7월 병진일, 환관 양선과 태수장 등이 원종의 제2비 경창 궁주 유씨와 그 아들 순안공 왕종이 공모하여 승려이자 장님이기도 한 종동을 시켜 충렬왕의 수명을 저주하였다고 고발한 것이 첫 번째 사건이었다. 이에 충렬왕은 원나라에 보고하여 자신이 치죄할 것을 알리고는 계모 경창 궁주를 폐위하여 평민으로 삼는 한편 왕종과 종동을 섬으로 귀양 보내 버렸다.

이어서 12월 정묘일에 대장군 위득유와 중랑장 노진의, 김복대 등이 김방경을 무고하는 사건이 일어났다. 김방경이 반역을 음모했다는 것이었다. 그러나 이 사건은 일본 정벌을 떠났던 수하 병사들로부터 병장기를 회수하지 않았을 뿐 반역을 음모한 사실이 없다는 것이 밝혀지면서 흐지부지되고 말았다. 그런데 일찍이 몽고에 투항하여 몽고의 고려 침략을 도운 바 있는 홍다구가 귀국하여 김방경을 고문하고 일부러 사건을 크게 확대시켜 고려의 입장을 난처하게 만들었다.

이 때문에 충렬왕은 1278년 3월 갑오일, 원나라로 입조하라는 명령을 받는다. 그해 4월 원나라로 간 충렬왕은 홍다구가 저지른 그간의 행태를 고발하여 원나라 왕으로 하여금 소환케 하는 한편 원나라 중서성에 공문을 보내 과거에 최탄 등이 원에 바친 동녕부를 되돌려달라고 요구하였고 그해 8월에는 별장 이봉을 원나라에 파견하여 수안과 곡주를 돌려달라고 요청하였다. 이때의 요청으로 고려는 잃어 버렸던 서북면 일대의 국토를 회복하였고, 1294년(충렬 20)에는 탐라를 돌려받아 제주라고 명칭을 바꾼 뒤에 목사를 파견하는 개가를 올렸다. 원나라의 이익에 충실하기만 했던 충렬왕이 고려를 위해 큰일을 한 가지 한 셈이었다.

다시 시작된 일본 정벌과 합단의 침략

1281년(충렬 7) 5월 무술일에 흔도와 홍다구, 김방경, 박구, 김주정 등이 이끄는 일본 정벌군이 군사를 거느리고 일본을 향해 출발하였다. 고려에서는 일본 정벌을 그리 달갑게 여기지 않았으나 병선 9백 척과 바닷길을 안내하는 자와 뱃사람 1만5천 명, 정군 1만 명을 준비하였으며 군량 11만 석 또한 준비해 놓았다. 고려의 형편을 살펴보면 호구의 수가 워낙 적어 농민에 이르기까지 장정이면 모두 다 징발하였지만 뱃사람과 바닷길 안내에 필요한 인원 1만8천 명을 채울 수가 없었다. 그리하여 충렬왕은 원나라에 이를 알리고 동녕부의 여러 성 및 동경로 연해의 주현에서 나머지 3천 명을 징발하여 보내 줄 것을 청하였다. 이렇듯 고려는 일본 정벌을 위해 고려의 힘을 총동원하다시피 하였기 때문에 그 피해가 적지 않았고, 때문에 일본 정벌을 달갑게 여기지 않았다.

아무튼 6월 임신일이 되어 일본에 도착한 정벌군은 일본군과의 첫 싸움을 승리로 이끌었다. 적 3백여 명의 목을 벤 것이다. 그러나 만군 10여 만까지 합하여 총 15만 대군이 참가한 일본 정벌은 또다시 실패로 돌아가고 만다. 이번에도 큰 폭풍을 만나 배가 침몰하면서 물에 빠져 죽은 자가 부지기수였던 것이다. 두 번째 정벌마저 실패했건만 원나라 왕은 이후로도 두 번이나 더 정동행성을 설치해 놓고는 일본 정벌을 강요하였다. 이 때문에 고려에서 입은 피해는 헤아릴 수 없을 정도였다. 참다못한 충렬왕과 제국 대장공주는 1293년(충렬 19) 일본 정벌이 불가하다는 것을 호소하기 위해 원나라로 갔다. 그러나 쿠빌라이가 이듬해에 죽으면서 일본 정벌론은 자취를 감추게 되었다.

한편 원나라에서는 1287년(충렬 13)에 내안의 반란 사건 때문에 곤란을 겪은 적이 있었다. 이때 고려에도 원군을 청한 바 있었는데 난은 곧 평정되었다. 그런데 1290년 1월이 되자 내안의 반란군에 소속되어 있던 합단이 지금의 만주 지역에서 또다시 반란을 일으켰다. 그러나 합단의 군사는 원나라 장수 나만대에게 패하고 말았다.

그런데 나만대에게 패하자마자 합단이 고려의 동북면으로 방향을 바꾸어 침입해 들어온 것이다. 이에 고려에서는 중군만호 정수기, 좌군만호 박지량, 우군만호 김흔 등으로 하여금 이들을 방어하도록 하는 한편 원나라에 원병을 청하였다.

원나라의 간섭 하에서 점점 자주적 색채를 잃고 약소국이 되어가던 고려는 합단 패잔병들의 공격에 등주登州(현 함경도 안변군 일대)와 교주도交州道 양근楊根(현 경기도 지방)을 삽시간에 점령당하고 말았다.

일이 다급해지자 충렬왕은 강화로 피난을 떠나기까지 하였다. 그러나 원나라 원병 1만 명이 도착하고, 전열을 정비한 고려가 그들과 함께 반격에 나서자 합단은 북쪽으로 도망쳐 갔다. 이로써 1년 6개월여에 걸친 전란은 끝났지만 모든 것을 원나라에만 의지하려 든 탓에 고려는 원나라의 비난에서 자유로울 수 없었다. 당시에는 왜구들의 침략이 빈번하여 더더욱 고려 사회를 어지럽게 만들고 있었다. 김방경을 위시한 여러 장수들의 활약 덕분에 간신히 위기를 넘겨가고 있었지만 어느 모로 보나 고려는 희망이 보이지 않는 국가였다.

충렬왕의 몰락

나라의 안팎으로 좋지 않은 상황이 이어지고 있었지만 충렬왕은 사냥에 대한 집착을 버리지 못하여 여러 가지 폐해를 남겼다. 왕이 정사를 내팽개쳐 버리니 자연스럽게 아부와 아첨을 일삼으며 왕을 대리하여 권력을 휘두르려는 무리들이 나타났고, 이에 따라 나라 살림은 날이 갈수록 줄어들었다.

이 때문에 제국 대장공주와 훗날 충선왕이 된 세자 장은 임금의 마음을 돌리기 위해 애썼고, 그것이 통하지 않자 심하게 반발하기까지 하였다. 이런 와중에 충렬왕은 궁인 무비를 총애하여 더 큰 분란의 씨앗을 만들어 냈다. 왕의 총애를 입으니 무비가 안하무인으로 행동하여 제국 대장공주의 심사를 긁어 놓았던 것이다.

한편 고려에서는 1296년(충렬 22) 정월 임신일에 부지밀직사사 유비를 원으로 보내 세자 장의 결혼에 대하여 청해 놓은 상태였다. 당시 세자는 원나라에 머물고 있었는데 그해 11월 임진일, 충렬왕과 제국 대장공주도 참석한 가운데 세자의 결혼식이 열렸다. 세자의 배필은 원나라 진왕 감마랄의 딸 계국 대장공주였다. 원나라의 사위가 된 충선왕은 고려의 왕위를 잇기 위한 수순을 차근차근 밟아 나갔다.

그런데 이듬해 5월 임오일 고려로부터 뜻밖의 비보가 날아든다. 제국 대장공주가 병으로 목숨을 잃고 만 것이다. 어머니의 부고를 전해 듣자마자 고려로 달려온 세자 장은 7월 무자일에 어머니가 죽은 이유가 무비에게 있다고 덮어씌웠다. 즉, 무비와 그 일당이 자신의 어머니를 저주하여 죽게 만들었다는 것이었다. 이렇게 죄를 덮어씌운 뒤 세자는 무비를 죽여 버렸으며 그와 관련된 환관 도성기, 최세연, 전숙, 방종저와 중랑장 김근 등도 죽이고 추가로 일당 40여 명을 귀양 보냈다.

그 시절 세자 장은 충렬왕과 반목의 골이 깊었다. 그랬기에 어머니의 죽음에 화가 난 나머지 부왕이 총애하던 무비를 없애 버렸던 것이다. 그러나 세자 장은 뒤늦게나마 부왕의 노여움을 풀어줄 필요성을 느꼈다. 전전긍긍하던 세자는 이미 죽고 없는 진사 최문의 미망인 김씨를 충렬왕에게 바쳤다. 김씨의 자태와 용모가 워낙 출중하여 충렬왕의 노여움이 어느 정도 풀리리라 기대한 것이었다.

그러나 아들의 행동을 바라보며 정치에 염증을 느낀 충렬왕은 1298년(충렬 24) 정월 세자 장에게 왕위를 물려주고 일선에서 물러난다.

이리하여 고려 제26대 왕으로 즉위한 충선왕은 그러나 자신의 뜻을 정사에 반영해 보기도 전에 폐위되고 만다. 충선왕이 조인규의 딸 조비를 가까이 한 것이 문제였다. 계국 대장공주가 이를 투기하여 원나라에 알리자 조인규와 조비는 원나라로 압송되었고, 충선왕과 계국 대장공주 또한 소환되는 처지가 되었다. 이때 원나라에서 온 패로올이 국왕의 인을 회수하여 충렬왕에게 건네주었다.

이로써 충렬왕이 복위하였지만 정치에 염증을 느껴 물러났던 사람인 까닭에 새로운 마음으로 정사를 이끌어 가리라 기대하는 것은 애초부터 무리였다. 예상대로 충렬왕은 정사를 내팽개친 채 사냥과 음주가무로 세월을 보내기 시작하였다.

그러던 중 왕소유와 송린 등이 귀가 솔깃해지는 말을 했다. 장차 왕위를 충선왕의 10촌 종제인 서흥후 전에게 물려주고, 계국 대장공주를 그에게 개가시키라는 제안이었다. 그렇지 않아도 충선왕이 괘씸하여 심사가 불편했던 충렬왕은 왕소유, 송린 등의 부자 이간책에 말려들어 그러한 음모를 성사시키기 위해 1305년(충렬 31) 직접 원나라로 행차한다.

당시 원나라 왕에게는 후사가 없어 왕위 쟁탈전이 한창 벌어지고 있었다. 충선왕은 이때 평소 가까이 지내던 원의 해산海山(무종)을 도왔는데 때마침 그가 왕위 쟁탈전에서 승리하면서 왕이 되자 덩달아 충선왕의 위상도 크게 올라갔다.

충렬왕은 이 때문에 목적한 바를 이루지 못하고, 오히려 원나라 왕의 총애를 받아 그 위치가 강대해진 충선왕이 평상시 부자간을 이간질하던 왕소유와 송린 일당을 처형해 버렸다. 일이 이렇게 되자 모든 실권을 충선왕에게 빼앗긴 채 고려로 돌아온 충렬왕은 1308년 7월 기사일에 신효사에서 죽고 만다. 충렬왕이 왕위에 있은 지는 33년 6개월이고 향년은 73세였다. 시호를 충렬忠烈이라 하였고, 공민왕 6년에 경효景孝라는 시호를 더 추증하였으며 능은 경릉慶陵이다.

사관의 평

충렬왕의 통치 시기에 안으로는 권세 잡은 신하들이 정치를 전제하였고 밖으로는 강한 적이 침입해 와서 온 나라 백성들이 권신의 학정에 죽지 않으면 반드시 외적의 창날 끝에 섬멸당하는 형세가 조성되어 화란이 극도에 이르렀다. 그런데 충렬왕이 일조에 원나라 조정에 가서 화단을 초래한 잘못을 뉘우치고 권세 잡은 신하들을 처단하고 원나라에 귀순하니 황제가 가상히 여기고 공주를 시집보내어 주었다. 공주가 우리나라에 도착할 때에 부로가 기뻐서 서로 경축하며 하는 말이

"100년 동안이나 계속되었던 전란 끝에 다시 오늘과 같은 태평세월을 보게 될 줄은 생각조차 못하였다."

라고 하였다. 이때부터 우리나라 백성은 편안히 살 수 있게 되었다. 이것은 바로 왕이 옳은 정치를 할 수 있는 좋은 기회가 되었다. 그런데 어찌하여 교만한 생각이 갑자기 생겨서 놀이와 사냥에 정신이 빠져 사방에 응방을 설치하고 이정과 같은 간악한 소인들로 하여금 지방 고을들을 침해하는 나쁜 짓을 제멋대로 하게 하였으며 연회와 기악에 침혹하고 용두에서 신하들과 풍월 읊기에 세월을 보내며 승려 조용과 같은 자들을 곁에 두고 지나치게 가까이 하면서 왕비와 세자가 간하여도 듣지 않고 재상들과 대성의 관원들이 논평하여도 그 의

견에 좇지 않았더란 말인가? 그러다가 만년에 이르러서는 측근자들의 참소를 지나치게 곧이듣고 그의 적자(충선왕)를 폐위시키고 조카 서흥후 전을 후계자로 세우려고까지 하였으니 그가 세자로 있을 때에 비록 옛 법전을 잘 배웠고, 글을 많이 읽어 대의를 올바로 이해하였다고 하지만 과연 그것이 무슨 소용이 있었는가? 아! 처음에 일을 잘 하는 사람은 없지 않으나 끝까지 좋은 일을 하는 사람은 아주 드물다고 한 옛말이 충렬왕을 두고 한 말이 아닌가!

충렬왕의 후비와 종실들

충렬왕에게는 후비 넷과 아들 셋, 딸 둘이 있었다.

제국齊國 대장공주의 이름은 홀도로게리미실忽都魯揭里迷失로 원나라로부터 공주를 맞이할 때 충렬왕은 서북면까지 나가서 공주를 맞이하였다.

이때 황제는 탈홀脫忽에게 공주를 호송하게 하였는데 탈홀이 먼저 와서 궁려窮廬를 가설하고 흰 양의 기름으로 액막이하는 제사를 지냈다. 이듬해 정월에 원성元成 공주로 봉하니 백관들이 모두 축하하였다. 그 궁宮을 경성敬成, 전殿을 원성元成, 부府를 응선膺善이라고 이름 짓고 관속을 두었으며 안동 경산부를 탕목읍湯沐邑(공주의 식읍)으로 정하였다.

9월에 이궁離宮에서 충선왕이 태어나자 여러 왕족들과 모든 관리들이 축하하러 갔는데 공주의 사환군들이 문 어귀에 서서 들어오는 사람들의 옷을 모두 벗겼다. 이것이 이른바 몽고의 풍습인 '설비아'設比兒였다.

정화貞和 궁주가 잔치를 베풀고 득남을 축하할 때 제국 대장공주는 정화궁주가 자신과 같은 높이의 의자에 앉는 것을 거부하여 갈등을 일으켰다.

1276년(충렬 2) 공주는 안평공安平公의 딸을 흔도忻都의 아들에게 시집

보내려 하였으나 충렬왕이 이것을 허락하지 않자 공주는 안평공의 이모인 경창慶昌 공주와 안평공의 비를 청하여 흔도의 처와 대면시켜 약혼하게 하였다.

또 공주는 흥왕사興王寺의 황금탑을 대궐에 두고 이 탑을 파괴하여 금을 사용하려고 억지를 부렸으며, 이에 더해 홀라대를 시켜 태부사太府寺의 은을 모두 거두어 대궐로 들여갔다. 나중에 왕이 위독한 병에 걸려 재상들이 황금탑을 돌려줄 것을 요청하자 그때에야 허락하였다.

제국 대장공주의 권력 남용은 여기서 그치지 않았다. 공주는 일찍이 잣과 인삼을 중국 강남으로 수출하여 많은 이익을 얻었는데, 그것이 생산되지 않는 지방에서까지도 받아들여 백성들이 심히 괴로움을 받았다.

1277년(충렬 3) 연등회에서는 공주가 왕보다 먼저 나가 채붕 앞에서 음악을 감상한 일도 있었다. 공주의 힘은 충렬왕보다 커 사찰에 가는 길에 재상들이 잘 따라오지 못하자 충렬왕은 첨의부 아전을 가두기도 했으며, 공주가 자기의 수행 인원이 적다고 노하거나 왕이 자신을 기다리지 않고 먼저 들어갔다는 이유로 왕에게 욕을 하고 때리는 일도 있었다.

1294년(충렬 20) 원나라 세조世祖가 죽고 성종成宗이 왕위에 오르자 공주를 안평 공주로 책봉하였다. 이후 병이 들어 향년 39세의 나이로 현성사賢聖寺에서 죽었다. 부지밀직 원경元卿을 원나라에 파견하여 부고를 전하자 원나라에서는 화로홀손火魯忽孫을 파견하여 조상하였고 황태후가 부의를 보냈으며 또 대장경을 전경하여 공주의 명복을 빌었다. 9월에 고릉高陵에 매장하고 시호는 장목 인명莊穆仁明 왕후라고 하였다. 1298년(충렬 24) 진왕晉王이 사람을 보내어 제사하였으며 고당왕高唐王도 사람을 시켜 부의를 보내왔다. 이 해에 충선왕이 선위 받아 왕위에 오르자 인명仁明 태후로 추존하였다.

정신부주貞信府主는 종실 시안군始安君 왕인王絪의 딸이다. 충렬왕이 왕위에 오르자 정화 궁주로 봉하였다. 궁주는 제국 대장공주가 시집온 후 항상 별궁에 거처하여 왕과 서로 왕래하지 못하다가 제국 대장공주가 죽고, 충선왕이 선위 받아 왕위에 오른 다음 충렬왕과 궁주를 상수궁上壽宮으로 영접하여 동거할 수 있었다. 궁주는 강양공江陽公 자滋와 정녕靜寧, 명순明順 두 원비를 낳았으며 1319년(충숙 6) 죽었다.

강양공 왕자의 아들인 왕유王柔는 1310년(충선 2)에 단양丹陽 부원대군으로 책봉되었고 1333년(충숙 복위 2) 왕이 원나라에 체류하였기 때문에 왕유가 정동성征東省 사무를 임시 대리하였다. 처음에 정화 궁주의 오빠가 승려로 동화사桐華寺에 거주하였는데 양인을 가칭하여 노예로 만든 것이 천호 이상으로 늘었다. 왕유 등은 대대로 그들을 부려 먹었는데 정치도감 신리申理가 모두 양민으로 회복시켰다. 그래서 왕유는 악감정을 품고 원나라에 신소하기 위해 압록강을 건너갔으나 재상들이 홀적忽赤들에게 명령하여 붙잡아 왔다. 그 후 홍건적이 서울을 함락하였을 때 왕유와 전리판서 인안印安 등은 적에게 항복하였다. 홍건적을 평정한 후에 감찰사가 이를 탄핵하여 죄를 용서하더라도 적에게 항복한 이들의 토지와 노비를 몰수하고 그의 자손들이 벼슬길에 나아가지 못하도록 징계하여 주기를 청하여 왕이 그 의견을 좇았다.

역시 강양공의 아들인 왕호王暠는 충선왕이 친자식처럼 사랑하여 궁중에서 양육하였고 연안군延安君으로 봉하였다. 왕호의 몽고식 이름은 완택독完澤禿으로 충선왕이 원나라에 있을 때 충숙왕에게 전위傳位하고 왕호를 세자로 삼았으며 그대로 머물러 볼모로 삼았다. 충선왕은 일찍이 심왕瀋王으로 되었는데 1316년(충숙 3) 심왕의 왕위를 왕호에게 주겠다고 황제에게 고하고 태위왕太尉王이라 자칭하였다. 왕호를 심왕으로 봉한 뒤에 계국 공주의 오빠인 원나라 양왕梁王의 딸에게 장가 들었다. 공주와 충선왕의 총애가 두터워지자 왕호는 왕위를 빼앗을 것을 음모하고 백방으로 참소하니 황제가 충숙왕에게 입조入朝하라며 소환하였다.

왕호는 본국에서 왕에게 돈과 재물을 많이 보내는 것을 시기하여 자기의 신하 양성주楊成柱를 파견하여 황제의 명령으로 재상 김이용金李用을 책하고 수송한 돈과 재물을 징수하였으며 또 경사만慶斯萬과 견성유甄成裕는 일찍이 수송을 주관한 일이 있다는 이유로 그에게서 공술서를 받고 공갈하였다.

1333년(충숙 복위 2)에 왕이 원나라에 갔다가 귀국할 때 왕호가 충숙왕의 행궁行宮에 와서 배알하고 드디어 왕을 따라 환국하였으며, 왕이 죽은 후 다시 원나라로 가 평양에서 머무르면서 비밀리에 조적曹頔과 더불어 음모를 꾸몄다. 왕호의 신하 박전朴全이 평양으로부터 서울로 와서 왕호가 이미 국왕으로 되었다고 거짓말을 하여, 충혜왕이 응방鷹房 홀지忽只 60여 명의 기병을 평양에 파견하여 왕호의 여행을 중지시키려 하였으나 따라 잡지 못하고 그대로 돌아왔다. 왕호는 1344년(충혜 복위 5)에 귀국하여 충목왕 원년에 죽었으며 공주의 전례에 의해서 장례를 거행하였다.

숙창淑昌 원비 김씨는 위위윤尉衛尹으로 있다가 치사한 김양감金良鑑의 딸로서 용모가 아름다웠다. 충렬왕의 후비로서 숙창 원비로 봉하고 충렬왕이 죽자 충선왕이 빈전에서 제사를 지내다가 원비와 불의의 관계를 맺었으며 얼마 후 숙비로 봉하였다.

그 후 숙비가 밤낮으로 갖은 아양을 부리자 충선왕은 혹하여 정사도 보살피려 하지 않았으며 드디어 팔관회까지 정지하라고 명령하게 되었다. 숙비는 모친상을 입고 있을 때에도 재상들을 초청하여 연회를 베풀었으며 또 은자원에 가서 불공을 드렸는데 재상들도 함께 참석하였다. 이때 왕은 원나라에 체재 중이었는데 숙비는 원나라 사신들을 연회에 초대하거나 박연으로 놀러가기도 하고 사원에 가서 승려들에게 음식을 대접하는 등 출입이 절도가 없었고, 의장을 공주와 다름없이 차렸다.

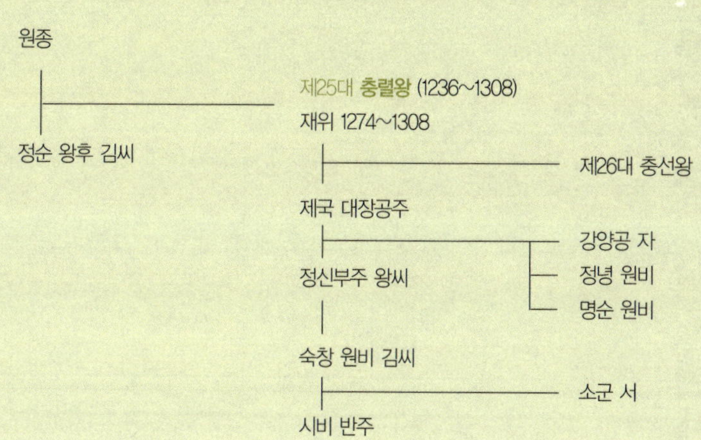
| 충렬왕의 혈계 |
원종
정순 왕후 김씨
제25대 충렬왕 (1236~1308)
재위 1274~1308
제국 대장공주
정신부주 왕씨
숙창 원비 김씨
시비 반주
제26대 충선왕
강양공 자
정녕 원비
명순 원비
소군 서

26

권지 정치의 말로

충선왕의 어린 시절

충렬왕의 맏아들이며 몽고 제국 대장공주의 소생이기도 한 충선왕은 1275년(충렬 1) 9월 정유일에 태어났으며 3세 때인 1277년에 세자로 책봉되었다. 이름은 장璋, 자는 중앙仲昻이며 처음 이름은 원謜, 몽고 이름은 익지례보화益知禮普花이다.

충선왕은 어릴 때부터 총명하고 다른 사람을 생각하는 마음이 각별했는데 이러한 기질을 보여주는 일화가 오늘날까지도 전해진다.

1283년(충렬 9) 2월에 일어난 일이다. 9살에 불과했던 충선왕은 아버지 충렬왕이 충청도 방면으로 사냥을 나가려 하자 갑자기 구슬프게 울기 시작했다. 깜짝 놀란 유모가 우는 까닭을 묻자 충선왕은 울음 섞인 목소리로 이렇게 대답했다.

"현재 백성의 생활이 곤궁한데다가 농사철이 닥쳐왔는데 아버지는 어찌하여 멀리 사냥을 떠나려 하시는가?"

측근 신하가 이 말을 전해 듣고는 충렬왕에게 그대로 전했다.

"참 괴상한 아이로다! 그러나 사냥 갈 날짜를 이미 결정하였으니 그 말을 들을 수 없다."

충렬왕은 놀란 표정을 감추지 못하면서도 사냥만은 포기하지 않았다. 그러나 그 후 얼마 안 되어 제국 대장공주가 병으로 앓기 시작했기 때문에 충렬왕은 떠나지 못했다.

충렬왕이 필요 이상으로 사냥에 집착했으며 주색에 빠져 지냈다는 사실은 앞장에서 이미 살펴본 바 있다. 이 때문에 충선왕의 어머니 제국 대장공주가 몹시 가슴 아파하였다는 사실 또한 주지의 사실이다. 모르긴 해도 충선왕은 어린 나이이다 보니 어머니 편에 서서 아버지의 행동을 바라볼 수밖에 없었을 것이다. 그렇다고 해도 9살에 불과한 어린 아이가 백성의 곤궁한 삶을 진정으로 걱정하는 것이 가능한 일일까? 충선왕이 왕자다운 면모를 지니고 있었음을 보여주는 대목이라 할 수 있겠다.

그러던 어느 날이었다. 한 번은 해진 베옷을 입은 사람이 땔나무를 지고 궁문으로 들어서는 것을 보고 충선왕은 다소 충격을 받았다. 그는 곧 사람을 보내 사연을 물었다.

기실 땔나무를 진 사람은 장작서將作署의 기인其人이었는데 살아가는 형편이 그만하여 해진 베옷을 입은 것뿐이었다. 당시로서는 흔하디 흔한 이야기였건만 사연을 접한 충선왕은 측은한 마음을 감추지 못하며 다음과 같이 이야기했다.

"나는 좋은 의복을 입고 있는데 백성의 형편은 저러하니 내 마음이 어찌 편안하겠는가?"

또 한 번은 궁노가 동리 아이들의 연을 빼앗아다가 충선왕에게 바친 적이 있었다. 이에 왕이 정색을 하고 물었다.

"네가 이 연을 어디서 얻어 왔느냐?"

궁노는 우물쭈물하며 동리 아이들에게 빼앗았노라고 대답했다. 그러자 충선왕은 어찌하여 남의 물건을 빼앗느냐고 궁노를 책망하며 돌려주라고 명령하였다.

이렇듯 따뜻한 마음을 가진 소년으로 성장해 가던 충선왕이 입조하라는 원나라 왕의 명령을 받고 고려 땅을 떠나게 된 것은 13세 때인 1287년(충렬 13)이었다.

어머니의 한을 풀어주다

1287년에 원나라에 가서 머물다가 귀국한 뒤에도 여러 차례 원나라에 다녀온 바 있는 충선왕은 1296년(충렬 22) 아주 중대한 사건을 맞이한다. 그해 11월 원나라 진왕 감마라의 딸 계국 대장공주와 결혼을 한 것이 바로 그것이다. 원의 부마국으로 전락한 시절이라 고려 왕이 원나라 공주를 아내로 맞아들인다는 것은 원나라의 전폭적인 지지와 신뢰를 한 몸에 받게 되었다는 것을 뜻했다.

이렇듯 원나라의 든든한 후광을 입게 된 충선왕은 자신의 결혼식에 참석한 뒤에 고려로 돌아갔던 어머니 제국 대장공주가 이듬해 5월에 병으로 세상을 떠나자 부랴부랴 귀국하여 상을 치렀다.

기실 충선왕은 고려로 돌아오는 동안 주색과 사냥에만 빠져 지낸 부왕과 그런 부왕의 총애를 무기 삼아 세도를 부림으로써 어머니의 가슴에 못을 박은 궁인 무비에 대한 원망과 분노를 좀처럼 삭일 수 없었다. 그 때문이었을까. 충렬왕이 적극 만류하는데도 충선왕은 궁인 무비와 그 측근 인물들인 최세연과 도성기 등 40여 명을 참살하거나 유배시켰다. 자신의 어머니를 저주하여 죽음에 이르게 했다는 죄를 씌워 단행한 대숙청이었다.

어찌 보면 충선왕의 이러한 행위는 부왕에 대한 정면 도전으로 비춰질 수도 있었다. 그러나 충렬왕도 자신의 방탕한 생활 때문에 제국 대장공주가 늘 가슴앓이를 했으며, 그것을 지켜보며 충선왕 또한 심사가 편치 않았다는 사실을 모르진 않았을 것이다. 게다가 충선왕은 계국 대장공주와 혼인함으로써 힘이 막강해진 상태였다. 어쩌면 원나라 측에서도 무비와 그 일파를 참살해 버린 충선왕의 행위를 알면서도 묵인해 주었을지도 모를 일이었다. 그에 비해 충렬왕은 제국 대장공주를 잃음으로써 원나라의 신뢰를 상실해 버리고 말았다. 한마디로 왕위를 지켜나가기가 버거워진 것이다.

이런 판단 하에 충렬왕은 선위의 뜻을 밝혔고 그에 따라 1298년 정월, 충선왕이 왕위를 이어받게 되었다. 어릴 때부터 총명과 견식이 남달랐으며 힘없는 백성을 측은하게 여길 줄 알았던 충선왕은 세력가들에게 땅을 빼앗겨 호소하는 백성의 토지를 돌려주었으며, 즉위와 동시에 고려 사회 내부에 팽배한 각종 폐단을 개혁하고자 30여 항에 이르는 즉위 교서를 발표하였다.

즉위 교서 1항에는 합단哈丹이 침입하였을 때 소문만 듣고 많은 고을이 항복하였는데, 오직 원주 고을 사람들만은 적과 맞서 그 기세를 꺾어 놓았다 하여 그에 대해 포상을 해 주고 조세와 부역을 3년간 면해줄 것을 밝혔다. 이와 함께 공신 자손들에게 직職을 주고 공신전功臣田을 환급해줄 것과 모든 관리의 직급을 한 계급 올려주고 중형 죄를 제외한 위법자는 양용量用하도록 할 것, 그리고 지방에 묻혀 있는 선비를 천거하라는 내용이 적혀 있었다.

그러나 세력을 빙자하여 5품직에서 3품 이상의 직을 뛰어 제수 받은 자, 또는 세가世家의 자제이기 때문에 직을 받은 자, 왕을 호위하여 원나라에 다녀온 것을 공이라 하여 공신의 칭호를 받은 자들에 대해서는 선법選法에 따라 처리하게 하였다.

이처럼 인사 행정의 방향을 제시하고 시행하자마자 충선왕은 지방 행정에도 과감한 혁신을 꾀하였다. 무엇보다 먼저 특수 임무를 띤 별감別監을 자주 파견함으로써 일어나는 민폐를 최소화하도록 지시하였고, 지방 장관인 안렴按廉이나 수령守令들이 세력가에게 바치는 은과 쌀, 포布를 금하게 하였다. 또, 안렴과 수령들이 백성에게 비록 작은 물건이라도 선물 받는 것과 수령이 멋대로 임지를 옮기는 것을 금하였으며 홀치忽只, 응방鷹坊, 아가치阿車赤, 순마巡馬 등과 같이 원나라의 영향으로 생겨난 관청의 관원들이 증여물을 받는 것도 일절 금지하였다.

이 밖에도 세력가들의 부조리한 치부책에도 철퇴를 가했다. 즉, 부역에 시달리다 못해 유랑하는 자들의 토지를 차지하거나 함부로 사패賜牌를 사칭하며 절이나 양반의 토지를 빼앗아 농장으로 만든 것이 발각될 경우 이를 환수하게 한 것이다. 이와 함께 세력가들에게 막대한 이익을 안겨주는 염세鹽稅와 외관 노비外官奴婢의 탈취를 철저하게 금지하였다. 뿐만 아니라, 세력가에게 아부하며 자기의 역役을 다하지 않은 백성이나 향리가 있을 경우 본래의 역에 돌아가게 하였고, 양민으로서 세력가에게 눌려 천민이 되는 등 신분적 혼란을 야기시키는 사회적 적폐도 제거해 나갔다.

당시의 신분 혼란 양상을 살펴보면 양민이 천민으로 전락하는 경우도 많았지만 원나라와 관계된 일을 수행하는 과정에서 신분 수직 상승을 한 사람들도 적지 않았다. 그리고 이들 중에는 응방을 드나들면서 몽고어를 익혀 재상이 된 사람도 있었다. 그런가 하면 원 공주의 겁령구 또는 환관으로 원나라에 갔다가 조서를 가지고 오거나 사신으로 귀국한 뒤에 재상이 된 사람들마저 있었다. 이외에도 원나라와 관계된 일을 함으로써 일약 권문세가의 반열에 오른 자들이 많았는데 이들의 한 가지 공통점이라고 한다면 그 막강한 세력을 이용하여 온갖 부귀와 영화를 누리고 있다는 점이었다.

30항에 이르는 충선왕의 교서에는 바로 정치 · 경제 · 사회 방면에서 온갖 폐단을 일으키는 이들 세력을 제거하고자 하는 의도가 담겨 있었다.

충선왕의 개혁 조치들은 관제 개혁으로까지 이어졌다. 즉, 인사 행정을 담당하던 정방政房을 폐지하여 한림원翰林院에 합치고, 연이어 전면적인 관제 개혁을 실시하였던 것이다. 개혁된 관제를 살펴보면 원나라의 간섭을 받아 고쳐진 관제를 그 이전 것으로 되돌리는 데 초점이 맞춰졌다. 다분히 친원적 성향을 가지고 있던 충선왕이 관제 개혁을 통해 반원적인 태도를 내보인 점이 특이하다 할 만했다.

이렇듯 거침없이 개혁을 단행해 나가던 충선왕이 원나라에 의해 강제 퇴위를 당하게 된 것은 계국 대장공주에 의해 일어난 조비 무고 사건 때문이었다. 조비는 평양군 조인규의 딸이었는데 충선왕의 나이 18세 때인 1292년(충렬 18)에 세자빈에 간택되었으며 입궁한 뒤로 부부간의 금실이 무척 좋았다. 계국 대장공주는 충선왕이 자신을 사랑하는 대신 조비를 편애하자 질투심을 이겨내지 못하고 조비가 자신을 저주했다고 무고하는 편지를 써서 원나라 태후에게 보냈다. 이 때문에 조비와 조인규 등은 원나라로 압송되었으며 충선왕 또한 그 사건에 연류되어 즉위와 함께 개정한 모든 관제를 이전의 것으로 되돌려 놓은 뒤 그해 8월에 강제 퇴위되었다.

조비 무고 사건은 단순히 계국 대장공주의 질투심에서 비롯된 사건이었지만 충선왕의 개혁 정치에 타격을 받은 국내 정치 세력과 원나라의 이해관계가 맞아 떨어지면서 충선왕의 퇴위로 연결된 것이었다.

충선왕이 권좌에서 물러나자 왕위는 다시 충렬왕에게 돌아갔다. 이후 계국 대장공주와 원나라로 돌아간 충선왕은 10년 동안 원나라에서 지내며 고려로 돌아오지 못했다.

아들에게 원한을 품다

충선왕에게 왕위를 물려주고 뒷전으로 물러나 있던 충렬왕이 다시 정권을 쥐자 충선왕의 측근들은 하나 둘 제거되기 시작했다. 이는 충렬왕뿐만 아니라 왕유소, 송린, 석천보 등과 같은 충렬왕 측근 세력들의 공모가 있었기에 가능한 일이었다.

그런데 이들은 충선왕 측근 세력의 제거에만 그치지 않고 적극적으로 부자간을 이간시키면서 급기야 계국 대장공주를 충렬왕의 10촌 종제이자 신종의 3세손이기도 한 서흥후 전에게 개가시키려는 음모를 꾸몄다. 이를 통해 고려의 왕위 또한 서흥후 전에게 계승시키려는 것이었다. 그들이 충선왕의 환국 저지 운동을 펼쳐나간 것도 같은 이유에서였다. 이러한 양측의 불화는 1305년(충렬 31)에 충선왕 폐위를 원나라 왕에게 건의하고자 충렬왕이 직접 원나라로 가면서 절정에 달하였다.

당시 원나라에서는 왕위 쟁탈전이 한창 일어나고 있었는데 원나라 왕 성종이 후계자를 남기지 못한고 죽은 것이 원인이었다. 이때 충선왕은 평소 가까이 지내던 해산을 돕고 있었는데 다행스럽게도 그가 원나라 왕이 됨으로써 충선왕의 입지는 굳건해졌다. 이렇듯 막강한 후원 세력을 등에 업은 충선왕은 여세를 몰아 부왕 충렬왕의 측근 왕유소 일당을 처형시켜 버렸다. 이리하여 부자간의 추악한 싸움은 마침내 끝이 났고, 고려의 실권은 다시 충선왕에게로 돌아왔다.

다시 임금이 되었으나

1308년(충렬 34) 5월, 즉위한 원나라 왕 무종은 자신이 정권 다툼에서 승리하기까지 충선왕이 세운 공이 적지 않았음을 들어 5월 무인일에 심양왕瀋陽王에 봉해 주었다. 이로써 원나라에서도 기반을 굳건하게 다질 수 있게 된 충선왕은 그해 7월, 충렬왕이 죽자 귀국하여 다시 왕위에 올랐다.

충선왕은 즉위하자마자 정치 기강의 확립, 조세의 공평, 인재 등용의 개방, 공신 자제의 중용, 농잠업의 장려, 동성 결혼의 금지, 귀족의 횡포 엄단 등과 같은 조치들이 담긴 혁신적인 복위 교서를 발표함으로써 다시 한 번 개혁 의지를 대내외에 천명하였다.

그러나 충선왕의 복위 교서는 일회성 구호에 그쳤을 뿐 실효를 거두지 못했다. 고려에서의 생활에 적응하지 못한 탓이었다. 어릴 적부터 여러 차례 원나라를 다녀온 데다 왕위에서 물러난 뒤 10년 남짓 원나라에서 살다 보니 그곳 생활에 젖어 있던 충선왕은 오래지 않아 정치에도 싫증을 느꼈다. 그리하여 원나라로 돌아갈 빌미만 찾던 충선왕은 복위한 지 두 달 만에 숙부 제안 대군 왕숙에게 치세를 대행케 하고 원나라로 돌아가 버렸다.

고려에 남은 신하들은 당연히 왕이 곧 돌아오리라 믿고 있었으나 충선왕은 재위 기간 동안 한번도 귀국하지 않았다. 이 때문에 고려의 정치는 파행을 거듭할 수밖에 없었다. 일일이 사람들이 가서 왕의 전지傳旨를 받아 국정을 수행해야 했기 때문이다.

이는 조정 불안과 함께 막대한 경제적 손실을 불러왔다. 왕의 오랜 원나라 생활로 본국에서는 해마다 포 십만 필, 쌀 4천 곡斛 외에 헤아릴 수 없이 많은 물자를 운반해야 했다. 참다못한 신하들은 충선왕의 귀국을 강력하게 요청하였고, 원나라에서도 귀국을 명하였다. 그러나 원나라의 후한 대접에 취한 충선왕은 끝내 돌아오지 않았다.

충선왕에게 돌아올 것을 간청하던 신하들은 마침내 모든 것을 체념해 버리고는 세자 감을 고려 왕으로 추대하려는 움직임을 보였다. 그러자 충선왕의 심복들은 이를 즉각 연경에 알렸고, 이 때문에 끔찍한 참극이 벌어지고 말았다. 세자 감과 그를 추대하고자 했던 김의중을 살해해 버린 것이었다. 이때가 1310년(충선 2) 5월이었다.

이로써 새로운 왕을 추대하는 것마저 어려워지자 신하들은 다시 충선왕에게 귀국을 종용하기 시작했다. 원나라 왕 무종의 절대적인 총애 속에 온갖 호사를 누리고 있던 충선왕은 신하들의 압력을 견디다 못해 둘째 아들 강릉 대군 왕도에게 전위할 뜻을 밝히기에 이른다. 그런데 충선왕은 이 대목에서 두고두고 분란의 씨앗이 될 만한 결정적인 실수를 저질렀다. 자신의 이복형이기도 한 강양공의 둘째 아들 왕고를 세자로 세운 것이 바로 그것이었다. 이 때문에 왕고는 훗날 왕위를 차지하기 위한 다툼에 뛰어들어 숱한 분란을 일으킨다.

아무튼 충선왕이 아들 도를 즉위시키기 위해 귀국한 것은 1313년(충선 5) 6월이었다. 충선왕은 목적한 일을 끝내자마자 이듬해에 다시 원나라로 돌아가 버렸다.

충선왕의 죽음과 사신의 평

고려로 돌아가라고 강권하던 원나라에서도 충선왕이 왕위를 둘째 아들에게 물려주고 되돌아오자 연경에 체류해도 좋다고 승인해 주었다. 충선왕은 이때 연경의 사택 안에 만권당을 신축하고 당시의 저명한 선비들인 염복, 요수, 조맹부 등과 교유하며 학문을 연구하여, 원에서는 충선왕을 공신으로 하고 심양왕瀋陽王에 봉해주었다.

충선왕은 불교에도 많은 관심을 쏟아 모후母后의 명복을 빌기 위해 본국의 수령전壽寧殿을 절로 만들었으며, 1316년(충숙 3)에 심양왕의 자리를 조카에게 물려준 뒤에는 티베트 승려를 불러 계율을 받고 멀리 보타산寶陀山에 불공을 드리러 가기도 하였다.

그러던 중 1320년(충숙 7)이 되어 원나라 임금이 바뀌자, 충선왕은 고려 출신 환관 임백안독고사任伯顔禿古思의 모략으로 토번吐蕃에 유배되었다. 다행히 1323년 태정제泰定帝로 왕이 다시 바뀌면서 유배에서 풀려나긴 하였으나 구차한 일을 당하면서까지 원나라 생활을 고집한 충선왕의 속내를 쉽게 이해할 수 있는 사람은 그리 많지 않았다.

토번에서의 유배 생활 때문이었을까. 충선왕은 그로부터 2년 후에 죽고 말았다. 이때가 1325년(충숙 12) 12월 5일이었다. 충선왕이 왕위에 있은 지는 5년이며, 향년은 51세였다. 시호는 충선忠宣이고, 능은 덕릉德陵이다.

충선왕 사후에 사신이 평한 내용은 다음과 같다.

충선이 세자로 있을 때 원나라에 들어가서 요수와 조맹부 등 여러 명사들과 교유하면서 때로는 원나라의 정치에도 참여하였는바 그의 의견과 논설은 볼만한 것이 있었다. 왕위에 오르게 된 후에는 원나라의 관제와 동일한 것을 피하여 관직명들을 변경하였으니 이는 큰 나라에 대해 겸손해하는 태도였으며 토지에 대한 조세 제도를 개정하고 각염법榷鹽法을 제정하였으니 이는 정치의 기본을 알았기 때문이었다. 그러나 임금의 지위란 백성의 우러러 보는 바이며 만사가 집중되는 곳이므로 하루라도 이 자리를 비워 두지는 못하는 것이다. 그런데 왕이 이미 책명을 받고 다시 왕위에 오른 뒤에도 여자와 내시들에게 미혹되어 연경에 체류하였으니 자국 백성들은 공궤供饋하기가 곤란하였고, 수종하는 신하들은 오랫동안 피로하여 고향을 그리워하게 되었으며 나중에는 서로 모함하는 데까지 이르러 원나라에서도 싫증이 나서 두 번이나 본국으로 돌아갈 것을 권고하였다. 이에 대하여 왕은 거절할 구실이 없어서 아들 왕도(충숙왕)에게 왕위를 물려주었고, 또 조카 왕호를 세자로 삼아 부자와 형제간에 마침내 시기와 질투를 빚어내어 그 화단이 몇 대에 내려가도록 그치지 않았다. 장래에 대한 계책이 이처럼 좋지 못하였으니 토번으로 귀양 가게 된 것도 불행한 일이라 말할 수 없을 것이다.

충선왕의 후비와 종실들

충선왕에게는 후비 일곱과 아들 셋이 있었다.

계국薊國 대장공주 보탑실련寶塔實憐은 1298년(충렬 24) 원나라로부터 고려로 왔다. 이때 충렬왕은 금교까지 나가 마중하였고 백관들은 교외에 나가 영접하였는데 의장과 기악을 왕을 영접할 때의 예절과 같이 하였다. 이해에 충선이 선위 받았는데 공주의 궁을 중화궁中和宮, 부를 숭경부崇敬府라고 하였으며 관속을 두었다. 충렬왕이 다시 왕위에 오른 뒤에는 공주를 개가시키려 노력하기도 하였다.

충선왕이 다시 복위한 지 두 해째인 1310년 원나라에서 공주를 한국 장공주韓國長公主로 봉하였다. 1313년(충선 복위 5) 공주는 왕과 함께 귀국하였는데 충선왕이 순비와 숙비로 하여금 금암역까지 나가서 영접하게 하였고 예물을 가지고 대면하게 하였으며, 재상 및 승려들까지도 마중 나가 배례하고 예물을 바쳤다.

1315년(충숙 2) 공주가 원나라를 방문하였는데 당시 원나라에 있던 충선왕은 계주薊州의 남녘까지 가서 공주를 맞이하였다. 공주는 원나라에 있은 지 얼마 되지 않아 병이 들어 죽었는데 시체를 고려로 운반하여 오는 길에 황제가 중서성과 어사대, 백관들에게 명령을 내려 시체가 지나는 길에서 제사를 지내게 하였다. 이듬해 시체가 고려에 도착하였으며 백관들이 검은 갓과 흰 옷으로 차리고 교외로 나가 영접하였다. 영구는 영안궁에 빈소하였다가 예절을 갖추어 매장하였다. 1343년(충혜 복위 4) 원나라에서 계국 대장공주로 추봉하였다.

의비懿妃 야속진也速眞은 몽고 여자로서 세자 감鑑과 충숙왕忠肅王을 낳았으며 1334년(충숙 복위 3) 원나라에서 죽었다. 영구는 고려로 돌아와서 장례하였고 의비라는 시호를 추증하였다.

정비靜妃는 종실 서원후西原侯 왕영王瑛의 딸로 1345년(충목 1) 죽었으며 정비라는 시호를 추증하였다.

순화順和 원비 홍씨는 남양 부원군 홍규洪奎의 딸이다.

조비趙妃는 상원군 사람으로 평양군平壤君 조인규趙仁規의 딸이다. 1292년(충렬 18) 충선왕이 세자로 있을 때에 비로 맞았다. 1298년(충렬 24) 계국 대장공주는 조비가 왕의 사랑을 독차지하는 것을 질투하여 원나라에 참소하였는데 이 전말은 「계국 공주전」에 있다.

순비順妃 허씨는 공암현 사람으로 중찬 허공許珙의 딸이다. 일찍이 평양공 왕현王眩에게 시집가서 3남 4녀를 낳았는데 왕현이 죽은 후 1308년(충렬 34) 충선왕이 허씨를 맞아들였으며 그가 왕위에 오르자 순비로 봉하였다. 그 후 충렬왕의 아내였던 숙비가 충선왕의 총애를 받게 되자 순비는 숙비와 서로 불화하였다. 1335년(충숙 복위 4) 죽으니 원나라에서 완자完者를 파견하여 장례에 참석하게 하였다.

궁인은 기록이 남아있지 않으며 덕흥군德興君 혜譓를 낳았다.

덕흥군 혜는 일찍이 승려가 되었다가 1351년(충정 3) 원나라로 도망했다. 공민왕 즉위 후 개혁 정책의 일환으로 기 황후의 오빠 기철을 반역 음모로 사형시키자 기 황후는 공민왕을 원망하게 되었다. 때마침 최유崔濡가 원나라에 있으면서 불량배들과 더불어 기 황후를 회유하여 공민왕을 폐위시키고 덕흥군 혜를 왕으로 세우고 기삼보노奇三寶奴를 원자元子로 삼으려는 음모를 꾸며, 원나라에 있는 고려 사람들은 모두 다 허위 관작을 받았다. 이후 요양성의 군사 1만 명을 지원할 것을 청하여 인솔하고 압록강을 건너 수주隋州 달천獺川에 이르렀으나 아군에게 패배당하였다. 그 후 황제가 요양 군사를 돌려 보내고 달달達達 장령들도 모두 원나라로 보낼 것을 명령하였다. 당시 덕흥군 혜는 평소에 데리고 있던 사환군들만 데리고 영평永平에 들어가 머물러 있었는데, 공민왕은 밀직부사 김유金庾를 원나라로 파견하여 혜를 붙잡아 보낼 것을 요청하게 하였다. 김유가 요양에 이르니 추밀원사 최흑려崔黑驢가 김유에게 말하기를

"황제가 혜에게 곤장 107대를 때리고 본국 고려로 돌려보내라 하였는데 그가 동창을 앓고 있으니 완쾌된 후에 곤장을 때려 돌려보내겠다."

고 하여 김유는 고려로 돌아와 버렸다. 처음에 호군 배자부裵自富가 혜와 내통하여 밀직부사란 허위 관직을 받기로 하였으나 그 일이 발각되어 참형에 처하였다.

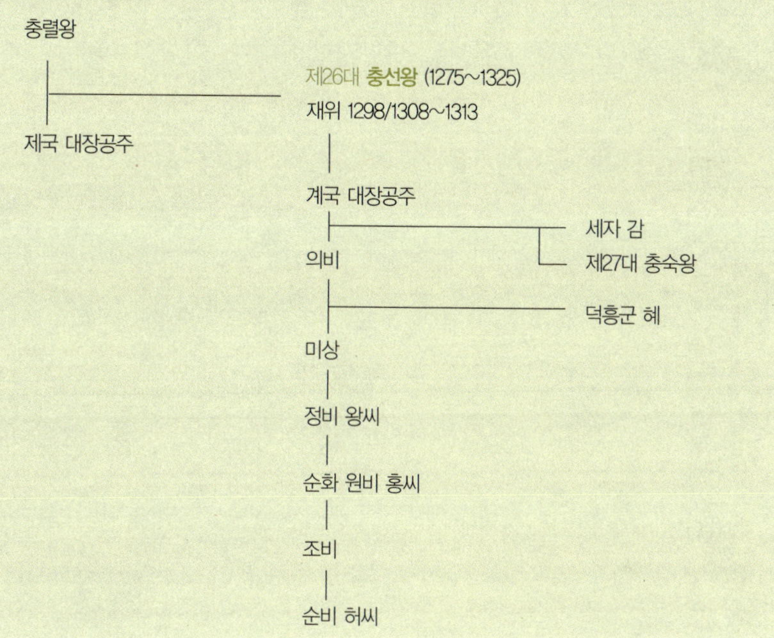
| 충선왕의 혈계 |
충렬왕
제국 대장공주
제26대 충선왕 (1275~1325)
재위 1298/1308~1313
계국 대장공주
의비
세자 감
제27대 충숙왕
덕흥군 혜
미상
정비 왕씨
순화 원비 홍씨
조비
순비 허씨

27

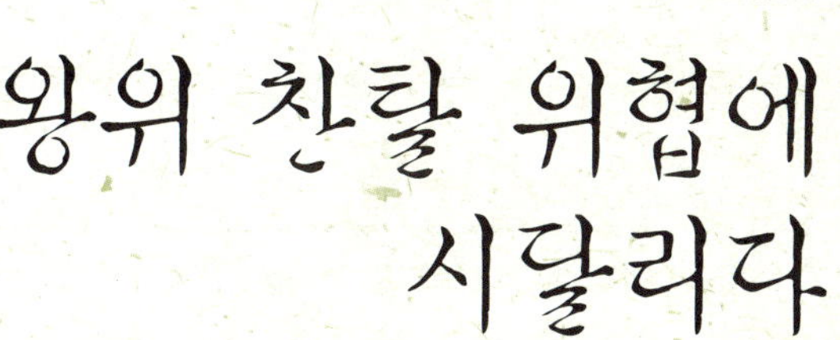

왕위 찬탈 위협에 시달리다

얼떨결에 이어받은 왕위

몸에 익은 원나라 생활과 그곳에서 누리는 온갖 특권을 포기하지 못하고 전지라는 기형적인 형식을 통해 나라를 다스리던 충선왕이 고려로 돌아가라는 원나라의 압박을 견디다 못해 왕위를 그 아들에게 물려주었으니 이가 곧 고려 제27대 임금 충숙왕이었다.

충숙왕의 이름은 만卍이며, 처음 이름은 도燾요, 자는 의효宜孝이며 몽고 이름은 아라눌특실리阿剌訥忒失里였다. 충선왕과 몽고 여인 야속진(의비) 사이에서 1294년(충렬 20) 7월에 둘째 아들로 태어나 나이 5세에 강릉군 승선사가 되었고 장성하여서는 강릉 대군으로 책봉된 바 있었다. 충숙왕은 충선왕을 따라 원나라에 가 있었기 때문에 부왕과 마찬가지로 고려보다는 원나라 생활에 친숙한 편이었고, 또한 고려 말을 할 줄 몰랐다.

충숙왕에게는 동복형 세자 감이 있었는데 충선왕에게 살해된 바 있었다. 충선왕이 원나라에 머물면서 전지라는 파행적 형태를 통해 나라를 다스림으로써 여러 면에서 문제가 발생하자, 대신들 사이에서 세자 감을 옹립시키려는 움직임이 일어난 것이 세자 살해의 직접적인 원인이었다.

정사를 팽개쳐 버릴 정도로 원나라 생활이 좋았다면 그때 차라리 세자 감에게 왕위를 물려주는 편이 훨씬 나았을 것이다. 아무런 준비 없이 왕위에 오른 충숙왕이 펼쳐 보인 미성숙한 정치가 고려 사회를 극심한 혼란 속으로 몰아넣었기 때문이다. 역사에 가정이란 있을 수 없다지만 세자 감이 왕위를 이어받았다면 비록 원나라의 속국이 되어 버린 나라라고 해도 보다 편안하지 않았을까 하는 아쉬움을 금할 길이 없다.

108만 개의 등불을 밝힘은 누구를 위함이었나

어릴 때는 상당히 총명하고 타인을 생각하는 마음이 깊어 만인의 기대를 한 몸에 받던 충선왕이었다. 그런 그가 어찌하여 원나라에만 고집스럽게 머물며 고려의 정치를 엉망으로 만들어 놓았는지 모를 일이다. 그러나 충선왕은 자신의 정치뿐만 아니라 아들 충숙왕의 정치마저 돌이킬 수 없는 혼란 속으로 몰아넣고 말았다. 충선왕은 대체 어쩌자고 이복형의 아들 왕고를 세자로 책봉하여 향후 펼쳐질 팽팽한 왕위 쟁탈의 빌미를 제공했단 말인가.

충선왕의 인간적 한계 때문에 이런 일련의 일이 벌어졌을 수도 있겠지만 원의 속국이라는 억압적 상황에서 문제의 원인을 찾는 것이 타당하리라는 생각이다. 누가 고려의 왕이 되든 원나라의 신임을 받지 못하면 곧 폐위되고 마는 현실을 뼈저리게 지켜보며 충선왕은 차라리 어머니의 나라 원나라에서의 편안하고 넉넉한 삶을 택했다. 이 또한 속국으로 전락한 나라의 비참한 현실과 결코 무관하지 않은 선택이었을 것이다. 어쨌든 그는 원에서의 생활을 지켜가기 위해 그때그때 형편이 닿는 대로 일을 처리하였으며 그러다 보니 아들 충숙왕이 왕위를 이어받았을 때 필연적으로 맞닥뜨릴 수밖에 없는 악연의 고리를 만들어 놓고 만 것이었다.

충숙왕이 즉위식을 치르고자 고려로 돌아가려 할 때도 충선왕은 원나라에 그대로 체류하려 하였다. 그러나 원나라 조정에서 승인하지 않는 바람에 그는 부득이 충숙왕을 따라 고려로 향할 수밖에 없었다.

고려에 도착하여 즉위식을 치르기는 하였으나 상왕이 건재하다 보니 충숙왕은 왕권을 마음대로 행사할 수가 없었다. 충선왕이 각지에서 올라오는 결재 서류를 도맡아 처리하였던 것이다. 또한 충선왕은 1313년(충선 5) 10월 병자일에 승려 2천 명에게 음식을 먹이고, 연경궁에서 2천 개의 연등을 5일간 계속 밝혔다. 일찍이 충선왕은 108만 명의 중에게 음식을 먹이고, 108만 개의 등에 불을 켤 것을 발원한 바 있었다. 이러한 행사를 만승회萬僧會라고 불렀는데 그 비용이 이루 헤아릴 수 없을 정도였다.

이처럼 국고를 탕진해가며 임금 노릇을 톡톡히 하던 충선왕은 이듬해 정월 갑진일에 자신의 공덕 10여 조목을 손수 기록하여 식목도감式目都監에 보내고는 그들로 하여금 전문을 올려 축하하도록 명령하였다. 기실 충선왕은 고려로 돌아온 뒤에도 속히 원나라로 가고 싶은 마음에 원나라 왕에게 이러한 뜻을 밝히며 허락해 줄 것을 요청한 바 있었다. 그러나 원나라 왕은 이를 허락하지 않았고, 원나라로부터 멀어지는 것을 무엇보다 두려워했던 충선왕은 급기야 스스로 업적을 적어 원나라에 알림으로써 자신의 존재를 부각시키고 싶었던 것뿐이다. 10여 조목 안에는 자신이 불교를 널리 신봉하고 이를 유지해 왔기 때문에 국가가 태평하게 되었다는 내용도 포함되어 있다. 결국 자신의 업적을 원나라에 내보이기 위해 고려의 국고가 탕진되든 말든 108만 명의 승려에게 음식을 먹이고, 108만 개의 등에 불을 켠 것이라는 이야기였다. 이러한 정성을 원나라에서 기특하게 여긴 탓이었을까. 마침내 충선왕은 같은 달 정미일에 원나라로 가기 위해 길을 떠난다.

왕고의 왕위 찬탈 위협은 시작되고

충선왕이 원나라로 돌아감에 따라 충숙왕은 비로소 왕권을 행사할 수 있었다. 그러나 그런 그에게 하나의 벽처럼 다가온 것이 원나라의 강압이었다. 1315년(충숙 2) 정월 무오일, 원나라에서 사신을 보내 고려의 귀족과 천민들의 복색을 강제로 제정하게 하였던 것이다. 한 나라의 왕이면서도 타국의 지시에 따라 정치를 펼쳐갈 수밖에 없는 상황은 충숙왕에게 좌절감을 안겨주기에 충분했다.

그러나 충숙왕에게 비관적인 일만 있었던 것은 아니었다. 그는 즉위 해인 1313년 8월 임오일 익성군 홍규의 딸 공원 왕후 홍씨를 비로 맞아들인 바 있었는데, 1315년 1월 정묘일에 왕자 정이 출생한 것이다. 정은 훗날 고려 제28대 임금 충혜왕이 된다.

한편 충숙왕은 1316년 2월이 되자 원나라를 방문하기 위해 길을 떠난다. 이는 충선왕이 원나라에 머물면서 전왕들이 그러했듯 원나라 공주와의 혼인을 청해 놓았는데, 마침내 원나라 왕이 허락하여 신부를 맞으러 가게 된 것이었다. 이때 충숙왕이 아내로 맞아들인 사람은 원나라 영왕 야선첩목아也先帖木兒의 딸 복국 장공주였다.

두 사람의 결혼식에 앞서 충선왕은 원나라 왕에게 제의하여 세자 왕고에게 심양왕瀋陽王 자리를 물려준 바 있었다. 고려 세자라는 신분에 더해 왕고가 심양왕 자리를 꿰찰 수 있었던 것은 충선왕의 총애는 물론이려니와 원나라 왕실의 신임이 있었기에 가능한 일이었다.

왕고의 세력 확대는 충숙왕에게 굉장한 부담으로 작용할 수밖에 없었다. 그렇지 않아도 충선왕이 그를 세자로 책봉하는 바람에 왕권을 지켜가는 것에 부담을 느끼고 있었는데 그에 필적할 만한 날개가 그에게 하나 더 생겼기 때문이었다. 기실 왕고는 이때부터 본격적으로 충숙왕의 자리를 호시탐탐 엿보기 시작한다.

이렇게 보았을 때, 충숙왕의 이번 원나라 방문은 상당한 의미를 지니고 있었다. 원나라 공주를 아내로 맞아들임으로써 왕고에게 맞설 만한 힘을 충숙왕도 갖추게 될 터였기 때문이었다.

그러나 충숙왕은 대결보다는 타협이 상책이라는 판단 하에 왕고의 형 왕유를 단양부원 대군으로, 동생 왕훈을 연덕부원 대군으로 봉한다. 이를 통해 충숙왕이 먼저 왕고에게 타협의 손길을 내민 것이었다. 그러나 충숙왕의 이러한 조치는 큰 실효를 거두지 못한다. 두 사람 사이의 갈등은 언제 폭발할지 모르는 휴화산처럼 위태로움을 더해가고 있었던 것이다.

충숙왕은 복국 장공주를 사랑하지 않았다

한 나라의 국운은 그 나라 백성의 삶에 속속들이 반영되기 마련이다. 그즈음 고려의 백성은 원나라에서 시시때때로 요구하는 무리한 공물과 공녀 등으로 해서 잔뜩 위축된 삶을 살아가고 있었다. 이러한 사정은 왕실의 권세가들이라고 해서 크게 다를 바가 없었다.

공원 왕후 홍씨는 복국 장공주가 고려에 오기 전까지만 해도 충숙왕의 사랑 속에 만백성의 어머니로서 행복한 나날을 보냈다. 그러나 원나라 공주가 궁에 나타나면서부터 그녀의 삶은 철저하게 무너져 버렸다. 왕자 정을 낳은 고려 왕실의 떳떳한 어머니였건만 복국 장공주의 기세에 눌려 사가로 쫓겨나게 되었던 것이다.

그러나 이 사건은 비단 공원 왕후 홍씨만의 불행이 아니었다. 사랑을 잃은 충숙왕에게는 방탕과 폐위의 길을 열어주었으며, 복국 장공주 자신에게는 의문의 죽음이라는 불길한 앞길이 기다리고 있었기 때문이었다.

공원 왕후를 잊을 수 없었던 충숙왕은 때때로 미행微行으로 홍씨를 만나곤 하였으며 이때 이름 모를 백성과 마주치기라도 하는 날이면 미친 사람처럼 폭행을 일삼곤 하였다. 그런가 하면 농사철을 맞은 백성의 원성이 자자한데도 툭하면 사냥을 하러 떠나곤 하였다.

지아비의 미행과 사냥 행각을 바라보며 복국 장공주도 눈먼 장님이 아닌 이상 공원 왕후 홍씨에 대한 충숙왕의 애틋한 사랑을 익히 짐작하였을 터이다. 그랬기에 복국 장공주는 공원 왕후를 극도로 미워하였다. 이러한 감정은 곧 질투로 이어졌고, 복국 장공주의 투기를 접할 때마다 충숙왕은 광인처럼 행동했다. 훗날 복국 장공주가 의문의 죽음을 당한 뒤에 원나라에서 조사차 온 사신들에게 궁중 요리사 한만복 등이 자백한 말을 통해 당시의 상황을 어느 정도 짐작해 볼 수 있을 것 같다. 홍씨와 어울리는 것을 복국 장공주가 질투하자 충숙왕이 그녀를 심하게 구타하였다고 이야기했으니 말이다.

이 때문에 충숙왕은 결국 원나라 왕의 입조 명령을 받기에 이른다. 이때가 1321년(충숙 8) 3월이었는데 원나라로 간 충숙왕이 좀처럼 돌아오지 않자, 허유전과 민지 등이 원나라에 가서 충숙왕의 귀국을 요청하기도 하였다. 그러나 왕고와 그 도당들이 방해하는 바람에 뜻을 이룰 수가 없었다. 이때로부터 3년 동안이나 충숙왕은 원나라에 붙잡혀 있어야 했다.

이 기간 동안 왕고의 도당들은 충숙왕을 폐위시키고, 왕고를 고려 임금으로 옹립하기 위해 수단과 방법을 가리지 않았다. 특히 1322년 8월 병술일에는 전 찬성사 권한공 등이 왕고를 고려 왕으로 세워줄 것을 원나라에 요청하기 위해 자운사에서 백관들을 모아 놓고 의논을 하였다. 이들은 곧 원나라 중서성에 서면을 제출하기로 뜻을 모으고는 기축일에 다시 권한공 등이 자운사에 모여 중서성으로 보낼 문서에 서명을 받았다. 그러나 윤선좌 등이 결사적으로 반대하는 바람에 뜻을 이룰 수는 없었다.

충숙왕 고려로 돌아오다

원나라 왕 영종이 죽고 태정이 왕위에 오른 것은 1323년(충숙 10) 9월 무술일이었다. 원나라에 잡혀가 있던 충숙왕에게는 절호의 기회가 찾아온 셈이었다. 아니나 다를까, 원나라 왕은 고려로 돌아가라는 명령을 따르지 않은 죄로 유배를 가 있던 충선왕을 소환하는 동시에 충숙왕에게는 국왕의 인을 돌려주며 고려로 돌아갈 수 있게 해주었다.

이때 충숙왕은 원나라 위왕 아목가의 딸 조국 장공주를 아내로 맞아들인다. 이를 통해 원나라의 신임을 어느 정도 회복하게 된 충숙왕은 고려로 돌아오자마자 그간 자리를 비운 탓에 실추될 대로 실추된 임금의 권위를 되찾기 위해 노력한다.

그러나 충숙왕은 오래지 않아 다시 왕권을 위협받기에 이른다. 원나라와 관계를 맺은 이래 역대 왕들이 늘 그래왔듯 원나라 조국 장공주가 1325년(충숙 12) 10월, 아들을 낳은 후에 산욕을 이기지 못하고 죽자 지위가 흔들리면서 시작된 고난이었다.

물론 그 모든 음모의 중심에는 심양왕 왕고가 버티고 있었다. 왕고의 심복들이 원나라 중서성에 충숙왕은 눈이 먼 데다 귀까지 먹어 왕위에 계속 앉아 있을 수 없다고 지어내어 고해바친 것이었다. 그러나 얼토당토않은 그들의 거짓말은 곧 백일하에 드러났고, 충숙왕은 가까스로 위기에서 빠져나올 수 있었다.

충숙왕, 평안을 얻다

거듭되는 왕고의 무고와 고단한 임금의 업무가 충숙왕을 지치게 만들었던 모양이다. 충숙왕은 1330년(충숙 17) 2월 초하루에 세자 정에게 왕위를 물려주고 만다. 정치 일선에서 물러나 쉬고 싶기도 하였을 것이다.

그러나 충숙왕에 이어 즉위한 충혜왕은 황음무도荒淫無道한 인물이었다. 이 때문에 원나라에서 충혜왕을 폐위시키자, 충숙왕은 어쩔 수 없이 복위할 수밖에 없었다. 이때가 1332년 2월 갑자일이었다.

정치 일선으로 다시 돌아온 충숙왕은 이후 원나라의 무리한 세공을 삭감하게 하고, 공녀와 환자의 선발을 중지하도록 청원하는 등 업적을 남기기도 하였으나 입조 명령을 받고 원나라에서 체류하다 돌아온 뒤로는 사냥과 유흥에 몰두하며 정사를 돌보지 않았다. 게다가 사람 만나기를 기피하는 증상이 심해져 신하들은 물론이고 원나라 사신들마저 좀처럼 만나주지 않았다. 그러던 중 지병이 악화되어 충숙왕이 침전에서 숨을 거둔 것은 1339년 3월 계미일이었다.

충숙왕은 왕위에 있은 지 25년이었으며 향년은 46세였다. 시호는 의효懿孝, 원나라의 시호는 충숙忠肅이며, 능은 의릉毅陵에 있다.

사관의 평

충렬, 충선, 충숙, 충혜왕의 4대는 부자간에 서로 갈등이 생겨서 원나라에까지 가서 시비질을 하여 천하 후세에 웃음거리를 남겨 놓았다. 부자간의 친애 관계는 모든 행실의 첫 자리를 차지하며 또 정치의 근본으로 된다. 그러므로 근본이 틀리고 보면 기타의 일이야 보잘 것이 없는 것이다. 충숙왕은 늙어서 국사를 포기하고 지방과 교외에 가서 거처하면서 박청 등 내시 3명을 신임하였기 때문에 위엄과 행복이 아래 사람에게 옮겨져서 아들이나 손자들이 다 천명대로 살지 못하게 되었으니 한탄을 어찌 다 하랴.

충숙왕의 후비와 종실들

충숙왕에게는 후비 다섯과 아들 셋이 있었다.

복국濮國 장공주 역련진팔라亦憐眞八剌는 충숙왕이 원나라에 있을 때 혼인하여 1316년(충숙 3) 겨울, 왕과 함께 고려에 왔으며 1319년(충숙 6) 죽었다. 연경궁延慶宮에 빈소하고 정화靖和 공주라고 추증하였으며 원윤元尹 임자송任子松을 원나라에 파견하여 부고를 전하고 낭장 이린李麟을 영왕營王에게 보내어 부고를 전하자 영왕이 조사를 보내어 조상하였으며 황태후도 중사中使 어선불화於仙不花를 보내어 조문하였다. 1320년 매장하고 1321년(충숙 8) 겨울, 공주의 초상화를 순천사順天寺에 두었으며 1343년(충혜 복위 4) 원나라에서 복국 장공주로 추봉하였다.

조국曹國 장공주 금동金童은 원나라 순종順宗의 아들 위왕魏王 아목가阿木哥의 딸로 1324년(충숙 11) 왕이 원나라에 있을 때 장가들었다. 이듬해에 왕과 함께 고려에 왔으며 왕을 따라 한양 용산龍山에 가서 용산 원자를 낳았다. 얼마 후 공주는 행궁에서 죽었는데 향년 18세였다. 원나라에서 파견한 좌사랑 탈필대가 와서 제사를 지냈으며 1343년(충혜 복위 4) 원나라에서 조국 장공주로 추봉하였다.

경화慶華 공주 백안홀도伯顔忽都는 몽고 여자로서 충숙왕이 원나라에 있을 때 장가들었다. 1333년(충숙 복위 2) 왕과 함께 고려로 왔으며 1336년(충숙 복위 5) 부를 신설하여 경화부라고 하였으며 관속을 두었다. 공주가 1344년(충혜 복위 5) 죽으니 예절을 갖추어 장례 지냈다. 1367년(공민 16) 원나라에서 숙공 휘녕肅恭徽寧 공주라는 시호를 주었다.

공원恭元 왕후 홍씨는 남양 사람으로 부원군 홍규洪奎의 딸이다. 나서부터 총명하고 단정하였으며 충숙왕이 왕위에 오르자 간선되어 궁중으로 들어가 덕비德妃로 책봉되었다. 그녀는 행동거지가 모두 예법을 지켰으므로 왕이 매우 소중하게 여겼다. 1315년(충숙 2) 아들 정禎을 낳으니 이가 충혜왕이며 공민왕도 그의 소생이다.

충혜왕이 왕위에 오른 후 충숙왕이 정만길鄭萬吉, 강융姜融, 김원상金元祥 등이 이간하는 말을 곧이듣고 왕후를 강제로 고향에 돌려보내고 모자가 서로 만나는 것을 허락하지 않았다.

원나라에서 충혜왕을 데려간 후 왕후를 위하여 덕경부德慶府를 설치하였으며 공민왕이 왕위에 오르자 문예부文睿府라고 고쳤으며 그를 대비라고 존칭하였다.

공민왕이 신돈에게 정사를 위임한 후 왕후가 공민왕의 과실을 자주 말하자 둘 사이에 갈등이 있었으며 1373년(공민 22) 왕우를 후계자로 삼기 위해 공부시킬 것을 청하자 왕후는 핑계를 들며 거부하였다.

1380년(폐왕 우 6) 봄 정월 무술일에 죽었으며 향년 83세였다. 2월에 영능令陵에 매장하고 시호를 공원恭元이라고 하였다.

수비壽妃 권씨는 복주 사람으로 좌상시 권형權衡의 딸이다. 밀직상의 전신全信의 아들에게 시집보냈으나 권형은 전씨의 집안이 불초하다는 이유로 이혼시키려고 하다가 뜻을 이루지 못하였다. 1335년(충숙 복위 4) 내지內旨라는 구실로 이혼시키고 드디어 왕에게 바쳤으며 충숙왕은 수비로 봉하였는데 왕이 죽은 후에 충혜왕이 간음하였다. 1340년(충혜 복위 1) 죽었다.

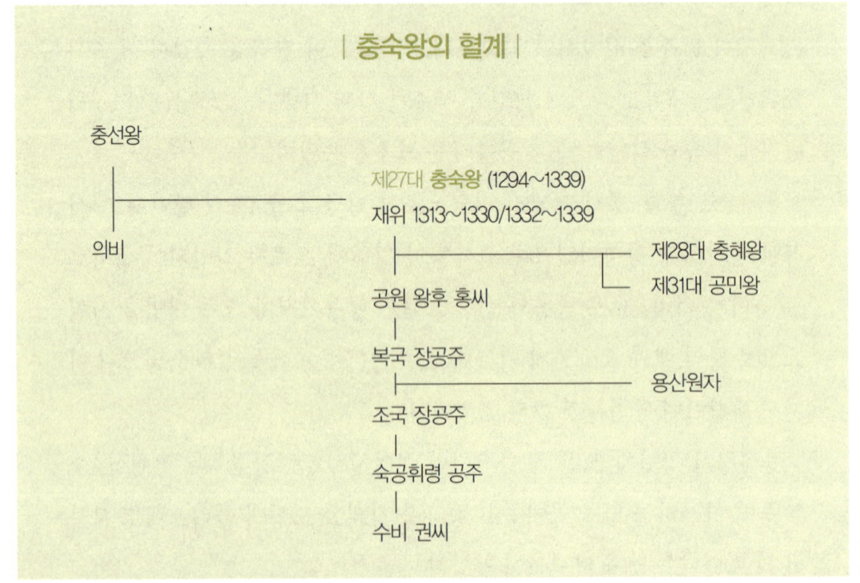

28

주색 방탕으로 일관한 짧은 생애

연산군도 울고 갈 폭군의 탄생

조선 천지를 피로 물들이며 주색과 방탕, 악정을 거듭한 끝에 비참한 최후를 맞이한 연산군의 생애를 모르는 이는 그리 많지 않다. 그런데 연산군 못지않은 생애를 살아온 사람이 고려 시대에도 있었으니 이가 곧 고려 제28대 왕 충혜왕이다.

일국의 왕으로서 원나라 땅에 끌려가 귀양살이를 떠나던 중 독살된 것으로 알려진 충혜왕. 고려 백성은 충혜왕의 학정에 얼마나 신음하였는지 그가 죽었다는 소식이 알려지자, 기뻐 날뛰면서 이제 다시 갱생할 날을 보게 되었다고 소리소리 질러댈 정도였다고 한다. 오죽하면 남의 나라 땅에서 귀양살이를 가던 중 죽은 충혜왕의 생애를 비꼬는 노래가 백성들 사이에 유행하였을까.

만백성의 아버지라는 사람이 이렇듯 백성들에게 등 돌림을 당했으니 좁게는 왕 개인의 비극이요, 넓게는 고려의 비극이라고 해야 할 것이다. 이제부터 충혜왕의 짧지만 폭정으로 점철된 생애를 되짚어 보고자 한다.

16세에 왕이 되다

1315년(충숙 2) 정월에 충숙왕과 명덕 왕후 홍씨 사이에서 장남으로 태어난 충혜왕은 1344년 30세의 나이로 목숨을 잃었다. 그는 이름이 정禎, 몽고 이름은 보탑실리普塔失里이며, 1328년(충숙 15) 정월에 세자로 책봉된 뒤 원나라에 가서 숙위하던 중 충숙왕이 왕위를 물려주어 1330년(충숙 17) 2월에 고려 제28대 왕으로 즉위하였다.

충혜왕은 당시 원나라에 머물고 있었는데, 충숙왕으로부터 국왕의 인을 회수하기 위해 원나라 왕이 객성 부사客省副使 칠십견七十堅을 고려에 파견한 동안에도 평측문 밖에서 6일 동안이나 매사냥을 하였다. 성격이 호협하고 주색을 좋아하여 놀이와 사냥에 탐혹하였고, 부화방탕하여 절도가 없었으며 남의 처첩이 아름답다는 소문만 들으면 친소親疏와 귀천貴賤을 가리지 않고 모두 강간, 간음하여 후궁으로 삼아 버렸다는 세인들의 평이 공연한 트집이 아니라는 사실을 즉위 초부터 증명해 보인 셈이었다.

기실 16세라는 어린 나이를 감안해 볼 때, 옳고 그름을 분간하기 어려워 당장 마음이 끌리는 대로 처신할 우려가 전혀 없지 않았다. 즉, 일찍이 세자로 책봉되지 못하여 한 나라를 이끌어 갈 만한 자질 교육을 충분히 받지 못한데다 성격까지 바르지 못하여 충혜왕의 즉위는 고려 백성의 절망과 피폐를 처음부터 예고해 주고 있었던 것이다.

신하들에게 정무를 일임하고

충혜왕은 1330년 2월 정미일에 규장각에서 원나라 왕으로부터 고려 국왕의 인을 받았다. 충혜왕은 즉시 정승으로 퇴직한 김태현을 시켜 정동행성征東行省의 사업을 대리하게 하였으며, 지인방知印房을 설치하고 삼사 우윤三司右尹 윤지현, 기거주起居注 이담, 도관 정랑都官正郎 이군해, 전첨典籤 김한룡 등에게 임무를 분담시킨 뒤 원나라 우승상 연첩목아와 유림에서 매사냥을 하였다.

그 뒤 달이 바뀌어 3월이 되자, 평상시 편애하던 신하 배전과 주주 등에게 국가의 중요한 정무를 일임하고 날마다 내시들과 씨름을 하는 등 상하의 예절 없이 희롱을 일삼았다. 이로 인해 정직한 사람은 배척당하여 옳은 말이 나올 수 없게 되었다.

그러던 어느 날 왕 앞으로 나간 이담이 충혜왕에게 충언을 하였다.

"임금은 행동을 근신謹愼하지 않을 수 없습니다. 임금의 행동을 측근자들이 전부 기록하기 때문입니다."

이에 충혜왕이 정색을 하며 물었다.

"누가 그런 것을 기록하는가?"

"그것은 사관의 직책입니다."

"나의 과오를 기록하는 자는 모두 서생이로구나."

충혜왕은 원래부터 유생들에게 호감을 가지지 않았다. 그런데 이담으로부터 이런 말을 듣고 보니 유생들이 더욱 미워졌다. 충혜왕은 자신의 과오는 되돌아보지 않은 채 이때부터 사관들을 멀리하며 증오하였다고 한다.

충혜왕, 날개를 얻다

충혜왕은 그해 3월 무인일에 원나라 관서왕 초팔의 장녀와 결혼을 하였다. 이가 곧 덕녕 공주인데 관례에 따라 고려 왕이 원나라 왕실의 여자를 맞아들인 것에 불과하지만 당시 상황으로서는 원나라 왕실과 혼인 관계로 맺어지는 것만이 고려 왕의 기반을 확고하게 다지는 길이었기 때문에 어린 충혜왕은 자신을 훨훨 날게 해줄 날개 하나를 얻은 셈이었다.

그러나 그는 여전히 정사를 등한시하여 고려에 머물고 있던 충숙왕에게 질책을 받기도 하였다. 충숙왕은 충혜왕이 정동행성의 사업을 임시로 대리하게 한 바 있는 김태현과 윤석, 원충 등이 업무를 제대로 처리하지 않자 옥에 가두고 정방길에게 행성 사업을 대리하게 하였다. 또한 원나라에 있는 충혜왕에게 글을 보내 다음과 같이 타일렀다.

"듣건대 비속한 선비들이 부당하게 승진되는 자가 있다고 하니 이런 자들을 등용하지 말라!"

그러나 충혜왕은 연회를 열고 연첩목아와 만취하도록 술을 마시는 등 임금 본연의 자세로 돌아오는 것을 스스로 꺼렸다.

고려로 돌아왔으나

1330년 5월 기미일, 연일 술 타령과 사냥, 쓸 데 없는 일로 소요를 일으키며 정사를 등한시하는 충혜왕을 보다 못한 원나라 왕이 고려로 돌아가라고 지시하였다. 이에 충혜왕은 원나라 왕에게 작별을 고하고 귀국 길에 올랐다.

그해 7월 무자일, 낭장 김천우가 원나라에서 돌아와 놀라운 소식을 고하였다.

"원나라 조정에서 전 정동행성 좌우사 낭중 장백상의 건의에 근거하여 우리나라에 장차 행성을 설치할 것이라고 합니다."

충혜왕은 즉각 원나라 태사 우승상 연첩목아에게 서한을 보내 장백상의 간교한 말을 믿지 말고 원나라 왕의 의사를 잘 인도하여 고려가 스스로 풍속을 지키고 조상 대대로 물려온 유업을 편안히 계승하게 해 달라고 부탁하였다. 이에 연첩목아가 자기 나라 왕에게 고하여 결국 고려에 행성을 설치하려던 계획을 중지하였다. 충혜왕이 즉위한 이후에 최초로 이룬 업적이라 할 수 있었다.

이때 고려에 머물던 충숙왕이 원나라로 가기 위해 길을 떠났는데 황주에 이르러 귀국 길에 오른 충혜왕 일행과 노상에서 만났다. 충혜왕은 원나라 사람들이 하듯 호궤(꿇어앉는 법)하여 충숙왕을 영접하였다. 충혜왕을 가만히 지켜보던 충숙왕은 꾸짖듯 말하였다.

"너의 부모가 모두 고려 사람인데 어찌하여 나에게 호인의 예식을 행하는가? 또 의관이 너무 사치스러우니 어떻게 사람들을 대하겠는가? 빨리 옷을 바꾸어 입으라."

훈계하는 태도가 얼마나 엄격했던지 충혜왕은 울면서 물러나왔다.

그러나 충혜왕은 고려 왕으로서 정사를 바르게 이끌어가기를 원하는 충숙왕의 질타와 염려를 망각한 채 이후 폐정을 거듭하다가 1332년 2월에 원나라 왕이 보낸 장백상을 위시한 사신들에게 국왕의 인을 빼앗기고 만다.

이미 정월 초 3일에 충숙왕에게 복위할 것을 명령하였다는 장백상의 설명을 듣고 충혜왕은 놀라움을 금치 못하였다. 장백상은 연이어 창고를 봉인하였으며 충혜왕을 이끌고 원나라로 향하였다.

줄을 잇는 음탕한 행위

세자 시절, 원나라로 들어간 충혜왕을 친아들처럼 사랑해준 이가 있었으니 바로 우승상 연첩목아였다. 연첩목아는 충숙왕이 왕위를 사양하자 원나라 왕에게 적극적으로 고하여 충혜왕이 등극할 수 있도록 결정적 역할을 한 사람이기도 했다. 그런데 당시 태보太保로 있던 백안伯顔은 연첩목아의 권세를 시기하여 덩달아 충혜왕까지 미워하고 있었다.

충숙왕이 복위하고 충혜왕이 폐위되었을 즈음, 공교롭게도 연첩목아가 죽었기 때문에 충혜왕은 원나라에서 발붙일 만한 곳이 그리 없었다. 게다가 충혜왕을 미워하는 백안의 마음은 여전하여 박대가 이루 말할 수 없을 정도였다.

이때 충혜왕은 연첩목아의 자제들과 자주 어울려 술을 마시며 즐겨 놀았다. 그런데 한번은 충혜왕이 회골 여자 한 사람을 사랑하여 간혹 숙위에 결근하였다. 이리 되자 백안이 충혜왕을 더욱 미워하여 그를 지목하여 발피潑皮(망종亡種)라고 욕하며 원나라 왕에게 청을 넣었다.

"왕정(충혜왕)이 본래 행실이 보잘 것이 없으므로 숙위 사업에 방해가 될까 하오니 마땅히 그의 아비 있는 곳으로 보내 옳은 도리로 교양하도록 하는 것이 좋겠습니다."

원나라 왕이 이를 승인하자 충혜왕은 고려로 되돌아 왔다. 이때가 1336년(충숙 복위 5)이었다. 이때 충숙왕은 백안이 그러는 것처럼 충혜왕을 항상 발피라고 부르며 가까이 하려 하지 않았다. 그러나 1339년(충숙 복위 8) 3월에 이르러 충숙왕은 죽음이 가까워지자 또다시 충혜왕에게 왕위를 계승하게 하였다.

고려에서는 곧바로 전 평리 이규 등을 원나라로 보내어 충혜왕에게 왕위를 계승시켜 줄 것을 요청하였으나 태사太師 백안은 이 요청을 깔아뭉개고 원나라 왕에게 고하지 않았다. 게다가 이런 말을 덧붙이기까지 하였다.

"왕도는 본래 좋은 사람이 아닌데다가 또 병이 있으니 죽어 마땅하며 '발피'는 비록 만아들이나 또다시 왕으로 될 수 없으며 오직 심양왕 왕고가 왕이 될 만하다."

이규 등은 실망하지 않고 백방으로 힘을 다하여 충혜왕의 책봉을 요청했으나 끝내 성공하지 못하였다.

이처럼 원나라로부터 왕위 책봉을 받지 못한 상황이었건만 충혜왕은 주색을 좋아하는 방탕한 본색을 본격적으로 드러내기 시작한다.

5월 초하루 자신의 장인 삼사좌사 홍융의 집으로 간 충혜왕은 장인의 후처 황씨를 간음하였다. 장인의 후처를 간음한 것만으로도 놀랄 일인데 충혜왕은 오래지 않아 충숙왕의 후비 수비 권씨까지 간음해 버린다. 즉, 자신의 서모를 성적 노리개로 삼아 버린 셈이었다. 그러나 충혜왕의 음행은 시작에 불과했다. 그는 곧 내시 유성의 처 인씨가 아름답다는 말을 듣고 구천우와 강윤충을 데리고 그 집에 가서 유성으로 하여금 술을 내오게 하였다. 충혜왕의 음흉한 속셈을 모르는 채 왕이 진심으로 자신을 애호한다고 착각한 유성은 왕에게 공손하게 고했다.

"전하께서 응당히 복위하실 것인즉 백성들을 돌보아 주셔야 하며 아랫사람들에게 상 주는 것을 아끼지 말아야 합니다."

이 말을 듣고 왕의 시종들이 가만히 조소하였다.

충혜왕은 그 달 계미일에 의술을 잘 아는 승려 복산을 시켜 장인의 후처 황씨의 임질을 치료해 주도록 하였다. 충혜왕은 당시 정력에 좋다는 열약을 복용하곤 하였는데 그 때문에 그와 상관하는 여자들은 병에 걸리는 일이 많았다.

이외에도 충혜왕의 음탕한 행각을 일일이 열거하자면 끝이 없다. 그중 충혜왕의 폐위와 죽음에 적잖이 영향을 끼친 경화 공주의 강간 사건에 대해서만 설명해 보고자 한다.

경화 공주는 몽고 여자로서 부왕 충숙왕의 셋째 부인이다. 충혜왕은 경화 공주를 위하여 연안궁에서 향연을 베풀었는데 이에 대한 답례로 경화 공주가 향연을 열었을 때, 취한 척하며 그녀를 강간하였다. 그녀가 반항하므로 주변 수하의 도움까지 받아가며 강간했기 때문에 경화 공주의 수치심은 더더욱 컸을 것이다.

충격과 불같은 분노에 사로잡힌 경화 공주는 원나라로 돌아가려 하였다. 그러나 충혜왕이 말 시장을 금하는 바람에 원나라로 타고 돌아갈 말을 구하지 못해 포기했다. 경화 공주는 끙끙 속병을 앓던 중 심양왕의 측근이기도 한 조적을 만나 강간당한 사실을 이야기했다. 이에 조적 일당이 난을 일으켰으나 왕궁을 지키는 위사들이 어렵지 않게 이를 평정하였다.

그러나 충혜왕이 경화 공주에게 행한 일은 오래지 않아 원나라에서 온 사신 두린과 직성사인 구통의 귀에 들어가게 되었다. 공교롭게도 충혜왕은 자신의 책봉을 허락한다는 기쁜 소식을 알리기 위해 찾아온 원나라 사신들에게 붙잡혀 원나라로 압송되는 꼴을 당하고 말았다.

경화 공주가 직접 사신 일행에게 전한 말도 있었지만 조적 일당의 참소 또한 적지 않은 영향을 끼친 것이었다. 이때 왕과 함께 원나라로 압송된 사람은 홍빈, 한첩목아불화, 조운경, 황겸, 이안, 한승 등이었다.

충혜왕이 원나라로 끌려가자 정권을 대리하게 된 경화 공주는 자신이 강간당할 때 충혜왕을 도운 정천기를 정동성에 가두었다. 뿐만 아니라 김지겸을 정동성 서리로, 김자를 제조 도첨의사사로 임명하는 등 관리들을 대거 교체하였다.

그런데 『고려사』에 아주 흥미로운 기록이 한 가지 보인다. 충혜왕과 결혼한 원나라 덕녕 공주가 정천기를 석방하여 궁중에 몰래 숨겨 주었다는 사실이다. 덕녕 공주가 무슨 생각에서 정천기를 구해 주었는지 모르겠으나 음탕한 행위만을 일삼은 충혜왕의 행각을 돌이켜 보건대 미묘한 생각이 자꾸 드는 것만은 어쩔 수가 없다.

위기에서 벗어난 충혜왕의 기고만장

원나라로 압송된 충혜왕은 신하들과 함께 옥에 갇힌 채 1340년 정월이 되자 중서성, 추밀원, 어사대, 한림원, 종정부로부터 합동 심문을 받았다. 그러나 충혜왕은 그해 3월 탈탈대부의 도움으로 풀려나 고려 왕으로 다시 복위한다. 충혜왕 외에는 고려를 이끌 만한 대안이 없어서 이러한 결정이 내려진 것 아닌가 사료된다.

어쨌든 다시 고려로 돌아온 충혜왕은 한 나라의 왕으로서 위신 깎이는 일을 당했음에도 반성은커녕 예전보다 더 기고만장하여 정사를 내팽개친 채 사냥과 음주, 음탕한 행위를 일삼았다. 뿐만 아니라 항상 재물을 탐하여 백성의 토지와 노비를 강탈하였으며 부당하게 죽인 이가 헤아릴 수 없을 정도였다.

충혜왕의 행악을 간략하게 열거하여 보면 다음과 같다.

1341년(충혜 복위 2) 3월 초하루, 충혜왕은 예천군 권한공의 둘째 처 강씨가 아름답다는 말을 듣고 호군 박이라적을 보내 궁중으로 데려오게 하였는데 이라적이 먼저 간통한 사실을 알고 노하여 두 사람을 모두 때려 죽였다.

그해 8월에는 날마다 사냥을 다녔는데 왕을 시중하는 자들이 괴로움을 표해도 소용이 없었다.

그러다가 겨울이 되어 사냥이 힘들어지자, 왕은 내시 전자유의 집에 가서 그의 처 이씨를 강간하였고, 전에 때려죽인 바 있는 박이라적의 첩을 찾아가 상관하였으며, 재상 배전의 집으로 가서 그의 처와 그의 아우 금오의 처를 번갈아 간음하기도 하였다. 강간, 간음한 여자들에 관한 기록은 이것들 외에도 아주 많다. 그러나 더 중요한 것은 일일이 기록되지 않은 사건이 훨씬 더 많을 것이라는 사실이다.

이렇듯 제멋대로 무수한 여자들의 정절을 꺾어 버렸으면서도 충혜왕은 강간 사건이 보고되기만 하면 당사자를 무참하게 죽여 버리거나 귀양을 보냈다. 만호 전찬이 이포공의 처를 강간하자 형장을 쳐서 귀양을 보냈으며, 불량배 봉골 등 3명이 임금이라고 거짓말을 하며 주부 공보의 집에 들어가서 그의 처를 간음하자, 행성에서 잡아 죽였다. 또한 1343년(충혜 복위 4) 10월에도 강간한 죄인 3명을 잡아 돌로 눌러 죽였다. 똥 묻은 개가 겨 묻은 개 나무라듯 시행되는 충혜왕의 형벌에 백성들은 그리 동조하지 않았을 것이 분명하다. 오죽하면 현효도가 충혜왕을 시해하려고 독약을 먹이려다 발각되어 사형당하는 사건이 일어났을까.

그러나 충혜왕은 여전히 아름다운 여자가 있다는 말만 들리면 찾아가서 강간을 하거나, 실패로 돌아가면 분풀이 삼아 사람들을 죽이는 등 발피다운 행위를 이어갔다. 뿐만 아니라 의성고, 덕천고, 보흥고에서 포목 4천8백 필을 출고하여 시장에 점포를 차렸으며, 민가를 헐어 버리거나 재물을 강탈하여 내구內廏에 속하게 하는 등 민폐를 많이 끼쳤다.

한때 개경에서는 근거 없는 소문이 유포되어 백성들이 도망치거나 이를 악용한 불량소년들이 강탈과 절취를 감행하기도 하였다. 그 소문이란, 충혜왕이 민가의 어린아이 수십 명을 잡아다가 새 대궐 짓는 주춧돌 밑에 파묻으려 한다는 것이었다. 근거 없는 소문이라고 이미 표현한 바 있지만 아니 땐 굴뚝에 연기 날 리 없다는 속담처럼 충혜왕의 흉포함을 보여주는 대목이라 할 수 있다.

한번은 총애하는 신하 최원이 진사 우물골이란 곳에 처녀가 있는데 얼굴이 예쁘게 생겼다고 보고한 적이 있었다. 그러자 충혜왕은 최원과 함께 그 집에 가서 처녀를 찾았다. 주인집 노파가 자신의 집에는 본래부터 처녀가 없다고 하자 왕은 노파가 숨기는 줄 의심하였고, 동시에 최원이 자신을 속였는가 하여 두 사람을 모두 죽였다.

이처럼 흉포 무도하였던 충혜왕에게도 무서운 사람은 있었다. 바로 원나라 사신 실덕이었다.

당시 충혜왕은 새 궁궐 건축에 열을 올리고 있었는데 왕은 공사장에 깃발을 꽂고 북을 울리면서 몸소 담장에 올라가서 공사를 감독하였고, 궁궐이 준공되자 각 도에서 칠을 거두어 들였는데 단청의 안료를 수송하는 기한을 늦추는 자가 있으면 몇 곱의 베를 벌로 받았다. 이로 인해 백성들은 근심과 원한에 시달렸고, 간악한 소인배들은 제 세상을 만나 치부에 열을 올렸으며 충직한 사람들은 배척을 당하여 한번만 바른 말을 하면 반드시 살육을 당하기 때문에 두려워 감히 간언하는 자가 없었다.

1343년(충혜 복위 4) 7월 원나라에서 오던 사신 실덕은 길거리에 나붙은 방문을 보고 크게 노하였다.

'나무와 돌을 기한 전에 바치지 않는 자는 베를 징수하거나 섬으로 귀양 보낸다.'

농사가 한창인 시절에 이렇듯 백성들을 동원하여 부역을 시키고자 혈안이 되어 있었기 때문이다. 실덕은 곧 원나라로 돌아가 자기 왕에게 보고하려고 하였다. 이에 충혜왕은 채하중을 친히 보내 원나라 왕에게 보고하지 말 것을 간청하였다. 한 나라의 왕이 타국의 일개 사신에게 비굴하게 간청을 하며 선처를 구한 것이다.

충혜왕의 죽음은 만백성의 기쁨이었다

탈탈대부의 도움으로 충혜왕이 고려로 돌아왔을 때, 원나라에서는 고려 출신 기씨가 원나라 왕의 제2왕후가 되었다. 이에 따라 자연스럽게 권세를 누리게 된 자가 있었으니 바로 기씨의 오빠 기철이었다. 기철은 충혜왕의 폐정을 지켜보다 못해 1343년 8월에 이운, 조익청 등과 함께 원나라 중서성에 서면을 제출하여 충혜왕의 탐욕과 음탕한 행동 때문에 신음하는 백성의 생활을 안정시켜 줄 것을 요청하였다.

원나라에서 하늘에 제사할 것과 대사령을 반포할 것을 구실로 대경 타적과 낭중 별실가 등 6명을 보낸 것은 그해 11월이었다. 그러나 충혜왕은 병을 핑계로 사신들을 맞으러 나가지 않으려 하였다. 이에 고룡보가 충혜왕을 꾀어냈다.

"우리 황제가 고려 왕이 불경하다고 항상 말씀하였는데 만일 마중 나가지 않는다면 황제의 의심이 더욱 심할 것입니다."

이런 말을 듣자 충혜왕은 결국 백관들을 거느린 채 원나라 사신을 영접하러 나갔다. 그러나 원나라 사신들은 다짜고짜 충혜왕을 발로 차고 포박하였다.

폐정을 거듭하다가 또다시 원나라로 끌려간 충혜왕은 연경에서 2만 리나 떨어진 계양현으로 유배를 가게 되었다. 그러나 충혜왕은 계양현에 미처 닿지도 못하고 싸늘한 시체로 변했다. 악양현岳陽縣(중국 웨양)에서 그만 죽음을 맞이하고 만 것이다. 왕이 독살되었다는 소문이 파다하였지만 고려 백성들은 그저 충혜왕이 죽었다는 사실만이 기뻐 날뛰었다고 한다.

충혜왕은 왕위에 있은 지 전후 6년이며 수명은 30세였다. 시호는 헌효獻孝이고, 원나라의 시호는 충혜忠惠이다. 6월 계유일에 영구가 도착하여 8월 경신일에 영릉永陵에 장사하였다.

사신의 평

충혜왕은 영특하고 예민한 재질을 가지고도 그것을 옳지 않은 데 써서 악당들을 친근히 하고 부화방탕하여 안으로는 부왕에게 책망을 듣고 밖으로는 천자에게 죄를 저지르고 죄수의 몸이 되어 도중에서 객사한 것은 당연한 귀결이다. 비록 한 사람의 늙은 신하 이조년이 아무리 적절한 말을 하여 간쟁한들 그 말을 듣지 않은 데야 어찌할 도리가 있었으랴!

충혜왕의 후비와 종실들

충혜왕에게는 후비 넷과 아들 셋, 딸 하나가 있었다.

덕녕德寧 공주 역련진반亦憐眞班은 원나라 진서鎭西 무정왕武靖王 초팔焦八의 딸이다. 1330년(충숙 17) 충혜왕이 원나라에 있을 때 공주에게 장가들어 충목왕忠穆王과 장녕長寧 공주를 낳았다.

충혜왕이 죽고 나이 어린 충목왕이 왕위에 오르자 덕녕 공주가 정무를 관할하였으며 왕이 죽은 후 공주는 덕성德城 부원군 기철奇轍과 정승 왕후에게 정동성 사무를 대행하라고 명령하였다. 충정왕 때에도 정사에 관여하였는데 왕도 저지하지 못하였다.

충정왕은 공주를 매우 근실하게 섬겼으며 삼전三殿(왕, 왕후, 태후)과 대우를 동등하게 하였다. 1350년(충정 2) 원나라에 갔다가 1354년(공민 3) 고려에 돌아왔다. 1367년(공민 16) 원나라에서 정순 숙의貞順淑儀 공주로 봉하였으며 1375년(폐왕 우 1) 죽은 후 경릉頃陵에 안장하였다. 1377년 신효사神孝寺의 충혜왕 진전眞殿에 합사하였고 1390년(공양 2) 태묘太廟에 옮겨 합사하게 되었다.

희비禧妃 윤씨는 파평현 사람으로 찬성사 윤계종尹繼宗의 딸이며 충정왕을 낳았다. 1349년(충정 1) 부를 세워 경순부敬順府라 하였으며 승丞과 주부注簿 각 한 명과 사인舍人 두 명을 두었다. 충정왕이 손위하고 강화로 가서 있을 때 식사 공급이 충분하지 못하여 왕래조차 끊어지니 근심과 걱정으로 울고 있다가 공민왕에게 청하여 강화로 가서 만나보고 수일간 머물다 돌아왔다. 1380년(폐왕 우 6) 죽었으며 1391년(공양 3) 예관이 비의 기제사忌祭祀와 진전제眞殿祭를 모두 근대 선후들의 예에 준하여 거행할 것을 건의하니 공양왕이 이 제의를 좇았다.

화비和妃 홍씨는 평리 홍탁洪鐸의 딸이다. 홍탁은 경상도 진변사로 있었는데 왕이 그의 딸이 아름답다는 소문을 듣고 그에게 의복과 술을 주고 1342년(충혜 복위 3), 궁중으로 맞아들이지도 않고 화비로 봉하였다. 이후 재상 윤침尹忱의 집에 두어 왕래하기 편하도록 하였으나 며칠 지나지 않아 사랑은 끊어졌다.

은천銀川 옹주 임씨는 상인 임신林信의 딸이자 단양丹陽 대군의 종이다. 옹기그릇(도기)을 파는 것을 생업으로 하였는데 왕이 그를 보고 가까이 하며 총애하였다. 1342년(충혜 복위 3) 왕이 화비를 맞아들이려 할 때 임씨가 질투하자 은천 옹부로 봉하여 그 마음을 위안하였다. 그때 사람들은 임씨를 '옹기 공주'라고 별명 지었다. 왕은 삼현三峴에 신궁을 건설하였는데 창고가 백 간이나 되었고 곡식과 비단으로 창고를 채웠으며 행랑에는 채단을 짜는 여공을 두기도 하였다. 또한 방아와 맷돌을 많이 설치하였는데 이는 모두 옹주의 뜻에 의한 것이었다.

충혜왕은 열약을 즐겨 먹어 여러 비빈들이 성생활을 모두 견디지 못하였는데, 옹주만은 능히 감당하여 총애를 받게 되었다.

임씨는 아들 하나를 두었는데 이름은 석기釋器이며, 충정왕이 그를 승려가 되게 하여 만덕사萬德寺에 두었다.

1356년(공민 5) 왕은 전 호군 임중보林仲甫가 석기를 왕으로 추대하려고 반란을 음모한다는 소식을 들었으며 이로 인해 10여 명이 연루되어 모두 옥에 가두게 되었다. 석기는 이안李安, 정보鄭寶 등을 시켜 제주에 안치하겠다고 하고 압송해 가다가 바다 속에 밀어 넣도록 하였으나 죽지 않고 도망하여 민간에 숨어 있었다.

1363년(공민 12)에 서북면 도순무사 전녹생田祿生이 석기라고 부르는 자가 평양부에 있는데 반란을 음모한다고 하여 경복흥慶復興, 임견미林堅味 등을 파견하여 체포하게 하고 각 도에 사람을 파견하여 군대를 징발한 뒤 경비하게 하였다. 전녹생과 서해도 도순무사 김유金庾가 석기라는 자를 체포하여 죽이고 목을 베어 그 머리를 서울 저자에 내걸었다.

그러나 전녹생이 수색할 때 진짜 석기는 도망하여 안협의 주민 백언린白彦麟의 집에 숨어 있었는데, 우왕 원년에 경복흥, 이인임 등이 이 소문을 듣고 몰래 왕에게 보고하였고, 왕은 군대를 인솔하고 가서 석기를 체포하게 하였다. 그때에야 평양에서 죽은 사람은 석기와 같이 다니던 승려로서 환속한 사람이라는 것을 알게 되었다.

석기는 민가 처녀에게 장가들어 아들 하나를 낳았는데 전 평리 양백익

梁伯益의 초막에 숨겨둔 사실이 발각되어 그의 머리를 깎아 계룡산鷄龍山으로 보내기로 하였으나 도중에 아전을 시켜 암살하게 하고 양백익은 귀양 보냈다.

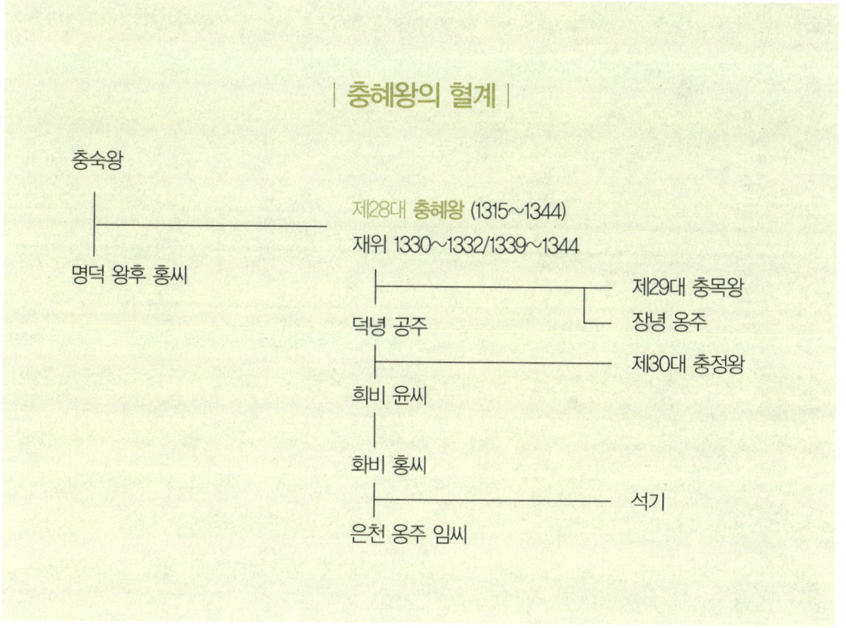

29

개혁의 꿈 영글기도 전에 지다

누구를 본받으려는가

폐정을 거듭하던 충혜왕이 원나라로 압송되어 계양현으로 유배되던 그 즈음에 충혜왕의 장자이자 덕녕 공주의 소생이기도 한 충목왕은 어린 나이에 볼모가 되어 원나라에 머물고 있었다. 오래지 않아 고려의 제29대 왕으로 등극한 충목왕의 이름은 흔昕, 몽고 이름은 팔사마타아지八思麻朶兒只였다.

1344년(충혜 5) 2월 정미일, 고룡보가 충목왕을 안고 원나라 왕을 만나러 갔는데 자질이 총명하고 지혜가 많은 충목왕의 모습을 가만히 바라보던 원나라 왕이 다음과 같이 물었다.

"네가 장차 아비를 본받으려는가? 그렇지 않으면 어미를 본받으려는가?"

"어머니를 본받으려고 합니다."

충목왕이 망설임 없이 대답하자, 원나라 왕은 선한 것을 좋아하고 악한 것을 미워하는 충목왕의 성격에 감탄하여 드디어 고려의 왕위를 계승하게 해 주었다. 이때 충목왕의 나이는 8세에 불과했다.

어리광이나 피울 나이였으나 부왕의 폐정을 익히 보아왔고, 특히 모친을 통해 그 부당성을 인지하고 있었기에 충목왕은 어머니를 본받고 싶다고 망설임 없이 대답한 것이었다.

모후 덕녕 공주의 섭정

그러나 8세에 불과한 충목왕은 국사를 이끌어 가기에 나이가 너무 어렸다. 하여 모후 덕녕 공주의 섭정이 시작된다. 원나라 왕실 출신의 덕녕 공주가 정사를 일임하게 되니 원나라에서도 신임하였을 것으로 보인다.

덕녕 공주는 섭정에 나서자마자 1344년 2월 병인일에 정승 채하중, 사공 강호례, 정당문학 정을보, 동지밀직사사 김상기와 설현고, 밀직제학 장항 등으로 하여금 국정을 참의할 것을 명령하였다. 그와 동시에 함양군 박충좌와 양천군 허백을 판전민도감사判田民都監事로 임명하는 한편, 충혜왕이 편애하던 한범, 장송, 심노개, 전두걸불화 등 15명을 섬으로 귀양 보내고 정천기, 소경부, 조성주는 자기 고향으로 추방하였다. 또한 5월 정사일에는 충혜왕의 폐신들인 최화상, 임신, 박양연, 민환 등을 추가로 귀양 보냈다. 뿐만 아니라 감찰사에서 충혜왕 시절에 악소년惡少年들에게 준 직첩을 회수함으로써 국가 기강을 바로 잡고자 하는 덕녕 공주의 뜻을 널리 천명하였다. 한편 그중 강윤충과 배전은 공주전에 틈만 나면 출입하여 공주를 위로해 주면서 세력을 잡았다. 나중에 배전과 강윤충은 공주의 남편 노릇까지 하였는데 어떤 사람이 배전의 죄악을 고하자 덕녕 공주는 배전을 다시는 자신의 가까이 오지 못하게 하였으나 강윤충은 끝까지 보호하고자 하였다.

어린 왕이 성장하여 국가를 맡아 제대로 경영할 수 있을 때까지 섭정을 통해 나라의 기틀을 다지고자 마음먹은 덕녕 공주는 우정승 채하중, 좌정승 한종유, 판삼사사 이제현 등 수십 명의 신하들로 하여금 서연書筵을 열어 충목왕의 글공부를 시독하게 하는 한편, 이제현의 주도로 혁파된 바 있는 정방을 다시 설치하고 찬성사贊成事 박충좌와 김영후, 참리 신예, 지신사 이공수 등을 제조관提調官으로 임명하였다. 정방은 관리의 인사 행정을 담당한 기관이라 할 수 있는데 제조관들은 덕녕 공주에게 의지하여 전 주권을 행사하였다.

한편, 덕녕 공주는 충혜왕이 백성의 고혈을 짜내다시피 하며 건축한 바 있는 신궁을 헐어 버리고 학문을 중시하는 분위기를 일으켜 세우기 위해 숭문관崇文館을 설치하였다. 그리고 1346년(충목 2) 다음과 같은 교서를 발표함으로써 이제현과 안축, 이곡, 안진, 이인복 등으로 하여금 『편년강목』編年綱目을 편찬하여 바칠 것을 명령하였으며 충렬, 충선, 충숙의 3대 실록 또한 편찬토록 명령하였다.

'우리 태조가 개국한 지 429년이 되었는데 그동안 우리나라의 제도와 문물, 그리고 아름다운 언행들을 모두 감추어 두고 공개하지 않는다면 그 무엇으로써 후세에 모범을 보여줄 것인가? 그러기에 우선 충선왕이 민지를 시켜 『편년강목』을 편찬하였으나 오히려 누락된 사실들이 많다. 이제 이것을 보충하여 세상에 반포하고자 하노라.'

이처럼 국가의 기강을 바로잡고 내실을 다지며 안정을 꾀해 나가면서 덕녕 공주는 백성들을 위무하고 구휼하는 데에도 관심을 기울였다. 1344년에는 권신들에게 탈취 당한 녹과전祿科田을 빼앗아 주인들에게 되돌려 주었으며, 1348년(충목 4)에는 진휼도감賑恤都監을 설치하여 기아에 허덕이는 백성들을 구제하였다.

그러나 충목왕 시절 고려의 당면한 국가적 문제는 원나라의 복속국으로 전락한 가운데 충혜왕이 실정을 거듭하는 바람에 고려 사회 전체에 팽배해진 모순이었다. 이에 따라 충목왕과 덕녕 공주를 정점으로 한 고려의 지배층에서 모순을 극복하고 사회 체제를 바로잡자는 움직임이 대대적으로 일어나고 있었다.

이러한 움직임의 일환으로 1347년 2월에 설치된 것이 정치도감整治都監이었다. 계림 군공 왕후, 좌정승 김영돈, 찬성사 안축, 판밀직사사 김광철 등 4명의 판사判事와 사使 9명, 부사 7명, 판관 12명, 녹사 6명의 속관을 임명하였는데 이들은 안렴존무사按廉存撫使를 겸임하면서 각 도로 파견되어 토지를 측량하는 한편, 지방 권력자나 관리의 토지 점탈 여부를 조사하였으며, 지방 관리의 탐오를 막고 규제함으로써 지방의 정치 기강과 사회 분위기를 바로잡고자 하였다.

이때 각 도로 파견된 관리들을 살펴보면 다음과 같다. 김민슬이 양광도로, 이원구와 김영리가 전라도로, 남궁민과 이배중이 경상도로, 박광후와 최원우가 서해도로, 정인이 평양으로, 김군발이 강릉도로, 관연이 교주도로 각각 파견되었다.

그러나 5월 무진일에 정치도감에서 기 황후의 족제族弟 기삼만이 남의 토지를 강탈한 사건과 관련하여 곤장을 맞고 옥에 갇혔다가 죽음으로써 개혁은 실효를 거두지 못하게 된다. 고려의 개혁과 기강 확립이 자신들에게도 도움이 된다는 판단 하에 원나라에서도 고려의 개혁 움직임을 뜨거운 관심 속에 지켜보고 있었는데 기 황후의 족제가 죽음으로써 원의 간섭이 극심해지면서 개혁 정책이 제대로 시행될 수 없었던 것이다.

어린 왕의 죽음

덕녕 공주가 신하들의 도움 속에 여러 방면에 걸쳐 국가 기강을 바로잡아 나가던 그때에 어린 충목왕이 병에 걸리고 만다. 충목왕이 왕의 자질을 어서 갖추기를 고대하며 섭정을 펼쳐가던 덕녕 공주는 거처를 옮기거나 정성들여 간호를 하는 등 충목왕의 쾌유를 위해 많은 노력을 하였지만 아무 소용이 없었다. 결국 충목왕은 1348년 12월 정묘일 김영돈의 집에서 죽었다.

충목왕이 왕위에 있은 지는 4년이고, 향년 12세였다. 이듬해 3월 정유일에 명릉明陵에 장사하였으며, 시호는 현효顯孝, 원나라의 시호는 충목忠穆이다.

충목왕의 후비와 종실들

어린 나이에 죽어 아내와 자식이 없었다.

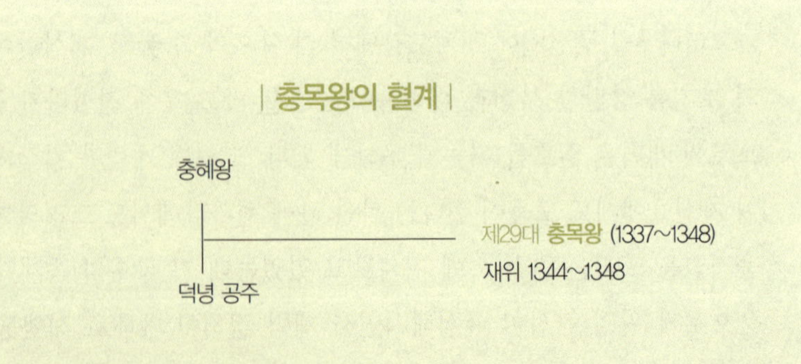

30

유배와 독살
비참한 일생

차기 왕의 선택권을 원나라에 넘기고

1348년(충목 4) 12월에 충목왕이 죽자 덕녕 공주는 덕성부원군 기철과 정승 왕후에게 정동성사를 대행할 것을 명령하고 호군護軍 신원보를 원나라에 보내 충목왕의 상사를 보고하였다.

뒤이어 왕후 등은 이제현을 원나라에 보내 새로운 고려 왕의 책봉에 관한 표문을 원나라 왕에게 전달하였다. 그 내용을 간략하게 요약해 보면 다음과 같다.

'충목왕이 병으로 인하여 세상을 떠났다. 온 나라가 애통할 뿐 아니라 왕의 나이가 어리어 후손이 없다. 우리나라는 아직 귀순하지 않은 일본과 이웃하고 있기 때문에 하루라도 임금이 없어서는 안 될 것이다. 이제 왕기(공민왕)는 보탑실리 왕(충혜왕)의 동복아우로서 이전부터 귀국에 가서 입시入侍하고 있었던 바 나이 19세이며 왕저(충정왕)는 충혜왕의 서자로서 현재 본국에 있는 바 나이 12세이다. 이런 일의 결정은 당신의 마음에 달렸으니 우리 백성의 소원을 참작하여 특별한 명령을 내려 끊어진 왕대를 계승하게 하고 또 명령을 받들어 변방을 안정시킬 수 있게 하여 주면 임금 생각하는 근심을 잊어버리고 더욱더 근왕하는 충절을 지키지 않겠는가?'

위의 표문에서 알 수 있듯 당시 고려의 왕위를 이을 만한 인물은 훗날 고려 제31대 왕이 된 공민왕 왕기와 제30대 왕으로 등극한 왕저뿐이었다. 이 중 고려 내부에서는 왕저의 어린 나이를 들어 왕기의 등극을 바라는 이들이 많았다. 그러나 최종 결정권은 원나라 왕에게 있었기 때문에 고려에서는 그저 표문을 올리고 결과를 받아들이는 도리밖에 없었다.

비극은 시작되고

1349년(충정 1) 2월 갑술일, 충혜왕의 서자 왕저를 입조시키라는 원나라 왕의 명령을 가지고 전지 도첨의사 최유가 고려로 돌아왔다. 이는 왕저를 고려 제30대 왕으로 책봉하겠다는 뜻이기도 하였다. 경양부원고 노정, 전판삼사사 손수경, 전찬성사 이군해, 민평, 윤시우, 최유 등은 즉각 왕저를 수행하고 원나라로 떠나려 하였다. 이에 대간臺諫과 법관들이 회의를 소집하고 왕저 일행이 원나라로 가는 것을 저지하려 하였다. 그러나 원나라 왕의 명령에 따라 떠나는 길이었기 때문에 대간과 법관들은 힘에 밀려 뜻을 이룰 수가 없었다.

마침내 원나라 왕이 왕저에게 고려의 왕위를 이을 것을 명령한 때는 그해 5월 무술일이었다. 이암李嵒(이군해)에게 국무를 총리할 것을 명령하고, 그해 7월 병진일에 고려로 귀환한 왕저는 강안전에서 왕위에 올랐다. 이가 곧 고려 제30대 왕 충정왕이다.

당시 12세에 불과했던 충정왕은 어수선하기 그지없는 국내 상황과 왜구들의 발호라는 외적 요인을 능히 헤쳐 나갈 만한 능력을 갖고 있지 못했다. 그 때문에 왕위에 오른 지 2년여 만에 폐위된 채 강화도로 유배되었다가 공민왕에게 독살을 당하고 만다.

5백 년 고려 역사 전체를 놓고 보면 충정왕의 비극적인 죽음이 아무것도 아닐는지도 모르겠으나 그 개인의 입장에서 보면 비참한 노릇이 아닐 수 없었을 것이다. 역사에는 가정이 없다지만 만약 충정왕 대신 공민왕이 왕위에 올랐다면, 아니 그렇지 않더라도 어린 왕을 주변에서 잘 보필하여 국정을 이끌어갈 수 있도록 해주었다면 다른 사람도 아닌 작은아버지에게 독살당하는 비참한 최후만은 면하지 않았을까 생각해 보게 된다.

왕위에 오른 충정왕이 죽음에 이르기까지의 과정을 간략하게 살펴보기로 한다.

왕을 둘러싼 갈등

충정왕은 충혜왕의 둘째 아들이자 희비 윤씨의 소생으로 충목왕의 이복동생이다. 이름은 저眡, 몽고명은 미사감타아지迷思監朶兒只인데, 1337년에 태어나 1348년 4월에 경창부원군慶昌府院君으로 봉해졌고 1349년 7월에 즉위하였다.

그의 어머니 희비 윤씨는 찬성 윤계정의 딸로 충정왕이 어린 나이에 즉위하자 왕의 측근 세력과 파평 윤씨 외척들의 비호 속에 힘을 키워 간다. 그러나 원나라 왕실 출신 덕녕 공주가 버티고 있었기 때문에 둘 사이에 세력 다툼이 벌어졌으며 그 때문에 고려의 정국은 더더욱 어지러워진다.

뿐만 아니라 충정왕의 즉위를 위하여 노력한 바 있는 외척 윤신우가 윤왕이라고 불릴 정도로 권세를 누리며 그 측근들과 함께 정국을 어지럽히고, 덕녕 공주의 총애를 받은 배전 등이 또한 비행을 일삼는 바람에 고려의 내부 상황은 혼탁하기 이를 데 없었다.

거듭되는 왜구의 침입

충정왕 즉위 후에 왜구들이 처음으로 고려로 몰려와 약탈을 감행한 것은 1350년(충정 2) 2월이었다. 왜구들은 고성, 죽말, 거제 등지로 침범해 왔는데 고려에서는 천호千戶 최선과 도령都領 양관 등이 출전하여 이들을 격파하고 3백여 명의 적을 죽였다. 그러나 왜구들은 이때부터 더더욱 빈번하게 침입하여 고려 사회를 뒤흔들어 놓았다. 워낙 고려 사회가 불안정한 상황이었기 때문에 왜구들이 이를 틈타 대거 몰려온 것이 분명하다.

때마침 이때 고려 내부의 모순을 보여주는 듯한 사건이 터졌다. 2월 임진일에 경상도 안렴사로 임명된 최용생이 원나라의 총애를 믿고 고려 백성에게 해독을 끼치는 내시들의 행태를 증오하여 그 악행을 폭로하는 방을 써 붙였는데, 어향사 환자御香使宦者 주완지 등이 덕녕 공주에게 최용생을 신소하자 그를 파면해 버린 것이었다.

이처럼 대소 관료부터 시작하여 심지어 내시들까지 자신의 이권에만 혈안이 되어 나라를 위태롭게 만들자, 이러한 상황을 비웃듯 왜구들은 1350년 5월과 6월, 이듬해 8월에 고려를 거듭하여 침략했다. 특히 1351년 8월에는 왜선 130척이 자연, 삼목 두 섬에 침입하여 인가를 거의 다 불사르자 조정에서는 만호 원호를 서북면에, 만호 인당과 전 밀직 이권을 서강에 주둔시켜 왜구를 방비하게 하였다. 이때 왜구가 남양부와 쌍부현을 침범하자 인당 등에게 명령하여 바다로 가서 왜구를 잡으라고 했는데 이권이 돌아와 이렇게 고하며 출전하지 않았다.

"저는 장수가 아닐 뿐더러 또 녹봉도 받지 않고 있는 터이오니 명령을 거행하지 못하겠습니다."

실로 한심하기 짝이 없는 작태가 아닐 수 없었다.

어린 왕의 폐위, 그리고 죽음

고려가 돌이킬 수 없는 파국을 향해 치달아가는 모습을 보다 못한 원나라에서 마침내 충정왕의 폐위를 결정하고는 1351년(충정 3) 10월 강릉 대군 왕기를 국왕으로 책봉한다. 이가 곧 고려 제31대 왕 공민왕이다.

10월 임오일 원나라 왕의 명령으로 고려에 온 단사관 완자불화는 모든 창고와 궁실을 봉인하고 국새를 회수하여 원나라로 돌아갔다.

왕위에서 물러난 충정왕은 강화로 유배되었는데 공민왕 원년 3월 신해일에 사사되었다.

충정왕이 왕위에 있은 지는 2년 3개월이었고, 향년 14세였다. 총릉聰陵에 장사하였으며, 원나라에서 충정忠定이라는 시호를 주었다.

사신의 평

충목과 충정이 모두 어려서 왕위에 올랐고, 덕녕 공주와 희비가 모친의 지위를 가지고 안에서 세도를 썼으며 간신과 외척들은 밖에서 작간하였으니 두 왕이 비록 영리한 자질이 있다 하더라도 무슨 도리가 있었겠는가? 또 충정왕 당시는 강릉군이 왕의 숙부로서 인심을 얻었고, 원나라의 후원이 있었으며 여러 대신들도 나라의 일은 돌보지 않고 서로 파당을 꾸려 사욕을 채우다가 그것이 화단을 일으켜 나중에 왕이 불행하게 독살을 당하게까지 되었으니 참으로 비통한 일이다!

충정왕의 후비와 종실들

어린 나이에 죽어 아내와 자식이 없었다.

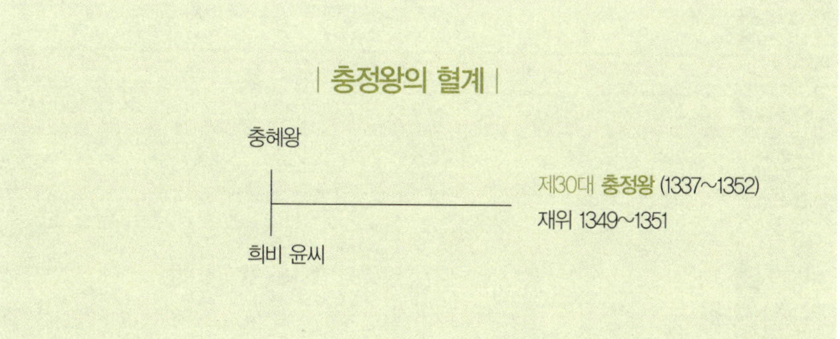

31

드높은 개혁의 깃발은 꺾이고

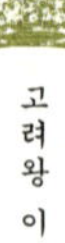

새로운 시대를 열 왕의 귀환

충정왕이 나이가 어려 외척의 전횡을 막지 못하고 왜적의 침입 등 어지러운 정세를 극복할 만한 능력이 없다고 판단되자, 원나라에서는 그를 폐하고 원나라 위왕의 딸 노국 대장공주와 결혼한 공민왕을 강력하게 후원하여 왕위에 앉혔다. 이때가 1351년 10월, 공민왕의 나이 22세 때였다.

그리하여 고려 제31대 왕으로 등극한 공민왕은 충숙왕의 차남이자 공원 왕후 홍씨의 소생으로 충혜왕의 동복아우이기도 했다. 그의 이름은 전顓인데 첫 이름은 기祺였으며 몽고 이름은 백안첩목아伯顔帖木兒였다. 1330년 5월에 출생하여 강릉 대군으로 봉하였으며 원나라 왕 순제의 입조 요구에 따라 1341년 5월, 12세의 나이로 원나라에 들어가 숙위宿衛하였다.

원나라에 머물며 책봉된 까닭에 공민왕은 이제현으로 하여금 정승을 대행케 하여 임시로 정동성 사무를 처리하도록 하였다. 이에 이제현은 도전과 신사들을 수축하였고, 법관들에게 명하여 각 도의 존무사存撫使와 안렴사按廉使들의 업적과 죄과를 심사케 하였다.

그해 11월 공민왕은 조일신에게 간부 등용 명단을 주어 고려로 내려 보냈다. 이제현을 도첨의 정승으로, 이몽가를 판삼사사로, 조익청과 전윤창을 찬성사로 임명하는 등 새로운 조정 관료들을 내세움으로써 새로운 정치의 시작을 대내외에 천명하였다.

공민왕은 그해 12월 노국 대장공주와 함께 원나라로부터 돌아왔다. 왕은 고려로 들어서면서 몽고식 복장을 버리고 다시 고려의 복장으로 바꿔 입었다. 1백년 원나라의 간섭 하에서 정통성을 잃고 혼란에 빠진 고려에 일대 개혁의 칼날을 들이댈 왕의 귀환이었다.

22세, 젊은 왕이 바라본 국제 정세

12세에 원으로 들어가 볼모로 잡혀 있으면서 공민왕은 원을 중심으로 펼쳐지는 주변 정세에 자연스럽게 관심을 기울이게 되었을 것이다. 1300년대를 훌쩍 넘어서면서 중국 대륙에서는 홍건적이 급격하게 세를 불려 원 내부에 불안을 가중시키고 있었다. 그러한 모습을 지켜보면서 공민왕은 원명 교체기라는 대륙의 정세를 확연하게 읽어냈을 것이 분명하다.

그렇지 않고서는 즉위한 후에 공민왕이 과감하게 펼쳐낸 배원 정책과 갖가지 개혁 조치들은 설득력을 잃는다. 기실 그간 고려의 임금들은 원나라의 꼭두각시에 불과했다고 표현해도 과언이 아니다. 즉위와 폐위 자체를 원나라에서 주관하였으며 그 밖의 중대한 사안들에 대해서도 사사건건 원나라의 간섭을 받을 수밖에 없었기 때문이다. 그러나 공민왕 즉위 당시 원나라 내부는 더욱 어지러워져 고려에서도 사십여 명의 장수들이 응원으로 들어가 본국 궁중의 경비가 소홀할 지경이었다. 신흥하는 남쪽 한인들의 세력은 점점 커지기 시작해 이러한 정세는 왕을 크게 자극시켰다.

따라서 즉위와 함께 강력한 개혁 정치를 실행한 공민왕은 원나라 주변에서 펼쳐지는 대륙 정세를 교묘하게 이용하여 배원 정책과 국권 회복의 기치를 높이 세운 임금이라 할 수 있겠다.

개혁에 박차를 가하라

공민왕이 귀국하여 개혁의 일환으로써 처음으로 손댄 곳은 정방이었다. 무신 정권 시절 최우가 설치한 정방은 인물을 심사하여 적당한 벼슬자리에 배정하는 임무를 담당하였으나 권신들이 인사권을 마음대로 행사하는 등 문제가 많았던 것이 사실이다. 공민왕은 정방을 혁파함으로써 권신 세력을 배척하였으며 정치 개혁을 원활하게 시행하기 위해 문무 관리들의 전 주권을 전리사典理司와 군부사軍簿司에 귀속시켰다.

그에 이어 곧바로 죄수를 용서할 것에 대한 교서를 내렸는데 이 교서의 내용을 살펴보면 공민왕의 개혁 의지를 분명하게 읽어낼 수 있다. 그는 먼저 날로 퇴폐하여 가는 풍속을 지적하면서 조정 관리들의 근무 자세 쇄신과 서연에 나올 신하들의 선택 방법, 그리고 토지와 노비에 관한 여러 문제들을 약자의 입장에 서서 처리할 것과 뇌물을 받은 탐관오리의 취급 문제에 대해 다루고 있다.

공민왕의 이러한 개혁 의지는 이후 구체적으로 가시화된다. 공민왕은 먼저 자신이 직접 세세한 곳까지 장악한 채 정무를 보기 위해 1352년(공민 1) 8월 경술일, 다음과 같은 교서를 내린다.

'옛날에 임금들이 일심전력하여 나라를 다스릴 때 그 나라를 보존하려면 반드시 친히 국가의 정무를 봄으로써 자기의 견문도 넓히고 하부의 실정도 알게 되었다. 지금 나도 역시 이렇게 하려 한다. 첨의사, 감찰사, 전법사, 개성부, 선군 도관은 모든 판결 송사에 대하여 5일에 한 번씩 계주하라!'

즉, 각 기관의 주요 업무들을 5일에 한 번씩 글로 작성하여 올리라는 명령이었다.

이와 함께 공민왕은 같은 달 기미일에 서연을 열고 영천 부원군 이능간, 김해 부원군 이제현, 복창 부원군 김영후, 한양 부원군 한종유, 연안 부원군 인승단, 전 첨의정승 이군해, 손기, 허백, 김자, 안진 등 여러 사람으로 하여금 날을 바꾸어 가며 시독하게 하였다.

이를 통해 정치 토론을 이끌어 내어 정사를 바르게 펼쳐 가고자 했던 것이다. 그날 공민왕은 다음과 같은 교서를 내려 자신의 의지를 강력하게 표출했다.

'원로와 대신과 사대부들이 교대로 들어와서 경서와 사기 그리고 예법에 관한 말들을 강의하며, 권세 있는 집안에서 토지와 가옥 및 노비를 강탈하여 여러 해 동안 송사하고 있는 사건들과 무고한 죄로 오래 동안 옥에 갇혀 있는 사건들을 판결하여 처리하라. 첨의사와 감찰사는 나의 귀와 눈이다. 현행 정치의 옳고 그릇됨과 민간의 이해관계에 대하여 기탄없이 바로 말하라!'

이렇듯 개혁 분위기가 날로 무르익어가는 가운데 9월 무자일에 대호군 성사달이 옥에 갇히고 만다. 일찍이 정방에 있으면서 40여 명에게 사사로이 관직을 준 비리가 밝혀진 까닭이었다.

원 간섭기 동안 고려 사회에는 부정과 비리가 팽배해져 있었던 것이 사실이다. 그리하여 공민왕의 파격적인 개혁 정책에 반발하는 무리가 생겨났으니 바로 조일신趙日新과 그 도당들이다.

조일신은 공민왕 즉위 후에 참리에 제수되었다가 곧 찬성사가 되었고, 연저수종공신燕邸隨從功臣에 책록되었으며 판삼사사로 있으면서 수충분의동덕좌리공신輸忠奮義同德佐理功臣의 호를 하사받은 인물이었다. 그러나 그는 자신의 권세를 이용하여 부당한 행위를 많이 저질렀고, 대간을 탄압하며 파당을 지어 정권을 전횡한 죄로 지목을 받고 있는 상황이었다.

자신의 몰락이 코앞에 닥쳤다는 사실을 인지한 조일신은 1352년 9월 기해일, 도당인 정천기와 최화상, 장승량 등과 함께 기원을 죽이고 시어궁을 포위하여 당직 중이던 판밀직사사 최덕림 등 여러 명을 살해하며 반란을 일으켰다.

조일신은 곧바로 왕이 기거하는 성입동의 이궁으로 침입하여 숙위 관원과 군사들을 죽이고 왕을 협박하여 우정승에 올랐다. 이와 함께 정천기, 이권을 각각 좌정승과 판삼사사로 삼았으며 따르는 무리들에게도 관직을 두루 내렸다.

그로부터 이틀 뒤 반란의 책임을 도당들에게 돌리고 자신은 피해가기 위해 최화상을 죽였으며, 역시 공민왕을 협박하여 장승량 등 여러 명의 도당들을 효수하도록 하였다.

그러나 세상을 모두 얻은 듯 방자하게 행동하던 조일신은 난을 일으킨 지 엿새 만에 죽임을 당하고 만다. 이인복의 충언을 받아들인 공민왕이 김첨수, 최영, 안우, 최원 등으로 하여금 조일신을 죽이게 하였던 것이다.

조일신과 그 도당들을 남김없이 제거함으로써 난을 평정한 공민왕은 이제현을 우정승으로, 조익청을 좌정승으로 임명함으로써 다시 한 번 개혁에 박차를 가하고자 하는 의지를 표명한다.

심화되는 원과 고려의 갈등

대외 정세 판단을 통해 원나라에 빼앗겼던 국권을 되찾고 강력한 배척 운동을 전개하기로 마음먹은 공민왕은 1352년에 소위 몽고풍이라고 일컬어지던 변발, 호복 착용 등과 같은 것을 폐지해 버렸으며 1356년에는 원나라의 연호를 폐지하며 관제마저 문종 시대의 제도로 바꿔 놓기에 이른다. 뿐만 아니라 내정 간섭을 위해 원나라에서 설치한 정동행중서성 이문소征東行中書省理問所와 쌍성총관부雙城摠管府를 폐지하고 원나라 기황후의 오빠 기철 일당을 숙청함으로써 부원배附元輩들에게 칼날을 들이대기 시작하였으며, 원나라에 내준 바 있는 영토를 되찾는 등 고려의 자주권과 자존심을 한껏 드높였다.

그러나 원나라는 비록 나라의 운세가 기울어가는 형편이라고 해도 당시 동북아를 좌지우지하는 강국임에는 변함이 없었다. 고려의 심상치 않은 움직임을 예의주시하고 있던 원나라는 1356년 6월, 고려의 절일사 김구년을 요양성에 가두고 80만 병력을 동원하여 고려를 토벌하겠다고 을러댔다.

공민왕은 서북면 병마사 인당에게 응원군을 보내어 원나라의 침입에 대비하는 한편 판서운관사判書雲觀事 진영서에게 남경(서울)의 궁궐터를 알아보라고 명령하였다. 원과의 결사 항전을 마음먹고 있었기에 수도를 남경으로 옮겨 적의 침략에 철저하게 대비하고자 했던 것이다. 실제로 공민왕은 1357년 2월 기유일, 이제현에게 남경에 궁궐을 건축하라는 명령을 내린다.

이렇듯 원과 고려 사이에 전운이 감도는 가운데 동북면 병마사 유인우가 쌍성을 함락시켰으며, 고종 무오년에 원나라에 빼앗겼던 함주 이북 지방을 수복하는 개가를 올리기도 한다.

그러나 당시 고려가 맞닥뜨린 상황을 살펴보면 원과의 전면전은 무리였다. 원은 고사하고 하루가 멀다하고 침입하여 백성에게 해악을 끼치는 왜구들마저 적절히 제압하지 못하는 것이 당시 고려의 형편이었던 것이다.

이러한 상황을 모르지 않는 공민왕은 1356년 7월 무신일, 서북면 병마사 인당의 목을 베고 원나라에 표문을 보내기에 이른다. 표문의 내용 중 일부를 살펴보면 공민왕이 원나라의 공격을 피해가기 위해 인당에게 모든 죄를 뒤집어씌웠음을 알 수 있다.

'간악한 자들이 왕래하면서 실제 정형을 왜곡하지나 않을까 염려하여 요소들에 군사를 두어 수비케 하기는 하였으나 관리와 군인들이 강을 건너서 군사 행동을 한 것은 사실 나의 본의가 아니었다. 그 죄인을 심의하고 우리나라의 국법에 의거해 처단하였으니 하늘과 땅과 같이 넓은 인자한 마음으로 당신의 노여움을 풀어주기 바란다.'

이렇듯 원나라의 침략을 피해가기 위해 장수를 희생시키는 고육지계를 쓰면서도 공민왕은 고려에서 새로 수복한 땅을 자유롭게 출입할 수 있도록 해달라는 원나라의 요구에는 원래 고려의 땅이라는 점을 들며 거부해 버린다. 원나라 입장에서는 당장 대군을 동원하여 고려를 쓸어버리고 싶은 심정이었을 것이다. 그러나 원나라 주변에는 고려보다 훨씬 위협적인 적이 도사리고 있었다. 하북성에서 세력을 일으킨 홍건적은 그즈음 국호를 송이라 일컬으며 허난성과 산시성, 요동 지역을 점령한 채 원나라에게 위협을 가해오고 있었다.

전화戰火는 고려로 옮겨 붙고

기세 좋게 요동 지역까지 점령하고 원을 위협하던 중 원의 공격에 쫓겨 홍건적이 고려로 몰려들어온 것은 1359년(공민 8) 12월 정묘일이었다. 홍건적의 괴수 중 한 명인 모거경이 자칭 4만 명의 병력을 거느리고 얼어붙은 압록강을 건너 의주를 함락시키고 부사 주영세와 의주 주민 천여 명을 죽인 것이다. 이들은 다음 날 정주를 함락시키고 도지휘사 김원봉을 죽였으며 기세를 몰아 인주까지 함락시켰다.

이에 고려에서는 수문하시중 이암을 서북면 도원수로, 경천흥을 부원수로, 김득배를 도지휘사로, 이춘부를 서경 윤西京尹으로, 이인임을 서경 존무사로 각각 임명하여 적을 막도록 하였다. 이때 적이 철주로 쳐들어오자 안우와 이방실이 그들을 격퇴하였다.

그러나 적은 같은 달 정해일에 서경을 함락시키며 기세를 한껏 올렸다. 이에 전열을 가다듬은 고려군 2만 명이 서경으로 진공하여 적군 수천 명을 살해했다. 고려군에 패하여 서경을 버리고 용강과 함종으로 퇴각하여 주둔한 홍건적은 계속해서 공격해 들어오는 고려군에게 또다시 2만여 명의 병사를 잃고 증산현으로 퇴각하였다가 같은 달 계유일, 압록강 건너로 달아났다.

그러나 홍건적은 배를 몰고 서해도 쪽으로 돌아와서 성을 불 지르고 약탈을 자행하였고, 이에 이방실을 파견하여 적을 물리쳤다. 홍건적의 침입으로 민심이 흉흉해진 그때에 경상도와 전라도에 큰 흉년이 들어 백성의 고초는 더욱 심했고 왜구가 강화와 고성, 울주, 거제 등지에 침입하여 해악을 끼치자 상황은 더더욱 어려워졌다.

원나라에 화해의 손길을 내밀다

홍건적의 침입과 모기떼처럼 들러붙는 왜구의 행패에 적이 놀라면서 원과의 관계 복구 필요성을 느낀 공민왕은 1361년 9월 경신일, 호부상서 주사충을 원나라에 보내 다음과 같은 표문을 전하게 한다.

'우리는 다만 귀국 조정의 보호만을 믿고 있었는데 뜻밖에 강포한 도적의 침노를 받게 되자 우리가 단독으로 응전하여 다행히 당신이 미워하는 자를 막아낼 수 있었다. 그러나 육로와 수로가 다 막혀 귀국과의 음신音信이 통하지 못하였으니 비유하건대 말이 주인을 그리워 길게 울고, 학이 중천에서 울어도 듣기 어려운 것과 같았다. 이번에 나의 사신이 멀고 먼 길을 밤낮으로 달려 가서 당신과의 관계를 다시 새롭게 하게 되니 마치 기갈이나 풀린 듯이 기쁘기 그지없다.'

공민왕은 그 이튿날 이미 폐지해 버린 바 있는 정동성을 다시 설치하고 관리를 배치하였다. 이는 배원 정책의 포기 및 원 간섭기 때의 관제로 복귀하는 것을 의미하였다.

그런데 그해 10월 홍건적의 평장 반성, 사류, 관선생, 주원수 등이 이끄는 10만 대군이 압록강을 건너 다시 고려를 공격해 온다. 적의 기세에 밀려 개경까지 함락당하자 공민왕은 안동으로 몽진을 간다. 대군의 공격으로 개경의 궁이 불타는 등 그야말로 온 강토가 초토화 되어 갔다.

그러나 이듬해 정월 전열을 가다듬은 고려군은 홍건적을 물리치기 위해 총공세를 감행한다. 이때 고려군을 이끈 장수는 안우, 이방실, 황상, 한방신, 이여경, 김득배, 안우경, 이귀수, 최영, 이성계 등이었으며 총 병력은 20만에 이르렀다. 이성계가 홍두적의 괴수 사류와 관선생의 목을 베는 등 전세가 고려 쪽으로 완전히 기울자, 그렇지 않아도 군세 면에서 불리했던 홍건적은 압록강 건너로 도주했다.

김용과 최유의 반란

홍건적을 물리치는 과정에서 정세운이 공을 세우자 평상시 사이가 좋지 않았던 김용은 이를 시기하여 음모를 꾸몄다. 즉, 왕의 명령이라고 거짓말을 하며 몰래 안우와 이방실, 김득배에게 지시하여 총병관 정세운을 죽이게 하였던 것이다. 김용은 여기서 그치지 않고 안우 등이 정세운을 살해했다는 죄를 뒤집어씌워 그들 또한 참살해 버리고 말았다.

이렇듯 큰일을 저지르고 나자 김용은 불안했을 것이다. 그리하여 그는 홍건적의 방화로 파괴된 궁궐이 보수되는 동안 흥왕사의 행궁에 머물던 공민왕마저 시해하려는 음모를 꾸민다. 1363년(공민 12) 3월 초하루 밤 5경五更에 도당 50여 명을 비밀스럽게 보내 행궁을 침범한 것이다. 변란이 생기자 겁에 질린 호위 인원은 모두 달아났으며 안도적, 첨의평리 왕지, 판전교시사 김한룡이 죽고, 우정승 홍언박도 자기 집에서 살해당하였다. 그러나 공민왕은 안도적이 기지를 발휘하여 대신 죽는 바람에 목숨을 건질 수 있었다.

이렇듯 왕 시해 계획은 수포로 돌아가고 위기에 몰리자 김용은 난에 동원된 사람들을 모두 죽여 버렸고, 이로 인해 난이 진압된 뒤에는 일등공신이 되어 권세를 누렸다. 그러나 오래지 않아 변란의 전모가 만천하에 드러나 김용은 밀성으로 유배되었다가 계림으로 옮겨진 뒤 처형되었다.

한편 원나라에 머물며 승상 삭사감과 고려 출신 환관 박불화와 친하게 지내던 최유는 기황후가 자신의 일족을 숙청한 것에 대해 원한을 품고 있다는 사실을 눈치채고 공민왕을 폐위한 뒤에 역시 원에 머물고 있던 덕흥군을 고려 왕으로 세우라며 아첨을 한다. 이에 기황후는 최유에게 군사 1만 명을 내주어 압록강을 건너 고려를 공격할 수 있도록 해 주었다. 그러나 최유는 최영과 이성계가 이끄는 군대에 패하여 원나라로 도망치고 만다. 그 후 고려로 압송된 최유는 사형당했다.

실의에 빠진 임금, 신돈에게 국사를 일임하다

대륙의 정치적 변동의 영향은 우리나라에 고스란히 전해졌다. 고려는 원나라와 긴밀한 관계를 맺고 있었기 때문에 원나라가 몰락을 해감에 따라 고려 조정은 흔들리지 않을 수 없었다. 명과 원 두 나라가 싸움을 벌이는 사이에 끼어 고려는 조신 간에 친명파와 친원파로 갈리어 갈등이 일어났다. 그뿐 아니라 멀리 일본의 왜구까지 몰려들어와 고려는 완전히 외세에 시달리게 되었다.

거기에 더해 내정이 제대로 잡히지 않자 이 기회를 이용해 세력 있는 자들의 토지 겸병이 성행하였다. 외적의 거듭되는 침입과 조일신, 김용, 최유로 이어지는 내부의 분란을 겪으면서 심신이 고단했던 공민왕은 1365년(공민 14) 2월 갑진일에 노국 공주가 산고를 견디다 못해 목숨을 잃자 실의에 빠지기 시작했다. 왕은 공주를 잃은 슬픔을 이기지 못하고 7일마다 여러 승려를 불러 범패를 부르게 하였다. 빈전에서 절문까지 재를 올리는 기가 늘어섰고 바라 소리와 북소리는 천지를 진동하는 듯하였다. 여기에 비단으로 재 올리는 절을 덮고 금은 보물을 좌우에 벌여 놓아 보는 사람들의 눈을 현란케 하였다. 소문이 퍼지자 승려들은 앞을 다투어 모여 들었고, 왕은 국고의 막대한 지출도 돌보지 않았다. 그림 그리는 재주가 있는 공민왕은 영전에 노국 공주의 화상을 그리며 슬픔을 달래는가 하면, 능 앞에 재실과 영당을 짓도록 해 각지에서 나무를 베어 와야만 했다. 공민왕은 정사는 거의 이인임, 최영 등에게 일임하다시피 하였고 이후에는 모든 정사를 신돈에게 넘겨주고 무기력한 임금의 길을 걷기 시작한다.

공민왕의 어머니 공원 왕후 홍씨와 이제현 등을 위시한 많은 사람들이 신돈의 득세를 염려하는 가운데 공민왕의 전폭적인 신뢰를 얻은 신돈은 1366년 5월 전민변정도감田民辨正都監을 설치하여 부당하게 빼앗긴 백성의 토지와 억울하게 노비가 된 사람들을 원래 자리로 되돌리는 등 개혁에 박차를 가했다. 이에 따라 신돈의 개혁 정책은 백성들에게 환영을 받았고 반대로 개혁의 대상으로 내몰린 권문세가에게는 격렬한 비판을 받았다. 이러는 가운데 신돈의 영향력이 비대해지자 신돈의 반대파들이 일어나기 시작했다. 처음에 공민왕은 탄핵한 정추鄭樞와 이존오李存吾의 말에 노하여 지방관에 좌천시키기도 하였으나 급기야는 공민왕마저도 신돈을 꺼리게 되었다. 이 때문에 신돈은 결국 1371년(공민 20) 7월 역모 혐의로 죽임을 당하게 된다.

공민왕의 어이없는 최후

실의에 빠진 공민왕은 어느 때는 홀로 방 안에 가만히 앉아있기만 하거나 울적함과 무기력함을 달래려 노국 공주의 영전에 가 있거나 하였다.

그러다 공민왕은 대관의 아들 중 나이가 젊고 용모가 아름다운 자들을 십여 명 뽑아 자제위子弟衛라 칭하였으며 그중 좌우에서 항상 자신을 보위하는 자들을 두리속고적頭裏速古赤이라 하여 자신의 침전 곁에 있도록 하였다.

이들은 공민왕의 좌우에서 시녀와도 같이 크고 작은 일들까지 보살폈으며 때때로 후궁 출입까지 하게 되었다. 노국 공주가 죽은 뒤에도 그녀에 대한 집착에서 헤어나지 못하고 여색을 멀리하며 비정상적인 행각을 거듭한 공민왕에게는 후사가 없었다. 이제현의 딸 혜비 이씨를 비롯하여 후궁들을 거느리고 있었지만 그녀들을 찾는 대신 명문자제들로 구성된 자제위와 동성애를 즐기는 등 기행에 빠져 지냈다. 공민왕은 그러면서도 후사를 얻고자 하는 욕심이 전혀 없지는 않았던 듯 자제위를 시켜 왕비들에게 임신을 시키도록 하였다. 그로 인해 익비 한씨가 홍륜과 관계하여 임신을 하게 되고 그 사실을 환관 최만생이 알려주자, 공민왕은 비밀 유지를 위하여 최만생과 홍륜 무리를 살해하려 한다. 그러나 최만생이 이러한 사실을 홍륜 무리에게 알리는 바람에 도리어 그들에게 살해를 당하고 만다. 이때가 1374년 9월 갑신일이었다.

공민왕이 왕위에 있은 지는 23년이었으며 향년은 45세였다. 그해 10월 정릉 서쪽에 장사하였고, 시호는 공민恭愍이며, 능호를 현릉玄陵이라 하였다.

사신의 평

왕은 즉위하기 전에는 총명하고 인후하였으며 백성의 기대가 모두 그에게 집중되었었다. 또 즉위한 후에는 정치에 노력하였으므로 국내외가 크게 기뻐하였고 태평 세상에 대한 기대를 가졌었다. 그러나 노국 공주가 죽은 후부터는 과도히 슬퍼하여 의지를 상실하고 정치를 신돈에게 일임하였으며 공훈 있고 어진 신하들을 내어 쫓거나 죽이고 토목 공사를 크게 일으킴으로써 백성의 원망을 샀고, 무뢰한 동자들을 가까이 하여 음탕한 행동을 마음대로 하였으며 술에 취하여서는 무시로 좌우의 신하들을 매질하였다. 또 상속할 자식이 없음을 걱정하여 남의 자식을 가져다가 대군을 삼았으며 외인이 믿지 않을 것을 염려하여 몰래 폐신들에게 명령하여 후궁을 더럽히게 하고 거기에서 자식을 갖게 되면 그 사람을 죽여서 그 입을 봉하려 하였다. 인륜과 도덕에 이렇게 어긋났으니 그 운명을 면하려야 면할 수 있었겠는가?

공민왕의 후비와 종실들

공민왕에게는 후비 여섯과 아들 하나가 있었다.

휘의 노국徽懿魯國 대장공주 보탑실리寶塔實里는 원나라 종실 위왕魏王의 딸로서 공민왕이 원나라에 있을 때 북정北庭에 가서 결혼하였다. 원나라에서 보탑실리를 승의承懿 공주로 봉하였으며 공민왕이 왕위에 오르자 함께 고려로 돌아와서 그의 부府를 설치하고 숙옹부肅雍府라 하였다.

1359년(공민 8) 재상들이 공주에게 왕이 즉위하고 10년이 되도록 태자가 없으므로 후궁을 둘 것을 건의하자 공주가 이를 허락하고 이제현의 딸을 맞아들여 비로 삼았다. 그러나 이는 공민왕의 뜻이 아니었고 공주도 다시 후회하여 식사를 들지 않으니 이때부터 내관들과 궁녀들이 백방으로 공주를 비방하였다.

1365년(공민 14) 2월에 공주가 임신하여 만삭이 되자 2죄 이하의 죄수를 특사하였으며, 난산으로 힘들어 하자 관계 관리로 하여금 절과 신사에서 기도드리게 하고 또 1죄까지 특사하였다. 왕은 분향하며 단정히 앉아서 잠시도 공주의 곁을 떠나지 않았으나 공주는 이내 죽었으며 왕은 비통하여 어찌할 줄을 몰랐다. 밀직부사 양백안楊伯顏을 원나라에 파견하여 부고를 전하고, 4월 임진일에 정릉正陵에 매장하였으며 여러 신하들이 인덕 공명 자예 선안 왕태후仁德恭明慈睿宣安王太后라는 칭호를 올렸다. 장례는 제국 대장공주의 전례에 의하였는데 극도로 사치스러워 이 때문에 국고가 바닥나게 되었다. 왕은 불교식으로 화장하려고 하였으나 시중 유탁柳濯이 옳지 않다고 반대하여 그만 두었다. 왕은 친히 공주의 초상을 그려 두고 밤낮으로 초상과 마주 앉아 음식도 먹지 않고 슬피 울었으며, 3년 동안 고기 반찬을 먹지 않았다. 또한 조정의 신하들에게 명령을 내려 임관되거나 사신으로 파견될 때에는 누구든지 능으로 가서 궁중이 합문閤門에서 행하는 예식 절차와 같이 행하게 하였다.

1367년에 원나라에서 전前 요양 이문遼陽理門 홀도첩목아를 파견하여 공주에게 요국 휘익 대장공주魯國徽翼大長公主라는 시호를 주었다.

혜비惠妃 이씨는 계림 사람으로 부원군 이제현李齊賢의 딸이다. 노국 대장공주가 아들이 없으므로 재상들이 명문가의 딸로서 아들을 잘 낳을 만한 사람을 맞아들일 것을 요청하여 혜비로 봉하였다. 이후 자제위인 홍륜洪倫, 한안韓安이 여러 왕비들을 강제로 능욕할 때에도 혜비는 거절하고 듣지 않았다. 공민왕이 피살된 후에 머리를 깎고 여승이 되었다.

익비益妃 한씨는 종실 덕풍군德豊君 왕의王義의 딸로 입선되어 익비로 봉하였으며 한韓씨를 사성받았다. 공민왕은 노국 공주가 죽은 후 심화병이 나서 홍륜, 한안 등으로 하여금 비를 강제로 능욕하게 하였다. 비가 이를 거절하자 왕이 노하여 칼을 뽑아 가지고 치려고 하니 비가 겁을 집어

먹고 복종하였다. 그 후에도 홍륜 등은 왕의 명령을 핑계삼아 여러 번 왕래하였으며, 비는 그것이 거짓말인 줄 알면서도 거절하지 않아 드디어 임신하게 되었다. 태어난 여자 아이는 중랑장 김원계金元桂에 의해 양육되다가 사헌부의 거듭되는 요청으로 죽임을 당하였다. 공양왕은 왕위에 오른 후 자신의 딸 경화 공주敬和公主를 익비의 집에서 양육하게 하였으며 주관 부서에 명하여 익비에게 토지를 주게 하였다.

1387년(폐왕 우 13)에 부府를 세워 자혜부慈惠府라고 불렀으며 관속을 배치하였다. 이듬해 우왕이 왕위에서 쫓겨나 강화로 가니 백관들이 국새를 익비에게 바쳤으며 익비의 교시로 우왕의 아들 창昌을 세우기로 하였다. 창왕이 왕위에 오른 후 대신들은 익비와 혜비, 신비는 모두 다 정실이 아니므로 다만 세록歲祿만 줄 것을 청하였다. 이듬해에 태조 이성계가 여러 대신들과 함께 임금을 세울 때에 익비의 교시를 받들고 공양왕을 맞이하여 세웠다.

공양왕은 익비에게 정숙 선명 경신 익성 유혜 왕대비貞淑宣明敬信翼成柔惠王大妃라는 존칭을 드리고 책문을 올렸다.

정비定妃 안씨는 죽주 사람으로 죽성군竹城君 안극인安克仁의 딸이다. 1366년(공민 15) 입선되어 정비로 봉하였다. 안극인은 동지밀직으로 있으면서 시중 유탁 등과 함께 글을 올려 마암馬巖의 공사에 대하여 간하자 공민왕이 대노하여 정비를 내쫓았으나 이내 소환하였다.

비가 궁중으로 돌아온 후에 홍륜, 한안 등이 여러 비들을 능욕하자 정비는 머리를 풀고 신발을 벗은 뒤 목매어 죽으려고 하였으므로 왕이 겁이 나서 능욕하는 것을 중지시켰다.

우왕은 왕위에 오른 뒤 정비가 나이가 젊어 여전히 아름다우므로 매번 희롱하며 말하기를

"나의 후궁에는 왜 어머니 같은 이가 없소?"

라고 하였으며 자주 비의 처소에 갔다. 하루에 두세 번 오기도 하고 밤에도 오곤 하였으므로 이로 인해 추악한 소문이 외부에까지 퍼졌다. 우왕이 어느 날 정비의 처소에 왔으나 비는 병이 있다는 이유로 자신의 동생인 판서 안숙로安淑老의 딸을 우왕에게 보였더니 이를 맞아 들여 현비賢妃로 삼았다.

신비愼妃 염씨는 서원현 사람으로 곡성 부원군曲城府院君 염제신廉悌臣의 딸이며, 입선되어 신비로 봉하였다. 홍륜, 한안 등이 여러 비들을 능욕할 때 거절하고 듣지 않았다. 공민왕이 피살된 후 머리를 깎고 여승이 되었다.

반야般若는 신돈의 시비로서 공민왕과 관계하여 우왕을 낳았다.

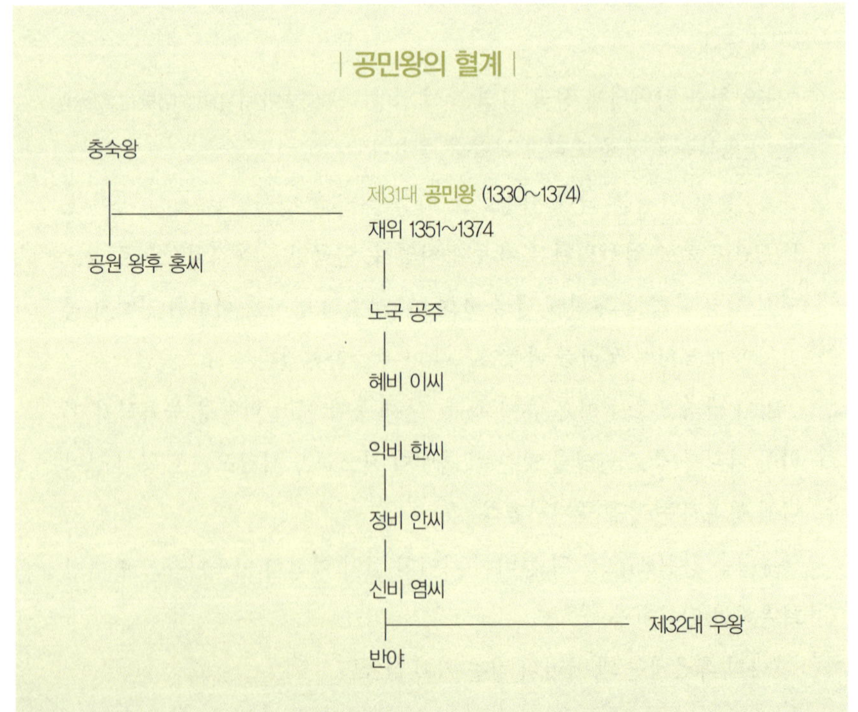

32

위화도 회군은 시작되고

왕을 낳고 죽은 여자

1364년(공민 13) 공민왕이 하루는 미행으로 신돈의 집에 이르렀다. 임금의 목숨을 위협할 정도로 급박했던 김용의 반란과 최유가 변방에서 일으킨 난을 평정한 뒤끝이라 심신이 몹시 고단한 상태였다.

공민왕이 자리에 앉으니 인사를 마친 신돈이 은근한 눈길로 곁에 앉은 시비를 가리키며 공민왕에게 바쳤다. 미색이 출중한 여자였다. 여색을 그리 밝히는 편은 아니지만 노국 공주가 임신한 시기라 공민왕도 마음이 은근히 동했다. 그리하여 그날 밤, 공민왕은 신돈의 시비侍婢 반야般若와 동침을 했다.

공교롭게도 공민왕의 은총을 입어 잉태한 반야가 장차 제32대 고려 왕으로 등극할 왕우를 낳은 그해에 노국 공주가 산고로 목숨을 잃는다.

노국 공주가 죽고 반야의 몸에서 아들이 태어났으나 공민왕은 왕우를 잊은 듯 신돈에게 정사를 일임한 채 노국 공주의 명복을 비는 일과 갖가지 기행으로 세월을 보낸다.

그즈음 왕우는 모니노라는 이름으로 불리며 신돈의 친구인 능우의 어머니에게 맡겨져 성장하고 있었다. 그로부터 1년 뒤 반야가 모니노와 함께 돌아오자, 신돈은 동지밀직 김횡이 보내준 여종 김장을 유모로 삼았다.

그렇게 신돈의 집에서 어머니와 유모 품에 맡겨져 성장해 가던 모니노가 공민왕의 부름을 받아 궁으로 들어가게 된 것은 1371년(공민 20) 역모죄로 몰린 신돈이 유배 길에 오르고 난 다음이었다.

"내가 일찍이 신돈의 집에 갔을 때 그 집 여종과 동침하여 맏아들을 낳게 되었으니 그 아이를 경동시키지 말고 잘 보호하라."

공민왕은 이인임을 위시한 근신들에게 이렇게 당부하였다.

이어서 왕은 지신사 권중화를 전정당 이색의 집에 보내 문신을 모아 놓고 모니노의 이름을 지어 바치라고 명령하였다. 이에 여덟 글자를 골라 바치자, 공민왕은 그 중 우禑 자를 모니노의 이름으로 정했다.

장차 왕우에게 왕위를 물려주고자 마음먹은 공민왕은 왕우를 강녕부원대군江寧府院大君으로 책봉하고 백문보와 전녹생, 정추 등을 왕우의 스승으로 삼아 학문과 임금의 도리를 가르치게 하였다.

그런데 『고려사』를 살펴보면 왕우의 어머니에 관한 자못 의미심장한 기록이 남아 있다. 1374년 9월은 공민왕이 죽은 때이기도 한데 이 무렵 공민왕이 왕우의 어머니는 바로 궁인 한씨라고 밝혔다는 것이었다. 그러나 공교롭게도 궁인 한씨는 이미 죽은 몸이었다. 왕우는 신돈의 자식이라는 세상의 의심을 불식시키기 위해 죽은 한씨를 왕우의 생모라고 밝혀 버린 셈이었다. 공민왕은 여기서 한 발 더 나아가 한씨의 3대와 그녀의 외조에게 벼슬을 추증하여 주었다.

이에 대해 반야가 어떤 반응을 보였는지는 알려진 바가 없다. 그런데 1376년 2월, 그러니까 우왕 즉위 2년째를 맞이하는 해에 반야가 공원 왕후의 궁에 남몰래 찾아와서 다음과 같이 눈물로 호소했다는 기록만은 남아 있다.

"왕을 낳은 사람은 사실 나인데 어째서 한씨를 어머니로 삼았습니까?"

여기서 반야의 뜨거운 모정을 읽어 냈다면 억측일까? 기실 왕우는 반대 세력 때문에 왕으로 즉위하기까지 어려움을 많이 겪었다. 반야 또한 이러한 사정을 모르지 않기에 자신이 왕의 어머니임을 밝히지 않고 있다가 즉위 2년째를 맞아 주변이 어느 정도 안정되자 자신이 생모임을 밝혔는지도 모를 일이었다.

그러나 반야는 왕후로부터 가차 없이 내쫓겼고, 곧바로 이인임에 의해 옥에 갇히는 몸이 되었다. 이때까지만 해도 반야는 자신이 엄연한 왕의 생모인데 무슨 일이 있으랴 싶었을 것이다. 그러나 이인임은 반야를 임진강 물에 내던져 죽이고 말았다.

어린 왕의 등극

공민왕이 최만생과 홍륜 등에게 시해되자, 이인임은 이튿날 왕우를 왕으로 옹립하려고 하였다. 그러나 공원 왕후와 경복홍 등이 종친들 중에서 골라 왕으로 세워야 한다고 맞서자 의논은 좀처럼 결정되지 않았다. 도당에서는 서로 얼굴을 바라보기만 하고 감히 발언을 하지 못하고 있었는데 판삼사사 이수산이 앞으로 나서며 이렇게 말했다.

"오늘의 계책은 응당 종실에서 결정하여야 할 것입니다."

그런데 이때 영녕군 왕유와 밀직 왕안덕이 이인임의 의사에 동조하여 큰소리로 말했다.

"선왕께서 대군(왕우)으로 하여금 뒤를 잇고자 하셨는데 이분을 버리고 누구를 구한단 말인가!"

이리하여 왕우는 가까스로 공민왕의 뒤를 잇게 된다. 이가 곧 고려 제32대 우왕이었다. 당시 우왕의 나이 10세였다.

우왕이 즉위하는 데 공을 세우며 정권의 상당 부분을 장악한 이인임은 김의金義를 시켜 고려에 머물고 있던 명나라 사신 채빈을 살해해 버린다. 채빈이 공민왕의 시해 사실을 명나라에 보고하여 재상인 자신에게 그 책임이 돌아올까 염려한 까닭이었다. 이와 함께 이인임은 그간 멀리했던 원나라와의 관계 복원을 시도한다.

고려는 어느 쪽에도 서지 못하고

당시 중국 대륙에는 새로운 왕조 명나라가 들어서 있었다. 강성했던 원나라는 명나라에 쫓겨 그 잔존 세력이 몽고 지방으로 물러나 북원을 세운 상태였다.

고려의 외교는 혼란스러운 중국 대륙이 말해주듯 혼선을 빚고 있었다. 배척하던 북원을 다시 중시하면서도 중국 대륙에 새로이 들어선 명나라를 무시하지 못하고 이중 외교를 이어가고 있었던 것이다. 그러나 명나라와 북원의 태도가 고려를 지속적으로 곤란하게 만들었다.

고려는 1374년(공민 23) 11월에 밀직사 장자온과 전공판서 민백훤을,

1375년(폐왕 우 1) 정월에는 판종부시사 최원을 명나라로 보내 공민왕의 사망을 통지하는 한편 공민왕의 시호를 청하였으며 우왕의 왕위 계승을 승인해 달라고 요청하였다.

이와 함께 1374년 12월에는 판밀직사사 김서를 북원에 보내 공민왕의 상사를 고하였다.

그러나 명나라와 북원이 우왕의 왕위 계승을 인정해 준 것은 각각 1378년(폐왕 우 4)과 1377년이었다.

한편 비록 나중에 명나라에 투항하였으나 북원의 잔존 세력으로서 만주 북부에 머물며 명나라에 저항하고 있던 납합출이 사람을 보내 다음과 같이 따졌다.

"그전 임금이 아들이 없었는데 지금 누가 왕위를 계승하였단 말인가?"

납합출의 말을 반영하듯 북원에서는 당시 공민왕에게 아들이 없다는 이유를 들어 심왕 고의 손자 탈탈불화를 고려 왕에 책봉한 바 있었다. 예전 같으면 원의 결정에 따라야 했을 터이나 고려에서는 그해 8월 심왕 모자가 김의와 진봉사 김서를 데리고 돌아왔음에도 그들을 받아들이지 않았다.

이처럼 명나라는 물론이려니와 완전히 기울어 버린 나라 북원에서조차 고려를 하나의 위성국, 혹은 복속국 정도로밖에 여기지 않았다. 두 나라 사이에 낀 고려는 북원과의 관계를 청산하고 자신들을 섬기라는 명나라의 요구가 거듭되는 상황에서도 북원의 눈치를 살피느라 이러지도 저러지도 못하였다.

이런 상황에서 공민왕 때와 마찬가지로 왜구들이 수시로 침범하여 약탈과 방화를 일삼으니 민심은 흉흉하기 이를 데 없었다. 전왕 때부터 극성을 떨던 왜구는 더 포악해져 최영이 홍산鴻山까지 쳐 내려가 왜구를 격멸하였다. 이후부터 왜구는 조금 뜸해진 편이었으나 그래도 때때로 기회만 엿보고 있었다.

특히 피해가 심했던 곳은 경상도인데 왜구 소탕을 위하여 경상도로 내려간 원수 김진金鎭은 막상 내려가서는 왜구를 친다고 장담하면서 질탕하게 놀고만 있었다. 밤낮을 가리지 않고 얼마나 흥청망청 놀았는지 군졸들은 김진의 무리를 소주도燒酒徒라고 비꼬아 말할 정도였다. 그러던 중 왜구가 쳐들어오자 장졸들은

"소주도가 넉넉히 적을 막을 터인데 우리가 무슨 상관이 있나."

라며 모두 도망가 버렸고, 이 때문에 경상도 일대의 피해는 이루 말할 수가 없었다.

조정은 나흥유羅興儒를 보내 보았으나 일본의 답장은 국가에서도 금할 수 없다는 터무니없는 태도를 보일 뿐이었다. 이에 고려에서는 군사를 동원하여 왜구들을 소탕하는 한편 왜인 만호부를 설치하여 유화 정책을 펼치면서 사신을 일본에 파견하여 왜구 근절책을 마련해 달라고 요구하는 등 다방면에 걸쳐 노력했다. 그러나 모든 노력도 헛되이 왜구들의 침해는 좀처럼 사라지지 않았다.

요동 정벌을 둘러싼 논란

한편 북원과 외교 관계를 끊으라는 요구에도 불구하고 고려가 별다른 움직임을 보이지 않자, 명나라는 차츰 고압적인 태도로 변해 갔다. 그러던 중 1388년(폐왕 우 14) 2월에 명나라 왕이 철령 이북이 원래 원나라에 속한 땅이었으니 요동 지방에 귀속시켜야 한다는 편지를 보내온다.

이에 우왕은 최영과 함께 요동 정벌 단행을 비밀리에 의논하고 방리군을 동원하여 남경의 중흥성을 수축하게 하였다. 이러는 동안 달이 바뀌자 명나라는 철령위鐵嶺衛를 일방적으로 설치하고는 관리들까지 파견하였다.

1388년 3월 초하루, 최영의 딸 영비 최씨를 제2비로 맞아들인 바 있는 우왕은 마침내 요동 정벌을 결심하고는 4월이 되자 장인 최영을 팔도 도통사로, 조민수曺敏修를 좌군 도통사로, 이성계李成桂를 우군 도통사로 임명하고는 전국에서 군사들을 모집하였다.

그러나 머지않아 역성혁명의 주역으로 자리 잡게 될 이성계는 4불가론을 강하게 주장하며 요동 정벌을 반대하고 나선다. 그가 주장한 4불가론의 대략은 다음과 같다.

'작은 나라가 큰 나라를 치는 것은 안 될 일이며, 농번기에 군사를 동원해야 하니 안 될 일이고, 온 나라 군사를 모아 전쟁에 나서면 왜구가 준동할까 두려워 안 되며, 곧 장마철이 닥칠 테니 활이 약해지고, 병사들이 병들까 두려우니 안 된다' 는 것이었다.

다른 나라가 우리 국토를 빼앗으려 드는데 강국이니 무서워서 안 되고 농사철이라, 왜구 때문에, 병이 들까 두려워 안 된다고 한 이성계의 주장은 일면 타당해 보이면서도 국토를 보존하는 일만큼 중요한 것이 없다는 측면에서 볼 때는 참으로 한심한 주장이 아닐 수 없다.

당시 이성계는 황산대첩荒山大捷을 위시하여 왜구들을 물리치는 데 크나큰 공을 세우며 떠오르기 시작한 인물이었다. 그러나 이성계보다 최영을 두텁게 신임하고 있던 우왕은 최영이 이성계의 주장에 반대하며 출병을 고집하자, 그해 5월 요동 정벌을 명령하기에 이른다.

위화도 회군

5만 군사가 위화도에 당도하였으나 마침 큰 비가 내려 강을 건널 수가 없었다. 이에 이성계가 조민수와 의논한 뒤 회군을 청하였으나 허락되지 않았다. 이에 분개하여 중국 땅을 침범하면 천자에게 죄를 지어 나라와 백성에게 당장 화가 미칠 것이라고 주장하며 왕은 잘못된 명령을 반성치 않고, 최영은 늙고 노망하여 말을 듣지 않는다고 불평하던 이성계는 곧 조민수와 모의하여 회군을 단행하고 만다.

이때 이성계의 형인 이원계李元桂만은 이를 반대하면서 요동으로 진군할 것을 주장하였으나 모든 장군들이 이성계의 뒤를 따라 회군하자 다음과 같이 통곡하였다고 한다.

"아! 역적 이성계야, 그래도 말을 듣지 않느냐? 지하에 가서 무슨 면목으로 조상을 대한단 말이냐."

5월 정유일, 조전사 최유경이 정벌군의 회군 소식을 우왕에게 급히 달려가 알리자 우왕은

"출정한 여러 장수들이 제 마음대로 회군하고 있다. 대소군민들은 힘을 다하여 그들을 막으라!"

명하였다. 서경에 도착한 우왕은 각 도에서 군사들을 불러들여 4대문四大門을 수비하게 하였으며, 조민수와 이성계의 작위를 삭탈하고 그들을 잡아들이라고 명하였다.

6월 기사일, 마침내 최영이 이끄는 군사들이 역습하여 회군하는 군사들을 들이쳐 물리쳤다. 그러나 최영의 군대는 곧 조민수와 이성계가 이끄는 군대의 기세에 밀려 패배하고 만다.

이리하여 위화도 회군을 성공으로 이끈 이성계와 조민수는 최영과 그를 따르는 사람들을 유배 보낸 뒤에 우왕을 폐위시켰다. 최영은 최

후로 피살될 당시 다음과 같은 말을 남겼다고 한다.

"아, 전에 이인임이 이성계가 나라를 얻으리라 하더니 과연 그렇게 되었구나. 고려의 멸망은 며칠 안 남았구나! 내가 평생에 조금이라도 남에게 억울한 일을 했다면 내 산소 위에 풀이 날 것이고, 그렇지 않으면 풀이 안 날 것이다. 이 원한을 어떻게 풀어 보느냐. 이후라도 보아라, 그 원한의 표시를!"

이 소문이 나자 개경 사람들은 철시輟市하고 무언의 반항을 보였으며, 길 가는 행인이며 거리의 아이들까지 눈물을 흘리지 않는 자가 없었다고 한다.

우왕은 강화도로 유배되었다가 여흥군을 거쳐 1389년 11월에 이성계를 없애 버리려 했다는 이유로 다시 강릉으로 옮겨졌으며, 12월에 죽임을 당하였다. 우왕의 처형은 정당문학 서균형徐鈞衡을 통해 이루어졌다. 강릉 동헌 한쪽에서 최영의 딸인 영비 한 사람만을 데리고 귀양살이를 하던 우왕은 서울에서 사람이 내려와 자신이 신돈의 자식으로 임금의 위패를 더럽혔기 때문에 죽어야 한다는 말을 듣고는 분노하여 백성들 앞에서 다음과 같이 외쳤다고 한다.

"모든 백성들이여! 나를 전왕의 아들이 아니라고 죽인다고 하오. 자고로 우리 왕씨는 용종龍種이라 하여 겨드랑에 용의 비늘이 있소."

그리고는 웃옷을 벗고 팔을 들어 올리자 돈짝 만한 비늘 흔적이 겨드랑이에 뚜렷하게 세 개가 보였다고 한다. 우왕이 처형당한 뒤 홀로 남은 영비는 동네 사람들이 불쌍히 여겨 지어준 여막 안에서 우왕의 시체를 부여안고 눈물만 흘리다가 열흘이 넘은 어느 날 밤에 세상을 떠났다고 한다.

한편 우왕을 폐한 이성계는 우왕의 아들 창왕을 즉위시킨다.

우왕에 대하여는 현재까지도 논란이 분분하게 일어나고 있다. 역성혁명의 주역들은 공양왕 옹립의 당위성을 인정받기 위해 우왕이 신돈의 아들이라고 왜곡해 놓은 바 있다. 게다가 『고려사』에서마저 우왕의 세가를 『열전』列傳 「반역전」에 편입시켜 놓았다. 선왕의 뜻에 따라 왕위를 이어받은 임금이 반역자가 될 수 없음은 모든 사람이 주지하는 바와 같다.

우왕의 후비와 종실들

폐위되었기 때문에 자세한 기록은 남아있지 않으나 비들의 가계를 대략 보면 근비謹妃 이씨李氏는 고성固城이 본관으로 개성 부사 이림李琳의 딸로 제33대 창왕을 낳았다.

영비寧妃 최씨의 본관은 동주東州이며 최영崔瑩의 딸이다.

의비毅妃 노씨는 서운 부정書雲副正 노영수盧英壽의 딸이다.

안비安妃 강씨는 진주晉州가 본관으로 삼사판사 강인유姜仁裕의 딸이다.

덕비德妃 조씨는 밀직부사密直副使 조영길조영길의 딸로서 그의 초명은 봉가이鳳加伊이다. 어머니는 이인임李仁任의 노비였다.

선비善妃 왕씨는 정공 판서 왕흥王興의 딸이다.

숙비 최씨와 정비 신씨, 현비 안씨의 기록은 남아 있는 것이 없다.

| 우왕의 혈계 |

공민왕

제32대 **우왕** (1365~1389)
재위 1374~1388

반야

제33대 창왕

근비 이씨

영비 최씨

의비 노씨

숙비 최씨

안비 강씨

정비 신씨

덕비 조씨

선비 왕씨

현비 안씨

33

어린 생명 강화에서 지다

아버지는 유배 길에 올랐으나

고려 제33대 왕 창왕은 1380년 8월 을축일 우왕과 이림의 딸 근비 이씨 사이에서 태어났다. 역성혁명 세력으로부터 왕씨가 아니라 신씨라는 고의적인 의혹을 받아온 아버지 우왕과 마찬가지로 창왕은 이 문제에서 결코 자유로울 수가 없었다.

창왕은 나이 9살에 즉위하여 10살에 유배지에서 죽음을 맞이하고만 비운의 왕이다. 위화도에서 회군한 이성계 세력에 의해 우왕이 강화도로 쫓겨 갔을 때, 9살밖에 안 된 철부지 창왕은 회군의 주역 조민수의 지원 속에 왕위를 이어갈 후보로 떠올랐다. 그러나 이성계와 그 측근들은 창왕을 원치 않았다. 이는 어쩌면 당연한 노릇인지도 몰랐다. 그 아버지를 폐위시키고, 유배 길에 오르게 한 데다 장차 목숨마저 앗게 될 텐데 우왕의 아들을 다시 왕으로 옹립하는 것은 어느 모로 보나 사리에 맞지 않았다. 혹여 왕권이 강화되어 창왕이 이성계와 그 측근들을 제거하고자 한다면 꼼짝없이 당하는 수밖에 없을 터였다.

이런 우려를 떨쳐낼 수 없었기에 이성계와 측근들은 왕실의 인물 중에서 적당한 자를 골라 왕으로 옹립하려는 생각이었다. 그러나 이인임이 자신을 천거하여 준 은혜를 잊지 않고 있던 조민수였다. 그런데 이인임은 우왕 즉위에 결정적 역할을 한 사람 아니던가. 결국 창왕을 지지하는 것이 이인임에게 은혜를 갚는 길이라고 판단한 조민수는 당시의 명망 높은 유학자 이색을 찾아가 도움을 청한다. 이에 이색은

"전왕의 아들을 왕으로 세우는 것이 합당하다."

는 말로 호응해 주었다.

이색의 힘을 빌림으로써 정비의 마음을 움직이는 데 성공한 조민수는 끝내 창왕을 고려 제33대 왕으로 옹립한다.

창왕은 유배지에서 낙심하고 있을 아버지 우왕에 대한 걱정과 권신들의 득세 속에서 한치 앞도 내다 볼 수 없는 불안한 상황이 펼쳐지고 있었기 때문에 왕위에 오른 것이 결코 기쁘지 않았을 터였다.

믿을 사람은 오직 조민수와 이색뿐

앞에서 이미 밝혔듯 이성계 무리의 반대에도 불구하고 창왕이 왕위에 오를 수 있었던 것은 조민수와 이색의 공이 컸다. 이러한 결과를 가만히 살펴보면 이성계 무리만큼은 아니더라도 조민수에게도 어느 정도의 세력이 있었음을 예상해 볼 수 있고, 반대로 이성계 측의 세력이 아직 국사를 쥐고 흔들어 댈 수 있을 만큼 성장하지 못했다는 사실을 유추해 볼 수 있다.

아무튼 조민수와 이색에 의해 왕위에 오른 창왕은 그들을 절대적으로 신뢰하며 의지하는 수밖에 없었다. 그들의 몰락은 곧 자신의 몰락을 의미하기 때문이었다. 아버지 우왕 또한 이성계 무리에 의해 폐위되고 유배 길에 오르지 않았던가.

그런데 1388년(폐왕 우 14) 6월 이성계가 병을 이유로 사직하기를 청한다. 비록 사직이 허락되지는 않았지만 왕을 옹립한 조민수와 이색에게 정사의 주도권을 내준 뒤 이성계가 조정을 잠시 떠나 있으려고 한 것이었다. 이때만 해도 창왕은 자신의 바람이 어느 정도 이루어지는가 싶었을 것이다.

그러나 회군 세력이 개혁을 단행하는 과정에서 전제 개혁을 주장하자 이를 반대하던 조민수가 그만 조준에게 탄핵을 받고 만다. 이로 인해 조민수가 창녕으로 유배되자 이색의 처지가 사뭇 외로워진다.

조정은 이성계의 손아귀에 들어가고

바야흐로 세상의 모든 힘은 이성계에게 몰려들고 있었다. 공민왕 때 과거에 급제한 신진 사대부들이 이성계를 든든하게 받쳐주며 세상을 뒤바꿀 원대한 꿈을 키워하고 있었기 때문이었다.

이에 위기를 느낀 이색은 1389년(창왕 1/공양 1) 판문하부사가 되어 명나라에 사신으로 갔을 때 창왕의 입조를 꾀한다. 그러나 고려에 대한 명나라의 태도는 명나라 왕이 사신들에게 전한 다음과 같은 말에서 충분히 짐작해 볼 수 있다.

"고려는 중국과의 사이에 산이 막히고 바다가 놓여 있으며 풍속이 판이하다. 그리고 비록 중국과 서로 통하였어도 이합離合이 무상하였다. 오늘에 신하가 아비를 쫓아내고 그의 자식을 세워 놓고 조근朝覲하러 오겠다고 청한다. 이것은 인륜 상도의 큰 변고로서 임금이 자기 도리를 전혀 못하였으므로 신하도 또한 신하로서 못할 대역을 감행한 것이다. 온 사자를 타일러서 돌려보내고 동자도 조근朝覲하러 올 것 없다고 지시하라. 세우는 것도 저희들이 할 일이요, 폐위시키는 것도 저희들이 할 일이다. 우리는 상관치 않겠다."

다소 왜곡된 면이 없지 않아 있어 보이는 내용이지만 명나라의 이와 같은 판단으로 창왕의 입조와 고려에 대한 감국을 청하여 이성계 세력을 억제해 보려고 했던 이색은 뜻을 이루지 못하고 귀국 길에 오른다.

그 뒤 이색은 오사충의 상소로 장단에 유배되고 이에 따라 이성계의 기반은 더더욱 단단하게 다져졌다.

우왕 복위 사건과 창왕의 죽음

1389년 11월 당시 우왕은 황려부(여주)로 이배되어 있었다. 최영의 생질인 김저와 역시 최영의 족당이었던 정득후가 은밀하게 우왕의 처소를 찾았다. 오랜 유배 살이에 지치고 절망적이었던 우왕은 두 사람을 보자마자 울면서 하소연을 했다.

"내가 울적해서 견디지 못하겠다. 이대로 여기서 죽기를 기다릴 수야 있느냐? 다만 장사 한 명만 얻어서 이성계를 죽이면 내 일이 뜻대로 되겠다. 내가 평소부터 예의판서 곽충보와 친하니 너희들이 가서 그를 만나 의논해 보라!"

우왕은 검 한 자루를 곽충보에게 보내면서 이번 팔관회 날에 뜻을 모아 이성계를 제거하라고 지시했다.

김저와 정득후는 곧바로 곽충보를 찾아갔다. 그러나 곽충보는 그 자리에서는 거짓으로 거사에 참여할 것처럼 말해 놓고 김저와 정득후가 돌아가자마자 이성계에게 달려갔다.

음모를 알아차린 이성계는 팔관 소회에 참가하지 않고 집에 있었다. 김저와 정득후는 그날 밤 이성계의 집으로 갔다. 결국 사지로 걸어 들어간 셈이었다. 이성계의 측근들이 우르르 몰려들어 붙잡자, 정득후는 칼로 제 목을 찔러 자살했다.

홀로 잡힌 김저는 순군옥에 갇혔고, 혹독한 취조를 받았다. 고문에 견디다 못한 김저는 이번 사건의 연루자들을 모두 토설하고 말았다. 연루자는 변안열, 이림, 우현보, 우인열, 왕안덕, 우홍수 등이었다. 이 중 이림은 창왕의 외할아버지라 하여 철원으로 유배되어 화를 면하는 듯했으나 뒷날 죽임을 당했고, 나머지는 사건 처리 과정에서 모두 죽임을 당했다.

한편 이성계와 그 측근들은 우왕 복위 사건이 벌어진 뒤 창왕을 폐위시키기로 마음먹는다. 우왕과 창왕이 왕씨가 아니라 신씨라는 이유를 내걸고 있었으나 이성계에 의한 역성혁명의 사전 조치였음은 모두가 주지하는 바와 같다.

그해 12월, 이성계는 강릉으로 이배되어 있던 우왕에게 정당문학 서균형을 보내 죽일 것을 명령하였다. 또한 강화로 유배된 창왕에게는 대제학 유순을 보내 어린 왕의 생명을 끊었다.

재위기간 1년 5개월, 당시 나이 10세에 불과했던 창왕에게는 그 소생과 아내가 없었다.

창왕의 후비와 종실들

폐위되었기 때문에 기록에 남아 있지 않다.

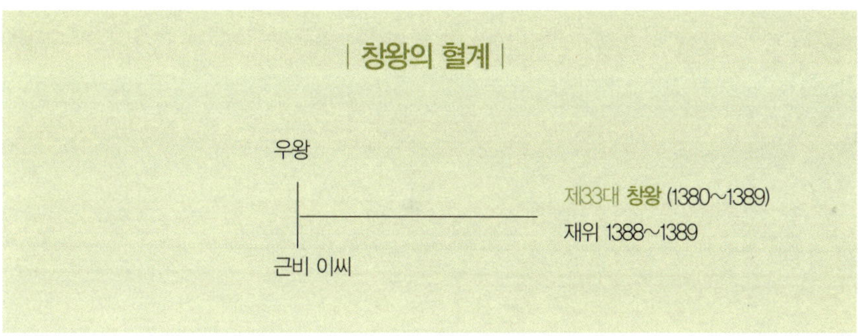

34

임금이 되고 싶지 않았다

제비뽑기로 왕이 되다

고려의 마지막 임금이 된 왕요(공양왕)는 정원부원군定原府院君 왕균王鈞의 아들이며 신종의 7대손이다. 어머니는 국대비 왕씨이다. 왕요는 1345년(충목 1) 2월에 태어나 정창부원군으로 봉해졌다가 정창군이 되었으며 45세 되던 해에 창왕이 폐위되자 본의 아니게 왕위에 오른다. 이가 곧 고려 제34대 임금 공양왕이다.

공양왕 옹립에 직접 참여한 신진 사대부들은 다음과 같다. 이성계를 위시하여 판삼사사 심덕부, 찬성사 지용기 · 정몽주, 정당문학 설장수, 평리 성석린, 지문하부사 조준, 판자혜부사 박위, 밀직부사 정도전 등이다. 이들은 홍국사에 모여서 대병력의 호위를 받으며 다음과 같이 의논하였다.

"신우와 신창은 본래 왕씨가 아니다. 그러므로 종묘의 제사를 받들

수 없다. 또 가짜를 폐하고 진짜를 세우라는 명나라 천자의 명령이 있다. 정창군 왕요는 신종의 7세손으로 그 족속이 가장 가깝다. 그러므로 그를 세워야 한다."

이성계의 이러한 주장에 조준이 반대하고 나섰다.

"정창군은 부귀한 환경에서 자라서 가산을 다스릴 줄은 알아도 나라를 다스릴 줄은 모르니 세울 수 없다."

이에 성석린이 다시 나섰다.

"임금을 세움에 있어서 어진 자를 선택할 것이지 그 족속이 가깝고 먼 것을 논할 것이 아니다."

의견만 잡다할 뿐 좀처럼 좁혀지지 않고 있었다. 생각다 못한 참석자들은 종실의 유력한 인물 몇 명의 이름을 적어서 심덕부와 성석린, 조준을 계명전에 보내어 고려 태조 영전에 보고하고 제비뽑기를 하자고 하였다. 다소 어처구니없는 처사였지만 이름 적힌 이들을 살펴볼 때 누구나 왕이 될 만한 이들이라 제비뽑기로 결정한다 해서 크게 달라질 것은 없는 상황이었다. 자시子時 후 제비뽑기가 시작되었는데 정창군 왕요가 뽑혔다.

이성계와 정몽주는 심덕부 등 7명과 함께 정비 궁으로 가서 왕위 교서를 내리게 하였으며 곧 공양왕을 맞아 세웠다. 그러나 공양왕은 놀라고 두려워하며 왕위를 이어받는 것을 굳이 사양하였다. 그러자 정비가 손수 국왕의 인을 공양왕에게 건네주었다.

공양왕은 근심 걱정으로 야밤이 되어도 잠들지 못하고 눈물을 흘리며 측근자들에게 하소연을 했다고 한다.

"나는 일평생 입을 것 먹을 것과 시중할 사람이 모두 풍족했다. 그런데 지금 와서 이렇게 중대한 책임을 지게 되니 어떻게 할 바를 모르겠다."

우매한 자가 아닌 이상 공양왕은 자신 앞에 가로놓인 비참한 운명을 예감하고 있었을 것이다. 우왕이나 창왕과 크게 다르지 않은 운명 말이다.

세상이 이와 같이 되고 나니 뜻있는 선비들은 이것을 보고 그대로 있을 수 없었다. 어떻게 하든지 이성계의 세력을 꺽으려 하였고, 이성계 편에서도 반대자를 제거할 생각을 하고 있었다. 이러던 중 윤이尹彝와 이초李初가 명나라에 들어가 명나라 황제에게 고하였다.

"이성계는 정찬군 요를 세웠으나 그는 왕족이 아니고 이성계와 인척간이 되옵니다. 요와 이성계는 장차 명나라를 치고자 군사를 훈련시키고 기회를 노리고 있사옵니다. 재상 이색 등이 불가하다고 말하다가 쫓겨났으며, 그뿐 아니라 이것을 핑계로 하여 원로인 조민수, 이임, 변안렬, 권중하, 장하, 이숭인, 권근, 이종학, 이귀생, 우현보 등을 내쫓거나 죽여 버렸사옵니다."

이 일로 인하여 고려에서는 평지풍파가 일어났다. 조정에서는 관련된 자를 잡아 죽이기도 하고 이색, 이림, 우인렬 등 대신들을 정주로 귀양 보냈다. 그리고 이성계는 충복인 정도전을 명나라에 보내어 사실과 다르다는 변명을 하고 국내에 있는 대신들의 동향을 살펴보기로 했다. 이 때문에 국내는 소란해져서 말도 제대로 못할 지경이 되기도 하였다.

개혁을 꿈꾸는 신진 사대부

공양왕 시대를 풍미한 고려 사회의 화두는 의심할 여지없이 개혁이었다. 공양왕 재위 3년 동안 신진 사대부들은 정치, 교육, 경제, 문화

분야 등 사회 전반에 개혁의 거센 바람을 불어넣는다. 그러나 이러한 개혁은 고려 사회를 다시 건강하게 회복시키기 위한 조치들이 아니라 급진적 신진 사대부들이 꿈꾸는 세상을 앞당기기 위한 조치였을 뿐임을 주시할 필요가 있다. 이에 반해 정몽주로 대표되는 온건 개혁파 신진 사대부들은 고려를 위한 개혁을 꿈꾸고 있었다. 최종 목적지가 엄연히 달랐지만 이들은 개혁이라는 화두에 대해서 만큼은 공감하고 있었기에 한동안 불안한 동거를 이어간다.

먼저 이들에 의해 개편된 관제를 살펴보면 전리사, 판도사, 예의사, 군부사, 전법사, 전공사를 이조, 호조, 예조, 병조, 형조, 공조의 6조로 바꿨다. 또한 개성의 오부와 동북 · 서북면의 부와 주에 유학교수관儒學敎授官을 둠으로써 유학의 부흥을 꾀하였고, 과거에 무과를 신설하였으며, 신진 사대부의 본질을 반영하듯 불교를 배척하고 유교를 숭상하는 사회 분위기를 조성하기 위하여 주자朱子의 가례家禮를 시행, 집집마다 가묘家廟를 세우도록 하였다. 사대부들은 불교 배척의 일환으로써 오교양종五敎兩宗을 없애 버리고 사찰의 재산을 몰수하여 국고에 환수시켰다. 이와 함께 『도선비기』道詵祕記의 내용에 따라 한양으로 천도하였다가 민심이 흔들리자 다시 개경으로 환도하기도 하였다.

신진 사대부들의 개혁은 경제 방면으로도 이어졌는데 여기서 주의 깊게 살펴봐야 할 점은 토지 개혁을 통해 자신들의 경제적 기반을 확고하게 다져나갔고, 이를 통해 역성혁명의 발판을 마련하였다는 점이다. 그들은 1391년(공양 3)에 광흥창廣興倉과 풍저창豊儲倉을 서강西江에 세워 조운漕運의 곡식을 비축토록 하였으며, 개성 오부에도 의창義倉을 설치하였다. 이어서 조준의 의견을 받아들여 과전법을 실시하였다. 과전법은 권문세족의 농장을 모두 몰수하여 국가 재정 확보를 목적으로 하고 있었지만 그렇게 몰수한 토지가 신진 관료들에게 지급됨으로써 경제적 기득권이 옮겨가게 되었다.

이와 때를 같이 하여 조준, 정도전 등으로 대표되는 급진 개혁파들이 이성계를 옹립함으로써 역성혁명의 뜻을 내비치기 시작하자 정몽주를 위시한 온건 개혁파들은 이를 막기 위해 노심초사한다. 바야흐로 개국이냐 고려 왕조냐를 놓고 두 세력 간에 불꽃 튀는 싸움이 벌어지려 하고 있었다.

선죽교의 붉은 피, 온건파와 급진파의 대립

그러나 이성계라는 걸출한 무인이 버티고 있는 급진 개혁파의 기세를 꺾기에 온건파 신진 사대부들의 세력은 미미하기 이를 데 없는 것이었다.

그럼에도 불구하고 정몽주는 1392년 3월에 명나라에서 돌아오는 세자를 마중하러 나갔다가 황주에 들러 사냥을 하던 중 이성계가 낙마하는 사고를 당하자 조준과 정도전을 위시한 이성계의 수하들을 탄핵하여 유배 보내는 데 성공한다.

그러나 이는 공연히 벌집을 건드리는 바람에 화만 앞당긴 꼴이 되어 버리고 말았다. 이성계가 개경으로 달려오는 동안 그의 아들 이방원이 측근들을 시켜 정몽주를 선죽교에서 없애 버린 것이다.

정몽주의 죽음으로 온건파 신진 사대부들의 기세가 푹 꺾이자 이성계와 그 측근들은 거침없이 개국의 길을 걷기 시작한다.

공양왕의 죽음과 조선 창국

귀양 갔던 이성계의 측근들이 속속 정계에 복귀하자 역성혁명의 분위기는 서서히 무르익기 시작한다. 이에 두려움을 느낀 공양왕은 1392년 7월 갑신일 이성계를 불러들인 뒤 서로 해치지 않겠다는 맹세를 하자고 요구하였다. 곁에 있던 사예司藝 조용이 임금과 신하 사이의 맹세, 혹은 동맹이란 있을 수 없다고 고하였으나 공양왕은 더더욱 간절하게 맹세를 요구하였다. 일이 이렇게 되자 이성계도 조용에게 다음과 같이 일렀다.

"내가 무슨 말을 하겠는가? 너희가 임금의 말대로 초안을 작성하여야 할 것이다."

이에 조용이 밖으로 물러나와 공양왕과 이성계 사이에 맺어질 맹세문의 초안을 작성하였다.

'그대가 아니더라면 내가 어찌 이에 이를 수 있었으랴? 그대의 공과 덕을 내가 감히 잊을 수 없다. 천지신명도 이것을 굽어보고 있을 것이다. 대대로 우리 자손이 서로 해치지 말 것이다. 내가 그대를 저버린다면 이 맹세를 증거로 하라!'

그러나 왕과 이성계 사이에 맺은 맹세는 지켜지지 않았다. 마침내 역성혁명을 결심한 이성계와 측근들이 왕대비 앞으로 나아가 이렇게 위협을 가한 것이다.

"지금 왕이 암둔하여 임금의 도리를 이미 잃었고, 인심은 이미 떠났습니다. 그리하여 그는 사직社稷과 생령生靈의 주인이 될 수 없으니 폐위하기를 바랍니다."

겁에 질린 왕대비는 즉각 교서를 받들고 공양왕 폐위를 결정하였다.

공양왕이 폐위되자마자 왕위에 오른 이성계는 국호를 조선이라고 바꾼 뒤에, 남아 있는 고려의 왕씨들을 몰살시켰다. 이로써 태조 왕건이 창국한 이래 474년간 이어져 내려온 고려왕조는 역사 속으로 사라져 갔다.

한편 원주에 머물던 공양왕은 공양군으로 봉해지며 간성군으로 옮겨갔고, 그로부터 3년 후에 삼척 땅에서 이성계의 명으로 죽임을 당했다.

공양왕의 재위기간은 2년 8개월이었고, 향년은 50세였다. 능은 경기도 고양시 원당읍과 강원도 삼척시 근덕면 두 곳에 있다.

공양왕의 후비와 종실들

공양왕에게는 후비 하나와 아들 하나, 딸 셋이 있었다.

순비順妃 노씨는 교하군 사람으로 창성군昌城君 노진盧稹의 딸이다. 1389년(공양 1) 11월에 순비로 봉하였으며 부를 설치하여 의덕부懿德府라 하고 관속을 두었다.

또 왕대비, 국대비, 중궁의 부친, 조부, 증조 등 3대에게 벼슬을 추증하여 효도하는 도리를 밝힐 것을 청하였더니 왕이 이것도 승인하였다. 1391년(공양 3) 7월 순비의 3대 조상들에게 시호를 내리고 8월 순비에게 죽책竹冊과 금인金印을 수여하였다. 순비는 세자 석奭과 숙녕肅寧, 정신貞信, 경화敬和 세 궁주를 낳았다.

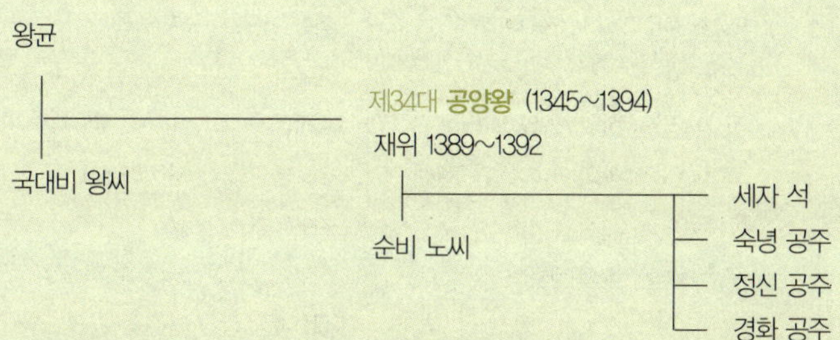
| 공양왕의 혈계 |
왕균
국대비 왕씨
제34대 공양왕 (1345~1394)
재위 1389~1392
순비 노씨
세자 석
숙녕 공주
정신 공주
경화 공주

◉ 색 인

ㄱ

ㄴ

ㅇ

참고문헌

『진성이씨온혜종파보소 眞城李氏溫惠宗派譜所』, 이제교 · 이은식 외 5인, 회상사, 1981년